21世纪法学系列教材

法学基础理论系列

法社会学

何珊君 著

图书在版编目(CIP)数据

法社会学/何珊君著. —北京:北京大学出版社,2013.7
(21世纪法学系列教材·基础理论系列)
ISBN 978-7-301-22798-5

Ⅰ.①法…　Ⅱ.①何…　Ⅲ.①社会法学-高等学校-教材　Ⅳ.①D90-052

中国版本图书馆 CIP 数据核字(2013)第 152797 号

书　　　　名：	法社会学
著作责任者：	何珊君　著
责　任　编　辑：	郭栋磊　郭薇薇
标　准　书　号：	ISBN 978-7-301-22798-5/D·3370
出　版　发　行：	北京大学出版社
地　　　　址：	北京市海淀区成府路 205 号　100871
网　　　　址：	http://www.pup.cn
新　浪　微　博：	@北京大学出版社
电　子　信　箱：	law@pup.pku.edu.cn
电　　　　话：	邮购部 62752015　发行部 62750672　编辑部 62752027
	出版部 62754962
印　刷　　者：	北京宏伟双华印刷有限公司
经　销　　者：	新华书店

730 毫米×980 毫米　16 开本　18.5 印张　352 千字
2013 年 7 月第 1 版　2013 年 7 月第 1 次印刷

定　价：36.00 元

未经许可,不得以任何方式复制或抄袭本书之部分或全部内容。
版权所有,侵权必究
举报电话:010-62752024　电子信箱:fd@pup.pku.edu.cn

作者简介

何珊君,女,浙江宁波人,中国人民大学社会学博士,哈佛大学亚洲研究中心访问学者,资深律师。现为中国政法大学社会学院副教授,主要从事法社会学、社会学理论的教学与研究。专著有:《法与非政治公共领域》、《拿起法律武器》等。在《江西社会科学》、《学海》、《人大书报资料》、芬兰《亚洲比较法研究》等国内外刊物发表学术论文十余篇。

前　言

　　法社会学作为一门新兴学科,它的历史只有一百多年。与西方学界丰富的研究成果相比,国内的研究才刚刚起步。优秀的本土教材更是付之阙如,或是直接译介西方原著,或是忽略了本学科的重要特征,无论是成本体例还是方法的展示都难免留有社会学法理学的痕迹。本书是作者在长达八年潜心研究与教学的基础上,阅读了近百本法社会学经典著作,研究了大量的国内外文献和国际著名学者的最新研究成果,并具体考察和分析了当下中国社会的诸多法律现实问题,结合自身十七年律师经历的不断反思与体悟,凝结而成的精心之作。本书在全景式扫描当代法社会学前沿研究动态的基础上,勾勒了法社会学学科领域的基本框架和知识体系,囊括了当前国际社会在法社会学研究中最经典和最瞩目的研究重点和热点,比如,法律与社会的基本关系、法律的社会基础、法社会学的研究方法、法社会学的未来走向、行动中的法与活法、法律文化、法律意识与法律制度等,并且可以与本书配套使用的案例也将在近两年出版。毫不夸张地说,本书颠覆了国内常见的法社会学教材的体例与研究的思维方式,开创了引入社会学的理论与方法来研究法律现象的新模式。

　　作为一门新兴学科的教材,关键是要解决两个问题:一个是研究什么,即研究对象和研究范围问题;另一个是怎么研究,即研究方法问题。在这个指导原则下,作者带着对"法律与社会的关系"这个法社会学经典命题的思考与探索形成了本教材。在当今这个弥漫着浮躁与焦虑、无助与迷茫、剧变与风险的社会中,以什么样的角度和深度来诠释这个命题,如何从符合学科宗旨的角度去展开研究,不仅反映出作者本人对法社会学这门学科的理解水平、理论知识积淀的厚度与思考的深度,也会或多或少以某种积极的姿态引领着当代人对"法与社会"这个基本的社会命题的关注与思考。本教材中法社会学的知识体系与理论框架的建构就是从对这些问题的思考中出发的,它既构成了本教材的重要内容,也奠定了本教材对法社会学研究方法与思维模式进行探索的基石,是本教材的一个突出的创新之处。

　　全书共分十三章,主要包括法社会学的基础研究与具体研究两个部分。前者是想搞清楚法社会学的几个基本问题:法社会学的历史概况与研究对象是什么;法社会学的研究方法有什么特色;西方主要的法社会学家的思想或理论包括哪些;什么是法律的社会基础;法社会学研究的未来趋势显示出哪些特点等问题。具体部分则重在对法社会学学科的主要内容进行探索,除了介绍相关领域一些经典性的研究成果,还运用法社会学独有的研究方法对相关领域的知识进行阐析:比如社会学意义上的法律功能和法律效果指什么,怎么研究;法律与社会的基本关系是怎样的,有哪些经典研究;如何对法律规范与立法进行社会学的考察,法律规范有哪些类型或存在形式,什么是活法与行动中的法,立法的条件有哪些,立法者应具备怎么样的素质,立法的路径与技巧有哪些;什么是法律意识与法律文化,它们各自有哪些经典研究,这些研究的特色是什么,从这些经典研究中我们能得到什么启示;如何从柯特威尔的角色研究中概括出对法律角色进行科学研究的一般途径;如何对中国当下的律师制度进行研究;怎样对法律制度进行社会学的研究,权威扩散与公众参与对现代法律制度有何重要影响等等,上述具体研究的部分系本教材的主要研究内容。第一、二、三、四、六、七、八、十二章适合于高等院校法学、社会学专业的本科生教学,另外的五章或全书适合于法社会学专业的研究生教学,该教材也适合于对法社会学有研究兴趣与需要的其他读者。法社会学是一门理论性、思想性很强又深具实践意义的学科,而且它是一门新兴学科,尚处在发展期。所以,要在一本教材中将重要的法社会学思想理论、学科知识都罗列穷尽,既不可能也无必要。那么,如何在这门学科的知识体系中选择至关重要的部分,撑起法社会学的基本框架,给学习者开启知识仓的钥匙,给研究者提供一种全新的视角,成了作者创作本教材的重中之重。

在对保持精确性持十分慎重态度的前提下,作者精心挑选了西方法社会学经典著作和代表性研究成果予以引荐和解读,同时,主动尝试建构法社会学学科的知识体系,并结合具体问题分析,向读者演示并推介法社会学的研究方法,而作者本人对一些法社会学问题的独立思考和见解也穿行其中。首先,理论分析时,为力求对原著理论精髓把握的准确性,本教材尽量还原原著作者写作时的思考和向其所要表达的真义靠近,书中介绍的经典理论都是本学科中每一个具体领域或知识点中的代表性研究成果。通过本学科知识体系中的各个知识点相关的经典法社会学家核心思想与重要理论的介绍与分析,一方面希望让读者对法社会学这门学科有基本的认知和领悟,提升读者的理论素养与思维能力;另一方面,试图让学生学习如何让自己的思考与既有的理论文献和前辈思想进行对话。其次,本教材的另一显明的特色就是问题逻辑导向的内容铺陈。通过各个时期、各个领域的经典理论的解读与剖析,培养读者的问题意识。如何寻找真问题,如何科学地描述、解剖与研究法律事实,力图培植学生一种非线性的系统的思维方式,提高学生对表象的穿透力和对事物的洞察力,提高他们思考与分析问题的能力以及开展理论探索的能力。当然,这种能力是自觉地隐含在知识体系的铺展中,而不是提取出来予以系统介绍。再者,本教材知识体系的构筑与知识内容的选择，主要是在参考了西方传统社会学和法社会学以及当今国际社会法社会学的研究成果的基础上，通过对法社会学研究对象与研究方法的深度思考与研究而作出来的，所以，在内容与方法上可以与当今国际社会保持对话与沟通。这些特色既是本教材与国内同类教材的主要区别，也算是对中国法社会学研究的绵薄贡献。

因此，本教材虽未能将法社会学的所有内容全部勾勒出来，形成一个完整的知识体系，但它最大的优势是，用在社会学的理论与方法基础上形成的一套研究范式去研究法律现象和法律事实，并尽可能地在向法社会学学科内涵的质的规定性靠近和向这种质的规定性辐射出来的外延勘探进发。这种研究方法上的创新也是本教材最重要的特色之一。尤其在转型期的当代中国，各种新的法律现象层出不穷，以归纳法为基本特征的理论创新显然已不足以跟上时代的步伐。作为一名专业研究者，如何积极地探寻与架构连接理论与实践的桥梁，如何去探索对一门新兴学科的研究对象与研究方法，是应然的研究自觉。虽然本书还无法囊括所有本学科知识体系的内容，也没有对这套研究方法做系统的阐析，但是从拓荒性和原创性的角度而言，作者已经作出了很大的努力和迈出了重要的一步。因此，本教材无论作为一本法社会学本科或者研究生的教材，还是作为法社会学研究的理论著作，在中国当下都具有重要的理论与实践意义。当然，限于时间与篇幅，尚有一些本学科的重要内容未曾纳入，有待于将来进一步的修正与完善。所以，这是一门正在不断发展的学科，它的明天一定会更加的繁荣与美好。

目　录

第一章　法社会学的概况与研究对象 … 1
- 第一节　法社会学的概况 … 1
- 第二节　法社会学的研究对象与研究范围 … 11
- 第三节　在中国研究法社会学的意义 … 13

第二章　法社会学的研究方法 … 18
- 第一节　几种传统方法论 … 18
- 第二节　当代法社会学研究的部门方法论 … 20
- 第三节　法社会学研究方法的普适性与特殊性 … 25

第三章　西方主要的法社会学家及其理论 … 33
- 第一节　古典法社会学思想家 … 33
- 第二节　近代法社会学家及其理论 … 43
- 第三节　当代法社会学家及其主要观点 … 56

第四章　法律功能与法律效果 … 62
- 第一节　关于法律功能的理论 … 62
- 第二节　法律实效与法律影响 … 76
- 第三节　功能与效果研究的难题 … 84

第五章　法律的社会基础 … 90
- 第一节　法律的社会起源 … 90
- 第二节　法律的物质基础 … 96
- 第三节　法律的精神基础 … 105

第六章　法与社会的基本关系 … 115
- 第一节　法与社会结构 … 115
- 第二节　法与社会变迁 … 122
- 第三节　法与现代化 … 127

第七章　法律规范的社会存在形式 … 136
- 第一节　制定法与民俗习惯 … 136
- 第二节　活法与行动中的法 … 140
- 第三节　压制型法、自治型法与回应型法 … 154

第八章　立法的社会学观察 ································ 160
第一节　立法的首要条件 ································ 160
第二节　立法者的素质 ································ 166
第三节　立法的艺术与技巧 ································ 170

第九章　法律意识 ································ 178
第一节　川岛武宜的观点 ································ 178
第二节　帕特里夏·尤伊克、苏珊·S.西尔贝的总结 ································ 179
第三节　伊·亚·伊林的论证 ································ 183

第十章　法律文化 ································ 198
第一节　什么是法律文化 ································ 198
第二节　弗里德曼的理论评析 ································ 203
第三节　劳伦·本顿的研究 ································ 213

第十一章　法律制度 ································ 220
第一节　法律制度的总体描述 ································ 220
第二节　法律机构与权威扩散 ································ 224
第三节　法律程序与公众参与 ································ 231

第十二章　法律角色的社会学分析 ································ 238
第一节　柯特威尔的观点 ································ 238
第二节　文化分析范式：中国当下刑辩律师角色研究 ································ 242
第三节　角色研究的一般理论 ································ 248

第十三章　法社会学研究的未来走向 ································ 258
第一节　微观法社会学研究的特色 ································ 258
第二节　宏观法社会学研究的多元化 ································ 264
第三节　法社会学研究视角的拓展 ································ 270

后　记 ································ 278

第一章 法社会学的概况与研究对象

首先,我们来了解一下法社会学发展的历史概况,区分西方与中国分别介绍。为什么我们需要法社会学这门学科?法社会学的研究对象是什么?研究范围有哪些?在中国研究法社会学有什么理论与实践意义?法社会学的研究方法有什么特殊性?当今国际社会的研究方法与方法论的总体情形是怎样的?带着这些思考,我们来学习本节内容。

第一节 法社会学的概况

一、西方概况

要了解法社会学的基本概况,我们首先要从西方的法社会学谈起。法社会学是法律的"门外汉"们发明和创立的学科,深陷法学专业的人反而不好把持。所以,对学法律专业的人员而言,对这门学科知识的学习不是一件容易的事,它与法学思维方式不同。对从事社会学研究的人员而言,反而有一些研究这门学科的便利条件。社会学从孔德开始已经经历了一百八十多年,法社会学诞生于19世纪末,标志是埃利希在他的专著《法社会学基本原理》中正式提出"法社会学"概念与原理,发展至今已有一百多年。此后,经过一代又一代西方法社会学家的百年努力,已经开创了西方法社会学研究的繁荣局面。

(一)西方法社会学的产生原因

18、19世纪以前,法学一直是概念法学,重视法条。19世纪末,西方社会的资本主义自由经济与政治民主经过百年的实践,社会、经济、政治都走向繁荣,呈现出现代社会的特征。但各种社会利益冲突和矛盾也不断频生,且日益加深和白炽化,尤其19世纪后期,伴随资本主义工业走向垄断,既有的社会价值观和法律体系由于无法适应新的现实而受到极大冲击并日益走向瓦解,社会结构同时发生着深刻变化,亟待改革与调整。在这种背景下,国家对社会生活的各个领域的控制大大加强,法律的社会功能也因此不断扩张。仅对实在法进行逻辑推理与分析,依靠纯粹的法条,已无法满足这种新的社会需求。因而法学家们渐渐转而趋向探索一种新的研究方法,要研究法条以外的问题:法律产生的社会根源,法律如何发展,法律怎样成为控制社会的工具,如何扩大法律的功能和增强法律的效果,法律与社会结构、社会变迁和社会各个部分之间有着怎样的关系等等。

基于以上原因,很多法学家、社会学家开始思考如下问题:Why law? What's the basis of law? What's the relationship between law and society? 等等,这些都为法社会学的产生提供了社会条件与需求。因此,法社会学作为一门学科应运而生。

(二)西方法社会学发展的历史回顾①

纵览西方法社会学的诞生发展,大体经历了五个阶段。

第一阶段:法社会学的萌芽阶段,自18世纪中叶到19世纪中叶。这阶段最重要的特点是,法社会学的重要思想与基本理论元素在许多经典法社会学家的作品中出现。最有代表性的当属孟德斯鸠(Montesquieu)和他的《论法的精神》,历史法学派的杰出代表萨维尼(Savigny)和他的《论立法与法学的当代使命》,耶林(Rudolf von Jhering)的《为权利而斗争》,马克斯·韦伯(Max Weber)的系列文章,集中反映在他的《经济与社会》中,埃米尔·涂尔干(Emile Durkheim)及其《社会分工论》、《社会学方法的准则》,莱翁·彼得拉日茨基(Leon Petrazycki)的《法与道德研究导论》、《与道德学说相联系的法与国家的学说》。在上述社会学家和法学家的作品中,法社会学的一些重要思想或核心元素得到了多方面的探讨和体现,法社会学的思想与理论开始萌芽,并对以后法社会学的正式诞生和法社会学的重要理论范畴的界定产生了深刻的影响。

第二阶段:法社会学创立阶段,大概时间为19世纪后半期到20世纪30年代。这一时期的重要代表人物有庞德、埃利希、凯尔森、坎特诺维茨等。

庞德的代表作有:《社会学法学的范围和目的》、《通过法律的社会控制》、《社会学的任务》及其巨著《法理学》、《法律史解释》,通过这些著作他提出了一个全新的社会学法理学的概念,创建了社会学法理学学派。埃利希最重要的著作是他在1913年出版的《法社会学基本原理》②,首次系统论证了法社会学概念并提出了"活法"理论③,埃利希也因此被西方社会认为是法社会学的创始人。坎特诺维茨的作品《为社会而战》、《法理学和社会学报告》积极倡导了社会学与法理学的结合,帕森斯在他的《社会行动的结构》中提出了法律应视作为社会控制的基本机制或工具,在法律与社会之间的联系中去探讨法律。这个时期值得一提的还有涂尔干的《自杀论》,被誉为法社会学领域对复杂的分析统计技术进行系统运用的开山之作,成为法社会学实证研究的典范。总之,这些作品制定了

---

① 此节内容受张文显教授的启发,在第二到第四阶段借鉴了他的一些框架。参见张文显:《西方法社会学的发展、基调、范围和方法》,载李楯编:《法律社会学》,中国政法大学出版社1999年版,第46—47页。

② 另一个译本为《法社会学原理》,见〔奥〕欧根·埃利希著:《法社会学原理》,舒国滢译,中国大百科全书出版社2009年版。

③ 1892年,意大利社会学家安齐洛蒂在其著作《法律哲学和社会学》中首次使用了法社会学一词,但对这个概念的系统论述还是在他以后的埃利希,因此,法社会学界常将埃利希列为首次提出法社会学概念之人。

法社会学研究的总体性纲领,为理解法与社会事实提供了基本范式和分析工具,奠定了法社会学研究的理论指导和研究方式的基础。庞德、埃利希,后面将做专门介绍。

第三阶段:20世纪30年代—60年代,是法社会学的发展阶段。这个阶段主要是行动阶段,也是研究方法和技术革新阶段。

这一阶段法社会学发展比较迅速。社会学界、法学界一起行动起来,法学家与社会学家相互配合,将社会学的技术与研究方法引入法律问题的研究,取得了不少研究成果。这一阶段开始启用社会学的实证方法,依照涂尔干的模式,出了不少成果。主要有问卷法,资料统计,法官行为调查(观察法),心理实验。以英美为代表,美国较多。代表性的有英国的伦敦警察研究,美国弗兰克等人的研究。主要集中在具体问题的研究上,最主要的成就是方法上的革新,对基本理论研究有所忽略。而且存在着将法社会学研究庸俗化的倾向。

第四阶段:20世纪60年代以后,法社会学的繁荣和成熟阶段。前一阶段实证调查所产生的大量结果,相当一部分缺乏理论支持或者与理论无法衔接,米尔斯批判宏大理论和抽象经验主义之间的断裂[1]就是这个背景下产生的,整个社会学界都意识到这一点,法社会学界也无可避免,许多学者提出了实证研究存在的很多缺陷,要纠偏,法社会学开始走向成熟,标志如下:

(1)将基础理论研究与具体问题研究有机结合,重视方法与理论的契合。对法的基本理论问题和法律现象如法律与社会的关系、法律的社会基础、法与社会变迁、法的功能与效果、法治与正义、法律规范的形式、法律制度、法行为、法文化、法律角色等等做研究时,采用了社会学的技术方法收集、整理、分析相关资料,注重将两者有机结合,注重基础理论对研究方法和研究技术的指导意义,特别是在指标化过程中的理论意义。

(2)对法社会学研究的哲学方法论、部门方法论再到具体研究方法、研究手段作出自觉的区别和运用。法社会学研究发展到这个阶段,已能保持研究方法的理论自觉,研究者们达成了这样一种认识:根本性的哲学方法论之下是法社会学研究的部门方法论,再下面是具体的研究方法,最后才是研究手段(如问卷、统计等),由此建立一条从最高的哲学层面的方法论到最基层的研究技术或手段的方法链条,并且,自觉地加以区别和运用,这也是法社会学走向成熟的标志。具体用什么方法进行研究并不是方法论,也不是简单的定性、定量的区别。在进行法社会学研究时,首先要确定哲学层面也就是根本性的方法论,这方面的典范是塞尔兹尼克"法律价值"与布莱克"纯粹法社会学"之争,然后将一系列的社会

---

[1] 见〔美〕C.赖特·米尔斯著:《社会学想象力》,陈强、张永强译,生活·读书·新知三联书店2005年版。

学研究成果如功能主义、结构主义、行为主义、符号互动论、冲突论、系统论等引入,作为法社会学研究的部门方法论,并和具体的研究方法如定性或定量、具体的研究视角如制度分析、角色分析、规范研究等结合起来,运用各种社会学的研究技术或手段进行研究。

(3)一些法社会学研究起步较晚的国家如英国、加拿大等迎头赶上;各种杂志创办,协会成立,专著与文章也不断出版发表,法社会学研究呈现出欣欣向荣的气象。各种法社会学协会相继成立,最有代表性的是1962年设立的法社会学国际委员会;并创办了各种不同的法社会学杂志,如1966年创刊的权威性杂志《法与社会评论》、《法与社会学》等,国际社会认同度很高;专著与文集也不断出版发行。

第五阶段:20世纪末叶以来,研究范式转变,出现了基本范式的多样化。

法社会学和社会问题紧密相关,与国际、国内形势也紧紧契合在一起。自从20世纪70年代中期开始,由于社会结构的剧烈变化,法社会学研究的基本范式受到极大挑战,但新的基本范式并未确立。只是出现了许多中、小型的理论模式以及经验研究的成果。20世纪90年代,冷战结束,世界多元化格局形成,世界进入多元化时代,多元化的社会需要多元化的研究范式。法社会学必须作出新的思考,解决传统法学无法解决的问题。世界各国各种社会问题暴露,法社会学也开启了它理论上的多元化时代。到20世纪末叶,产生了对法社会学研究有一定影响的理论范式:如身体论意义上的现象学,着眼于在身心交错中的行动结构,外在行为与内在意识之间的一致或相异;符号论,着眼于话语分析、象征性互动;结构主义,着眼于差异和对立的统一以及关系性、可变性思考;解构主义,着眼于非理性和自然和谐;社会性角色理论,着眼于分工和互惠性;交换理论,着眼于人类小集团研究以及群体互动;常人方法论和文化解释学,着眼于历史、认同感以及语境文脉;博弈论,着眼于预期的相互调整以及选择的优化策略;复杂系统,着眼于偶然性的非随机化以及通过自组织的秩序生成,如卢曼的系统论、托依布纳的自创生系统等等。再就是后现代思潮影响下出现的一些新的研究范式,如批判主义、女权主义、新马克思主义、全球化等,这些范式将在最后一章重点介绍。所有这些,多样与趋同交错在一起,个体中心的观念被相对化,个人与个人、个人与社会或国家、个人与自然之间的互动和沟通得到进一步的强调。新旧研究范式竞相登台,各自争艳,形成了法社会学研究领域的多元化时代。

总之,法社会学在世界范围内依然属于一门发展中的学科,它的未来成就不可估量。在强调法治社会成为一种世界趋势的条件下,法社会学必将成为一门显学。因为要研究现代社会势必要研究法,而要研究法也无法摆脱社会,法与社会是如此的唇齿相依。而法社会学是一门包容性很强的学科,从一般理论到具体问题研究,它的触角既深又广,潜力巨大,挖掘才刚刚开始。所以,法社会学将是社会科学研究中必要的且在某一历史时期占突出地位的一部分。社会学将是法学的社会学,法学也将是社会学的法学,法社会学将对这两个学科领域产生重大的影响。

二、中国概况[①]

中国法社会学的发展状况我们分两个时期来介绍。

(一) 20 世纪早期

20 世纪 20 至 30 年代左右,法社会学以介绍和翻译西方论著为主,开始引进与传播法社会学的理念与思想。如严复翻译的法国孟德斯鸠的《法意》[②]、斯宾塞的《群学肄言》[③]被认为是引进西方法社会学的第一人。此外,马君武翻译的斯宾塞的《社会学原理》、赵兰生翻译的《斯宾塞干涉论》对法社会学思想在中国的传播发挥了引领式的作用。1922 年 2 月,李炘撰写的"法社会学派"一文刊登在北京的《政法学报》上,1925 年,他的《法社会学派》著作由北京朝阳大学出版社出版,成为中国最早提出"法社会学"概念的学者。1931 年出版的张知本的《社会法律学》被喻为"近代中国法律学人写的第一部法社会学专著",更被认为是我国法社会学理论的第一次系统化和集大成者,在我国法社会学发展史上有重要地位。而一些杂志对法社会学名著的刊登发表也起了推波助澜的重要作用,如以杨廷栋、雷奋为代表的留日学生创办于 1900 年的《译书汇编》杂志,最早刊载了孟德斯鸠的《万法精理》[④]、法国卢梭的《民约论》[⑤]、德国耶林的《权利竞争论》[⑥]等名著,为法社会学观念在中国的输入铺设了第一个平台,对法社会学在中国的传播起了不小的作用。

20 世纪 30 年代以后,中国法社会学开始进入发展期,除了系统介绍西方法社会学的文章与专著,如彭汝龙的"法律本位论"一文对埃里希的思想进行了解读,张志让对法社会学兴起及在法律学说中引起的批评与反响的概述,丘汉平通过诸多文章大力宣扬庞德、孔德、霍姆斯的思想,萧邦承的"社会法律学派之形成及其发展"一文,是当时最为全面系统地介绍西方法社会学原理的文章。另有学者对美国社会法学发展史进行了概要式梳理。同时,中国学者自己著写的

[①] 这部分内容资料的搜集工作主要由中国政法大学 2010 级法社会学研究生殷婕同学完成,在此表示感谢。
[②] 现译为《论法的精神》。
[③] 现译为《社会学原理》。
[④] 现译为《论法的精神》。
[⑤] 现译为《社会契约论》。
[⑥] 现译为《为权利而斗争》。

法社会学论著纷纷涌现,研究开始关注中国法律现实。① 包括:从不同角度讨论中国的法律制度和立法、司法实践、较早关注成文法与习惯法的关系问题的文章与著作,体现了我国法社会学的觉醒。② 除此之外,还有郑保华的"法律社会化论"③、张渊若的"现代宪法的社会化"④,开始自觉地从理论上讨论法律与社会的关系问题。值得一提的是,美国著名法学家庞德曾在20世纪30年代多次到南京、上海等地讲学,二次大战期间还一度被聘为国民政府司法部顾问和教育部顾问,其观点对中国的法学研究、法学教育以及立法、司法都有一定的影响。

从院系设置来看,其中影响最大的是北京朝阳大学和上海东吴大学的法律学院。朝阳大学1923年创办了《法律评论》,朝阳大学的教授私人著作也由学校以大学丛书的方式出版,东吴大学法律学院则于1922年创办了《法学季刊》、1931年创办了《法学杂志》,其中发表的大量文章都体现了对法社会学观念的大力张扬。

(二) 20世纪80年代以后

这个时期的法社会学发展走过了两个阶段:20世纪80年代的恢复阶段和20世纪90年代的经验研究的蓬勃发展。

1. 20世纪80年代法社会学的恢复

20世纪80年代初,我国有学者开始提"法社会学"的建设问题。1981年,法律社会学的教学和研究重新提上议事日程,并逐步展开了讨论和研究。中国政法大学是全国最早正式招收法社会学研究生的大学。1983年,由张晋藩教授倡议,实际招收法社会学研究生七人,由于某些条件限制(没有这方面导师),委托北京大学袁方教授培养指导,这七位研究生于1986年毕业后全部出国深造。之后中国政法大学又申请成立法社会学研究所,司法部教育司认为缺乏师资未予批准,并以同样的理由下令停招研究生。所以,中国政法大学是"文化大革命"以后最早从事法社会学学科建设的学校,但因各种原因未能发展成熟起来。从国家支持方面看,1986年的"七·五计划"哲学社会科学重点项目评审中,青年学者季卫东、齐海滨成功申报了法律社会学的研究课题;国家哲学社会科学基金和国家教委博士点专项基金也把法社会学列入课题,予以资助。1987年9月

---

① 1930年,上海商务印书馆出版了杨鸿烈的《中国法律发达史》,1930年世界书局出版了范祥善的《现代社会问题评议集》,1935年商务印书馆出版了王造时的《中国问题的分析》,1930年上海世界书局出版的吴泽霖著的《社会约制》。

② 有陈霆锐的"习惯法与成文法",载《法学季刊》1924年1月,蒯晋德的"司法官应到民间去",载《法学丛刊》1924年4月,吴经熊的"法律多元论",载《法学季刊》1925年10月和"The Three Dimensions of Law"("法律的三维"),载《法学季刊》1927年1月等。1920年胡朴安(胡韫玉)出版了《中国习惯法论》。

③ 载《法学季刊》1930年。

④ 载《法学杂志》1931年。

12—13日,由中国经济体制改革研究所政治法律研究室和北京大学法律系法理教研室联合发起的"法律社会学理论讨论会"在北京召开,该会议确立了"法律社会学交流与研究计划"(PERLS),会后出版了由李楯教授主编的此次讨论会的论文集《法律社会学》,标志着我国的法社会学研究再次起步。少数著名院校及研究机构开始探索法律社会学的学科建设及理论研究的问题,当时中国人民大学社会学系主任李强与李楯二位教授也属于较早关注这方面工作的学者之一。[①] 1988年10月31日至11月4日,全国第二届法社会学研讨会由法制与社会发展研究所[②]和北京大学法律系、西南政法学院、中国社会科学院社会学所《社会学研究》编辑部共同举办,在重庆西南政法学院即现在的西南政法大学举行,会上大力倡导法社会学的实证调查取向,强调法律社会学应当把法理解为"开放的、运作的体制",由此奠定了我国法社会学研究的实证取向。1989年9月,北京大学"法律社会学研究课题组"与"比较法研究项目课题组"一起,举办了国际性的法律社会学学术研讨会。20世纪90年代以后出版的论著多是经验研究取向的,理论研究较少。另外,该时期法律社会学研究机构相继成立,如北京大学法律系的比较法和法律社会学研究所、上海市社会学会的法律社会学研究会、中国人民大学社会学系的法律社会学研究所[③],国外著名法社会学家的名著重新被翻译,如庞德的《通过法律的社会控制——法律的任务》、《法律史解释》,亨利·莱维·布律尔的《法律社会学》,罗杰·科特威尔的《法律社会学导论》等,这些实践为法律社会学在中国的恢复和发展提供了良好平台。

2. 20世纪90年代以后法社会学的发展

这个阶段有大量西方法社会学名著被翻译,最具有代表性的是1994年中国

[①] 于1988年4月成立法制与社会发展研究所。研究所成立后,和其他一些单位如北京大学法律系、中国社会科学院社会学所、北京社会与科技发展研究所、中国经济体制改革研究所等一起,为法社会学的建设与研究做了许多实际工作。

[②] 该法制与社会发展研究所于1988年成立,由李强和李楯二位教授担任所长与副所长,是"文化大革命"后开展法律社会学研究较早的机构。该所为中国法社会学兴起与发展的早期做了卓有影响的工作。

[③] 该所的创办人为李强与李楯二位教授,后二人因工作调动到清华,该所由周孝正继任,而李楯教授到清华创办了当代中国研究中心,继续关注有关法社会学的问题研究。从1998年该所创办到2007年的研究中心成立的10年间,李楯教授等在司法、立法制度和立法公众参与方面,在劳工研究与劳工权益维护方面,在环境与生态保护及人类遗产保护方面,在艾滋病防治和公共卫生方面,在人类发展的研究与推进方面以及性别研究的立场方面做了大量的工作,取得了卓著的成绩。

政法大学出版社出版的一批对美国及日本法社会学经典的翻译。① 此时,实证调查之风盛行,运用社会学方法对法律问题进行探究,形成了一批具有代表性的研究成果。其中有:中南政法学院的郑永流、马协华、高其才、刘茂林等,以湖北省八市、县为标本,对我国农村的法律文化状况及法律发展作了有意义的调查、考察和研究,撰写了《农民法律意识与农村法律发展》(1993年)一书。西南政法学院以种明钊为首的课题组通过对华北、华东、中南、西南、西北等各地农村和典型农村经济组织的调查,形成研究成果《中国农村经济法制研究》(1992年)一书。西南政法学院长期坚持对西南少数民族地区的法制状况进行社会学的考察研究,出版《凉山彝族奴隶社会法律制度研究》。1994年起,俞荣根主持的"中国西南少数民族习惯法"项目中已经完成了《羌族习惯法》(2000年)的调查和写作工作。1993年,夏勇教授等主持承担了《中国社会发展与公民权利保护》课题,进行了广泛的社会调查,走访了10个省(市)、23个县(市)、19个乡(镇),广泛接触了农民、市民、法官与行政官员,召开了230次座谈会,进行了6000份抽样调查问卷,并于1995年出版了专著《走向权利的时代》(中国政法大学出版社,1995年版),在国内学界引起较大反响。1996年,以苏力为核心的一批中青年学者开展了名为"中国农村基层司法制度"的专项调查,形成了有代表性的专著《送法下乡——中国基层司法制度研究》。同时在1996年10月,苏力将自己的文章集成《法治及其本土资源》,提出了"法治本土资源"的概念,他认为:作为制度的法治不可能靠大规模的法律移植来建立,而必须从中国的本土资源中演化创造出来。2001—2002年,中国人民大学法律社会学研究所开展了"北京城市居民的法律意识与法律行为的调查"和"中国农村居民法律意识与法律行为"的抽样问卷调查,调查涉及我国6个省,进行3000份抽样问卷调查,为我国公民法律意识研究提供了

---

① 〔美〕E.A霍贝尔著:《初民的法律》,周信勇译,中国社会科学出版社1993年版;〔美〕诺内特、塞尔兹尼克著:《转变中的法律与社会》,张志铭译,中国政法大学出版社1994年版;〔美〕唐布莱克著:《法律的运作行为》,苏力译,中国政法大学出版社1994年版;〔美〕昂格尔著:《现代社会中的法律》,吴玉章、周汉华译,中国政法大学出版社1994年版;〔美〕弗里德曼著:《法律制度:从社会科学角度观察》,李琼英、林欣译,中国政法大学出版社1994年版;〔日〕棚濑孝雄著:《纠纷的解决与审判制度》,王亚新译,中国政法大学出版社1994年版;〔日〕川岛武宜著:《现代化与法》,申政武等译,中国政法大学出版社1994年版;〔英〕阿蒂亚著:《法律与现代社会》,范悦等译,辽宁教育出版社1998年版;〔美〕卡多佐著:《司法过程的性质》,苏力译,商务印书馆1998年版;〔英〕马林诺夫斯基著:《原始社会的犯罪与习俗》,原江译,云南人民出版社2002年版;〔美〕唐布莱克著:《社会学视野中的司法》,郭星华等译,法律出版社2002年版;〔美〕罗伯特·C.埃里克森著:《无需法律的秩序:邻人如何解决纠纷》,郭星华等译,中国政法大学出版社2003年版;〔德〕韦伯著:《法律社会学》,康乐、简惠美译,广西师范大学出版社2005年版;〔美〕帕特里夏·尤伊克、苏珊·S.西尔贝:《法律的公共空间》,陆益龙译,商务印书馆2005年版;〔美〕萨利·安格尔·梅丽著:《诉讼的话语:生活在美国社会底层人的法律意识》,郭星华、王晓蓓、王平译,北京大学出版社2007年版;〔奥〕埃利希著:《法社会学基本原理》,叶名怡、袁震译,中国社会科学出版社2007年版;〔德〕卢曼著:《法社会学理论》,中国社会科学出版社、诚成集团有限公司联合影印出版;〔德〕托马斯·莱塞尔著:《法社会学导论》,高旭军等译,上海人民出版社2008年版。

大量实证资料。

　　基于调查与实证研究形成了大量研究成果,其中包括用法社会学方法对社会问题进行研究,也包括部门法学向法社会学研究靠近的尝试,从专著到论文集再到教材,数目庞大。① 而有关法社会学的杂志刊物等也相继出现,如郑永流教授主编的《法哲学与法律社会学论丛》,在1998年创刊,由中国政法大学出版社出版,该论丛每年一卷,第八卷起由北京大学出版社出版,2006年起改为每年两卷。山东大学谢晖、陈金钊两位教授主编的《民间法》年刊:2002年创刊,每年一本,由山东人民出版社出版。朱苏力教授主编的《法律与社会科学》,2006年创办,由法律出版社出版。此外,香港社会科学评论出版社发行的《中国社会科学季刊》、香港社会科学出版社出版的《中国书评》也刊载大量法律社会学的成果。

　　从院系设置来看,许多高校设立了法社会学课程或者是研究机构,有的从属于法学院,有的则从属于社会学系。设置的总体特点有:第一,除了中国人民大

---

　　① 见王铭铭和王斯福主编:《乡土社会的秩序、公正与权威》,中国政法大学出版社1997年版,该书收入了1997年8月于北京召开的"乡土社会的秩序、公正与权威研讨会"论文共11篇,是人类学和法学交叉的成果;徐中起主编:《少数民族习惯法》,云南大学出版社1998年版;高其才:《中国习惯法论》,湖南人民出版社1995年版;高其才:《中国少数民族习惯法研究》,清华大学出版社2003年版;赵旭东:《权力与公正——乡土社会的纠纷解决与权威多元》,天津古籍出版社2003年版;田成有:《乡土社会中的民间法》,法律出版社2005年版;王红一:《公司法功能与结构法社会学分析》,北京大学出版社2003年版;张民安:《公司法上的利益平衡》,北京大学出版社2003年版;许发民:《刑法的社会文化分析》,武汉大学出版社2004年版;季卫东:《民初民法中的民事习惯与习惯法》,中国社会科学出版社2005年版;冉井富:《当代中国民事诉讼率变迁研究——一个比较法社会学的视角》,中国人民大学出版社2005年版;杜宇:《重拾一种被放逐的知识传统——刑法视野中的"习惯法"的初步考察》,北京大学出版社2005年版;谢朝斌:《解构与嵌合——社会学语境下独立董事法律制度变迁与创新分析》,法律出版社2006年版。
1985年,赵震江等人承担了国家"七·五"社会科学课题项目,隔年,出版了学术成果《法律社会学》(北京大学出版社1998年版),这也是中国比较早的专门研究法律社会学的文集。
第一次"法律社会学理论讨论会"的论文集《法律社会学》,由李楯主编,山西人民出版社1988年出版。
1999年李楯主编的《法律社会学》,中国政法大学出版社1999年版,收录了自法律社会学研究复兴后十余年中国法律社会学学者们的代表性成果。
教材十余本,包括:陈信勇:《法律社会学》,中国社会科学出版社1991年版,《法律社会学教程》,浙江大学出版社2000年版;王子琳、张文显主编:《法律社会学》,吉林大学出版社1991年版;马新福:《法社会学导论》,吉林大学出版社1992年版;马新福:《法律社会学原理》,吉林大学出版社1999年版;朱景文:《现代西方法社会学》,法律出版社1994年版;朱景文主编:《法律社会学》,中国人民大学出版社2005年版;黄建武:《法的实现——法的一种社会学分析》,中国人民大学出版社1997年版;赵震江主编:《法律社会学》,北京大学出版社1998年版;田成有:《法律社会学的学理与运用》,中国检察出版社2002年版;戴建林:《法律社会心理学》,广东教育出版社2003年版;尹伊君:《社会变迁的法律解释》,商务印书馆2003年版;王威:《法律社会学——学科边细语理论源流》,群众出版社2004年版;李喻青:《法律社会学导论》,上海大学出版社2004年版;胡平仁:《法律社会学》,湖南人民出版社2006年版;刘焯主编:《法社会学》,北京大学出版社2008年版;郭星华:《法社会学教程》,中国人民大学出版社2011年版。

学、清华大学等少数大学以外,法社会学的研究中心或研究所一般归属于法学院①;第二,法社会学专业的本科生、研究生招生与法社会学课程设置一般都在法学院法学理论专业之下,法社会学教师一般归属于法学院,法社会学还是没有走出法学的庇护。社会学系中设置法社会学方向的只有部分大学,如中国政法大学、中国人民大学、清华大学。第三,专门的法社会学杂志较少,一般法社会学的文章都是发表在法学杂志中。到目前为止,专门的杂志只有中国社科院的《社会学研究》和上海大学的《社会》。当前中国很多法学院开始着手法律社会学的研究,但繁荣的法学景象后面,法社会学还没觉醒。法社会学在我国仍处在一个创建阶段,最典型的就是真正属于法社会学意义上的法社会学教材、论文与研究资料匮乏。法社会学这门课程设置大都设在法学院内,从事法社会学研究的也大都是法学教授。所以,法社会学在中国是一门全新的学科。

中国政法大学不仅是恢复法社会学以来最早招收该专业学生的高校,现在,在校方领导的重视与支持下,社会学院又在2006年春开始正式开设法社会学课程,而且是作为社会学院的本科生必修课,除必修课外,还开设了法社会学专题,法律与社会研讨课,研究生的法社会学选修课等,并于2008年开始招收法社会学专业的研究生②,这些足见中国政法大学对这一学科的关注与重视。将这门课作为横跨社会学与法学的有着自己独立的研究对象与研究方法的一门新兴学科在社会学院开设,而一反在法学院开设的作为法学分支的法律社会学传统,这在全国高校中也是领先的,同时,也符合国际趋势,尤其是法社会学研究走在世界前沿的美国、英国的学术发展与研究状况。③

中国的法社会学现状可以包括三个部分:第一,20世纪80年代开始的一些法学家与社会学家的早期研究,如张文显、朱景文、李楯、季卫东、赵震江等;第二,学科建设的努力;第三,研究成果的增多,研究领域的拓展。总体上,中国的法社会学研究与建设仅是做了一些拓荒工作,种了几丛花或几棵小树而已,大部分仍是一块待开垦的处女地,尚有待全面开发与拓展。

---

① 如:北京大学的比较法与法社会学研究所成立于1988年,隶属于北京大学法学院;中国人民大学法律社会学研究所成立于1999年,首任所长李强,副所长李楯,现任所长郭星华,副所长冯仕政。2002年10月11—13日,在美国福特基金会的资助下,研究所主持召开了"法律与社会"国际学术研讨会,会后出版了《法律与社会——社会学和法学的视角》,中国人民大学出版社2004年版。此外,中国人民大学法学院成立有法律文化研究中心、法律语言研究所、法律与全球化研究中心等与法社会学相关的研究机构;清华大学社会学系设有专门的法社会学研究所,中心持有法与社会研究项目,项目负责人王晨光教授和李楯教授;华东政法学院法社会学研究所于2003年4月正式成立,所长为华东政法学院社会学系主任李建勇。

② 法社会学专业的授课与研究生指导主要由本书作者负责。

③ 从这一点来看,马修·戴弗雷姆著的《法社会学讲义》关于中国法社会学概况的介绍,对中国政法大学只字未提既不符合客观情况,也有失学术严谨。

第二节 法社会学的研究对象与研究范围

一、研究对象

在西方,法律社会学(sociology of law)和社会学法学(sociological jurisprudence)是加以区分的。后者是法学中一个分支,在法学中使用,有人称之为功能学派,侧重于经世之用,以实用主义哲学为基础。法律社会学或法社会学则被认为是社会学的一个分支学科,具有社会科学特征。本书则认为它是一门有着自己独立的研究对象和研究方法的新兴学科。那么,它的研究对象究竟什么呢?我们先来浏览一些国内外的观点:

沈宗灵认为法社会学是研究法律的实行和效果、法律与社会的功能,是作为一门应用法学,通过现实社会问题,着重研究各部门法的实行、功能和效果问题。[①]

季卫东提出了界定法社会学的三个标尺:第一,在法律中观察、理解社会,在社会中解释法律;第二,以群体主义为基础;第三,研究的内容聚焦于正式法与非正式法的相互作用。[②] 所以他将法社会学定义为综合性的边缘学科或前沿学科。

美国加州大学洛杉矶校区的理查德·埃贝尔教授则认为:除法律规范以外的所有关于法律的事情都研究,即除了法律规范本身的制定、修改、理解以及运用之外,所有涉及政治、经济、文化传统、心理、行为等不同社会领域的法律现象都是研究范围。[③]

瑞士学者皮亚杰认为:法社会学的研究对象是与某些规范的构成和作用有关的社会事实。即"规范性事实"。[④]

《牛津法律指南》认为,法社会学是社会学的一个分科。它把法律制度、法律规则、法律惯例、法律程序和法律个人作为构成社会的整体要素中的某些要素来对待,研究它们在特定社会中的功能、影响和效果。[⑤] 它的内容与范围非常广泛。

[①] 参见沈宗灵:《法律社会学的几个基本理论问题》,载《法学杂志》1988年第1期。
[②] 参见季卫东:《界定法社会学领域的三个标尺以及理论研究的新路径》,载《法学评论》2005年第10期。
[③] Richard Label, "What We Talk About When We Talk About Law", in his (ed.) *The Law Society Reader*, New York University Press,1995, p.1. 转引自季卫东:《从边缘到中心:20世纪美国的"法与社会"研究运动》,载《北大法律评论》1999年第2卷第2辑。
[④] 参见〔瑞士〕皮亚杰著:《人文科学认识》,郑文彬译,中央编译出版社1999年版,第7页。
[⑤] 参见马新福:《法社会学原理》,吉林大学出版社2009年版,第33页。

由此可见,关于什么是法社会学研究对象？国内外有多种解释,尽管大家解释视角与侧重点不同,但内涵上还是存在明显的共通之处,即主要是从研究对象的范围或内容来做界定。虽然季卫东教授也将研究对象与学科性质相联系,提出三个标尺,但最终也未对研究对象的内涵与外延作出界定。本人认为之所以将这门学科称之为法社会学,是因为它与社会学密不可分。当然,法律现象或法律事实也是法社会学的当然之寓。它借用社会学的理论与方法形成自己独特的研究范式去研究一个社会中既存的法律现象或法律事实。

因此,如果我们将法律系统视作为一个自我指涉性的系统,能够自我创生、自我发展、自我修正、自我满足,法社会学就是用科学的方法去研究法律系统内部结构与内部知识以外的一切法律现象的一门新兴学科。包括法律系统与整体社会及社会中其他子系统的相互关系,法律系统与其周边环境的互动情景,及由法律系统生发出来的各类社会事实。具体有：法律系统于整体社会的功能与效果包括法的功能、法的实现与法律效果等,法律规范的起源、存在形式及其实施效果,制定法与民俗习惯的关系,行动中的法与活法,法的社会基础,法与社会各部分如社会结构、社会变迁、现代化等关系,法律制度、法律文化、法律意识与法律角色研究,立法与案件处理的社会学观察,诉讼技巧与法律符号等等。总之,是揭示、解剖整个法律系统输出的效果,是从法律系统外部对其进行研究,最重要的是要用自己独特的研究方法去研究整个法律系统输出的效果。

二、研究范围

为了更加清晰法社会学的研究对象,我们再来了解一下法社会学的研究范围。研究对象与范围的区别主要在于,前者是从内涵上去定义法社会学这个概念,而后者则是从外延去划分它的界线；前者重视这门学科的质的规定性,而后者强调它与其他相近学科的边界与研究范围。所以,前者要研究它的基本特征,后者则尽可能去探讨它的边界。前者主要用定性研究,后者则更多的是经验研究或定量研究,或定性与定量的结合。中国法社会学的传统提法,研究范围包括两大类：一般理论研究与具体研究或应用研究。①

从既有的研究来看,法社会学的研究范围极其广泛,它既研究总体理论,又

---

① 一般理论研究包括：社会学的法概念、法与法律制度的社会根源、文化基础、法的功能、价值、实效,法律效能的社会标准、社会条件和限制、法文化、法社会化、国际化、政治化,法与社会变迁、社会冲突和社会秩序、社会关系,法律制度的结构、要素、分类等等,有关法律事实的一切普适性问题。

具体研究包括：立法与社会利益、需要、愿望、契约制度的兴衰、立法的社会功能、具体法规之社会根源、法律的传播、离轨与社会控制；死刑、社会对死刑的心理反应、罪犯权利与监狱条件、白领犯罪、吸毒、种族主义、性别歧视、离婚问题、流产问题；法律职业、法院的政治与社会功能、法院解决冲突的能力、法官权威的基础、法官独立与自由裁量权、警察的功能、职业化、态度、习惯等等,所有有关法律现象的一切具体问题。见张文显：《法律社会学的概念》,载《社会学研究》1989年第2期。

研究具体问题。具体包括:作为行动外在原则的法律,作为正义向往的法律,法律理性化的策略,法律价值与社会实践,法律的社会规模,法律与现代化、全球化背景,法律的社会起源等等宏观抽象的问题;法律与社会的基本关系,法律意识,法律与流行文化,法律与合理执行,在法律过程中公众声音的影响力,法律与灾难,女性主义与法律权力,社会演变与法律的关系,作为社会制度的法律,法律的社会组织,法律行为,法律边界等等具体问题。近十几年,法社会学的研究则走向更加量化的经验研究与定性研究的结合,宏观的定性研究也越来越借鉴社会学理论、社会理论和哲学研究的最新研究成果,向纵深推进。定量研究时,社会学的研究方法被广泛运用。当然,法社会学研究的深入也将推进社会学理论与社会理论的发展。

当前国际社会法社会学的研究范围涉猎广泛,从政治、经济、社会、文化,作为社会组织、社会制度、文化、规范准则的法律,到社会控制、犯罪、女权、性、灾难事件,法律的社会基础,法与各种社会现象的关系等等,上达宏观,下通微观,包罗万象。当这个社会需要规则去组织、去治理、去整合或控制,它就需要法社会学。之所以称之为法社会学,那它就与社会密不可分,与社会学密不可分。当然,与法律现象或法律事实的联系更加紧密。它是用社会学的理论与方法去研究一个社会中存在的全部法律现象与法律事实。

第三节 在中国研究法社会学的意义

在中国当下开展法社会学研究意义更为重大。主要包括理论与实践意义两大方面:

一、理论意义:法学理论的创新与思维方式的转换

中国历史上长期沿用"法理演绎加法条注释"这一种思维方法与模式,这种相因成习的法学传统借助于渗透至法学家的精神而扩散至全社会的法律职业活动中,它极易导致一种于法律实践和法学理论研究都极为不利的不良循环。真正科学的法社会学的诞生,将为特定社会中法律与社会的真实融合提供强有力的理论框架与指导。这可以解决长期以来困惑我国法学界的一个根本性问题,为什么形式上比较完备的法律总是在施行中支离破碎,在行动中异化?

因为传统法学的性质注定它只能建立在逻辑与分析基础上,是法学家想象和设计出来的,它的构建没有建立在现实与本土实际需求的基础上。而法社会学的思维模式是建立在科学研究的基础上,它包括客观科学的阐析性思维与话语,定性与定量研究的技术等。当然,什么是科学研究,它的标准是什么?有人认为演绎研究和注释研究也是科学研究,因为法律是价值科学或逻辑科学,所以,它的研究方法有别于自然科学的研究方法,甚至有别于其他社会科学如社会学的研究方法。这个问题我们将在第二章讨论。而能担负起传统意义上科学研究这一任务的只能是法社会学。它将社会科学的研究方法引入到法律与社会的各种互动关系、法律现象与法律事实的研究中,它将开创置法社会学研究于科学、客观、可证明的地基上的新格局,摆脱了仅限于逻辑分析与注释科学的局限性,从而实现了法学研究思维模式转换的革命性变革。

现代法学要求到活生生的现实中去寻找、从经验事实中去归纳"法律"。而法律社会学正适宜于承担这种时代任务。第一,向其他法律学科提出大量现实课题或命题;第二,对法学命题进行科学验证;第三,总结各种法律现象的经验模型,提出中间层次的理论;第四,发现法律制度的一般原理和规律;第五,从社会整体视角、动态过程揭示法律的本质属性和基本规律,使法律成为社会进化过程中不可或缺的重要元素和引导社会结构变化的重要工具,从而解决法律在社会急剧变迁的新时期的合法性困境。

所有这些都将对传统的法学理论发起重大挑战,它将全面改变法学理论的研究方式,从而引发法学研究的一场革命。它将完全改变传统的法学思维方式,以一种更加科学和更加有效的面目出现,从而刷新中国传统的法学理论和社会理论格局。

二、实践意义

1. 满足法律功能扩张需求和为政策选择提供客观依据

自从 20 世纪以来,科学技术的巨大进步和生产力水平的整体提高,社会分化的加剧,使现代社会发生了急剧的变化。如贝克称之为风险社会,鲍曼称它为流动的社会等等。而中国社会结构更是发生了重大的变革,尤其是改革开放以后,各种社会矛盾充分展现,如贫富分化、城乡差距、区域发展不平衡,房屋拆迁与安置、开发商与购房户、社保中的供需双方、收入与纳税、教育权利与义务间的矛盾等等,各种社会需求日益增加,与这种客观需求相对应的是人们对法律功能的期待也大大增加。

在现代化过程中,法律在经济体制改革和经济建设领域、对外开放与国际交往领域、政治体制改革领域、推动科技文化发展方面、加强社会控制与实行综合治理方面、维护社会团结方面都发挥了重大作用。但随着社会问题的不断滋生,人们对法律抱有更高的期待,如维护教育公平和物价稳定,保障食品、药品和环境安全,惩治贪污腐败行为等。社会矛盾越严重和社会需求越急迫,人们对法律的期望值也就越高,相应地,法社会学也就越有用武之地。

所以,在这个历史阶段,开展法律与政治、经济、科技、文化、民族、人口、环境、婚姻、家庭、道德、社会心理、乡规、民俗等各种社会现象和广泛社会问题的最大接触面来研究法律的社会功能。将个人行为的有效制约、秩序的形成和规范内在化、国家权力的行使与个人权利的保障、社会利益的平衡与综合、所有权的社会化方式与劳动关系、企业的组织与行为模式、国民经济计划与宏观管理、合同、证券、税收、票据、保险、破产等法律制度在商品经济中的地位与作用,对竞争与垄断、效率与平等、改革与安定等各种关系的调节,以及所有法律制度运行的实际效果等课题作为研究重点,可以为立法、司法、执法的政策选择提供客观依据,并保障法律制度更有效地服务于社会的各种需求,有助于形成一种在法律保障基础上的充满活力、反应灵敏又有秩序的社会状态。

2. 解决现代法治与中国法律文化之间的矛盾的需要

法律文化是历史发展与传统积淀的产物,是源于历史的法律生活的深层结构体系。我国的法律文化包括:中国古代法律文化的结构性沉积;民主革命时期法律传统与苏联法文化的影响;现代西方法律文化的影响。这种以传统为主体而呈多样性的法律文化既有内在矛盾,又与现代法制要求不协调。中国传统法律文化的深层结构仍未改变。

其表现为,制定了大批法律但立法精神未渗透到社会生活之中与社会成员的心理;旧的社会控制手段已失灵,新的控制手段与法律系统却未进入稳定有效的运行状态,它的表现形式有:面对纠纷,人们回避司法程序"私了";对公、检、法敬而远之;律师沦为虚设,在法庭上得不到应有的尊重,甚至被逐出法庭,等等。

为此,就必须研究:中国法律文化的历史、现状及其演变;实际上制约着人们行为的规范、习惯甚至意识形态;使人们的正常法律行为发生偏差的各种社会因素。总之,要挖掘发生上述因素的社会文化背景与各个层次的原因。

3. 适应体制改革的需要和指导部门法实践的需要

体制改革尤其是经济体制改革是一件规模宏大的事件,市场体制的正式形成和正常运行必然要超越传统,进行制度创新。由于这种制度创新没有范本可供借鉴,在现代社会,不能不借助于法律,尤其是一些部门法如民商法、劳动法等。所以说法律与改革的接触点就是部门法的实践。因此,法律社会学一方面为改革提供了一条有价值的实践方式,另一方面,改革又促进了部门法的发展。

同时,法律社会学通过研究一些具体问题如消费者权益保护、环境污染治理、国企工人下岗失业、行政权限滥用、制度形成的贫富差距、行业与区域间的收入差距等,特别区域的社会文化差异等特殊性,揭示注释学、法律解释所无法解决的问题,加深立法、执法人员对社会的认识,以保证立法与办案质量。另外,法律社会学可以使法律职业群体拓宽知识视野和创新思维方式,以适应时代要求和体制改革的迫切需要。

4. 能够有效地服务于对法律系统运行过程的认知与评价

面对日益复杂和扩展的法律功能期待,法律系统本身也需要反思和自我调适。而法学是不足以解决这种具有较高层次的问题。因为系统运行过程的分析需要特殊的科学方法论包括法社会学研究所运用的重要方法——实证科学方法。当然,它除了描述、观察,还需要作出评价。

对法律运行过程的把握,可以通过法律机构的职业活动和法律共同体中各成员的行为方式这两个方面。也可以从宏微观两个层次入手,宏观层次:目标—效果分析,结构—功能分析,均衡—变动分析,系统—环境分析等;微观层次:法律行为的分析,纠纷处理的角色分析,诉讼参与人的心理分析,社区交往的网络分析,资源分析,文化分析等。这些分析研究都不是传统的概念法学和注释法学能够实现的。所以,法社会学在新时代下显得特别重要和有价值。

【思考题】

1. 请你谈谈法社会学萌芽阶段的一些重要的法社会学思想与理论元素。
2. 西方法社会学进入繁荣和成熟阶段的标志有哪些?
3. 法社会学研究范式第五阶段的变化喻示着什么?
4. 20世纪早期中国法社会学的发展有何特点?
5. 请你对20世纪80年代与90年代的中国法社会学的特征作一比较?
6. 你认为今后中国法社会学发展的重点应该关注些什么?
7. 你认为法社会学是研究什么的,它的本质特征是什么?主要研究范围有哪些?
8. 请你谈谈法社会学的诞生对传统法学研究模式的意义。
9. 请你根据所学过的社会学理论,谈谈法社会学应该怎么研究才是最科学的?
10. 在中国开展法社会学研究有何理论和现实意义?

【参考书目】

1. 赵震江主编:《法律社会学》,北京大学出版社1998年版。
2. 李楯:《法律社会学》,中国政法大学出版社1999年版。
3. 季卫东:《法治秩序的建构》,中国政法大学出版社1999年版。
4. 〔美〕马修·戴弗雷姆著:《法社会学讲义》,郭星华等译,北京大学出版社2010年版。
5. 〔德〕托马斯·莱塞尔著:《法社会学导论》,高旭军等译,上海人民出版社2008年版。
6. Dragon Milovanvic, *An Introduction to the Sociology of Law*, Criminal Justice

Press,Monsey,New York 2003.

7. 袁方主编:《社会研究方法教程》,北京大学出版社1997年版。

8. 风笑天:《社会学研究方法》,人民大学出版社2001年版。

9. 〔法〕E.涂尔干著:《社会学方法的准则》,狄玉明译,商务印书馆1995年版。

10. 〔英〕安东尼·吉登斯著:《社会的构成:结构化理论大纲》,李康、李猛译,三联书店1998年版。

11. 〔美〕R.K.默顿著:《科学社会学:理论与经验研究》,林聚任译,商务印书馆2009年版。

12. 〔美〕诺内特、塞尔兹尼克著:《转变中的法律与社会》,张志铭译,中国政法大学出版社1994年版。

13. 〔美〕布莱克著:《法律的运作行为》,唐越、苏力译,中国政法大学出版社1994年版。

14. 〔法〕埃米尔·涂尔干著:《自杀论:社会学研究》,冯韵文译,商务印书馆2009年版。

第二章 法社会学的研究方法

第一节 几种传统方法论

一、两大方法论之争

早期韦伯、涂尔干等法社会学家侧重于探讨法律的社会基础,庞德代表的社会学法学派则"着重剖析法律的社会效果","它是以实用主义哲学为理论基础,以经验科学方法论为基本特征"。[①] 庞德去世之后,20世纪60年代开始,以加利福尼亚大学伯克利分校的教授、"法律与社会研究中心"的主席塞尔兹尼克为代表,提出了法社会学研究的最重要的特点是法律的价值性,以此形成了"伯克利纲领"。认为当时社会学研究中的首要缺陷是事实与价值的分离,而"规范性研究是在事实与规范之间架设桥梁的方法之一",所以,他们强调法治是法社会学必须要研究的最重要的价值。[②] 由此可见,伯克利纲领的哲学基础是道德伦理哲学与实用主义哲学的结合,是一种自然法与实在法相糅合的方法。

伯克利纲领形成以后,遭到了耶鲁大学布莱克教授等人的尖锐批评,他主张摒弃法社会学中的一切价值判断因素,运用彻底的实证主义方法,建立"纯粹的法社会学"。伯克利分校法律与社会研究中心的成员之一——诺内特撰文反驳布莱克。布莱克也于1972年发表《法律的运作行为》一书,系统性地提出其理论,诺内特与塞尔兹尼克合著的《转变中的法律与社会:迈向回应型法》一书也是他们运用"伯克利纲领"的基本原则的结果。因此,在20世纪70年代,美国形成了两种迥然不同的理论形态,成为当代西方法社会学中的两大方法论之争,因此,我们不得不在此重新讨论:布莱克—诺内特之争。

布莱克认为在进行法社会学研究时应摒弃一切价值因素,将法律事实、法律行为归纳为类似于自然科学这样可以观察、解释、计算的技术问题,能够通过科学来掌握和解决,不评价它所面临的现实,不衡量法律的功效。只知道现象、不追究本质。他认为法社会学的目标是形成一般性法律理论,它可探求任何地方、任何时间存在的法律原则和机制。他们批判塞尔兹尼克等人混淆了科学与法律

[①] 参见张乃根:《当代西方法社会学中方法论之争及其启示》,载李楯主编:《法律社会学》,中国政法大学出版社1999年版。

[②] 同上。

政策的界线。由此,形成了他的纯粹法社会学理论。塞尔兹尼克及其学生诺内特则在《法理学的社会学》一文中反唇相讥,批驳了布莱克的纯粹法社会学纲领。他们认为:在研究与人类相关的事务中,诸如需求的满足、利益的追求、目标的实现等等,是不可能不涉及价值的。而且,法社会学研究必须以法理学为指导,深怀法律理想,关心法律价值与法律政策,对人类法律事务问题的研究离不开经验分析,同时又需要规范性评价,即实证分析方法基础上的规范分析方法。他们批判布莱克坚持实证主义的研究方法,否认法社会学中的价值判断的重要性,实质上是要规定社会研究的界限,否则就失去其纯粹性。而要规定这种界限,则就失去了科学的意义。这种争论引起了西方法学界的重视,尤其是法社会学研究起步较晚的英国,则格外引人注目。艾伦、亨特、R.柯特威尔等人纷纷发表文章批判布莱克这种刻板、极端的实证分析方法,主张在事实与价值之间建立内在联系的研究方法,或经验与规范相结合的分析方法,促进了当代西方法社会学理论与研究方法的多元化。

总之,从西方法律思想史的发展来看,以霍布斯、洛克等为代表的古典自然法学派、以奥斯汀为代表的实证分析法学派和以庞德为代表的社会法学派分别具有道德理性、逻辑实证与经验科学三种方法论指向。而上述的两大方法论则是经验科学基础上引领当代法社会学研究的两个根本对立的哲学方法论,在这两大方法论之下,存在着众多的法社会学研究的部门方法论,这将在下文一一介绍。其实,任何单一的方法论都不足以准确、全面地理解、把握当代西方法社会学理论,也不能够充分地满足于法社会学的研究与学科建设,更不能很好地服务于法社会学研究的目的。所以,在进行法社会学研究时,应根据研究对象的不同,以相应的部门方法论为基础综合研究。为了更全面地了解掌握法社会学的研究方法,本书接下来对传统的三大研究范式作一介绍。

二、传统的三大研究范式[①]

在西方法社会学发展的历史进程中,下面的三大研究范式成为研究方法的基调和主线,是它们构筑了法社会学的基本理论与知识体系。

(1)历史主义。这种观点强调考察法律意识、法律规范、法律制度的历史根源,考察社会变迁中的法律变迁和通过法律的社会变迁,确认法律进化的模式。它的理论前提是:法是深嵌在社会母体之中,作为社会和文化的一个组成部分,其社会内容和对社会秩序的意义是不断变化的。历史主义的目的:第一,通过考察法的社会史,发现时代错误,一旦这些错误被揭示出来,一些现存规则的权威

---

① 参见张文显:《西方法社会学的发展、基调、范围和方法》,载李楯编:《法律社会学》,中国政法大学出版社1999年版,第48—50页。

性,特别是其背后的理由,就会削弱或消失;第二,通过对法律进化模式的分析,有助于确认法律主流,尤其是反映社会变迁的潮流,挖掘社会变迁的各种动因,梳理社会变迁的历史脉络,为法律革新提供历史依据和社会现实条件。代表人物有:梅因、萨维尼、韦伯、卡尔·伦纳、弗里德曼、昂格尔、庞德等。

(2) 工具主义。工具主义把法作为实现一定社会目的的工具对待。当然,这种工具的功能是全方位的。这种理论的哲学基础是詹姆斯(W. James)等为代表的实用主义哲学。其社会目的主要是社会利益、社会主张和社会需要,社会利益和需要才是法律产生与发展的唯一根源,所有的法律都是旨在实现这个目的。因此,工具主义也被称为"利益理论"。工具主义定向的另一重要意义在于引起人们关注社会知识在法律中的作用,鼓励把社会知识包括自然科学知识吸收到法律之中。因为法律是工具,故它需依不断变化的社会现实进行修改和解释法律。这也使得社会科学在与法律的沟通对话中获取"合法"地位。这种理论流派的代表人物有:庞德、霍姆斯、沃德、罗斯、耶林等。

(3) 反形式主义和多元主义。这种观点主要在于反对传统法理学对于法律规则的态度,认为法绝不仅仅是一套纯粹形式的规则体系,而是由活生生的人所进行的一系列活动,是行动中的法;国家的法只是社会法律秩序的一部分,而且不一定是最主要的部分。一个有益的法律理论会考虑所有依靠正式权威和制定规则以进行社会控制的公共机关中的全部的法。也就是说,只要是由权威机关——国家、公司、教会、学校或其他社会团体承认并保障实施的规则就是法律。所以它们要求不仅要考察研究法是如何被制定、适用、遵守、违反或实施,法怎样影响人类行为,律师、法官、警察、行政官员及其他诉讼参与人的实际活动、个性、社会性,抽象的法律原则与纸上的法律与实施规则之间的差距、法律的实际社会功效等等,而且还要考察支配人们实际生活、人类行为的各种组织如行政机构、教会、商会、学校、公司及其他社会团体的"内在秩序",考察"正式法"以外的各种"自由法"如习惯法、司法解释、判例、法学家的权威论述等。这种理论流派的主要代表人物有:埃利希、坎特诺维茨、韦伯等。

第二节 当代法社会学研究的部门方法论

第二次世界大战以后,法社会学真正成为一门专业研究领域的学科。对法律现象进行研究的部门方法论也因此被纳入法社会学的重要研究领域。纵览西方法社会学研究的近百年历史,主要的部门方法论有:功能主义、结构主义与解构主义、行为主义、现象学和系统论、冲突论与进化论、着眼于象征性互动的符号论、着眼于分工和互惠性的社会性角色理论、着眼于人类小集团研究以及群体互动的交换理论、着眼于历史和认同感以及语境文脉的文化和日常生活的解释学、着眼于预期的相互调整以及选择的优化策略的博弈论、着眼于偶然性的非随机化以及通过自组织的秩序生成的复杂系统论等。下面逐一做简单介绍。

(一) 功能主义:以庞德及其门生斯通等人为代表

从庞德的《通过法律的社会控制》和《法律的任务》及他的社会学法理学著作即可看出,庞德强调的是法的控制功能。帕森斯作为功能主义的集大成者,他是将法律作为社会结构体系的其中一种子系统加以探讨的。他认为所有的社会制度均有相同的"系统要素"或"功能要素",而且必须得到满足,才能够维持生存,这就是他著名的结构功能主义理论。因此,功能主义方法论认为:法是一个从属的社会现象,它不只是构成的社会标准,而且其本身就是从社会环境中派生出来的。法的每个要素都对法律体系的稳定和变化发生作用。默顿对功能理论的贡献是区分了法的功能类型,法有显性功能、也有潜在功能,有孤立的功能还有系统的功能,应区别不同功能类别来研究法。斯通继承了庞德的衣钵,发展了社会控制理论。除此之外,斯通还作出了两个方面的发展,一是完善了庞德的综合法学思想,另一方面是他的"正义飞地"的提出,完善了庞德的社会控制理论,使其更有法社会学的味道。此外,美国现实主义法学家卢埃林、英国新分析实证主义的代表人物拉兹、丹麦法学家乔根森等都从不同的视角对功能主义方法论作出了贡献。

(二) 结构主义:着眼于差异和对立的统一以及关系性、可变性思考

这种方法论认为:所有的事物可以分为对立统一的两个方面,它们既有质的区别,又发生联系。如黑夜对白昼、左手对右手等。法国社会学与人类学对此有很多研究,如"神话树"、著名的"煮调三角"即"生食"、"熟食"、"腐烂"。这种研究方法是在差异和对立中寻找关系,用比较或隐喻的思维,来研究具有可比性的东西,在两个对立的东西发生碰撞的边缘地带会产生关系,后面支撑它的就是结构。差异或对立的两个方面是结构的表现形式,是结构的可视图式,它们统一于后面的结构,从而发生关系,它们的变化显示着结构的多元化。而结构是制约着人们行动的形式与方向的客观存在或客观关系。结构主义的方法在法社会学研究的早期大量存在,孟德斯鸠、韦伯、涂尔干、帕森斯与默顿等人采用的都是这种方法论。而现代的福柯、哈贝马斯、布迪厄、吉登斯等人也采用这种方法论来研究法律与社会的关系。结构主义在法社会学的研究中主要包括宏观结构主义与微观结构主义两个层次,宏观结构主义如弗里德曼对社会权力和社会力量与法律之间关系的研究,微观结构主义在尤伊克和西尔贝对辛普森案的研究中得到了很好的体现,一般用于司法场域或其他微观场景的研究。

(三) 解构主义:着眼于偶然性的非随机化以及通过自组织的秩序生成,或称复杂系统

与结构主义相对应,强调非理性因素,关注偶发性元素的自生成秩序。从这种偶然性元素的自生成秩序中去解剖结构。观察这种偶发性元素是如何破坏原有结构,又如何达到一种新的自然平衡或和谐,形构一种新的结构,从而去解构它。这种方法强调事实或现象的某种不连续性与断裂或不对称性,福柯、梅洛-庞蒂、哈贝马斯、卢曼与托依布纳等人的研究都属于这种范式,这种范式本质上是批判主义的。

(四) 行为主义:从政治学中移植过来,被布莱克发展运用

行为主义认为:法存在于可以观察到的行为中,而非存在于观察中。它将法律理解为法律主体的行为如立法、司法、诉讼、政府的社会控制等。把法律体系理解为法律行为体系或法律行为的组合。因此,这种方法论将法社会学的任务界定为研究法律行为。因此这是一种极端的实证主义,它把法社会学的研究仅限于观察、测定、分析实际的法律行为,拒绝解释为什么如此行为。它主张的科学精神:(1) 科学的功能在于了解并解释世界而不改造世界;(2) 只描述现象,不问本质;(3) 只整理经验,无法进入非经验的认识领域;(4) 经验世界无涉价值。故与这种科学精神主张相联系,行为主义者建立起与价值无涉的"纯粹法社会学"。这种方法论由于它自始具有的缺陷而遭到了各方的猛烈抨击,但它的方法论意义还是不容否认。这种方法论以布莱克为代表。

(五) 现象学:这种方法论强调个人对法律的主观体验和感觉

现象学认为社会科学的研究与自然科学有很大的不同,它研究的是由意义构成的社会现象,而意义是行动者在社会交往过程中建立和重构的。人是根据意义来观察、解释和体现世界的。把这种现象学引入法社会学研究,就是考虑社会秩序怎样是可能的,是什么决定和构成了各种情境中的共同感,理解构成这些情境之要素的"当然规则",由此把社会秩序的一般问题与个人的动机和见解相连。所以,这种方法论强调"活法"与"行动中的法"的重要性,认为宪法、法律等规范性文件中的规则不是法律制度的核心。法主要存在于人们的态度、感觉的照应和交换之中,存在于社会互动之中,而不仅仅是纸上的规则。现象学还强调法律人类学在理解法律现象方面的重要性,即法不应被看做是一种主观现象或客观现象,也不应被视作为初级社会所独有的"流动因素"或发达社会的正式结构,法与人类存在的最基本结构——人类之需要密切相关。

法社会学强调身体论意义上的现象学,着眼于在身心交错中的行动结构。①

---

① 参见〔法〕里斯·梅洛-庞蒂著:《行为的结构》,杨大春、张尧均译,商务印书馆2005年版,"第四章:心身关系及知觉意识问题",第274页。

它来源于胡塞尔现象学和舒茨的"袖里乾坤"的概念。前者旨在解决哲学上"客观"与"主观"的对立问题,调和两者关系,强调主观对客观的体验,客观世界来自个体自我的领会,是主观体验;舒茨的"袖里乾坤"的概念,指人在具体的互动情境下的行动,后面是整个社会化过程累积起来的经验、知识与价值观,整合后变成默认的知识和规则等一系列可调用的东西,这是主观对客观世界的体验,是个人经历的客观事件与过程所形成的共同的结果。所谓身体,就是指主体,包括主我和客我,身心在具体场景下,产生互动,有临时场景下的,也有结构性支撑下的,主体与客观世界这两者"身心交错"。例如,这可以用于研究法庭上法官行为的研究,直接观察哪些是"袖里乾坤"导致的结构性行为,哪些是具体场景下的即时性行为。

(六)系统论:它是20世纪70年代初才被应用于法律分析的一种方法论

这种理论主要以观察和预测现象的方式,即以宏观和动态的方式观察与描述法律,对法律的"投入"与"产出"进行评价,预测法的社会效果。它借助于控制论与信息论中的一系列概念,如系统、分系统、适应系统、开式系统、闭式系统、最优控制、输入、输出、评价、决策、反馈、前馈等范畴和理论说明法律系统的运行与功能。卢曼将这种理论引入到法社会学的研究,为法律与复杂社会的关系研究开辟出一个新的天地,提供了一般意义上的纲领、基本框架与研究范式,也为法律系统在复杂社会中的适应与功能研究提供了一个典范。它为法律自治或自律的提出提供了一种很有力的理论假设和证明,并被用于法律与社会之间关系的经验研究,其中所呈现出的一些细节描述与建议,被许多比较法学者和法社会学者所赞成和热衷仿效。这种理论在托依布纳那里得到了发展,他虽然对卢曼的理论在解释法律现象或法律事实的运用中提供了更具体的演绎,为系统理论在法社会学领域的运用研究作出了一种示范,但它仍然不能为法社会领域的经验研究提供一套可资操作的指标体系或为指标化操作提供一套基本原则或方法,更无法解决卢曼系统理论中存在的缺陷。这种理论仍有待于进一步的开发运用。

(七)冲突论:它是与功能主义相对应的一种方法论

功能主义是以社会的均衡稳定和价值观的一致为前提,而冲突论则持否定态度。它认为稳定和一致是不切实际的假设,而冲突才是必然的社会现象。法律则是解决和预防争端的手段。它具有明确表达正义观的要求、抑制那些行为与这种要求不符的人的作用。法律社会学的目标就是测定法律(概念、制度与程序)在防止、减少、解决冲突中如何发挥作用,法律机构如何出现或创制,它们与非法律机构的关系如何及怎样使它们更有效等。马克思的研究是这方面的典范,庞德、卢埃林与弗兰克的研究也具有这种倾向。

（八）进化论：它主要被用来阐述发生在法律中的变迁，找到法律发展中起作用的进化力量，描述法律变化的模式

这种理论认为：法律不是一个独立存在的体系，而是一个共同体的社会生活的组成部分。法社会学的任务就在于找到并分析影响法律进化的社会诸因素和文化诸因素，以发现法律中潜在的历史动因，进而为法律制度的改革和法律观念的更新提供依据。这种研究以萨维尼、梅因、昂格尔、弗里德曼等为代表。这种方法论在国际社会上大量用于法律与社会变迁的关系研究。

（九）符号论：着眼于象征性互动及各种符号的意义

符号论在法社会学领域最新的一个发展，就是用于研究法庭语言和法官、律师等各种语言协调系统在意义构建方面的影响力。这种研究的先驱当属美国哲学家皮尔斯（Peirce），在凯弗森（Roberta Kevelson）那里得到了长足发展。因为美国社会学家乌特诺（Robert Wuthnow）和法国布迪厄（Pierre Bourdieu）的拓展，符号论被构筑于主体的行动或主体间的互动基础上。因此，符号论在用于法社会学领域的研究时，也被广泛地应用于对法律角色行动和法律主体间互动意义的生成过程进行揭示与描述。符号论强调符号在司法中的意义，即行动举止的符号、文字符号、仪式符号、物的符号等。符号表达的象征类型有两种：（1）由文字或物质符号来表达的象征；（2）由行动或仪式来表达的象征。分析法庭使用的各种语言文字就是符号论的体现。①

（十）社会性角色理论：着眼于角色与社会的外部关系研究及角色结构与角色期待的内部研究

角色设置，角色与地位的关系，角色间分工和互惠性，这些都是对角色的外部研究；而角色丛、角色结构、角色权利与义务、角色演变等都是对角色的内部研究，重点是对法官、警察、律师、检察官、行政官等各种执法角色间的分工、地位及相互关系等研究。这方面研究的典范是柯特威尔。

（十一）交换理论：着眼于人类小集团研究以及群体互动研究

强调交换的报酬，参见布劳的《社会生活中的交换与权力》②及霍曼斯理论的六大命题。通常用于研究特定经济发展阶段，小团体、群体之间遵循的交换原则。如：国企高管贪污案是典型，具有代表性，还有很多类似的问题，都是交换不成功的表现，国企领导为国家创造很大利润，但自身获得奖励不多，产生心理不平衡，交换不成功是贪污的很大原因。而行政官员的贪污腐败也在某种程度上有类似的含义，低薪位置上的很大权力，也有一种交换不成功的意义在内。另

---

① 参见〔美〕A. N. 怀特海著：《宗教的形成：符号的意义及效果》，周邦宪译，贵州人民出版社2007年版，第63—102页；〔法〕莫里斯·梅洛-庞蒂著：《符号》，蒋志辉译，商务印书馆2003年版。
② 参见〔美〕布劳著：《社会生活中的交换与权力》，孙非、张黎勤译，华夏出版社1988年版。

外,近几年来高校教师都被要求高文凭(博士、海归)、高投入(种种考察指标),渊博的知识却得到显著的低报酬(平均工资与保姆、公司低层员工的工资接近),也是这种交换不成功的典型现象。

(十二)文化和日常生活的解释学:着眼于历史、认同感以及语境文脉

即用加芬克尔的常人方法论,及日常生活的解释学去研究一些法律现象。认为意义是在具体场景下产生的,且往往运用小小的权力技术,因此要结合戈夫曼的"表演"理论来研究。不过,这里特别要注意国际社会常用的一种文化分析方法,这种方法与日常生活的解释学重叠交叉,许多模糊区域不易划分。经典研究有:《法律的公共空间——日常生活中的故事》与《看不见的法律》。① 这种方法十几年来在国际社会中被越来越多地用来研究法律行动或司法行为,它很可能在不久的将来成为法社会学领域中一种很热门的研究方法。

(十三)博弈论:着眼于预期的相互调整以及选择的优化策略

着眼于预期的相互调整,重点是选择的优化策略,典型的就是"囚徒困境"。企业运用得较多,主要用在信息不对称的情形下。

以上这些部门方法论与奉行经验主义和现实主义及"有用即真理"的实用主义哲学方法论不同,是一种融合理论与具体操作为一体的方法论。在进行法社会学研究时,上述部门方法论既可单独使用,也可以几种交叉使用,视研究对象的复杂性程度而定,不拘一格。

第三节 法社会学研究方法的普适性与特殊性

一、总体原则与普遍要求

用社会学理论、方法去解析和理解法律现象和法律事实,是一种不同于传统分析法学的研究路径,采取的是以实证为主的描述和阐析的研究路径,较之法学更加具有客观性,不是看事实结果如何,而是解释这种事实是如何形成的。所以,在引入社会学维度的法现象分析时,法社会学的研究并不是平铺直叙,只停留在现象,而是重在描述与解释现象背后的深切的问题本质及事实的演变过程。因此,法社会学的研究方法与法学既存在着某种紧张又存在着互补性,它将法律规范、法律制度、法律过程、法律行动及其他法律过程和法律现象的研究嵌入在社会母体和具体场景下,在深入细致、客观透彻的描述中保持对研究对象的价值中立。无论是静态的法律事实还是动态的法律现象,都是嵌入到社会的母体中,

---

① 参见〔美〕帕特里夏·尤伊克、苏珊·S.西尔贝著:《法律的公共空间——日常生活中的故事》,陆益龙译,商务印书馆2005年版;〔美〕迈克尔·瑞斯曼著:《看不见的法律》,高忠义、杨婉苓译,法律出版社2007年版。

置于社会结构中去研究,法社会学不是简单的一门交叉学科,而是有着独特的研究对象和研究方法的一门新兴学科。这种一定意义上由研究对象决定的研究方法须具有它所独有的特殊性。

本书研究方法的总体原则是引入社会学的研究方法去阐析、描述法律事实,拓宽法社会学的研究范围,特别是法社会学部门方法论的影响,一方面可以在更大的层面上扩大关注的法律现象样本,得出更有代表性的解释;另一方面可以从实践的层面关注法律现象的发展过程,更加深入的解释法律事实。通过博大的社会学元理论的支撑,结合对社会微观层面法律现象、法律过程的剖析,提炼总结出各种经验模型,最终加以理论上的反思、检验,形成一套既能反映宏观的社会结构与法治全景,又能对具体的法律现象研究提供指导的"中矩理论"或独特的法社会学研究范式。

在此,我不得不重申一个貌似与法社会学无关的方法论问题。其实,这是一个关乎法社会学的知识体系究竟怎样铺陈才是合乎科学的关键问题,也是关乎法社会学能否作为一个独立学科存在并自足地发展的问题。我们知道,迄今为止,被社会学家共识为社会学理论的显著特质之一是它的说明性或阐释性。如《牛津词典简编》中所言:由一些观念或陈述组成的一套图式或体系,作为对一组事实或现象给出的一种说明或说法;被认为属于一般法则、原理或者被认识到或被观察到的某事物原因的一个陈述。[1] 这就意味着这种说明性有着它自身的特殊要求,即使是形式类型的社会学理论也同样。这种要求包括这个理论命题的生命力是内在于社会实在,是从社会实在中生长出来的,该命题对于社会实在而言只能是真命题,既不是假命题,也不是为了命题而命题。同时,还要求理论命题与使用的概念不仅能够有效说明有关社会现象的形式与内在、存在状态与演变过程,还要求这种理论与概念具有新知识,具有"科学的精神特质",具有知识的技术性、客观性或阐释性特征,而且这些因素之间的联系是在知识范式与知识系统中有机联结的。更重要的是这种新知识不仅被要求能在"帮助我们认识早期著作中的预想和暗示具有溯及效应"[2],还被要求对将来知识的发展具有预示作用。否则,这种理论与知识就成不了对一组事实或现象给出有效说明的一套图式或体系。

在社会学原野中深深浅浅地披荆斩棘的学者们,相信能不同程度地体会出社会学自有它与众不同的诞生与立根的质的东西。如果说早期社会学家的作品如斯宾塞、齐美尔、韦伯、涂尔干等人所作的探索犹如抽象画令人迷惑,那么,近

---

[1] 参见《牛津英语大词典(简编本)》(上海外语教育出版社2004年版)"理论"词条。
[2] 参见〔美〕罗伯特·K.默顿著:《社会研究与社会政策》,林聚任等译,生活·读书·新知三联书店2001年版,第316页。

代各种社会学理论如功能主义、进化论、冲突论、互动论、交换论、结构理论、批判理论、女性主义等等理论的诞生就犹如现实主义画派的作品,让人清晰地辨识到这种质的东西。在此,不得不重申:之所以写下这些文字,确实是执著于某种该执著的东西。之所以称之为理论、知识等等,这种执著的东西不仅仅是人类累积下来的这许许多多文字已分门别类建构起来的领域或学科,而是某种凭认知方能进入视域的"实在",比如黑格尔的"绝对理念"、康德的"纯粹理性",正是这种实在让我们不断有话可说。尽管文本中的语境是构建起来的实在,但它依然必须符合能在文本的时空中穿梭,能在同一象征上承载新知识的要求。社会学的理论担负着能够将社会现象与其本质之间的因果关系在它自身的等级序列、认知模式和语境文脉中得以阐释。它能将现象与本质从各自大量模糊不清的经验与体验中凭借认知在同一象征意义上表达出来,并在现象与本质的重构和解构中让人们认知到不同等级视域、不同种属中的重要性,然后运用社会学理论的说明性或阐释性特征加以表达。社会学理论研究的方法论特征也在此表露无遗。

社会学理论属于认知领域,而认知领域的理论有它的特殊性,并不是逻辑上能行走的文字都可以称之为理论,也不是套上社会既存的现象就是事实阐释。犹如所有的幻象都有它的真实域,即使真实被象征性一再污染和肆虐成他者。理论的真实域就在于它开启了人们的认知和再认知的曙光,让思考同一实体的学人的意识自觉地在同一性上抽象。法社会学理论作为社会学理论的一个组成部分,同样需要满足上述条件。而法社会学的研究方法与方法论更是直接受到社会学研究方法论与方法的影响,社会学研究的这种说明性或阐释性特征,同样适用于法社会学的研究。

二、法社会学研究方法的特殊性

法社会学既然是一门有着自己独立的研究对象的新兴学科,那么,它势必要有着自己独特的研究方法。当然,这种独特性一定与其研究对象紧密相关或者说是受制于这种研究对象的性质。作为法社会学研究对象的法律现象与法律事实,它须是置于社会母体中,因为法律只是社会子系统之一,是社会现象之一种,所以,对任何法律事实的研究都不能孤立地去研究,而要将其与社会联系起来,要在社会与法律现象的关系中去研究,这就决定了法社会学的研究是一种关系研究,一种动态研究,一种过程研究。它描述的是现象背后的现象,事实之中的事实。另外,因为这种研究对象是人类构建的社会事实,不是自然之物,因此,由于这种物的性质会派生出诸多的复杂性与变体。如一个人死亡是一种自然现象,他或她没有了呼吸,心脏停止了跳动。但一旦将之视为一种法律现象,死亡就变成了是自然死亡还是意外死亡,自然死亡是寿终正寝还是病死,意外死亡是事故还是谋杀或伤害致死,等等。而一旦这种法律现象成为法社会学的研究对象,那么,它就因为与社会的联系变得更加复杂,比如说病死,是哪种病,由哪些社会因素导致了这类病的增加,需要如何从法律上加以预防或控制,等等。而所有对这一连串现象的解释或描述须归入科学的范畴。因此,这种研究方法只能是解释性的或理解性的,这也是十几年来,国际社会中上述部门方法论在法社会学研究中大行其道的重要原因。目前国际社会的研究大多采用定性的研究方法,定量的研究方法只有在限定条件下用于某些小范围的静态现象或单一事实的研究中。

为此,法社会学研究方法的特殊性就在于要让所有的法律现象或法律事实变得可视,它能像显微镜一样放大这些现象,增加事实的能见度,尽可能地让事实变得透明。所以,这种方法被要求能达到与显微镜一类客观工具同样的效果,而相异于以逻辑推理为主的分析工具。但是,方法毕竟不同于显微镜,法律事实虽然属于物理世界,毕竟不是自然之物,要增加这种事实的能见度,要具有显微镜一样的功能,就需要让这种方法具有物的性质即客观性。但这两种物毕竟不同类,前类物具有"经验知识的基础"的性质①,而后类物则掺入了思维过程,所以,二者的关系含有决定与被决定的部分性质,至少类似于波普尔所称的第一世界的物与第二世界的物的区别。也就是说,前类物以包含着真理的物理形态存在着,是后类物存在的依据;而后类物则指以一种客观的认知方式去接近、反映前类物,即以一种科学认知的范式去介入,故后类物是以一种客观的媒介形态存在着。所谓科学的认知范式,则是在库恩所指的含义上使用,即将范式当做一种封闭的意义框架体系来运用,但事实上这种范式正如吉登斯所批评那样"我们必须认为,作为一个出发点,所有的范式都被其他范式所中介。不仅在科学范围内范式连续发展的层面上是如此,而且,行动者在一个范式范围内学会'寻找他或她的方法'层面上也是如此"。② 而"意义框架的中介是一个解释学的问题,……解释学的分析要求考虑起中介作用的意义框架的真实性:这是理解其他生活方式的必要方法,也就是形成对其他生活方式的描述的必要方法,这种描述对那些还未直接参与其中的人来说,是潜在地可利用的。但是,意义层面上的真实性必须与有关世界的命题的正确性相区分,这种命题在一种独特的意义框架中被当做信仰来表达"。③ 吉登斯在此要告诉我们的是二重含义,一重是意义框架的真实性与命题的正确性不同一,这种命题是在"如果'S'是真,而且仅当'S'是

---

① 参见〔英〕安东尼·吉登斯著:《社会学方法的新规则:一种对解释社会学的建设性批判》,田佑中、刘江涛译,社会科学文献出版社2003年版,第241页。
② 同上书,第256页。
③ 同上书,第257—258页。

真"的元语言形式上存在①,另一重则是解释学涉及的"是一个预先解释的世界,在这个世界中,由能动的主体发展的意义实际上参与了这个世界的构成或生成"。② 在具体语境下的理解方式所获得的意义,实际上隐含着另一主体在其他语境下所作出的描述而获取的意义,因为主体所面对的语境是一个经过其他主体预先解释的生成的世界。所以,社会科学中的解释学是立足于主体与主体的关系,而不是主体与客体的关系。"正是通过这种主体间性,交往意图的传递才得以实现。"③也就是说只有立足于这种主体间性,人类的世界才可以利用意义框架得以解释和理解。由于作为法社会学研究对象的法律现象或法律事实,本体上就具有主体的生成性或建构性特征,也因此,使得这种解释与理解内部存在如此多的模糊与微妙之处,从而也使得种种解释方法与理解方法得以诞生与发展。

基于法社会学这种研究方法的特殊性和研究对象的特殊性,若要达到增加法律事实或法律现象的能见度、尽量使其变得透明的目标,就需要这种研究方法满足上述的种种条件。同时,这种方法既然是借鉴和运用了社会学的研究方法,所以,它也同样具有社会学方法的归因性特征,也离不开这些假设、阐析与论证说明。当然,这些论证说明一方面要受到前类物的限制,另一方面还要受到相关的不同意义框架和元理论结构的限制。这意味着研究者既要沉浸到意义生成的语境中,将语境相关的所有共有知识和资源作为其意义生成的前解释图式,又不能脱离这种语境所对应的正确命题的语言形式。因此,法社会学这种描述、解释方法自然具有了科学范畴的性质。

三、探索一种新颖的法社会学研究方法的努力

在上述的认知前提下,作者在对本书法社会学相关知识的探索和描述过程中,一直试图用一种全新的方法去研究,既能够很好地揭示和描述这些知识,又与一直以来法社会学家努力想让这门学科成为科学的性质相吻合。这就意味着这种方法不仅能尽可能地向法社会学学科内涵的质的规定性靠近,还能向这种质的规定性辐射出来的外延勘探进发。因此,在承继和融合原有的社会学研究方法的基础上,根据研究对象的独特性,作者开始初探一套类似于电波解码脚本或规则的符码体系,它将用一套科学、客观有效的知识符码体系,去破译和解码社会中既存的法律现象与法律事实,然后将这些破译和解码过程及结果描述出来,客观、立体地呈现在公众面前。这套符码体系在本书中虽然未能以脚本的形

---

① 参见〔英〕安东尼·吉登斯著:《社会学方法的新规则:一种对解释社会学的建设性批判》,田佑中、刘江涛译,社会科学文献出版社 2003 年版,第 258 页。
② 同上。
③ 同上书,第 266 页。

式呈现,但已切实地运用在全书的知识体系的铺展中,蕴含在全书的描述中。本书算是自觉地探索和有意识地在运用中寻找这套符码体系的努力与尝试。

因此,在法社会学相关问题的研究中,我们可以将在社会学研究中所用的种种实证方法统合起来,主要有:社会调查方法,指通过对客观事物的感性认识活动直接收集资料的方法。[1] 实验法,即一种经过精心的设计,并在高度控制的条件下,通过操纵某些因素,来研究变量之间因果关系的方法。[2] 统计分析方法,即运用统计学的原理与技术汇集、整理、计算、分析各种数量资料的社会学研究方法。[3] 定性研究方法,即"侧重和依赖于对事物的含义、特征、隐喻、象征的描述和理解"[4],它是在自然条件和状态下进行一种描述性分析,最后归纳出相应的结果与意义,旨在深入地理解和解释社会现象。根据研究对象或研究主题,选择上述常用的研究方法中最能对研究主题作出说明和理解的方法,不拘一格,定性与定量的区隔在研究主题中被糅合了。定性与定量不再似传统那样边界森严,而是似布莱克在案件社会学、弗里德曼在法律影响研究中那样,在定性与定量并轨的指标化操作体系基础上进行描述分析,而整个研究的描述分析都属于这套符码体系的一部分,用一套集各种不同层次、不同模式的方法论与方法的解码体系去破译与解码法律事实才是这种新颖方法的目的所在。正如库恩所言"人们之所以要利用理论,并不是因为从中得出的预测本身有什么价值,而是因为可以直接对付实验。利用的目的在于展现这一范式的新应用,或者提高一种既有应用的精确性。"[5]

当然,这套符码体系必须满足前述的法社会学研究方法的总体原则与普遍性要求及法社会学研究方法的特殊性要求。或许这种符码体系的脚本没有人能最终找到,但这种寻找过程就是这套隐藏的符码体系的价值所在。假如有关法律事实的真义、知识或真理是一朵开在雾中央的昙花。那么,只要能让你接近雾的内圈清晰见到花的轮廓甚至只有隐约但真实地见到花的轮廓的路径或方法,然后将之归纳与表达出来就是有价值的了,或者虽然还不能清晰系统地归纳,但已能重复地使用将你送到目的地也是一大进步。或许它似音符与节拍去传递音乐、笔墨与色彩去表达绘画,有一套可清晰描述和不断重复的符号与规则,但尚

---

[1] 所谓社会调查方法在各个国家所指有差异,在中国具体包括:访谈法、问卷法、观察法、量表与测验法、文献法。有的国家则将文献法摒除在外。在西方通常是指随着抽样方法和问卷方法的发展而形成的一套结构化的资料收集方法。参见袁方主编:《社会研究方法教程》,北京大学出版社1997年版,第21页。

[2] 参见风笑天:《社会学研究方法》,中国人民大学出版社2001年版,第188页。

[3] 同上。

[4] 同上书,第12页。

[5] 参见〔美〕W.詹姆斯、托马斯·库恩著:《实用主义科学革命的结构》,刘将译,京华出版社2000年版,第188页。

处在前范式阶段,它只能依靠我们专业人士大量去使用和调整,进而才能清晰地归纳与表达。因此,我们现在要做的就是去实践,去有意识地大量探索,循着能记录轨迹的路径与规则去向揭示法律现象的目的地靠近。这种实践的意义就在于"不单单产生新的知识,还产生一种由于消除了他们据以工作的初始范式所残留的模糊不清而取得的更加精确的范式"。①

【思考题】

1. 塞尔兹尼克为代表的"伯克利纲领"与布莱克为首的"纯粹法社会学"主要分歧是什么?它们对法社会学研究有什么影响?
2. 你认为三大传统研究范式对法社会学学科的发展有何意义?
3. 当代西方法社会学的主要部门方法论有哪些?请以结构主义为例加以说明。
4. 现象学与符号论在研究相同法律现象时有何联系与区别?
5. 行为主义方法论是否等于实证主义法学派的方法论?为什么?
6. 你认为冲突论与进化论在研究哪些法律现象时特别有价值?
7. 系统论的研究方法在研究法社会学中有什么意义?
8. 如何很好地运用文化和日常生活的解释学来研究法律事实或法律现象?
9. 各种部门方法论是否可运用于同一法律现象的研究中,请举例说明。
10. 法社会学的两大基本研究方法的特色是什么?
11. 你认为法社会学研究方法的普遍性与特殊性是什么?
12. 你对法社会学的研究方法有什么思考和建议?

【参考书目】

1. 李楯主编:《法律社会学》,中国政法大学出版社1999年版。
2. 〔法〕里斯·梅洛-庞蒂著:《行为的结构》,杨大春、张尧均译,商务印书馆2005年版。
3. 〔美〕A.N.怀特海著:《宗教的形成:符号的意义及效果》,周邦宪译,贵州人民出版社2007年版。
4. 〔美〕布劳著:《社会生活中的交换与权力》,孙非、张黎勤译,华夏出版社1988年版。
5. 〔美〕帕特里夏·尤伊克、苏珊·S.西尔贝著:《法律的公共空间——日常生活中的故事》,陆益龙译,商务印书馆2005年版。

---

① 参见〔美〕W.詹姆斯、托马斯·库恩著:《实用主义科学革命的结构》,刘将译,京华出版社2000年版,第191页。

6. 〔美〕迈克尔·瑞斯曼著:《看不见的法律》,高忠义、杨婉苓译,法律出版社2007年版。

7. 〔美〕罗伯特·K.默顿著:《社会研究与社会政策》,林聚任等译,生活·读书·新知三联书店2001年版。

8. 〔英〕安东尼·吉登斯著:《社会学方法的新规则:一种对解释社会学的建设性批判》,田佑中、刘江涛译,社会科学文献出版社2003年版。

9. 〔美〕W.詹姆斯、〔美〕托马斯·库恩著:《实用主义科学革命的结构》,刘将译,京华出版社2000年版。

10. 袁方主编:《社会研究方法教程》,北京大学出版社1997年版。

11. 风笑天:《社会学研究方法》,中国人民大学出版社2001年版。

第三章　西方主要的法社会学家及其理论

西方的法社会学家如果作为一门学科自觉的理论家,时间很晚,也就一百多年。但若是说包含着法社会学思想的理论家,则历史悠久。上一章我们提到的古代经典作家如亚里士多德、柏拉图、西塞罗、阿奎那、洛克等人的著作中都包含有法社会学的思想或元素,后来的梅因、孟德斯鸠、涂尔干、马克斯·韦伯等人的法社会学思想则趋于体系化。当然,作为一门自觉的法社会学理论和学科的诞生则始于埃利希。所以,我们在介绍西方法社会学理论的时候,就从比较成熟的法社会学思想开始,我们可称之为古典法社会学理论部分,着重介绍孟德斯鸠、萨维尼、马克斯·韦伯、涂尔干,近、当代着重介绍在法社会学发展史上地位显著和卓有影响的流派及其十个代表人物,主要按这些作者的年代先后逐个介绍。需要特别交代的是,作为当代对法社会学作出了卓越贡献的三个巨人——福柯、布迪厄与哈贝马斯,本教材暂时不做专门介绍,只是在最后一章会提及他们。

第一节　古典法社会学思想家

一、孟德斯鸠(Montesquieu,1689—1755)

孟德斯鸠出生于法国波尔多附近的拉柏烈德庄园一个叫色贡达的贵族世家,这个家族历代服务于纳瓦尔朝廷。孟德斯鸠的高祖父购买了"孟德斯鸠领地",当纳瓦尔朝廷并入法国,纳瓦尔王国的亨利三世成为法国王亨利四世,这块领地也被升为"伯爵领地"。孟德斯鸠的祖父被任命为波尔多议会议长,这个职位后由孟德斯鸠的伯父继承。当孟德斯鸠27岁时,他伯父去世,孟德斯鸠继承了议长职务和"孟德斯鸠男爵"的称号。后孟德斯鸠与一有钱女子结婚,带来了10万镑的财产,再后来又以大概60万镑卖掉了议长职务,每年的利息收入就有约3万镑,所以,孟德斯鸠一直过着非常富裕的生活。[①]

孟德斯鸠最初学习法律,当过律师,又有政治经验,加之他非常好学,涉猎广泛,学识渊博,在历史、哲学、自然科学等领域造诣尤深。由于他有足够的经济支撑和充裕的时间去周游世界,因而,使得他具有丰富的知识、经验与人生阅历,写

[①] 参考张雁深:《孟德斯鸠和他的著作》,载〔法〕孟德斯鸠著:《论法的精神》,张雁深译,商务印书馆2005年版,第1—2页。

出了三部不朽的代表作:《波斯人信札》、《罗马盛衰原因论》和《论法的精神》。这三部著作之间虽然有着紧密的联系,尤其是第二部,简直就是第三部的前奏和思想渊源,但是具有法社会学思想的还是第三部。所以,我们这里重点介绍第三部著作。

《论法的精神》这本书是孟氏在1748年完成的,是他思想理论的一个总结,是孟德斯鸠最重要、影响最深远的一部综合性理论著作。内容涉及政治、法律、经济、宗教等等领域。这本书一经出版即引起轰动,不到两年时间就印发了22版,且有多种版本。当然它也引起了统治阶层尤其各种教会、神学的嫉恨与反对,为此,孟德斯鸠匿名发表了一篇题为"为《论法的精神》辩护与解释"的文章予以反驳。下面我们介绍这本书中的法社会学内容与孟的法社会学思想。

孟德斯鸠的这本著作的基本内容包括基本理论、政治理论、法律理论和经济理论。基本理论主要包括社会演变论或者说进化论和理性理论。他的社会进化论认为:人类社会不是一成不变的,而是由人的意志不能控制的一些力量推动演变的,社会结构中一些因素的改变会引起整个结构的改变,一些精神、心理因素的改变也能引起社会结构的改变。他的理性论认为:"一般的法律是人类的理性,各国的法律是人类理性在特殊场合的适用;因此,法律和地理、地质、气候、人种、风俗、习惯、宗教信仰、人口、商业等等都有关系,而这些关系就是法的精神。"①孟德斯鸠的政治理论就是他的著名的共和、君主、专制的政体分类学说和三权分立、君主立宪学说及地理学说。他的地理学说强调地理环境尤其是气候、土壤与人民的性格、感情之间的关系,他认为法律应该考虑这种关系。在此,我们再次看到孟德斯鸠的法的精神的涵义所在。而他的法律理论反倒是一些关于具体法律的理论,诸如反对酷刑、量刑应该正确、刑罚应该有教育意义、舆论可作为控制犯罪的工具、刑罚应针对行为而不应针对思想、语言等等刑法理论,对国际法他也提出了一些纲领性的思想。他的经济理论最重要的贡献是提出了私有财产是人类的自然权利,此外,他还主张兴办工业与商业、主张小土地耕作,反对奴隶制。在上述基本理论中,大家可看到孟德斯鸠的法社会学思想主要体现在他的前两个理论中,他的法律理论虽然也有一些法社会学元素,但不是他的精华所在。接着我们重点介绍他的前两个理论思想。

孟德斯鸠认为:"法是由事物的性质产生出来的必然关系。在这个意义上,一切存在物都有它们的法。"②他认为"我们所看见的世界上的一切东西"都是根据"一个根本理性"产生的,"法就是这个根本理性和各种存在物之间的关系,同

---

① 参见〔法〕孟德斯鸠著:《论法的精神》,张雁深译,商务印书馆2005年版,第9页。
② 同上书,第1页。

时也是存在物彼此之间的关系"。① 他认为"个别的'智能存在物'可以有自己创制的法律,但是有些法律不是他们创制的"。"在法律制定之先,在人为法建立了公道的关系之先,就已经有了公道关系的存在。"② 当然,这种人为法之先就已经存在的公道关系是指自然法。所以,他认为自然法的四原则就是和平(平衡)、基本需要、爱慕与希望过社会生活。他所讲的人为法包括国际法、民法与政治法。最后,他总结性地说:"一般地说,法律,在它支配着地球上所有人民的场合,就是人类的理性;每个国家的政治法规和民事法规应该只是把这种人类理性适用于个别的情况。"③ 也就是说,孟德斯鸠认为:当每个国家将这种根本理性基础上产生的人类理性适用于它们各自国家的结果就是导致了各国实在法的诞生。因此,他认为这种实在法"应该同已建立或将要建立的政体的性质和原则有关系;不论这些法律是组成政体的政治法规,或是维持政体的民事法规。法律应该和国家的自然状态有关系;和寒、热、温的气候有关系;和土地的质量、形势与面积有关系;和农、猎、牧各种人民的生活方式有关系。法律应该和政制所能容忍的自由程度有关系;和居民的宗教、性癖、财富、人口、贸易、风俗、习惯相适应。最后,法律和法律之间有关系,法律和它们的渊源,和立法者的目的,以及和作为法律建立的基础的事物的秩序也有关系。应该从所有这些观点去考察法律"。④ 他认为:"这些关系综合起来就构成所谓的'法的精神'……这个精神是存在于法律和各种事物所可能有的种种关系之中。"⑤

因此,他关于自然法与人为法的基本原则的阐述,包含着经典的法社会学的思想。而他将法的精神立基于与一些客观事物的联系上,与历史、政制、社会生活、地理条件、气候环境、民族特性、风俗习惯的联系中去探索法的一般理性或法的精神,这在方法论上就是一个伟大的创举,他使得法学和社会理论向科学迈进作出了革命性的贡献。

二、萨维尼(Savigny,1779—1861)

19世纪德国著名的政治家、法学家,被后人誉为历史法学派的代表人与创始人。萨维尼出身名门世家,祖居法兰克福。14岁就成为巨大财产的唯一继承人。他的监护人正是当时德国著名的通晓"国家法"的帝国法院的"助理法官"赫尔·冯·诺伊拉特。这对萨维尼的学术成长提供了一个很好的机会。他16岁入马尔堡大学学法律,后转哥廷根大学,21岁于马尔堡大学获博士学位。

---

① 参见〔法〕孟德斯鸠著:《论法的精神》,张雁深译,商务印书馆2005年版,第1页。
② 同上书,第2—3页。
③ 同上书,第7页。
④ 同上书,第7—8页。
⑤ 同上书,第8页。

1803年,他发表成名作《论所有权》,跻身德国法学经典作家行列。1814年发表了集中代表了萨维尼法学思想精粹的《论立法与法学的当代使命》一书。该书一印再印,且于1828年再版。此后,他致力于罗马法的研究,著成了七卷本长篇巨著《中世纪罗马法史》与八卷本《当代罗马法体系》,直至1861年去世,享年82岁。

萨维尼的主要思想精粹:是他的"民族精神"与法律之间有机联系的思想。他说:在人类历史展开的最为远古的时代,可以看出,法律已然秉有自身确定的特性,其为一定民族所特有,如同其语言、行为方式和基本的社会组织体制。不仅如此,凡此现象并非各自独立存在,它们实际乃为一个独特的民族所特有的根本不可分割的禀赋和取向。而向我们展现出一幅特立独行的景貌,将其联结一体的,乃是排除了一切偶然与任意其所由来的意图的这个民族的共同信念,对其内在必然性的共同意识。①

由此可见,萨维尼从来都相信法律并不是什么圆融自洽的存在,相反,法律只能诞生于它所寄居和生长的民族之中,与这个民族有着一种有机的天然的联系,而且,必然受到这个民族的共同信念的制约,法律的共同意识是无法摆脱这种民族信念而凭空诞生的。"正是民族的历史所凝聚、沉积的这个民族的全体居民的内在信念与外在行为方式,决定了其法律规则的意义与形式。"②因为行为规范是从民族精神中生长出来的,首先作为民俗习惯而存在,逐步由职业法律家提炼到普通人难以企及的高深程度。因此,"立法的任务在于找出民族的'共同信念'与'共同意识',经由立法形式善予保存与肯认"。③"法律精神,一如民族的性格和情感,蕴涵存在于历史之中,其必经由历史,才能发现,也只有经由历史,才能保存和扩大。"④当然,民族的当下生活,也属于以民族历史的进行时态呈现出来的民族历史的一部分。

因此,他认为:只有考察民族的现实生活,比较研究往日民族生活的历史,鉴古观今,才是厘清一切立法之得于立基的生命源泉之所在。"即刻创制出一部法典和一个崭新秩序的企图,只会摧残现实,增加现实的不确定性,强化规则与事实之间的紧张,最终使得法律失却规范人事而服务人世的功用与价值。"⑤正是这种对法律与民族生活、社会生活紧密联系的观点,使得萨维尼的理论成为法律社会学理论的缘由之一。

---

① 参见孔诞:《中译本序言》,载〔德〕弗里德里希·卡尔·冯·萨维尼著:《论立法与法学的当代使命》,许章润译,中国法制出版社2001年版,第7页。
② 同上书,第7页。
③ 同上书,第8页。
④ 同上书,第7页。
⑤ 同上书,第9页。

萨维尼是历史主义法学派的代表人物,所以他的观点不可避免地具有历史主义痕迹。历史主义强调考察法律制度的历史根源,考察法律与社会变迁的关系,确认法律进化的模式。因此,萨维尼的"民族精神"与法律之间有机联系的思想,强调考察民族历史与创制法律之间的紧密关系,使他当仁不让地成为历史主义法学派的代表人物。

三、耶林:法律与社会利益(Rudolf von Jhering,1818—1892)

德国法学家耶林对庞德等人有过深远影响。他主要观点是法律是治理社会的重要方法,而不仅仅是一种形式制度。因为社会由各种各样的利益,甚至相互竞争、冲突的利益构成(不仅仅指经济利益),如果不对这些利益加以约束,就会导致动乱和无政府状态。我们所拥有的资源绝不可能使每一个人的要求都获满足,所有的利益都能实现,尤其当"利益"相互冲突时,如土地所有者保全土地的利益与社会修建公路征收土地的需要之间的冲突,且某些利益可能被认为不大有社会价值,甚至被认为违反社会制度而受排斥。所以,"法律的立场,犹如一位公正的调解人,评判所有互相竞争的利益与主张,重要的是使法律程序与现存社会正在发展中的利益与需要配合"[1],扶持那些有助于社会进步和人类文明的利益,即使这些利益并不被多数人所认识到,甚至与当下的制度相悖。"因此,法律人除了精熟职责上的技术规则,还要真正了解法条背后的社会意义,以及怎样使用这些法条来化解冲突、调和冲突。"[2]更重要的还要有把社会利益、社会目的与人类文明进步相联系的意识和思想。他说:"它产生了一定的作用,法律在其特定的历史发展时期都会有特定的形式。这主要有内外两方面的动力。内在的动力如在某一特定历史时期有着特定的国民特征、其感知和思维方式以及文化程度;外在的动力如相关时期的经济条件、社会和政治状况,尤其是它和其他民族之间的关系。"

所以,他认为法律是"人类社会为了实现一定的生活条件"而进行的"有意识的立法活动的产物"。"而那些没有实施的法律、那些仅仅存在于法律条文中、停留在纸上的法律,是虚假的法律,是空洞的辞藻;相反,那些现实中得以实施的法律才是法律;即使它们并不存在于法律条文中,人们和学者也不知道这些法律,也是如此。"

因此,他认为法律源于社会而且具有明确的目的性,是为现实服务的。耶林的现实主义观点在其《为权利而斗争》一书中得到了淋漓尽致的发挥。他认为:权利不会自动产生于社会中默默发挥作用的那些力量,而是社会中权力斗争和

---

[1] 参见〔美〕丹尼斯·罗伊德著:《法律的理念》,张茂伯译,新星出版社2005年版,第166页。
[2] 同上。

利益较量的结果;通过斗争与较量,才逐步形成约束个人行为的社会良俗;为了获取权利,每个个人都必须承认这些良俗义务的效力。

四、涂尔干(Emile Durkheim,1857—1917)

涂尔干是现代社会学的奠基者之一,与卡尔·马克思和马克斯·韦伯在社会学界被统称为"三驾马车"。不同于后两者开创的社会学传统,涂尔干的核心关注在于社会分工和社会整合问题。他最突出的贡献就是提出社会从机械团结向有机团结转化这一命题,并从整体论的立场出发,对这一命题进行了详细证明。他不是专门从事法律社会学研究的,但他对有关法律的那部分论述却被公认为法律社会学的经典理论。主要体现在涂尔干的《社会分工论》、《自杀论》、《社会学方法的准则》中。

回到他所关注的社会从机械团结向有机团结转变这一命题,要想对之进行证明,涂尔干必须选取一组可以观察到的社会事实进行研究,正是在此处,涂尔干建立了他的法的类型学,也是他法律社会学的主要思想。"社会团结本身是一种整体上的道德现象,我们很难对它进行精确的观察,更不用说测量了。要想真正做到分类和对比,我们就应该撇开那些观察所不及的内在事实,由于内在事实是以外在事实为标志的,所以我们只能借助后者来研究前者。"[①]涂尔干在《劳动分工论》中,将社会团结划分为分工形成的团结即有机团结与契约形成的团结即机械团结,并以此探讨法律与社会的关系,因为无论是分工还是契约,法律是其间发生作用的最重要元素和基础之一。正如他自己所说:法律在社会里所产生的作用同神经系统在有机体里所产生的作用相类似的。[②] 他在著作里谈到,随着社会的越来越复杂化,法律存在着与民法相联系的赔偿型法或恢复型法和与刑法相联系的补偿型法或压制型法。在那段期间,法律经历了从压制型法到赔偿型法的转变。这种赔偿型法强调个人的异质性、差异性和强调个人的权利与责任。这两种类型法的区别还表现在前者的执行机构并非固定的,在不同形态的机械团结社会中有不同的担纲者,如部落头领、祭祀、族长等;而后者的执行机构是专门化的,比如法官、律师等,他们需要经过特别的专业培训,才能胜任各自的职责。这也是劳动分工发展的结果。另外,前者所处理的是社会和个人之间的关系,因为机械团结的社会里,所谓犯罪是个人对集体意识的损害,个人在此情境之下直接无中介地面对社会本身;而后者处理的是平等的民事主体之间的关系,"它并不是个人与社会的关系,而是某些有限却相互发生联系的特定

---

① 参见〔法〕E.涂尔干著:《社会分工论》,渠敬东译,生活·读书·新知三联书店 2000 年版,第 27 页。

② 同上书,第 89 页。

社会要素之间的关系"。① 因此,对涂尔干而言,法律就是能够对这种工业化社会中相同的或相类似的及异质的部分、组织、元素进行有机整合的模式的指示器,也就是说,法律是这种整合模式的可见符号。涂尔干还认为:法社会学应该沿着一种最终与道德社会学和反映在法律中的价值体系的发展相联系的方向发展。

而自杀他认为是社会分工的病态所致的,是由于资本主义经济的发展、科学技术的进步和社会分工的加剧所造成的社会病态而引起,与社会环境包括经济危机、政治与社会动荡、职业变迁、生活变化等有着密切联系。所以,在自杀论一书中,他将自杀分为利己主义自杀、利他主义自杀、反常自杀来分析自杀的原因,从而揭示自杀现象与社会之间的关系。而在《社会学方法的准则》一书中,他虽然将社会事实视作为一种可以观察的物,并提出了一系列观察、解释及证明这种事实的准则与方法,但归结起来,他认为法律是社会现象的可见符号,法律更是社会事实的标准范例,因此,在涂尔干看来,法律在观察、研究社会事实中具有特殊的功能和重要的作用,并以此来支持他的认识论框架。

总之,涂尔干虽没有一本关于法律社会学的专著,也尚未建立真正意义上的法律社会学体系,但他大量的用法律来解剖、阐析社会的方法与内容和蕴含在社会学理论中的法律理念,为后世法律社会学理论的创设提供了依据、基础和范例。

五、马克斯·韦伯(Max Weber, 1864—1920)

韦伯出生于德国,与涂尔干一样,都不是专门从事法律社会学研究的,但他们对有关法律的论述却被公认为法律社会学的经典理论。主要体现在他的《经济与社会》、《法律社会学》中。韦伯是一个集大成的理论家和著名的社会学家。他最主要的贡献在于:(1)提出了法律与统治的关系问题即统治的合法性问题;(2)法律与资本主义的关系问题;(3)法律的类型学和理性化问题;(4)对中世纪欧洲法律特别是英国问题和契约理论问题的研究。这些集中体现了韦伯法社会学的重要思想。

关于统治的合法性问题,他提出了著名的三种统治类型。即合法型统治,是一种"法律理性化形式"的统治类型,即法理型统治形式,是建立在相信统治者的纲领所规定的制度和指令权利的合法性之上,它们的最纯粹形式是借助官僚体制的行政管理班子进行的统治;他认为这种法理型统治权威是可预测的和社会内在相协调的,而与神秘的、上天降于社会的外在权威相区别。而且,他认为这种理性法律为现代政治、现代科层制国家和资本主义的发展提供了条件。所

---

① 〔法〕E.涂尔干著:《社会分工论》,渠敬东译,生活·读书·新知三联书店2000年版,第76—77页。

以,他认为现代法律发展的重心,就是形成建立在对所有人都公平和平等的普通程序基础上的法律的理性化。这种理性化的法能够适用于相类似的各个具体案件,是非个人化的,以法典形式存在;传统型统治,指一种统治的合法性是建立在遗传下来的制度和统治权力的神圣的基础之上,由传统授命实施权威的统治者的合法性之上的统治;魅力型统治,指建立在相信一个有非凡品质的个人及由他所默示和创立的制度的神圣性,或英雄气概,或者楷模样板之上的统治。他认为:任何统治都企图唤起并维持对它的"合法性"的信仰。所谓统治的合法性,是被视作为此保持和得到实际对待的机会。信仰不同于顺从。判断政府行为是否合法,他认为是看其权力来源是否规则体系所构成的法律秩序。总之,韦伯的立场是从法律外部的方法去研究法律的经验特色,而与法律科学和法哲学等从法律内部的视角去研究法律形成对照。

关于法律与资本主义的关系问题,这是韦伯法律社会学的一个中心议题。他认为法律的重要意义在于促进形成资本主义企业基础的合理预算和合理计划的形式。因为法律构架了一个可以预见的规范体系,为经济活动提供了一种可预见和计算的保障措施。合理性或理性化在韦伯的理论中具有中心地位。他将法律分为:合理的与不合理的;合理的又可分为实质合理的与形式合理的;不合理的则可分为形式不合理与实质不合理。实质合理的指由法律本身之外的意识形态系统如宗教、伦理等所决定的一般规则;形式合理的是指由一般规则支配,但只考虑案件事实的明确的一般特征。逻辑形式合理的法律是形式合理的法律的主要类型。也只有这种法律,才是现代西方社会、法律最基本的和最典型的形式,是资本主义赖以发展的关键。

另外,法律类型学的理论是韦伯法律社会学思想的重要内容之一。首先,韦伯提出了法律的类型学是建立在形式的与实质的、理性的与非理性的两个基轴之上。即

理性的——形式理性,实质理性;

非理性的——形式非理性,实质非理性。

韦伯的形式理性与实质理性这对范畴的出现是与他的理性类型学的核心范畴目标理性与价值理性的关注分不开的。因为后一对范畴直接关系到我们这个世界的伦理理性化与社会秩序的理性化之间的关系。正是从这个问题出发,《新教伦理与资本主义精神》借助于新教徒的伦理理性化过程,将新教伦理的"价值理性"如禁欲、苦行僧生活、俭朴、勤勉、诚信等与作为资本主义重要特征的"目标理性"即追求利润的最大化、追求个人的自由与权利等融合起来,缓解原有的紧张关系。也正是在此,韦伯的法社会学思想的意义凸现了出来。因为他一直在努力寻找一种理性形式,既能超然于价值领域中的诸神之争,又能超然于国家与私人两种目标理性之间的冲突。形式理性与实质理性就是他努力的

结果。

在韦伯的法社会学中,形式理性法与实质理性法的对立,既非是事实与价值的对立,也与其在《经济与社会》中讨论的形式理性与实质理性不同,它是一种逻辑系统化与价值系统化的对立。在这种对立的背后,蕴藏着法律形式化与伦理理性化之间的历史关联和理论纠葛。这里的法律实质理性与形式理性,首先是指一种法律形成的过程,指在祛魅的世界秩序图景中,自然法、伦理道德或其他实践理性是如何在发生学意义上对伦理理性化发挥作用,是指法律的实质理性化过程。同时,各国又是如何通过伦理理性化的动力学来建构一套发达的形式技术,将这种理性化的伦理用一套逻辑上严谨的概念、命题与原理体系建构出来,即法律的形式化过程。

韦伯认为:"理性的,但不具有法学形式的法律教学的一种奇特的特殊形式,就是通过神职人员学校或者附属于神职人员学校的法律学校进行的法律教学的最纯粹的类型。我们将要看到,这种奇特之处部分是受下述情况制约的,即神职人员(以及任何与他们接近的人)对待法律,不是力争法的形式的理性化,而是法的实质的理性化。因此,它的决疑论只服务于实际的需要,而不是服务于唯理智论的需要,就是这样一种特殊意义上的形式主义,除外,它还经常带来这样一些成分,他们仅仅意味着向人或者法律制度提出一些理想的、宗教伦理的要求,而不是对某种经验上适用的制度进行逻辑加工提炼。"① 实质理性法"只包含对人类或法律秩序提出宗教或伦理要求的因素,却并不包括对现有的法律秩序进行逻辑上的系统整理的因素"。② 这意味着,实质理性法遵循的原则主要是法律本身之外的意识形态系统如宗教、伦理、道德等,而不是明确、确定的法律规则。所以,实质理性法是探讨如何在法律内容上让这些伦理要求演化为法律要求,以法律形式去实现这些伦理目标。在等级上,是从伦理到法律这样一种自上而下的形式。

而形式理性法则是指一种由系统性的规则支配的无缺陷的体系。它只考虑案件事实的明确的一般特征。逻辑形式合理的法律是形式合理的法律的主要类型。韦伯认为"形式理性法是法理型统治的基础。它是在古代罗马法的基础上,经过19世纪德国和法国民法典的影响以及德国的潘德克顿法学的推动而形成的法律思想。其特点是接受了罗马法中的法律原则和法律技术,要求运用抽象的逻辑分析和解释的方法,建立一套高度系统化的成文法体系,达到方法论和逻辑合理性最高程度的形式,也被称为逻辑形式理性法"。③ 形式理性法"就像

---

① 参见〔德〕马克斯·韦伯著:《经济与社会(下卷)》,林荣远译,商务印书馆1998年版,第123页。
② 参见郑戈:《韦伯论西方法律的独特性》,载李猛,《韦伯:法律与价值》,上海人民出版社2001年版。
③ 参见〔德〕马克斯·韦伯著:《经济与社会(下卷)》,林荣远译,商务印书馆1998年版,第18页。

自动贩卖机,从上面投入事实,在其中适用预先决定的所谓法律规定,然后从下面自动出来结论"。① 在这种理论下,人们只以法律为标准,在审判过程中摒除一切道德、政治、经济、宗教等影响,仅依形式理性对待判决结果。当然,形式理性法能够发挥作用的前提,是法律能够与伦理等实质理性分离,构成自我指涉的法律系统。

韦伯从法律类型学引申出对法律理性化的研究。他认为"理性,指一种法律制度是否'按照一种统一的决策标准来处理所有类似案件',这决定了该制度所确立的规则的一般性和普遍性程度。根据前一标准,法律可分为形式法和实质法,根据后一种标准,法律又可分为理性法和非理性法。"②理性在韦伯那里具有四个特点:受一般性规则或原则的约束;系统性;建立在对意义的逻辑解释的基础上;可以为人类的智力所掌握。他认为法律理性化的一般过程是从实体理性法到形式理性法的转变。理性化的最高阶段是逻辑理性法。他的观点与当时德国的概念法学是一致的。而影响理性化的因素他认为有:政治因素特别是行政科层制导致对法律理性化的需要,也为编纂法典提供了条件;法律职业与法律组织化形式,如两种不同的培养方式功能不同,把法律作为手艺来培训的方式会妨碍法律的理性化;学校专门系统传授国家的法学教育,则能促进法律的理性化和逻辑性;强调法律的内在和目的性质的自然法。如果没有自然法,就没有理性化过程。

对习惯法与罗马法、中世纪欧洲法律包括英国问题和契约理论的研究也是韦伯对法律社会学的重要贡献。英国问题的研究涉及韦伯法律社会学的核心理论即理性化。因为英国的法律系统不能归入形式理性的范畴,这源于它不仅是以大量的判例法形式存在,还在于:第一,英国法缺乏晚期罗马法一样的逻辑意义上的形式理性。它采用一种罗列式的方式和一种法律上的"决疑术"即个性化的方法,具体案件具体分析,而不是"将所有可以设想到的事实情境都在逻辑上纳入无缺陷的规则系统中"进行分析揭示。第二,英国法中采用的陪审团制度等技术,很容易导致在判决过程中不是由普适性规则来导引判决结果,而是具体个案中的各种具体因素如伦理、情感或政治等各种价值判断的影响。它与晚期的罗马法和当时的大陆法系相比,理性程度也要低。但英国法中的"普通法却展示了惊人的耐久性,……它可以经历最大的经济变动而不变形"。③ 普通法

---

① 参见〔日〕加藤一郎著:《民法的解释与利益的衡量》,梁慧星译,载梁慧星主编:《民商法论丛(第2卷)》,法律出版社2008年版,第75页。
② 参见郑戈:《法律与现代人的命运:马克斯·韦伯法律思想研究导论》,法律出版社2006年版,"第四章:法治与现代社会"。
③ 参见傅再明:《法律社会学评介》,载李楯编:《法律社会学》,中国政法大学出版社1999年版,第95页。

与理性化程度较低的整个英国法体系不同,它具有严格的形式主义特征,如诸多的法律技术、保护贸易的合同法方面的理性程度等。普通法在形式理性之下保留了古代法的内在非理性因素,如早期的"巫术—形式主义",后来的"法律谚语"及普通法审判程序的"对抗式诉讼",它是作为神谕和神明裁判结果的形式主义发展阶段的产物,如向神宣誓等各种浓厚的仪式特征。先例系统是"经验主义"的典型,因而也属于普通法的非理性的范例。但他也看到了普通法的另一面即"内在理性化"过程。"当判例法方法需要对判决的根据作理性的说明时,理性化的重要一步就迈开了。它构成了对纯粹'经验正义'的反动。一旦理性的根据被广泛接受,就会大大推动一般规则和原则的发展,……结果导致一般的或抽象的法律规范及原则的产生。"①但总体上,英国法的理性化程度是较低的,但它并未妨碍甚至还促进了英国资本主义的发展。这是为什么呢?这也是为什么"英国法"问题成为韦伯社会理论中的一个关键问题之所在,因为它体现了韦伯思想的一个关键问题:在摒除了诸神之争的祛魅世界中,理性化与自由之间的关系问题。

契约理论也是韦伯法律社会学的重要内容。他认为"契约从来就有,只是性质发生了变化"。② 从原来基于社会地位、家庭血缘关系的原始类型的"身份契约"到基于交换和市场经济的现代社会的"目的契约"。契约的发展公式是从"身份"到"目的"。现代社会,契约自由形式上扩大,但实质上它要受到"不同的财产分配"、"经济权力分配不公平"、"在市场上更强有力"等因素的影响和限制。所以,他反对将契约进步与自由度增大、强制性降低相联系。韦伯主张,现代社会更应对国家利益(公共利益)和市场取向的集团利益的契约活动予以限制、干预,使其符合社会整体利益。

第二节 近代法社会学家及其理论

一、埃利希:活法理论(Eugen Ehrlich,1862—1922)

奥地利法学家,因首倡"法律社会学"概念被誉为法律社会学的奠基人。代表作是《法律社会学的基本原理》(*Fundamental Principles of the Sociology of Law*)。

埃利希之所以被称作法社会学之父,是因为埃利希一改概念法学关注法条的狭隘眼光,而将目光投向制定法以外的其他法源,关注法律在现实生活中的实

---

① 傅再明:《法律社会学评介》,载李楯编:《法律社会学》,中国政法大学出版社1999年版,第96页。
② 同上书,第98页。

际运作。在埃利希看来,人类社会的秩序是基于法律义务能够得到履行而不是不履行法律义务将受到制裁,同理,他认为制裁与赔偿并非法律的本质,法律实质上是一种规范与引导,而且法律规范只是规范中的一小部分。规范法学派对国家法及其强制性的迷信来源于他们总是将国家置于社会之上的立场,与之相反,埃利希认为社会才具有优先性。具有法律特征的强制只是法官等少数执法人员的专利,与绝大部分人的行为无关。在现实生活中,一种法律没有规定、不受法律调整的制裁比违反法律规范的制裁更为有效。规范法学家们所看到的仅仅是表面,"规范所产生的所有强制都是基于个人实际上从来都不是一个孤立的个体这一事实"[1],即规范的强制力与制裁的根源实际上存在于社会联合体内部。因此,埃利希采用一种科学的方式去探知法律的性质和对法律的科学理解,即不从法律的外部形式和制定者来定义何为法律,而是从实用性观点和获取知识上来理解法律,也就是在现实生活中,法律实际发挥的功用与效力来界定和理解法律。

他最主要的理论功绩就在于提出了"活的法律"。这是埃利希在切尔诺维茨大学任教期间,率领法学院师生进行了历经多年规模浩大的社会调查以后提出的。他认为:活的法律,就是"支配生活本身的法律,尽管这种法律并不曾被制定为法律条文"。它的价值就在于"构成了人类社会法律秩序的基础"[2],他认为法律发展的重心不在立法,不在法学,也不在司法判决,而在社会本身。因为,真正保障社会秩序的正是"活的法律"。他发展出一种通过聚焦于社会网络与社会组织是怎样去组织社会生活的社会学方法去研究法律。他探索法律与一般社会准则间的关系,国家正式颁布的具有强制力的实在法和支配着人们社会生活的、在事实上被人们遵从的活法之间的区别,所以,法律社会学的任务在于系统地揭示和分析适用于社会生活不同领域的"活的法律",制定衡量"活法"与"国家法"分歧程度的标准,并以此评估传统意义上法律的有效性。

当然,埃利希的观点遭到了一些倡导法律实证主义法学家如凯尔森等人的批评,凯尔森认为国家所创制的法律与社会团体所创设的法律之间的关系是应然与实然的区别,而埃利希混淆了这种区别。但也有一些人不同意凯尔森的观点,认为埃利希是将被律师学习和运用的制定法或实在法与另外一些调整人们日常生活的被埃利希称之为"活法"的其他规范做了区分的。不管怎样,埃利希的"活法"理论与这种社会学的研究方法,开创了法社会学研究的新时代。

---

[1] 参见〔奥〕尤根·埃利希著:《法律社会学基本原理》,叶名怡、袁震译,九州出版社2007年版,第129页。
[2] 同上书,第71页。

二、霍姆斯：法律实用主义（Olive. W. Holmes，1841—1935）

他是早期的法律现实主义者，他的名言是：法律的生命在于经验而不是逻辑；普遍命题不解决具体案件。由此构成了经验研究的法社会学的出发点。卡多佐就直接受其思想影响。

霍姆斯的最大贡献就是剔除法律中的道德评价程序，把对不同利益进行比较和权衡的思考实验的技巧，植入到法律推理的三段论之中，建立了关于法律的"坏人"理论。即利益衡量的试错方式，以"驱散道德与法律之间的混淆"①，"试图建立起一个没有道德谱系而只有规则谱系的法律规则"。② 这里解释一下什么是坏人理论。霍姆斯是把坏人作为好人的对照提出来的。所谓好人，他认为就是有良知的人，即能够"在模模糊糊的良知约束之下，要为他的行为寻求根据，无论这些根据是在法律之内还是之外"的人。③ 而坏人并不在乎什么格言或对法律规则的演绎推理之类，他的确想知道的是"法院实际上可能如何行事"。④ "坏人是一个遵守法律的理性的算计者"⑤，按照戈登的说法，就是"他们把法律规则看做是行为的价码，制裁危险贴现的可能性以及对成本—收益数据的分析"。⑥ 由此把道德内涵从法律规则中分离出来。下面我们来看一个霍姆斯用坏人概念分析法律义务的个案。如以合同法和侵权法为例。他说，坏人把损害看作为：不过是对违约或过失行为所交纳的税，如此就免除了行为的所有道德责任。那么，对错误行为的惩罚或罚金和对合理行为的课税或税收之间假定的道德差别就不存在了，而这本是一些行为是错误的而另外一些是合理的关键所在。所以，在坏人理论中，霍姆斯以纯粹的利益权衡模式剔除了法律的道德性。

除此以外，霍姆斯还提出了法律责任的概念进一步来说明这一问题。他说，法律责任是一种预测，但如果对法律责任融入道德内涵，存在着从事合法行为课税或承担合法责任如合同责任、抚养责任与从事违法行为承担法律责任的区别。但是预测就如坏人的思考一样，只需考虑简洁明了的结果，即被规定的责任后果如强制付款多少，而其中的道德论调与伦理原则则无必要再考虑。因此，坏人理论开启了一个让法律仅思考由简洁明了的预测体系组成的自洽的意义系统的新途径。正如他认为"倘若把每一个具有道德意义的词语完全从法律中清除出去，……我们会失去来自与道德相关联的大量历史与权威的活化石记录，然而，

---

① 参见霍姆斯：《法律的道路》，载〔美〕斯蒂文·J. 伯顿主编：《法律的道路及其影响：小奥利弗·温德尔·霍姆斯的遗产》，张芝梅、陈绪刚译，北京大学出版社2005年版，第416页。
② 参见戴维·卢班：《坏人与好律师》，同上书，第45页。
③ 参见霍姆斯：《法律的道路》，同上书，第416页。
④ 同上。
⑤ 参见戴维·卢班：《坏人与好律师》，同上书，第45页。
⑥ 参见罗伯特·W. 戈登：《法律作为职业：霍姆斯和法律人的道路》，同上书，第10页。

通过摆脱毫无必要的混淆,我们能在厘清我们思想方面得到相当大的收获"。①霍姆斯将道德论证从法律规则与法律程序中剔除出去,法律只考虑现世的损害,而无须虑及其中的道德意图,如他讲的一个牧师的故事②,道德上无恶意造成了他人的现世损害,依旧得承担责任。如此,就可以使法律轻装上阵,获得长足的发展。因此,他认为"法律思想中的每一个新努力,其最重要的以及差不多全部的含义在于令这些预言更为精确,而且归纳进一个完全相互联系的体系中"。③当然,霍姆斯并不是因此否认道德在法律中的重要性,正如他所说"法律是我们道德生活的见证和外部沉淀"④,"法律即使不是道德的一部分,它也要受到道德的限制"。⑤

所有这一切的基础,就在于他认为,法律是实用主义的,法律的目的是为了实现社会目标,而不仅仅是关注逻辑。

三、本杰明·卡多佐(Benjamin,1870—1938)

他出生于纽约市的一个犹太人家庭。1889 年毕业于哥伦比亚大学的文学和哲学专业,随后进入耶鲁法学院,两年后获律师资格,即离校去纽约从业。1913 年,成为纽约最高法院法官,次年为纽约上诉法院法官,1926 年为纽约法院的首席法官。1932 年,接替霍姆斯大法官的职务,成为联邦最高法院的大法官。1938 年死亡。他是美国历史上最有影响的法律家和法学理论家之一。任职期间,他支持罗斯福的"新政"立法,促进了美国宪法和美国社会经济制度的变革。

他的主要著作有《司法过程的性质》、《法律的生长》、《法律科学的悖论》,还有去世后出版的论文集《卡多佐文选》。《司法过程的性质》集中体现了他的思想。

卡多佐认为:法官既不应满足于通过某种传统的法律推理方法获得一个结论,也不应试图对由某种冲动甚或是某种社会哲学所指定的结论寻求正当化或予以理性化。同时,他认为,法官既不能因某种做法是先例所规定的就放弃自己的责任,也不能仅仅因为这些规则和先例可能得出的结果对某个具体案件不公道就轻易将长期为人们所接受的规则和先例放在一边。他强调要追寻影响和引导他得出结论的种种因素——逻辑、历史、习惯、道德、宗教、法律的确定性与灵活性、法律的形式与实质等。

---

① 参见霍姆斯:《法律的道路》,载〔美〕斯蒂文·J.伯顿主编:《法律的道路及其影响:小奥利弗·温德尔·霍姆斯的遗产》,张芝梅、陈绪刚译,北京大学出版社 2005 年版,第 423 页。
② 同上书,第 422 页。
③ 同上书,第 417 页。
④ 同上书,第 418 页。
⑤ 同上书,第 419 页。

他说:"该法院的多数法官的结论——无论其正确与否——却是一个很有意思的证据,它们显示出使先例从属于正义这样一种精神和趋势,如何将这种正在生长的、并在主流上是有益的趋势同法律所要求的一致性和确定性的要求加以协调,这就是我们时代的律师和法官所面临的重大问题之一。"①

卡多佐的这段话反映出了他的上述思想。麦雯逊诉别克公司案印证了他的思想。② 显然,该案例中多数法官的结论,且不论该结论的实质内容是否正确,至少形式上它不是完全遵循先例而是使先例从属于正义感或一个合理的价值。卡多佐称这种情形是正在生长的、并在主流上是有益的趋势。也就是说卡多佐是肯定和提倡法官不受先例束缚,显示灵活性与主动性的做法的。但随后卡多佐还提出这种趋势要同法律所要求的一致性和确定性的要求加以协调。这说明卡多佐对法官造法还是设定了限制原则,即法官不能随心所欲地造法,而是要充分尊重法律的确定性和一致性要求,也即在遵循先例与创制法律之间寻求一种平衡。他认为这正是律师和法官所面临的重大任务。

他的主要功绩是为法官造法找到了哲学与法理依据,同时又为法官造法设定了许多限制性原则。而他自己就是这方面的典范。美国后来的法学家一致认为:卡多佐以普通法司法实践的形式,悄悄地完成了普通法的革命。

由此,卡多佐成就了他的利益衡量论。即法律制度的根本目的在于社会福利,为达这一目的,必须选择最合理的手段并且对不同的利益进行比较权衡,在整个决策过程中,法社会学大有用武之地。用他自己的话来说:"社会学方法是其他方法的仲裁者。"③即使在"无济于事的场合,它也总是一种后备力量"。④

四、庞德:社会学法理学(Roscoe Pound,1870—1964)

我们现在来介绍一下庞德,他担任哈佛法学院院长近四十年,著述甚丰。他所创立的社会学法理学或社会学法学在美国被奉为法庭上的官方学说。他把自己的思想通过教学、学术、科研推广到整个美国。庞德的思想成为当时整个美国司法遵循的法律,是判案的依据。他的法学思想影响了一个时代的美国人。之

---

① 参见〔美〕本杰明·卡多佐著:《司法过程的性质》,苏力译,商务印书馆,第100—101页。
② 1916年,美国纽约州的麦斐逊先生从别克汽车公司购买了一辆轿车,轿车刚行驶不久就因轮胎破裂致使车身翻覆,麦斐逊受到重伤。伤愈后,他以车胎设计瑕疵为由向法院起诉别克汽车公司。被告别克公司辩称:按照美国法律,制造商对于无直接契约关系的消费者,承担责任只限于对人类具有急迫和固有危险的产品,如毒药、食品、饮料及爆炸物等,而汽车不属于上述危险产品的范围,故别克公司以制造商与消费者无直接契约关系,又不是具有急迫和固有危险的产品为由,拒绝赔偿。
审理该案的著名法官卡多佐认为:汽车本身虽然不属危险性产品,但若因制造不当以致具有瑕疵时,其危险性与毒药无异;所谓"危险商品",应包括一切制造不当的产品。在卡多佐法官的主张下,麦斐逊先生最后获得了从汽车保险、医疗费用到精神赔偿的近百万美元赔偿金。
③ 参见〔美〕本杰明·卡多佐著:《司法过程的性质》,苏力译,商务印书馆,第60页。
④ 同上。

所以有这么崇高的地位,是因为什么呢？我们接下来从他的思想中去寻求这个答案。

若把他的理论思想归于一个流派的话,是社会学法理学。有一本叫《法理学》的书集中体现了他的社会学法理学的思想。还有一本《法律史解释》,将一种用社会学来解读法学的方法体现得很好。另外一本书是《通过法律的社会控制》,是两篇非常有影响的论文合起来的小书。这本书集中体现了他的社会控制思想,也被称作社会工程理论,最能代表他的法社会学思想。

庞德认为法律的任务是什么呢？他对法律任务的揭示,反映出他的社会控制的思想。法律的任务有点终极性,不同于法律的功能。我们人类社会为什么要有法律,没有法律行不行？接下来看庞德是怎么分析的。

庞德将法律分为两种,一种是法律秩序,一种是法律。法律秩序是一种潜在冲突意志间的统一状态或和谐状况,而不同于司法和法律。它是一种过程,法律秩序是干什么用的呢？因为人们之间存在潜在的利益冲突,法律将人们潜在的利益冲突达成平衡,所以,法律秩序是一种过程。一种有序化或条理化的过程,它部分通过司法、部分通过行政机构、还有部分通过法律律令的形式,使利益冲突达到均衡的状态。法律理论则是预先规定,规定你应该这样做,不应该这样做,在冲突产生之前就作出了规定,使你的行为纳入了有秩序的体系里面;通过司法定分止争,这也是司法的一个主要功能,发生冲突以后给你解决。这样的话,社会秩序就慢慢地条理化,有序化了。按照庞德的思想,司法、行政、立法和法学教育等方面的活动综合在一起构成了法律秩序。

这就意味着:即使立法人员不重新立法,通过法学家的教学活动,也会有一些对法条新的揭示和新的补充;如何使法条在实践中变得有效,得到适用,就要靠这些法律学说,还有就是职业思维模式,比如说律师,法官的集体性的职业思维模式和职业裁决技术,在美国,普通人是根本没法打官司的。普通人去打官司,对方如果有律师的话就必输。因为法律专业门槛很高,一般人根本进不去。他们用专业术语和概念构筑了普通人难以逾越的高墙。在中国,"文化大革命"之前,我们有革委会,公检法司职权全包揽,谈不上职业思维模式和职业裁决技术。现在我们分工了,只有法院有权判决,还有仲裁委员会的裁决,以及行政部门的处罚权,这些都成了职业裁决技术。所以,法律是一系列的社会活动,是如何使法律在使用中得到发展的教学研究活动、职业思维模式与职业裁决技术活动的综合。按照庞德的思想,这一系列的活动的综合就是一项社会工程。可见,法律并不仅仅是制定在纸上的一系列规则体系,如民法典,刑法典,单行法等。在庞德的视野下,法律已经超越了原来书本上的、形式上的法律,更强调法律的社会运作过程。这就体现了他的社会学法理学的思想。

所以,法律的任务就是达到一种潜在的利益冲突的和谐与统一状态。那么,这种潜在的利益冲突指什么呢？古典的自然法思想认为，每个人都在追求自己的利益，利益间存在冲突和重叠。所以，需要一种机制或方法将这些冲突混乱的利益调和起来，约束在一个每个人的利益都能共在的状态。法律秩序通过为人们提供一种避免冲突或使冲突减至最低限度的指南实现了这种和谐。庞德很好地延续了这种古典的自然法思想，又发展出了新的理论，这就是他的法律工具或工程思想。下面他做进一步分析。

法律是什么，法律是一种控制。怎么控制？庞德所指的社会控制包括两个方面：社会的内在控制与外在控制，就是对人的外在行为控制和内在控制。怎么实现呢？内在控制是对人内心心灵上的控制，如通过宗教和道德教化等手段对人的各种无限的需求欲望加以控制，使人的心灵变得崇高，从而达到和谐共存目的。这种内在控制的依据是：人若没有教化，就会像原始状态那样只会表现本能，人的本能愿望就会无限制扩张。外在控制主要是通过外在压力、威慑或惩罚，对人的外在行为进行控制，如你的外在行为不符合规则，越轨了你就要受到惩罚，很多人害怕惩罚就不去犯罪了。这就是对人的外在控制。否则商店里有那么多的金银珠宝、衣物商品早就被人抢空了。

庞德说这些内在、外在控制都是通过系统地适用政治组织社会的强力实现的。① 政治组织社会主要指国家，它必定与权力相联系，以国家强制力为后盾。如我们规定一个法条，你如果去抢，就要承担相应的刑事责任，如果没有强力，怎么惩罚，由谁来惩罚？国家有强力，能够把个人逮捕起来，审判入狱。通过诸如此类的强力来实现一种社会控制。当然，庞德所指的控制包括了内在与外在控制，也包括了预先安排。法律通过政治组织的社会对人们的行为进行安排而满足人们的需要或实现人们的要求的情形下，能以最少代价尽可能满足全社会的需求。它通过社会控制方式而在合法范围内不断扩大人们的利益需求和各种愿望，对社会利益进行广泛、有效的保护等等。通过强力惩罚越轨与犯罪也是一种保护，保护法律承认的利益免受侵犯。所以法律是一项有效的社会工程。社会工程理论或称社会控制理论是庞德社会学法理学的最重要特征。

总之，社会学法理学认为，法律不只是一种拥有一系列有关行为和审判的规则、原则、概念和标准的规则体，而且也是一种拥有使行为规则和审判规则得以适用、发展和变得有效的法律学说、职业思想模式和职业裁决技术的社会工程。法律是整个社会工程中的一项任务或社会控制的一项工具，是一种高度专门化的社会控制工具，是一种综合的社会工程，体现出庞德法律功能论的思想。

当然，也有人将庞德的社会学法理学概括为四大特征：法律人的理性创造、作为法律终极权威的社会利益、特定时空下的法律、统合的法理学等特征，由此

---

① 这里的政治组织社会是现代社会，不同于原初社会。

建构起他的社会学法理学中的"社会"神。① 通过这四大特征,我们可以完整地了解他的法社会学思想。下面我们逐一解释这四大特征。

(一) 法律人的理性创造

法律人指的是专业地从事法律工作的人员,如律师、法官、法学教授等。庞德强调法律人的理性创造特征始于对两个传统学派的批判。

首先是历史法学派,该学派认为,法律是被人发现的东西,不是理性创造的。发现往往意味着对象是客观存在的。庞德批判这种思想太绝对了。另外一个是分析法学派,该派认为法律是立法者刻意创制的东西,是条文逻辑,是概念法学,庞德对两个学派的观点都进行了批判。

庞德说,历史法学派强调经验与发现,分析法学派强调创造,这两种思想都有道理,但庞德对历史法学派无视法律人的创造性活动进行了批判。他指出历史法学派的错误在于,它实际主张了:第一,法律史是一种绝对给定的基据。这是指法律实际上是埋藏在历史事实下的客观存在的东西。历史法学派就是去发现埋在历史现象下面的客观存在。第二,进步是我们可以从进步自身内部发现的一种基础的东西,仅是理性和精神的进步,是蕴含于观念展现中的进步。如:现代法律中有产品质量损害赔偿,而最早的法律中列入损害赔偿范围的只有食品医药品,没有工业产品,后来的法律自然地包括了工业产品,而且是产品中的主要部分,甚至还包括服务。关于所有权,原来只有占有,发展到现在,包含有处分权,收益权,使用权及其他物权等。所以,如果说进步仅是其自身发展的基础,是蕴含在观念展现中的进步,这一切就无法解释或难以理解了。它的错误就在于:忽视了社会基础和实际生活,而仅将进步归因于观念本身的发展。第三,法律史只有一种单一的因果因素在发挥作用,凭靠这种单一的观念便足以对所有的法律现象作出全面的说明。指历史只有本身单一的因素在发挥作用,而不是有很多因素,如社会的,经济的,文化的等等因素。事实上,仅凭单一的因素(绝对给定的客观基据)是不足以对所有的法律现象作出说明的。

同时,庞德还通过列举许多重要法律人的创造性的立法活动和创造性的司法活动促使了法律发展的示例,对历史法学派的观点作出了批判,以说明法律人对事实的回应而刷新了法律制度、规则、学说与概念。也正因为此,法律成为首要的社会控制力量。关于什么是理性创造? 什么是经验? 庞德又提出了他精辟独到的见解。他认为:只有经受理性考验的经验,才能保存下来,也只有经过经验检验的理性,才有可能成为法的经久不衰的部分。经验是受理性检验后的经验,并不是说,所有过去经历的经验全都可归入这种经验范畴,都是法律,而是要

---

① 参见邓正来:《社会学法理学中的"社会"神——庞德〈法律史解释〉导读》,载〔美〕罗斯科·庞德著:《法律史解释》,邓正来译,中国法制出版社 2002 年版,第 1—75 页。

经过理性发展的经验,感性的冲动的经验不是,那些非法抢劫杀人的经验也不是,人类冲动的盲目的经验更不是法律。同样,理性又是经过经验考验的。是否科学的、合理的、与实践相符的,只有经过经验证明的理性,才是他认为的理性。在这个过程中,法律人的智性努力起了很大的作用,如卡多佐办理的麦斐逊诉别克公司索赔案。他的至理名言是:法律是由理性发展起来的经验,也是得到经验证明的理性。这里含有辩证法的思想,两者关系既不是纯唯心的,也不是纯唯物的。

这里的理性指什么?理性最早是针对中世纪以前的神学思想而诞生的概念。文艺复兴时期最重要的事情就是推动了理性的发展。庞德强调智性努力,但智性努力和理性并不是等同的。理性概念和其诞生的历史紧密相关。文艺复兴以后,自然科学的蓬勃发展,德、英、法等国工业革命促使了理性的兴起和发展,这里的理性指的是科学的思考方式,针对神学,理性引申为科学的。感性的东西往往带有神秘、盲目和冲动的欲望,理性需要实践检验。有本书叫《十九世纪欧洲思想史》[①]就是讲述了文艺复兴后,理性与文明如何发展的。通过经验与理性的关系阐述来批判分析法学派片面强调理性,认为法律是法律人刻意创制的纯粹观念的东西,忽略了现实、经验的制约作用。

(二) 作为法律终极权威的社会利益

有人说庞德的社会控制理论、工程理论也是社会利益理论。庞德认为社会学法理学强调法律所促进的各种社会目的,而不是如分析法学派强调制裁,或如历史法学派注重所有形式的压力,也不是如哲理法学派强调道德基础如正义、公平等。他认为:法律律令乃是从保障社会利益中获致其终极权威的,即使法律的即时性权威或直接权威源自政治组织社会。法律为什么在社会上有这么一个地位?是因为它有保障社会利益这么一个重要的功能。

这里的社会目的包括:(1)满足社会对一般安全所提出的最低限度的要求;马斯洛的五个层次,除了和动物一样的最基本的生存的需求,接下来就是安全的需求,需要安全感。人还没有意识的时候,就有安全的需求,原始人总是去攻杀别人,侵略别人。对于人类来讲,安全的需求是最基础的需求,所以,法律要满足社会对一般安全所提出的最低限度的要求。这也是法律为什么要规定何为犯罪,损害人、物要赔偿,要受到惩罚的缘由所在。(2)满足社会制度中的社会利益的安全而间接维持一般安全;所有权非常重要,确定了财产的边界。这个是你的,那个是我的,这个权属很重要。康德在形而上学中也有谈及。现在的物权法也是以此为基础的。(3)保障个人自我主张与自由权利。中国20世纪80年代改革开放时,认为主张自由就是资产阶级自由化,是西方的东西。所以,中国不

[①] 参见〔英〕梅尔兹著:《十九世纪欧洲思想史》,周昌忠译,商务印书馆1999年版。

能主张,一主张自由就要受批判。当时人们认为自由就是个人主张和愿望的无限制满足,其实不是这样的。现在法律很注意保护个人的自由和权力。真正的自由并不是无限制的自由,个人的自由主张必须建立在和别人的自由主张共存的基础上。那样才有安全。所以,法律的任务就是确定、承认利益,也就是为了把边界划出来。要明白自己自由的范围在哪里。现代人的自由就是在法律允许的范围内。包括我们的政党组织的行动都要在法律的范围内,超越法律就不是真正的自由。如:关于包二奶现象,原来法律没规定,但此行为会导致婚姻关系紊乱、社会道德败坏等,有些地方的法律就作出规定对此加以限制,如广东省。承认利益、确定范围以后,我们就要保障利益。这种保障用法律的形式来承认它,肯定它。法律要调整协调各种重叠、冲突的利益,使每个人可以安全坚持自己权利的范围,从而使更多的权利得到满足,发现能够使更多的权利或要求得到满足时牺牲更少权利主张或要求的手段。所以,承认利益、界定范围、保障得到承认的利益,就成了法律当仁不让的任务。关键当然是发现和确定哪些是急需得到承认和保障的利益。因此,庞德认为,法律的任务在于确定、承认和保障各种利益以求达到社会控制的目的。

当今中国,哪些利益是我们应该承认的?哪些利益应该通过法律形式来保护?每一个社会在特定历史下都有急需得到保障的权利和利益。关键要去发现。立法是艰巨的工作,当立法保护的利益并不是社会必需的,或是以少数人的权利主张来牺牲多数人的利益,就需要调整,法社会学可以对立法进行评判。法社会学可以提供评判的依据与工具。法社会学的范围十分广泛,可以评论透视所有的法律现象。

庞德将利益分为个人利益、公共利益、社会利益三大类。区分的意义是为了确定哪些利益是急需保护的。这也是他社会学法理学理论中至关重要的部分。但他并没有提供评价上述利益的价值标准,也未作彼此重要性的次序排列。他只是认为法学家应该认识这个问题,并意识到这个问题是以这样一种方式提出的,后人批评庞德没有提供能够对以上利益进行排序的标准,但庞德在方法论中指出:在排列时,要尽可能地使各种利益得到保障,且尽可能保障使这些利益相一致的某种平衡或协调。这就是他为什么认为法律是在保障社会利益中获得了自身的终极权威的理由所在。这与有的理论认为法律的权威是来自于国家强制力相区别。这既体现了庞德自然法思想,也牵出了我们接下来要讲的一个问题。

(三) 特定时空下的法律

法律并不是永恒的、一成不变的,而是与特定时空联系在一起,是历史的、具体的。每部法律都是特定的社会、历史条件的产物。作为法律秩序意义上的法律调整的是个人之间的利益关系、个人的行为,而规则体意义上的法律则把各种需求、主张、预期作为自己的调整对象,通过立法指导司法、行政的具体行为和其他内部规章。如公安机关、检察院的逮捕、起诉就要受一定规则指导。这些指导司法审判和行政活动的规则体经由调整对象而与特定时空下的文明形成了一种密不可分的关系。因此,这些需求、愿望是在特定时空文明所要求的作为法律的先决条件而诞生的。如现在我们处在21世纪的快速转型期,我们的经济体制改革导致了许多新的利益、需求、主张,这些利益、主张、要求现有的法律能够反映它们,所以,我国现在的法律强调私有财产神圣不可侵犯。而毛泽东时代,一点私有东西的保护都不允许存在。那时的法律(仅有的一点法律)中是看不到任何关于私有财产的规定的。那个时代的法律只能和那个时代的文明联系在一起,如强调政治。所以说,我们的法律是和文明紧密联系在一起的。

庞德还认为:最大限度地发展人类的力量是一个永恒的目标。为了达到这个目标,就须努力把特定时空中的法律变成达致特定时空中那个目标的一种工具,而首先要解决的就是阐释作为特定时空之文明的法律先决条件,知道了特定时空的文明要求,法律的先决条件就解决了。如庞德强调的正义、权利概念。这是现代西方社会尤其是当时的美国社会的文明所预示的法律制度应该去实现的有关正义和权利的观念。这也是作为衡量应予得到承认和保障的利益的标准而存在的。这个原则性要求说得很好,但因为正义、权利的抽象性而缺乏操作性。后人有进行演绎和解释的,如罗尔斯的正义论。那么庞德是如何阐释的?

对此,庞德提供了一种实用自然法的观点,即是一种经由考察特定时空之文明所预设的源于自然法的有关权利和正义的观念。考察特定时空下正义、权利应该是怎样的?包括哪些范围?因为,所谓正义、权利都是一个历史概念,某一特定时期和历史形态下,对正义的诠释是不一样的。正义是有时空性的。这种观点体现出庞德法律工具主义倾向。因此,法学家就必须确定和阐释作为特定时空之文明的法律先决条件,运用法律概念、术语,通过种种技术如语言技巧、逻辑技巧等,努力构筑那些传承至我们的法律材料以使它们能够表达那些法律先决条件。当前时空下中国的文明是国家要繁荣昌盛,经济要发展以保证民生,权利要保障。在这样的文明下,我们的法律就要强调保护公民的权益,维护国家安全与整个社会的利益和秩序。如刑法中原来的反革命罪改为现在的危害国家公共安全罪等,这些都是维护国家的整体利益所需。另外,保障公民的权利也是现在最强调的。维护公民的权利和国家的利益是当前的文明下我国法律的要求。

关于特定时空文明下法律先决条件,庞德以美国为例子作出了示范阐释,这也是一个经典阐释。他认为按照美国的情况至少应包括五项。在文明社会中,人们必须能够假设:第一,其他人不会有意识地侵犯他们。一个人走在路上不会突如其来就遭到别人一顿毒打。第二,出于有益的目的而控制他们正当获取的东西。如个人可以合法地使用工资。第三,人们会按诚信方式行事。真实的意思表示,而不是相反的,否则人与人的交往很难实现。我国现在存在着诚信危机。第四,人们会以适当谨慎的方式行事而不带给人不合理的伤害风险。如厂家做的高压锅得保证通常情况下是不会爆炸的,否则,消费者的权益就无从得以保证。第五,拥有东西或实施力量的人会约束它们或把它们局限在适当范围之内。如核武器。总之,有了这些文明的先决条件,才有了美国法律关于刑事、民事等的法律原则与具体法令、判例等。

(四) 统合的法理学

庞德通过对19世纪法学派有关采用单一方法就能达致法理学的目的观点进行了批判,在他看来,任何单一方法都无法有效地服务于法理学。他主张,在进行法理学研究时,不仅应当将分析、历史、哲学和社会学这四种方法统合起来,还应当根据分析学、历史学、哲学、应予服务的社会目的对既有的法律进行批判的模式,才是法理学一个极其重要的部分。

他坚持认为:社会学法理学不仅把法律视作是社会控制的一项工具,而且还把分析、历史、哲学和社会学视作是能够为人们提供使法律秩序成为一种有效的社会控制能动力量之机器的工具,但是这并不意味着社会学法理学认为分析或历史、或哲学、或社会学——无论是单一的还是集合的——能够给我们提供一种全涉的和自足的法律科学。他强调法理学与其他社会科学间的团队作用。在现实生活中,各种社会的、经济、心理、历史、文化等因素及各种价值判断都在影响、甚至决定着立法、司法等。某个特定时空下,某种社会力量或某种正义理想会对法律产生特别强烈的影响,但是根据单一的社会因素或根据单一的法律理想,都不可能对作为社会控制的法律作出全面的解释。因此,他强调所有上述因素的交互作用,理论与经验(现实)相互检验,环环相扣,方能让法律真正成为社会控制的有效工具。所以,庞德的法理学是一种统合的法理学,体现出浓烈的法社会学思想。

总之,庞德社会学法理学的核心环节是他对各种利益所做的框架性建构。那些在特定时空的文明中得到法律承认和保障的各种利益,不仅是特定时空之文明的法律先决条件的具体推论,还是法律人选择和确定利益赖以为凭的与法律目的相关的理想图景的反映,也是法律终极权威的渊源。但其主要缺陷则在于庞德根据所设定的特定时空之文明的法律先决条件而阐发的"社会利益说"的基础上确立的"社会神",一旦成为法律承认和保障的对象并成为衡量法律之功效的判准,即使不会即刻扼杀个人自由,也会在一定程度上为某些个人或群体以各种"社会利益"之名侵损真正的个人利益开启了"合法"之门。[①]

---

① 参见〔美〕罗斯科·庞德著:《法律史解释》,邓正来译,中国法制出版社2002年版,序言。

五、卢埃林和弗兰克（Karl Llewelly，1892—1962；Jerome Frank，1889—1957）

此二人为20世纪30年代美国盛行的现实主义法学派的主要代表人物。现实主义法学的思想渊源主要来自于实用主义哲学。它的最鲜明的特点之一，就是强调法律的现实功能。卢埃林在他的代表作《普通法传统》中通过对美国15个州采集的样本各种案例的展示与研究，围绕着上诉法院中的稳定性因素、先例原则的偏离、情境感与理性、全国范围内的当代背景、案件结果的可估量性：规则理论、结果的可估量性：再论常识与理性、作为法律技艺的上诉审理、法庭辩论：使预测成为现实的技艺、对法庭的结论这九大问题的图景式探索，传递了他的现实主义思想。正如他自己所言："在所有这些事情中，只有'看来很新鲜'和'恢复以确定'具有重要意义，它们使法律现实主义成为一种方法论。这种方法是永恒的。……它可以适用于任何事项。……现实主义不是一门哲学，而是一门技术。这就是为什么它是永恒的原因。新鲜的面孔总带着新鲜的希望。对结果的新鲜的追问总是一种必不可少的检查机制。"[①]

他的"疑难案件方法"[②]对法律人类学产生了深远的影响。所以，在卢埃林那里，法律具有解决纠纷和引导行动的双重功能。具体一点讲，他认为法律功能就是法律工作(law-jobs)，就是一个运作过程，没有运作、没有活动就没有功能。他的功能具体包括六个方面：(1) 对争端的解决功能，通俗讲就是解决纠纷。(2) 引导人们行为、观念，预防纠纷。(3) 引导流动社会中人们的行为，以期建立新习惯和适应变幻不居的生活。(4) 发生纠纷时，分配和调节作为权威性的决定权。如公、检、法之间的分工，其他职能部门间的分工，同一机构级别间的分工等等。这个权威性的决定权是什么呢？比如说两个人打架受了重伤之后谁来处理，是公安机关。因为重伤要公安机关来处理，我们普通打架只要法院民事庭来处理就行了，法院有这个权、公安机关有这个权，甚至其他组织如工作单位、街道、村镇也有一定的权力，还有各个同一系统内部的层级关系间的权力分配，这也是为什么我们有最高法院、高级法院、中级法院、基层法院、派出法庭这样一种分工，为什么权力要这么分工呢，这个权威性的决定权是怎么来的？纠纷、争端发生的时候，总要有机构来解决，但由谁来解决最为合适呢？所以，把权威性分配好了，就能够很好地处理和解决争端。(5) 对组织和工作提供刺激，为社会和集体提供动力，以实现有效管理和领导。如果没有这些规定，若遇上工作中需要职位晋升之类，我们就会无章可循。在日本，进去他们的会社之后，达到课长级

[①] 参见〔美〕卡尔·N.卢埃林著：《普通法传统》，陈绪纲、史大晓等译，中国政法大学出版社2002年版，第608页。

[②] 类似于人类学的田野调查法，对疑难案件进行全景式的观察、跟踪、记录、分析。

别很困难,但是一旦达到,工资就上涨一大截,这样的管理技术促成了日本工商业的崛起。在香港也是这样,晋升需要很多业绩。这些规定都靠法律的规定,如果没有这些法律,管理就缺乏原则与标准,所以,法律除了打官司用,在管理社会上也很有效。(6)建立和利用使法律人员出色工作的技能。如司法考试、文凭制度、职称制度等一些任职资格、条件规定。所谓技能就是通过法律设置的一道一道去从事某种职业的门槛和知识,比如说你要从事法律工作,你首先要受系统法学教育,最起码要本科法学毕业,你要受过专业训练,从业时还要通过司法考试,考试以后你还要从助理审判员、审判员、高级审判员、首席大法官,一级级晋升,这些都需要法律来规定与引导。由此可见,卢埃林基于现实主义思想基础,对法律功能着眼于法律运作过程。总之,法律的功能很多,卢埃林的《普通法》里有关于这些的具体讨论。

弗兰克则借鉴了弗洛伊德精神分析学及行为主义心理学基本原理,认为固定不变的法律是一种神话,否认法律的确定性。他认为法律是行动中的法律,不是本本上的法律;是人的行为,不是固定的规则;是一种事实,不是一个规则体系。他认为:如果法官的个性是司法中的中枢因素,那么法律就可能依审理某一具体案件的法官的个性而定。

总之,现实主义法学的主要功绩就在于采用了社会科学的理论和方法,将法律置于整体社会中进行社会学的、人类学的、心理学的研究,强调法律的不确定性、可变性。

第三节 当代法社会学家及其主要观点

一、布莱克(Donald Black,1941 年至今)

美国社会学家布莱克在纯粹的社会学范例的基础上建立了他的所谓绝对科学的法社会学理论。在法社会学看来,影响法律运行和司法裁判的因素很多。布莱克的贡献在于,将这些影响司法裁判的社会因素系统化、体系化,尤其是科学化——只要可能,他便会尝试量化和预测。这种纯粹社会化的框架可谓自孔德以来实证主义社会学的一项重要发展。《社会学视野中的司法》一书主要是对案件社会学的研究,他提出了影响案件法律量的对手效应、律师效应、第三方效应等,书中探讨了各种社会因素对于法律、司法、案件的影响,主要观点是:案件处理和纠纷解决取决于案件本身的社会结构,即案件在社会空间中的位置和方向,诸如谁控告谁(上行还是下行),谁处理案件、谁与案件相关、谁是当事人双方可能的支持者?这些人的社会性质、关系距离、地位高低等构成了案件的社会结构,正是由于案件社会结构的不同才最终导致结果不同。

他的另一代表作《法律的运作行为》,在1976年一出版,就引起了强烈的反响与尖锐的争论。拥护者认为他把涂尔干的相伴变异法等认识论和方法论运用得游刃有余,为法的科学研究作出了最卓越的贡献;责难者认为他只不过把常识体系化了,关于法的运作那些一般命题根本无法证伪。这本书的内容主要是提出了关于法律在整个社会领域中的变化的若干命题,如不法的界定、谁报警或谁提起诉讼、谁胜诉、谁上诉和上诉获胜、按照什么程序管理这些人、社会生活中出现了多少种法律等等,这些命题的目的在于预测并解释这些变化,从而对一种科学的法律理论有所贡献。不管对该书评价如何,它仍被列为法社会学文献中的必读经典之作。

二、塞尔兹尼克（Philip Selznick,1919年至今）

塞尔兹尼克出生于美国新泽西州,纽约城市大学社会科学——哥伦比亚大学人文科学硕士,哲学博士,是美国加里福尼亚大学"法律与社会研究中心"主席。

塞尔兹尼克的法律观的基本思想是:现代法律要越来越多地回应社会需求,因此方法上也不得不与政策或道德相接近。他提出"法律制度是权威性规则的存在"。① 权威是法律观的中心。他认为规则是有效的、正式的、明确的、经过深思熟虑后制定的,但又不同于国家强制力。他既否认过窄的法律观——公共政府的法律观,也否认过宽的法律观——社会控制的法律观。同时,他也承认法律中的价值内涵与道德蕴涵。②

由此形成他的法治观,他认为:"法治的本质就是依靠民意秩序的各种合理原则限制官方权力",没有法治,就不存在真正意义上的法律。他认为法律社会学的主要任务就是研究减少或加重在制定和适用法律时的专横因素,为此他提出三个定理:(1)合法性是一个可变的成就。实在法只是形式正义,而专横的减少则要求形式正义与实质正义的统一,因此,实在法在任何时候都是"凝结的非正义"。(2)扩展到行政和司法方面的合法性,即要求行政与司法在使用自由裁量权时也要防止专横,力求形式正义与实质正义的统一。(3)适用于公共参与的合法性。防止一些特殊利益集团的强大压力与交易,防止民众多数的情绪激动或错误信息影响下的非理性行为。

因此,我们可以发现塞尔兹尼克的法律社会学思想的基本特征:(1)继承了古典法律社会学的理论传统;如韦伯特别注重探讨法律的社会基础;(2)将法社

---

① 〔美〕塞尔兹尼克:《法律、社会与工业正义》,拉塞尔·萨奇基金会1969年版,第932页。
② 参见张乃根:《塞尔兹尼克的法律社会学理论》,载李楯:《法律社会学》,中国政法大学出版社1999年版,第101页。

会学与自然哲学相结合;认为法律具有内在的首先道德性;(3)侧重研究"应然法",分析如何使实在法更符合合法性的要求。其代表作《转变中的法律与社会:迈向回应型法》,这与塞认为法律是权威的规则体思想相一致。既然是权威的,当然就应该着重研究。因为,规则体是应然法,所以,要将研究重点放在应然法上。

三、弗里德曼(Lawrener M. Friedman,1930—至今)

1930年出生在芝加哥,考取律师资格后曾从事过两年的律师工作。1957年转入学界,先后在路易斯大学、威斯康星大学、斯坦福大学从事法学教育。他教学范围很广,著作也甚丰。其中《法律制度:从社会科学角度观察》与《法与行为科学》成为当前国际社会法社会学的经典著作。

弗里德曼理论的主要特点是在现实主义法学影响下进行的经验研究累积的基础上,为法的体系与法的过程描绘一幅综合性的图像。他从一个基本视角来概括种种法的现象、进而构筑统一的理论体系。他的特长是运用历史素材,通过第二手分析来发现重大问题,他也因此被誉为法制史领域"威斯康星学派"的代表人物。他的理论介于实证主义与规范主义之间,在研究过程中他更重视经验,善于透视现象抓住本质。本书在具体问题研究和知识探求中将会多次介绍他的相关理论。

四、卢曼(Niklas Luhmann,1927—1998)

卢曼是当代德国著名的系统论社会学理论家,他的系统理论超越了传统社会学理论中有关主客体之间将交流作为社会系统基本元素的狭隘理解,指出了帕森斯的系统理论中不承认社会能够自我指涉和突发性因素存在的缺陷,而把他的系统论建立在控制论、信息科学等自然科学和社会科学、人文科学等几十年来对系统的研究成果的基础上,提出了他理论中最为重要的自我再生(autopoiesis)概念。这个概念最初是由(Humberto Maturana)和(Francisco Varela)提出用于描述生物学中的生物通过自我指涉或自我证明达到自我再生。卢曼将它引入自己系统理论的建构。这个概念他认为具有四大特征:自我再生系统制造组成系统的元素;它以两种方式自我组织,它们组织自己的范围而且组织自己的内部结构;它是自我指涉的;是闭合的系统。① 由此,卢曼提出了系统与环境的区分及系统的各种分化形式。在上述重要概念与命题的基石上,卢曼建构起了他的

---

① 参见〔美〕乔治·瑞泽尔著:《当代社会学理论及其古典根源》,杨淑娇译,北京大学出版社2005年,第86—87页。

一般系统理论,其代表作为《社会的法律》。《法律的自我复制及其限制》[①]这篇文章集中体现了卢曼的系统论的法社会学思想。

首先,卢曼从对法律理论的批评开始他的法社会学理论的创造。他认为法律系统的主流观念,是与法律系统的职业活动紧密相关的。现代社会关于委托人应得到更优质服务的要求激起了对法律系统的批评。由于法律职业共同体与法律程序的规范化,使得这些改进服务的要求很难实现,因此,我们不得不把这些法律系统或现象本身也视作为法律事实,如此一来,对法律系统的批评也改变了目标,从要求服务质量的改进转变到了对系统内部的职业化方法和官僚主义等事实问题上来。也就是说,对法律系统的研究和批评除了法律系统的研究对象,还要包括法律系统自身。为了更好地服务法律系统的委托人,人们提出了非法律化、非形式化、非职业化等建议,但这些建议也不能令人满意。卢曼提出了一个新的方法。

他的方法就是以区分为出发点,即专业人士与外行对法律的不同看法,构成了专属于专业人士才能明白的专业知识所构成的法律系统的内在结构。而法律系统只是功能分化的社会系统的一个子系统,"每个子系统都能够单独复制其履行本身功能的运作过程"[②],它们能够通过对它们自身的各个组成部分的安排布置来完成自我生成的过程[③],因此,它具有自我指涉性,相对于整个社会系统和其他子系统,它具有自主性和不可替代性。法律规范通过法律事件的正常复制和不合常规的复制,将法律的连续性和不连续性结合起来,从而改变法律。他因此提出:法律系统能够通过法律事件本身自我复制和改变,它是一个运用规范的自我指涉来复制它自己并且选择信息的法律运作系统。从这一层面而言,法律系统是一个在规范上闭合的系统。

但这种规范上的闭合性并不影响法律系统在认知方面的开放性。认知的开放性要求系统与环境之间具有不对称性。通过系统与环境的差异,创造出信息。所以,法律系统要求它的规范结构的自我指涉性,能够满足选择信息和自我复制这两项条件。通俗地讲,就是要求它的规范结构能够将它的认知结构普遍化,使它能适应正在变化的环境;同时,又能完成信息处理,满足自我指涉的需要。因此,这就要求规范结构对环境变得很敏感,在保持法律系统的闭合性功能的基础上,又要求认知结构可以对环境作出详细说明,达到闭合性与开放性的统一。例如,通过在法律系统内建立法律规范的循环性,即"判决在法律上有效的根据是规范性规则,但也仅仅当判决得到执行时,规范性规则才有效"。前者体现闭合

[①] 参见〔德〕卢曼著:《法律的自我复制及其限制》,韩旭译,载《北大法律评论》1999 年第 2 卷第 2 辑,第 446—469 页。

[②] 同上。

[③] 根据卢曼的原话整理。

性,后者则体现开放性。

卢曼这一理论的主旨是指法律系统对于认知方面的信息是开放的,但是对规范方面的控制是闭合的。因为,一个系统的开放性是基于自我指涉的闭合性,而闭合性的"自我生成的"复制与环境有关。所以,法律系统是一个在规范上闭合,同时在认知上开放的系统。

总之,卢曼的系统理论是其法律社会学思想的重要组成部分,也是其思想中最核心的部分。正因为法律系统具有自我生成性和认知开放性的特点,使得社会中的法律能够在未来不可知的风险社会中(时间序列上)适应和取得动态的合法性。也正因为这一点,使得他将法律从法律预见的功能期待中取得的正当性危机中解救出来,并为法律在不可知的风险社会中继续它的地位指出一条出路。卢曼也因此在系统理论的基点上建立起他的法律社会学理论。

【思考题】

1. 为什么法社会学要把马克斯·韦伯与涂尔干的思想列为学习内容?
2. 孟德斯鸠的法的精神指什么?
3. 萨维尼的民族精神指什么?它与孟德斯鸠的法的精神有何区别?
4. 涂尔干主要的法社会学思想是什么?
5. 你如何理解韦伯的形式理性法与实质理性法?
6. 你认为韦伯对法社会学的最重要贡献是什么?
7. 埃利希的"活法"的思想精髓是什么?
8. 请你梳理一下美国现实主义法学派的主要思想脉络。
9. 请比较霍姆斯与卡多佐思想的异同。
10. 为什么称庞德的理论是社会工程学?
11. 庞德的社会学法理学的四大理论特征是什么?
12. 塞尔兹尼克法律社会学的基本思想有哪些?
13. 布莱克理论的主要特点是什么?
14. 分析卢曼关于法律系统的认知的开放性与规范的闭合性的统一。

【参考书目】

1. 〔法〕孟德斯鸠著:《论法的精神》,张雁深译,商务印书馆2004年版。
2. 〔法〕E.涂尔干著:《社会学方法的准则》,狄玉明译,商务印书馆2002年版。
3. 李猛:《韦伯:法律与价值》,上海人民出版社2001年版。
4. 〔德〕弗里德里希·卡尔·冯·萨维尼著:《论立法与法学的当代使命》,许章润译,中国法制出版社2001年版。

5.〔奥〕尤根·埃利希著:《法律社会学基本原理》,叶名怡、袁震译,中国社会科学出版社1999年版。

6.〔美〕罗斯科·庞德著:《通过法律的社会控制》,沈宗灵、董世忠译,商务印书馆1984年版。

7.〔德〕鲁道夫·冯·耶林著:《为权利而斗争》,沈宗灵、董世忠译,中国法制出版社2004年版。

8.〔美〕霍姆斯著:《法律的道路》,见〔美〕斯蒂文·J.伯顿主编:《法律的道路及其影响:小奥利弗·温德尔·霍姆斯的遗产》,张芝梅、陈绪刚译,北京大学出版社2005年版。

9.〔美〕本杰明·卡多佐著:《司法过程的性质》,苏力译,商务印书馆2002年版。

10.〔美〕卡尔·N.卢埃林著:《普通法传统》,陈绪纲、史大晓等译,中国政法大学出版社2002年版。

11.〔美〕杰罗姆·弗兰克著:《法与现代精神》,华夏出版社1989年版。

12.〔德〕卢曼著:《社会的法律》,郑伊倩译,人民出版社2009年版。

第四章　法律功能与法律效果

第一节　关于法律功能的理论

一、功能概念及其思想渊源

在介绍法律功能理论之前,我们先认识一下功能这个词。功能,英文为 Function,这个词最早源于拉丁文,出现在数学上,后来在15、16 世纪把"功能"引入建筑学和生物学。它在不同的学科中有不同的用法,如数学 X/Y = 功能,建筑学、生物学则又不同。这个功能引入建筑学以后,得到了很大的发展,如哥特式建筑中那个顶尖,中国建筑中的横梁与柱子,哪个是承重的、哪个是均力的,功能很清楚。同样,功能概念在生物学上也有了很大的发展。后来引入社会学,斯宾塞就做过很多类似的分析,他将社会比作有机体,社会中的各种组织、机构,与身体中的各个器官一样,都有自己的功能,你的胃、你的内脏、肝肺、你的五官,还有你的手都有自己的功能,社会也一样。

后来把功能的概念引用到了系统科学里面,在系统科学里,结构与功能是一对基本范畴。"结构是系统内部各要素相互联系和相互作用的方式或程序"①,比如我们讲的水和双氧水的化学方程式,仅仅是内部每个要素之间相互联系的程式变换一下,组成元素没有改变,转换一下组合的方式就变成一种新的产品了。特别是碳氢化合物,像聚乙烯塑料,乙烯基的同分异构体有很多,元素相同只是改变程式,形成的产品就有的很硬,有的很软,又如苯 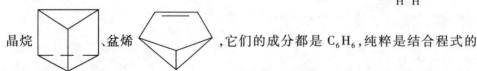、棱晶烷　　　　、盆烯　　　　,它们的成分都是 C_6H_6,纯粹是结合程式的改变就会产生不同的产品。以上各个要素间内部的各种联系的方式或程式就是结构,不同的结构对应不同的功能。因此,这几种产品的功能就不一样。"功能

---

① 参见陈军:《系统科学》,上海人民出版社 1987 年版,第 102 页。

则是系统与外部环境的相互联系和相互作用的程序和能力。"①所以结构和功能是一对范畴。

在社会学家眼中,功能不是事实产生的承因,而是事实得以存在的依据。斯宾塞就认为社会是一个有体机,人或事物引起的社会后果就是功能。英国社会学家马林诺斯基,是功能学派的创始人之一,他认为:功能的概念基本上是描述性的,应该利用功能概念来观察分析社会文化的共同特质,并发展社会法则。②即从整体出发去分析各种文化,去考察这个文化有什么功能,从而去了解里面的结构。并着重分析各组成部分之间的关系来考察社会文化,分析文化对个人生理上及社会生活上的需要所起的作用。他相信经由社会制度的功能的分类,可以分析社会制度的结构;而每一种风俗、概念、物质、思想、信仰都具有很重要的功能,是社会整体不可或缺的一部分。这种理论意味着只要去考察一个部分,就可以去了解整个社会的、系统的功能和结构,这种功能主义理论在20世纪30、40年代,受到了美国帕森斯、默顿等人的批评。帕森斯结构功能主义观点,他认为社会是一个统一的整体,故应有系统地处理行动者在社会情景中的地位与角色的关系。人类社会有很多结构联合在一起发生功能作用,以维持整个体系总体之整合。若要了解任何结构状况就必须揭示该结构在社会中的功能。

默顿则把功能界定为:研究者所观察到的一个行动模式或社会结构对其所属之较大社会或文化体系的客观后果。③ 这个什么意思呢?就是说系统对它所属的某一系统的作用就是功能。

顾德诺批评了帕森斯与默顿的理论,提出了"功能互惠"和"功能自主"两个概念,标志着功能论内在逻辑发展的一个新阶段。

日本社会学家富永健一则赋予功能以解释性概念的特征。所谓功能,"就是将系统的要素和多个作为要素集合体的子系统,或者说整个系统所担负的活动、作用、职能,解释为与系统实现目标和系统适应环境所必须满足的必要性条件相关时,对这些活动、作用等所赋予的意义"。④ 这话理解起来有点拗口,他其实想表达的意思是,怎么把功能视作为一个解释性的概念。当一个系统要跟环境相适应的时候,须满足一定的必要性条件,要解释或者要与这些必要性条件相关,就是说系统要适应环境、要实现目标,有很多活动,也有很多作用,只有当与必要性的条件相关的时候,这些作用与活动是与功能相关的,有功能性的。他的理由是,因为具体的功能,不管是什么都摸不着、触不到的,只能见到活动。打个

---

① 参见陈军:《系统科学》,上海人民出版社1987年版,第113页。
② 参见〔英〕B. 马林诺斯基著:《科学的文化理论》,黄剑波等译,中央民族大学出版社1999年版。
③ 参见〔美〕罗伯特·K. 默顿著:《社会理论和社会结构》,唐少杰、齐心等译,译林出版社2008年版。
④ 参见〔日〕富永健一著:《社会学原理》,严立贤等译,社会科学文献出版社1993年版,第162页。

比方,我们最熟悉的发动机,当发动机放在那里,当它不工作的时候它能有什么功能呢?不知道。当它活动起来的时候,作为动力源,实现提供动力的目的的时候,就可以知道它有什么功能了。所以说,功能是结构的功能,功能是说明项,结构是可以由此得到解释的被说明项。即使是机械和有机体的功能,也不能实际感触到,只能由活动、作用等过程负载。着眼于功能,即着眼于结构正在完成或要求完成但无法完成的功能,对社会系统中的结构形成或其内部的结构变动进行说明,这就是结构功能分析。

  法律功能理论出现较晚,但其思想渊源则可以追溯到早期的经典作家的论述中。在西方法律传统里,思想家们都将法律作为维护正义的手段。如柏拉图在《理想国》中谈到:人的灵魂中有一种无法无天的怪兽,如果一个人不能控制灵魂中的怪兽,合适的办法就是将这种人置于最优秀的人的管教之下,培养他灵魂中的神明。假如这样由灵魂中的神明管教不成功的话,那么,就应该树立一个外在的权威来管理,以便在可能的范围内使我们的朋友和平等者一样受到同一个教导者的管理。这个外在的权威就是制定法律。① 亚里士多德强调法治优于一人之治,他认为法律是最优良的统治者。② 因为人有兽性,作为统治者的人也不例外,而法律是理性的,所以说法律统治优于一人统治,法律是最好的统治工具,这是法律的一种功能特点,虽然他没有说法律有什么功能,但是里面包含着这种思想。

  西塞罗认为:官吏的职能是治理,并发布正义、有益且符合法律的指令。由于法律治理着官吏,因此官吏治理着人民,而且可以确切地说,官吏是会说话的法律,而法律是沉默的官吏。③ 按照西塞罗的理解,这个顺序是法律统治执政官,执政官统治人民,就是说法律是最高的、最优良、最好的统治者。当然,他在这里所说的法律,包括在他眼里至高无上的自然法和其他一切法律律令。

  由此可见,古代的思想者都强调法律是优良的统治者。还有一个大家比较熟悉的神学家和政治思想家托马斯·阿奎那,他认为:法律是安排整个社会公共幸福的手段。④ 如此,法律也是一种工具,是谋求整个公共幸福的手段,也就是说对整个社会治理最好的理想设置的工具,因此应当多关注这些经典思想家。

  恩格斯晚年通过对法的相对独立性的论述,解答了法律发挥功能的基本前提问题。他认为:法律作为上层建筑的一部分,一经形成就具有相对独立性,而法的相对独立性又同经济最终决定法的必然性构成辩证统一。他认为法也是如

---

① 根据〔古希腊〕柏拉图著:《理想国》,刘勉、郭永刚译,华龄出版社1996年版,第360—361页内容整理。
② 参见〔古希腊〕亚里士多德著:《政治学》,吴寿彭译,商务印书馆1965年版,第167—168页。
③ 〔古罗马〕西塞罗:《国家篇 法律篇》,商务印书馆1999年版,第214页。
④ 〔意〕托马斯·阿奎那著:《阿奎那政治著作选》,马清槐译,商务印书馆1982年版,第105页。

此。"产生了职业法律家的新分工一旦成为必要,立刻就又开辟了一个新的独立部门,这个部门虽然一般的是完全依赖于生产和贸易的,但是它仍然具有反过来影响这两个部门的特殊能力。"①

以上这些例子是西方法律传统中早期和中期等有影响的一些观点,这些理论都包含有法律功能的思想,但没有明确提出功能一说。接下来介绍一下近当代西方国家的法学与社会学中的一些功能理论。

二、法律功能理论综述②

在西方社会学功能学派的一些代表人物的思想中,就蕴涵着比较丰富的法律功能理论,以涂尔干为代表。这些理论明确地提出了法律的功能,不像以前仅包含着关于功能的经典思想,它直接提出了功能理论。

涂尔干毕生关注社会连带关系,他将社会划分为机械团结与有机团结两种类型,并相应地将法律也分为压制型法与赔偿型法(或恢复型法)。压制型法"是建立在痛苦之上,或至少要给犯人带来一定的损失。它的目的是要损害犯人的财产、名誉、生命和自由,或者剥夺犯人所享用的某些事物。……这种制裁是通过一种分散的形式来实行的,它并不对每个人区别对待。它是有组织的,因为刑法只有通过一种确定的中介机关才能得到执行。第二种制裁(即恢复型法)并不一定会给犯人带来痛苦,它的目的只在于拨乱反正,即把已经变得混乱不堪的关系重新恢复到正常状态"。③ 这种法律包含了两种功能:从正面组织社会,恢复社会秩序。涂尔干还特别提出了一种刑法进化规律理论,认为刑罚既可通过使社会情绪得以宣泄而增强社会的团结和稳定。这跟我们以前介绍过的科塞的安全阀理论异曲同工,他进行了发展。其实,刑法制裁的各种犯罪、各种非法的行为就是对社会的一种敌对情绪、不满情绪的宣泄,这种情绪宣泄出来社会就稳定了,现代社会有专门的职能机关来进行处理,那就是犯罪及惩罚,它其实是一种情绪宣泄。他认为除了对社会稳定团结的功能,还有另外一种功能,这一点功能大家要好好理解一下。他说犯罪可以捣碎社会的长期僵化状态,推动社会发展,有人进行犯罪,好像可以增加社会的活力一样,把社会的长期的僵化状态打破,推动社会发展,这一点后来争论、质疑挺多的。总之,涂尔干对法律功能的论证是通过将社会分为几种类型并与法律建立联系得以完成的。

帕森斯作为功能主义的集大成者,他对法社会学的重要贡献是"能够在社

---

① 参见《马克思恩格斯选集(第四卷)》,中共中央马克思、恩格斯、列宁、斯大林著作编译局编译,人民出版社 1976 年版,第 483 页。
② 基本脉络参考了〔英〕罗杰·科特威尔著:《法律社会学导论》,潘大松等译,华夏出版社 1989 年版,第三章"法律的整合机制"。
③ 参见〔法〕埃米尔·涂尔干著:《社会分工论》,渠敬东译,三联书店 2000 年版,第 32 页。

会体系中各功能要素间的关系所构成的图画中清楚地确定法律的位置"。① 帕森斯的法律功能理论是将其作为社会结构体系之中的其中之一模式加以探讨的。他认为所有的社会制度均有相同的"系统要素"或"功能要素",这些要素必须得到满足,才能够维持生存,这就是他著名的结构功能主义"AGIL"理论。除了涂尔干和卢埃林所讲的法律具有保障社会制度的内在整体性(I)——维持成员间的社会关系和感情关系——的功能之外,在帕森斯的理论当中,法律还具有三种功能要求,即"目标追求"(G)——保持社会向既定目标稳步前进;"模式维持"(L)——建立、维护和恢复社会成员的能量、动因和价值观念,从而使社会内部总的活动和能量模式不断得到体现;"环境适应"(A)——使社会本身能够适应所处环境的各方面条件。在他的理论体系中,社会各个子系统与法律系统的四个功能之间具有一一对应的关系,例如,政治制度对应的是目标追求功能,经济制度对应的是环境适应功能,法庭等法律制度对应的是整合功能,而其他子系统的界限相对比较模糊,但体现的是模式维持功能,如家庭对应的模式维持功能是使个人的观念和看法适合于社会系统所确立的社会价值观念和前景展望。

  除了可以从功能要求得到满足的途径来分析法律系统的各种功能,还可以从规范性结构来进行分析,规范性结构包括了四个方面:价值观念、社会规则、集体活动和个人分工。要理解帕森斯理论中法律的地位如何,就必须要搞清楚维系规范性结构和功能要求这两者之间的纽带关系,即搞清楚价值观念、社会规范、集体活动、个人分工与适应、整合、目标追求、模式维持之间的关系(见图一),法律主要是和整合以及社会规范这一特定层次相联系的,随着功能任务之间的相互分离以及规范性结构要素之间的相互分离,最后导致的结构是法律体系自主性的不断增强。

	L	I	G	A
规范性结构	价值观念	社会规范	集体活动	个人分工
功能要求	模式维持	整合	目标追求	环境适应
社会系统	其他子系统	法律	政治	经济
对社会实践的敏感程度	不敏感 ·································			敏感
控制关系	控制 ···································			被控制

存在两个方向的运动:自下而上的适应运动,结果是产生压力,促进变革
      自上而下的控制运动,结果是加强约束,以求稳定

图 一

  由图可知,最先能感到来自变革要求的是经济领域,其次是政治领域,最迟钝的是价值层次,因此产生的结果是,尽管法律最终必须反映和依赖于社会价值

---

① 参见〔英〕罗杰·科特威尔著:《法律社会学导论》,潘大松等译,华夏出版社1989年版,第92页。

观念,但在实际社会运作过程中,却是由法律来普遍控制政治和经济活动的,"法律原则高于一切"①,法律系统享有充分的自主性。值得注意的是,在帕森斯的理论分析中,法律自主性是扎根于社会生活各个最重要方面的复杂元素之中的,它和各个体系之间都存在着微妙的平衡和不稳定的状态,若其过分执著地遵循价值观念或屈从于特殊的政治上的做法和倾向,就不能维持充分自主的社会交往,从而也就不能维持自身在社会结构中的自主地位以及政治、经济生活的微妙平衡了。这就是帕森斯强调的法律功能在于促进社会整合,而不是系统整合。②

这点也是帕森斯理论被后来者广为诟病的症结所在,将法律功能分析停留在一个静态的分析层面上,没有提供法律与社会体系其他部相关关系的分析。H.布雷德姆(Bredemeiex)借助了帕森斯的研究方法和卢埃林的观点,发现用功能分析的方法完全可以识别法律体系中的症结所在,它对法律功能的分析主要是围绕法庭活动进行的。

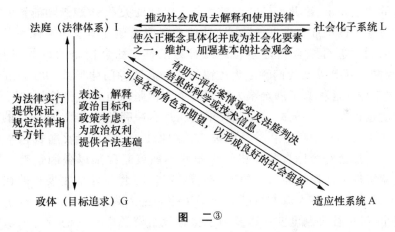

图 二③

如上图所展示的,法律体系在实际运作过程当中,往往存在司法部门和政府部门间冲突,专业知识对案件的过多干预的情况。既要实现公正,又要维持稳定,这成为影响法律自主性的重要方面。法律在社会系统中不但要求保持自身的自主性,同时还要求通过与政治、经济、其他社会子系统的互动来实现法律功能的发挥,一方面要稳定,一方面要变革,这是观念、规范、集体、分工之间关系此消彼长的过程。

帕森斯的功能主义理论因此被认为其缺乏历史的眼光,将人类的主观能动

---

① 参见〔英〕罗杰·科特威尔著:《法律社会学导论》,潘大松等译,华夏出版社1989年版,第96页。
② 系统整体化指建立在各要素的相互依存关系上的日趋复杂的社会团结一致。
③ 参见〔英〕罗杰·科特威尔著:《法律社会学导论》,潘大松等译,华夏出版社1989年版,第103页。

性排斥在研究之外,将各种体系、规范性结构看做是相互独立的存在而遭受广泛的批评。但不可否认的是他在社会体系的相互关系方面虽浅尝辄止,可他对法律体系在社会体系中的地位分析和他的 AGIL 模式为后来者考察法律体系与社会其他系统之间的互动关系提供了卓越的理论模型,开启了法律功能分析的新时代。

美国现实主义法学派的代表之一卢埃林(Llewellyn)对法律功能的论述我们在西方法社会学家理论一章中已经做了较详尽的介绍,他认为法律的解纷和引导功能只是为解决纠纷提供了一种有限的解释性框架,当然也具有引导法律人行动的意义。在他的视野下,情境感下的常识与理性的解纷功能超越了法律。

其他学者,特别是前面提到过的美国德高望重的法社会学家庞德,将法律视为社会控制的工具,从法律的作用和任务上研究法律功能问题。庞德的社会控制理论是基于法律社会学领域中利益理论的兴起[1],庞德继承了耶林、赫克等的"利益法学"基本观点,认为利益是"人类个别地活在集团社会中谋求得到满足的一种欲望或要求,因此人们在调整人与人之间的关系和安排人类行为时,必须考虑对待这种欲望或要求"。[2] 如此,法律在庞德的理论体系中被视为了是对人类社会的利益进行综合和普遍表达的有力工具。社会控制的目的正基于此,"社会控制的任务以及我们称之为法律的那种高度专门化形式的社会控制的任务,就在于控制这种为了满足个人欲望的个人扩张性自我主张的趋向"。[3] 在人类交往的过程中,一些人的欲望和要求之间是有冲突和重叠的,而法律的秩序的任务就在于决定其中哪些利益是应被承认和保护的,应在什么范围内加以承认和保护。而社会对个体自我扩张性主张的本能或趋向加以限制正是文明的标志。这就实现了法律功能研究的一个重要转向:19 世纪法的主要目的在于签订协议、合同等,是当事人双方自己制定了法律。进入到 20 世纪法就成了为维护一般安全、维护社会制度安全以及为了保存社会资源而对人的行为加以限制的工具。社会控制的法律内含取代了在个别人的良知指导下的自我发展的规定。[4] 在庞德的思想中,我们看到了有一种法学综合的趋势。他的法社会学思

---

[1] 庞德:"为了理解今日之法,我们满意于正阳一幅图景:它既满足大多数人的期望,又使我们作出尽可能少的牺牲。"参见〔英〕罗杰·科特威尔著:《法律社会学导论》,潘大松等译,华夏出版社 1989 年版,第 96 页。

[2] 参见〔美〕罗斯科·庞德著:《通过法律的社会控制法律的任务》,沈宗灵译,商务印书馆 1984 年版,第 81—82 页。

[3] 同上书,第 81 页。

[4] 庞德特别强调了这并不是说法律只承认社会本能,在法的定义当中,法反对的是从自我主张的本能中产生出来的反社会扩张行为,这与 19 世纪以来主张的自我控制并不矛盾,所以社会控制是个人控制的延伸也并非有错。

想将分析法学、历史法学、哲学法学的思想加以综合①,在对经验和逻辑,应然和实然的综合性考察中,提出法律作为社会控制工具的法律功能理论,将法律事实作为法社会学研究的对象,为未来法社会学发展确立了明确的研究对象。

在庞德之后,斯通继承了庞德的衣钵,发展了社会控制理论。斯通同意庞德关于法律是实现社会控制和利益安排的工具的观点,但不赞成庞德关于利益平衡的理论,认为人们通常设想的对利益进行调整的任务是实现这些利益之间的平衡或协调的想法是虚幻的。他提出的关于利益和法律的关系与庞德的观点一脉相承,表现在四个方面:(1)确定什么是一定文明中人们确切需要的事实上的利益;(2)划出可以给予这些利益以法律支持的限度;(3)确定法律可以为它们的实施提供什么样的原则、概念和机制;(4)法律可以给与利益保护的限制。除了继承以外,斯通对庞德观点还作出了两方面的发展:一方面是完善了庞德的综合法学思想,另一方面是"正义飞地"的提出,完善了庞德的社会控制理论,使其更有法社会学的面向。他认为,在正义问题上没有绝对的标准,有的只是"此时此地"的正义。法律是保护利益的一种手段,是一种社会控制的工具,目的在于实现正义,实现和当前社会事实相联系的正义,这就是斯通所说的"正义飞地"(enclaves of justice)的概念。根据"正义飞地"的概念,法律在"应该为那些行为受它控制的人们做些什么?"这个问题上,应做到的是"使法律秩序符合人们所追求的正义"②,正义问题的主旨在于"人应该有在法律面前得到平等对待的权利"。③ 据此,斯通认为庞德的实用主义路线是站不住脚的,他提出了一个准绝对的正义标准,并将其概括为一系列的指示。④ 如为安排行为、提供保障、解决纠纷、补偿侵害行为、奖励有功行为、惩罚犯罪行为等提供了一种依据,因此,形成了斯通的"正义飞地"基础上的功能体系。

在以往理论家都试图从法律功能的某一角度对法律功能理论进行版图扩展的时候,作为英国新分析实证主义的代表人物,拉兹的整个学术生涯都是在谨慎、艰辛地构建一个宏大的法律理论体系,这一理论体系旨在探求并建立法律哲

---

① 分析法学认为法是政治上有组织社会中立法机关的一种权威性宣言,法是以国家的存在为前提的,庞德认为分析法学对法的定义是不够的,国家造法机关的宣言不仅仅是个人意志的产物,意志只是形式和所颁布结果的背景,隐藏在背后的是经验和理性。历史法学派则认为法是经验的条理化,是经验把文明社会中生活所必需的人与人之间关系的调整和人们行为的规定教导给了人们,这些东西在凝结成为习惯后,经由立法者们、法院以及法学家加以条理化并作为法律颁布。庞德认为历史法学家描写的法是通过权利和正义的思想或自由的思想自动实现的观点忽视了目的的作用,即为完成一定目标所进行的周密打算。哲学派法学则认为法是理性的一种表现,庞德认为这种观点应该和历史法学的经验论结合起来考虑。

② 参见薄振峰著:《斯通:法的综合解释》,黑龙江大学出版社2008年版,第38页。

③ 同上。

④ 同上书,第58页。

学的新领域,从而将分析法理学和批判法律学的传统统合起来。① 拉兹试图在法律定义的基础上去建立一个关于法律功能的广泛的、理性的分类体系,他认为庞德、卢埃林②等人的关于法律的陈述虽是正确的,但在实际生活中,很难对这些陈述进行评价,很难判断它们之间是否相容③,而拉兹要做的尝试正是要对法律功能的一般性分类进行阐述。他认为可以将法律功能分为规范功能和社会功能,法律的规范功能,是指法律作为调整人的行为的规范,对人的行为产生的影响;法律的社会功能,是指法律作为社会关系的"调节器",对社会关系产生的影响。他认为以往的法社会学家多只注重了法律的规范功能,而忽视了其社会功能。

"社会功能是指法律所追求的或事实的法律的社会后果。法律的社会功能从有利的角度可以分为直接功能和间接功能。直接功能是有法律的遵守和使用所确保完成的结果。从适用的角度,直接功能可分为主要功能和次要功能,主要功能具有表现性,它们影响普通大众,并且在它们中间可以发现法律存在的原因和理由。次要功能是维护法律制度的功能,它们使法律制度的存在和运作成为可能,次要功能的存在就是为履行主要功能提供便利条件。"④

法律的社会功能除了直接功能之外,还有间接的社会功能。间接功能是由因人们的态度、情感、观念以及法律遵守和适用以外的行为模式所实现的功能,它是承认法律的存在以及遵循和使用法律的结果。⑤ 法律的社会效果在这一主题中经常依赖于非法律因素,尤其是对法律的普遍态度以及法律与社会规范和制度的相互作用。例如:加强或削弱对某些道德价值的尊重、尊重生命的神圣不可侵犯、加强或削弱对权威的普遍尊重,影响国家统一的意识等等。有些法律在颁布时,确保间接功能是法律创制的主要原因,比如一些大学把免除高校学生服兵役作为提高招生数额的手段,征税点的改变是为了缩小贫富差距。总体而言,社会功能的执行依赖于众多的法律制度,同一种法律制度或某一具体的法律常常执行着几种社会功能,每种社会功能的履行涉及所有规范类型的法律,同时,施加义务的法律有助于所有法律功能的履行。这样,拉兹采取实证主义的分析方式,通过对法律功能庞大体系的归纳,建立起了法律功能的一般性分类体系。

---

① 参见森际康友:《权威、理性与法律——约瑟夫·拉兹与法律实践》,载陈锐编译:《作为实践理性的法律——约瑟夫·拉兹的法哲学思想》,清华大学出版社 2011 年版。
② 庞德的利益说,卢埃林将法律功能集中于对纠纷的解决。
③ 参见〔英〕约瑟夫·拉兹著:《法律的权威:法律与道德论文集》,朱峰译,法律出版社 2005 年版,第 144 页。
④ 同上书,第 148 页。
⑤ 同上书,第 147 页。

第四章 法律功能与法律效果

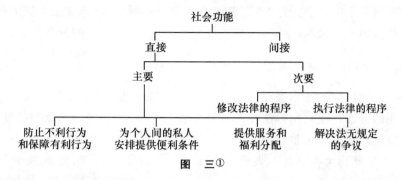

图 三①

丹麦的法学家乔根森将法律功能分为外部功能(或政治功能)和内部功能(或微观功能)。前者指由政治学、经济学来揭示功能,通过法律维持社会秩序、预防和解决冲突;后者指维护公民的正义、公平、平等精神价值的追求。他认为法的社会功能应由社会学研究,法律不仅要通过保持国际和平和维护国内秩序以解决冲突,还应发挥防止冲突的功能,是法在现代社会中的主要功能。法的功能是多元化的,"其中一些是原来就有的,另一些是因社会变得越来越复杂化而后加的"。② 德国法学家卢曼则从社会的功能性分化角度,把社会划分为政治系统、法律系统和经济系统。各系统通过交往、互动、自治和反身得以发展,其中,法律是社会中一个关键性的子系统。他认为:法律是社会系统的其中一种结构,其功能在于调节社会系统的复杂性,因此,任何社会都需要法律。他对法律系统的功能自治给予了很高评价。他指出,如果能形成一个自治的法律系统来具体指明人们扮演角色的权利、责任、义务,那么一个社会就不会变得复杂了,只有系统本身的反身性才能灵活地根据环境变化作出相应的变化,即制定新的法律。英国法社会学家罗杰·科特威尔(Roget Cotterell)强调了法律功能的自治性。他认为对法律功能的分析并不直接着眼于社会与法律现象的历史起因。因为功能本身始终处于变化之中。所以,他主张一方面可以从理论分析开始,细致描述某一政治制度成熟化的社会存在的诸先决条件,再把法律与这些具体的功能要求一一对应;另一方面也可以从具体细节入门,直接以某一法律体系中的诸法律细节为依据,从法律原则和法律制度的研究中推导出法律在社会中的作用。

总之,法律功能体现了法—社会关系,是基于法律结构而与社会发生关系的状态,表明了法律对社会的一种适应性。没有法律与社会的关系,就无谓法律功能。法律存在于社会大结构中,本身又有自己的结构,法律功能指向于法律价值,不同于法律目的。法律功能是内在的,有法律结构就有功能,但是如果它不

---

① 参见〔英〕约瑟夫·拉兹著:《法律的权威:法律与道德论文集》,朱峰译,法律出版社2005年版,第154页。
② 参见吕世伦主编:《西方法律系思潮源流论》,中国人民大学出版社2008年版。

与社会发生关系的话,它的功能也就失去了意义。所以,法律功能本质上是体现了法与社会的基本关系。

三、法律功能的基本类型[①]

关于法律功能的基本类型,不同的法社会学家或法学家,根据不同的标准有许多不同的分法。重点掌握法律的主要功能与次要功能,显性功能与隐性功能,行为激励功能与利益调整功能。

(一)法律的主要功能与次要功能

主要功能指法律直接满足一定社会的主要目标和要求的功能,是将法律整体作为社会中的一个系统所具有的功能,包括控制功能、工具功能、调节功能、解纷功能等等;次要功能指保证实现法律的主要功能所附加的功能。如刑法、民法、行政法或者民法中的合同法、物权法、侵权法等各具有它们自己特殊的功能,而之下又有更细化的功能如刑法中的人权保障与社会保护功能,行政法中的行政机关与相对人之间的权利、义务平衡功能,民法中的补偿功能等。

主要功能其实是整体功能,庞德内容中我们也提到过,他的法律就是作为整体所具有的社会控制工程,目标是保障社会的利益,所以,这个目标就是法律的整体功能也是法律的主要功能。那么,次要功能主要是保证实现法律的主要功能所附加的功能,就是说要实现最基本的功能肯定要有些辅助性的次要的功能。次要的功能很多,比如说刑法当中,惩罚犯罪的目的是为了维持整体的社会秩序,保障人们对一般安全的需要的目的。还有行政法中,比如说对相对行为人的权利义务的保障,其实是保护公民的权利利益。另外像民法中各种救济补偿等等也都是为了某个具体的目标,所以这些功能都是次要功能。

(二)法律的显性功能与隐性功能

法律的显性功能和隐性功能,这是需要重点掌握的。前者指法律的客观后果合乎立法者的本来意图,是由立法者意图引起的。[②] 制定了这一法律或法条,目的想达到什么,试图引起什么后果,意图很明确,很清楚。这个就是显性功能。所谓隐性功能是指法律对社会的影响、后果是事先无法预见的,是立法者无意中产生的,即后果超出了立法者的意图。掌握了这一种功能很重要。从客观后果的发生与立法者主观意图的关系而言,这种后果不是立法者主动追求的。显性功能与隐性功能不同于直接功能与间接功能。所谓法律的直接功能与间接功能,前者是指某种客观后果是由法律规定直接导致的,后者则指某种客观后果虽

[①] 这一部分内容主要参考、借鉴了赵震江教授在《法律社会学》中的提法。参见赵震江主编:《法律社会学》,北京大学出版社1998年版,第218—230页。

[②] 同上书,第222—223页。

由法律引起,但法律规定不是直接原因,表面上是由另外一种因素引起,事实上,这种后果是法律追求的结果。法律的隐性功能也可能是法律直接引起的,即是法律的直接功能。法律的显性功能反而是法律的间接功能。显性与隐性的区别是视法律的客观效果与立法者的主观意图间的联系。

现在通过一个案例来看一下直接功能和间接功能的区别。美国有个著名的301条款,301条款是美国的国内法,但这个国内法常常被引用来处理国际关系。曾有一段时间,特别是我国刚刚加入关贸总协定的前后,在谈判过程中,美国故意给我国增加难题,阻碍我们入关,特别是第八回合——乌拉圭回合这个关键时候,提出很多条款刁难。美国以301条款为依据,要求中国改善知识产权保护的法律环境,不过在当时,中国的知识产权市场确实也有些问题,因为中国知识产权市场形成比较晚,需有个成熟过程。每次中美知识产权的谈判当中,美方都提出一些超出知识产权保护范围的要求。我国现在是《世界版权公约》、《巴黎公约》、《伯尔尼公约》等世界知识产权保护公约的成员国。既然加入了公约,成员国就需要接受公约的约束,我国的知识产权法也是在公约之下制定和完善的,也都是符合公约宗旨的。美国也是成员国,但是他在谈判过程中增加了比公约更为严厉的条款,来要求和限制我们。美国这样做的目的是企图通过贸易问题来达到自己的政治目的,其实质是将美国的国内法强加给我们。

所以,当时美国的301条款,从法律功能的类型来看,不但具有经济功能还具有政治功能,经济功能就是保护知识产权,但是它含有一种政治功能,这种政治功能则是一种间接的显功能。所以,直接功能并不等于显功能,显功能并不等于直接功能。那么,这一条款间接的显功能是什么呢?它借助301条款的经济功能意图实现阻止中国加入世贸组织的政治目的,但它是间接的,不是直接的规定。它看起来是专业性地保护知识产权的条款,但实际上是想引起政治目的,这个目的是他们意图引起的。所以说这个功能如果我们掌握得好,特别是立法者,就最能体现水平和技巧。就是说你制定一个条款,表面上我处理的是这样一种法律关系,实际上想达到的是另外一种目的,但这个目的隐藏在法律条款里,常人看不出来,这种情形考验着立法者的水平和技巧。

我们接着再来看弗里德曼所列举的一个例子,"在越南战争期间,美国国会通过了一项法律,规定烧毁征兵证是犯罪,烧毁征兵证只有一个原因,即作为抗拒战争的象征,国会通过该法律可能增加了该行为的意义,使它对正在寻找某种方法来表示他们对战争的反感的人们更有威慑力。可能这些人①比法律制止的人还要多。在没有威胁要惩罚某种举动(即反对战争的举动)时,该举动实际上

---

① 指对战争反感的人。——作者注

反而受到鼓励的情况下,制裁可能使行为具有某种象征性,从而增加其重要性。"①为什么要这么规定? 立法者的意图是什么呢?

国会知道,它的目的并不是仅仅为了阻止销毁征兵证的人,而是要阻止更多的人反对战争。所以说,在没有威胁要惩罚某种举动的时候(什么举动呢? 即反对战争的举动),这个举动实际上反而受到鼓励的情况下,制裁可能使行为具有某种象征性,从而增加它的重要性。如果说某种举动如销毁征兵证的举动,没有受到惩罚,那么,实际上就意味着政府在鼓励这种行为,你尽管销毁,没有任何关系。在这样的前提下,规定销毁征兵证是犯罪,要受到惩罚。那么,这种规定和惩罚就具有了象征意义。就是说,凡是诸如此类的行为政府是反对的,政府通过这项具体规定在向全体公民宣告:政府对反对战争的行为是不会坐视不管的,是要加以惩罚和处理的,政府是必须发动这场战争的。由此同时,销毁征兵证这种行为也有了象征性,从而增加了这种规定的重要性。在此,惩罚烧毁征兵证的行为是法律直接、显性的功能,因其象征性而震慑了以其他方式反对越战的人是法律间接引起的,但却是显功能。

所以说,如果立法时有高技巧、高水平的话,就能通过一些不引人注目的规定去实现不方便直接表达出来的目的。表面上去规定针对销毁征兵证的行为,其实意图在威胁他们不要反对越战。如果不去威胁那种举动,这种举动实际上是受到鼓励的情况下,制裁销毁征兵证行为就具有象征意义,从而更显示这种规定的重要性。因此,法律的显性功能与隐性功能、直接功能与间接功能的原理,在立法中具有重要的作用。其实,它们在我们的日常生活中,比如签订合同、企业的经营管理、维护社会治安和秩序等等许多方面都有积极的作用。

(三) 行为激励功能与利益调整功能

这两种功能类型更能体现法社会学的学科特征。行为激励功能指法律能对人们的行为产生某种特殊的激励功能,激励的形式有多种,主要有:第一,外附激励,包括赞许、奖赏等正激励和压力约束等负激励。② 它是指通过外部的奖赏、奖励等等这些外在的精神和物质的东西进行正激励,或者是负激励,如施加压力、惩戒这种外部的制约,总之,外附激励不管是正还是负都是通过外在的因素、外在的力量来进行激励。第二,内滋激励,指主体自身产生的内心自觉力量,如认同感、义务感。③ 它是指让行动者自身对法律产生一种内在的认同感,觉得法律和我内在的需求相符,内在进行认同,这样会自觉的、自然而然的化到自己的行动中去,内滋激励主要是指法律能够与道德、个人良知相互融合,使行动者产

---

① 参见〔美〕弗里德曼著:《法律制度》,李琼英等译,中国政法大学出版社2004年版,第82—83页。
② 参见赵震江主编:《法律社会学》,北京大学出版社1998年版,第235页。
③ 同上。

生内部道德力量,自觉自愿的去遵守法律。第三,公平激励,指每一个体把自己的报酬与贡献的比率与他人的比率作比较后所得的满意度。"公平是平衡稳定状态,个体对报酬是否满意,不看绝对值而是看相对值,每一个体把自己的贡献与报酬的比率与他人的比率做比较,比率相等则认为公平而努力工作。"① 这种激励方式其实是接受了霍曼斯的行为主义理论,受这种理论的影响与启发。第四,期望激励,期望是指目标实现的可能性。美国心理学家弗洛姆提出一种基本模式:激发力量 = 效价 × 期望值。效价指目标对于满足个人需要的价值,就是目标实现了之后对我有多大的价值。满足个人的价值越大,兴趣越大则效价越高,效价越高,激发力量就越大。期望值则是指目标实现的概率,概率越高,激发力量也就越大。第五,挫折激励,使不正当行为蒙受必要的挫折,预防、减少正当行为遭受挫折,且遭受挫折后在法律上获取救济或补偿。这也是一种激励。注意这种激励与外部激励中负激励的区别。后者是指让正当行为受到制约、正当利益蒙受损失的方式。

利益调整是法律的基本功能,它是指法律作为社会治理工具之一,自然具有对各冲突利益的调整功能和整个利益格局的重整功能。具体表现为:第一,对利益要求的表达功能,即利益选择过程。主要是利益主体与利益内容,"法律不可能对每一利益主体的所有利益都加以反映或不反映"②,故需加以选择,或承认或拒绝。我们在立法的时候肯定要考虑各种利益类型与重要性的等级序列等等,就像庞德说的一样,利益有轻重缓急之分,哪一些是急需保障的利益,那些是最重要的利益。如现在我们国家的法律改变了很多,在所有权、土地、企业重整、金融市场等问题上,我们觉得比较重要的,法律就表达它们。第二,对利益冲突的平衡功能,主要是"对各种利益重要性作出估价或衡量,以及为协调利益冲突提供标准"。③ 无论集团之间、个人之间、群体之间、政府与社会及政府与个人之间都会产生利益冲突,产生之后就要去调整它、平衡它,法律具有这样的功能。特别是现在,我们正在迈向法理型社会,法律对利益冲突的平衡功能,无论是具体的还是宏大的,都需要借助于立法和执法来完成。第三,对利益格局的重整功能,是指法律在社会利益发生重大改变时,对利益格局重新作出安排和调整的功能。如权力格局变化,宪法也相应修改、更新,社会上出现新的利益集团或原有的利益集团正在分化、改变,法律也需对其作出新的规定。重整功能与平衡功能会有一些交叉,其中的区别主要是平衡功能强调提出一些标准,为调整利益之间的相互冲突提供一些基准和框架。重整侧重于在利益集团之间的调整和格局的

---

① 赵震江主编:《法律社会学》,北京大学出版社 1998 年版,第 237 页。
② 同上书,第 250 页。
③ 同上书,第 251 页。

重新布局。利益格局的重新布局,最典型的形态就是对权力格局的表达,比如说民国时期的法律和新中国的法律,这是重大的权力格局调整。所以,当1949年新中国成立之后,第一件事就是废除了国民党的《六法全书》,因为利益格局重新调整,共产党保护的是广大的无产阶级利益,而六法全书保护的是地主阶级或资产阶级,两者保护的利益是完全不同的。所以在利益调整的时候特别要注意的是关系,要处理好公共利益与私人利益,短期利益与长远利益,物质利益与精神利益,整体利益与局部利益的关系。

第二节 法律实效与法律影响

一、什么是法的实现

(一)纸上法律规范的基本结构

在谈法的实现之前,我们首先介绍一下纸面上的法律规范的基本结构是怎么样的。通常情况下,行为规范被分为两大类:一类是技术性规范即认知性规范,指调整人与自然、社会、人与人之间关系的程序、步骤、方法、技巧的一些规则,无涉价值与道德,是一些知识性、智能型的行为规范。如欧盟提出的很多标准,如五星级宾馆软硬件标准,汽车、家用电器、农产品等各种产品质量标准。另一类是社会性规范即有价值判断的规范,有人称之为道德性规范,指调整人们之间利害关系,涉及人们感情、良知、道德、评价的一种价值非中性的规范,以权利、义务关系配置为基本内容。比如说中国传统伦理文化里有孝顺,在法律上的配置就是赡养老人,还有父母对子女的抚养义务。法律规范本质上属于社会性规范,但纳入到法律规范的还是少数,也不是所有的技术性规范都与法律规范无缘,如交通安全规则、生产安全规章、国家计量标准等等,因直接或间接地涉及人们利害关系,而具有法律规范的性质。

法律规范的结构就其原子单位解剖,是由假定(指明规范生效条件)、处理(明示主体权利、义务部分)、制裁(不遵守规范时的制裁部分)三部分组成。但它们并不一定同时出现在一个法律条文中。

如果就调整某一社会领域的社会关系的一部完整的单行法律及其相关文件而言,它的基本结构则由总则、分则及附则构成。但在逻辑上,它则表现为功能分化的四种类型,即抽象的法律原则、具体的法律规则、法律概念及法律技术性规定。一部完整的单行法律,只有由这四种要素有机地组合,才能完整有效地规范行为,处理好人们之间的利害关系。

但当法律规范作为一个抽象概念使用时,即包括一个国家所有单行法律所构成的统一的规范体系时,此一宏观层面上的结构则主要指一些功能性法律结构。依不同标准分为不同类别：如公法、私法、社会法之分；实体法、程序法之分；宪法、行政法、刑法、民法、经济法、国际法、商法等之分；权利性规范与义务性规范之分；肯定性和否定性规范之分。以上法律规范的结构只是传统法理学上的一些基本分类，可谓是"明日黄花"。现代关于法结构的理论经过哈特、弗里德曼、卢曼及现实主义法学派的研究深化，已产生许多新的成果，这些研究更倾向于法社会学的研究方法。但这种"法"概念更加指向于抽象的"法"，而不仅仅是法律规范这个比较具体的概念层面。

（二）法的实现

我们知道，法律的生命力在于法的实现。法律制定出来后，如果不在社会生活中得到实现的话，那就什么也不是。按照萨维尼的观点："法律的精确性取决于法律之获得有效执行。"[1]因为法律制定完成，甚至公布施行，它对人们行为的效力仅仅是一种可能性状态，而只有通过法的实现才能产生实效。因此，这就涉及两个重要概念：法的效力与法的实效，注意这两个概念的区别。

法律效力是指法律的约束力，它存在于法律本身，有效力的法律不一定有实效。这是国内的通说——"约束力说"的基本内容。其实，法律的效力是法律本身固有的一种属性，是法对人们的一种行为期待，属于"应然"范畴。那么，法律效力的根据源于何处？

按照自然法学派的"伦理的效力观"，它认为法的效力根据是基于法律的某种正义或道德准则，唯有符合某种伦理标准和正义观念的法才有理由要求人们尊重和服从，才是有效力的。用德国哲学家拉德布鲁赫的话来说："法的规则之所以有效，是因为它们作为规范而拥有道德之品格。"[2]

而另一种"逻辑的效力观"，则强调法的效力是一个逻辑问题。因法是由有权机关依法定程序而创立，且合乎法的体系的内部等级秩序，所以其本身就获得法的性质与意义，开始产生效力。

另外，我国国内有一批学者曾一致将法的效力根据归结为国家强制力。这是将法的效力根据与法的实效根据混为一谈所致的后果。其实，二者分属于不同的范畴。法的效力是指法的一种固有属性，法的效力根据在于法自身，在于它是一种行为规范，行为规范一旦确立，它就具有对人们的行为进行指引、控制和调整的效力。

本书认为，法的效力形成于它作为行为规范正式诞生那一刻，也就是说，法的效力在于社会生活本身，在于人们对社会生活和对社会秩序之需要，一旦在社

---

[1] 参见〔德〕弗里德里希·卡尔·冯·萨维尼著：《论立法与法学的当代使命》，许章润译，中国法制出版社2001年版，第16页。

[2] 参见〔德〕古斯塔夫·拉德布鲁赫著：《法律智慧警句集》，舒国滢译，中国法制出版社2001年版，第10—11页。

会生活中正式形成即具有效力。也正因为如此,使得法能够与如道德、习惯、宗教等其他行为规范一起在某一特定社会中共存,各得其所,各司其职。所以,法律作为一种应然范畴的行为规范的效力与其他行为规范并无不同。但由于法产生的程序的特殊性,使得法的实效即它的实然范畴迥然有别于其他行为规范。

  法的实效是指法律的实际效果,即法律在社会中得到实施以后的效果如何。回顾新中国成立以来的立法,新中国建立初期,法律处于混沌阶段,"文化大革命"期间法律虚无,20世纪80年代开始,立法蓬勃发展,从建国初的无法可依到现在的法律爆炸,立法已形成比较完备的体系。然而,执法却是走入低谷,法律执行效果很不尽如人意。许多调查显示:民众对法律执行的满意度较差,对法律执行的公平性与公正性也存在质疑。那么,哪些因素会影响法的实效呢?总括起来,我们将之归于以下几点:第一,受行为主体的价值观与法律观影响。当法确认和追求的价值目标、权利义务安排与行为主体的价值观和法律观一致,它们的认同程度高,法的实效就理想。否则就可能"因基于良知的违法"而遭到公民的拒绝履行。[①] 第二,受制于行为主体对支撑法的权力的认可程度。法是由一定的权力来支撑和维护的,当这种权力的正当性受到公众的认可并取得威信时,法就能顺利地取得实效。第三,受制于行为主体的利益认同。当行为主体认同法所确认和保护的利益与其自身利益一致时,其遵循、服从法的自觉性就强。第四,法的实效还受制于法的技术性因素。如法的科学性、协调性、完备性、稳定性程度高,法取得实效的理由就充分,效果就理想。第五,受制于法的现实基础。即法律越尊重本国国情,紧扣社会现实,法的实效就越好。第六,国家强制力的支持是法取得实效的重要因素。也是法与其他行为规范取得实效的根本区别。

  将上述这六个因素归结起来,法律要取得实效无非就是两种模式,一种是让法律尽量得到人们的主动接受,社会公认,人们自愿遵循,我们将之称为法律实现的内在维持模式;另一种就是依靠国家强制力的外在维持模式。外在维持模式又可分为两种情况:外在压力维持模式和外在强制模式。前者基于法律得到多数人的认可遵从,对少数个体形成压力遵从;后者则仰仗于制裁造成威慑。在通常情况下,法律的实现效果内在模式要比外在模式强,尤其是从长远考虑。

  因此,法的效力与法的实效分别对应于法的应然状态与实然状态,法律实现就是从法的效力向法的实效的转变,也就是将法的应然状态转变为法的实然状态的结果。法的实现的基本途径主要依仗人们的权利行使和义务履行这两大方式,法实现的保证力量就是国家强制力,尽管有时它是隐而不发的。法律实现的目的就是建立相对稳定的法律秩序。将人们的行为纳入一定的模式与准则之中,使社会关系保持一种稳定的规则性和秩序性。所以,法的实现是法与社会的

[①] 〔美〕约翰·罗尔斯著:《正义论》,何怀宏等译,中国社会科学出版社1988年版,第357页。

关系之基础。

二、法律如何才能被遵守和实现

本质上,这仍然是一个法的实现问题。前面我们主要是从总体上讨论法律如何从可能性变成现实,从法律的应然状态转化为实然状态。这一章,我们要深入地讨论法律如何才能被遵守和实施,着重介绍弗里德曼的观点,这种观点体现了法社会学的研究方法。

法律实现的基本方式,我们刚才已讲过,主要依仗权利行使与义务履行两大方式。若从主体来讲,则主要通过司法机构及其他执法机关的职能活动和公民法人的守法行为及违法行为即消极的遵守、逃避、不服从行为来实现。

所谓执法机关,不仅仅指狭义上的司法机关,也包括其他职能机关,例如各种政府的业务机构,它们也是执法机关,它们通过履行各自的职责来实施法律,如纳税,就由国税局、地税局来执行;如办企业就要去工商部门登记,由相关机关来进行管理。当然,可能还需要其他职能部门管理,如卫生防疫部门、民政部门、环境保护部门、教育部门等等;包括文化部、宣传部也可能涉及,如新闻媒体、广播电视单位,新闻报道、法制报道如何报,它都要审查和管理;记者的自由度也是在允许的范围内才可以行使,以上这些行为可以说是职能部门在履行职责,也是执法;执法机关的具体职能活动将在法律角色及法律制度几章中结合讨论。

下面我们重点介绍法律如何才能被遵守。它主要通过主体的行为,包括职能机关和公民的行为。职能机关的执法活动是一方面,而更重要的是通过公民或法人的守法行为,这也是立法所期待的。对此,着重介绍弗里德曼在他的一本经典名著《法律制度》里面的观点。表面看来,弗里德曼讲的是法律如何在现实中表现出效果,法律对主体的行为有什么影响,怎么影响,但实质内容是讨论法律如何在现实中实现。按照弗里德曼的主张,每一个人都会在社会中扮演一定的角色,都会进行一定的行为,那么你这个行为到底是无意识的行为呢,还是有意识的?若是有意识的,是什么影响了你?法律在其间影响了你多少?人们在什么情况下,对法律规则作出反应或利用它;什么情况下,人们公然违抗法律,误用法律或对它置之不理;法律对你的行为到底产生多大的影响。接下来我们就来看弗里德曼是怎么来解释这些问题的。

三、弗里德曼的观点

弗里德曼认为:当法律行为与某人的行为有因果关系时,它就有了影响。[①]

[①] 这里的法律行为指法律规则规定的行为或法律权力机构作出决定的行为。参见〔美〕弗里德曼著:《法律制度:从社会科学角度观察》,李琼英、林欣译,中国政法大学出版社1994年版,第4页。

当对象遵守时,实际行为按法律希望的方向而动,法律规定的行为才被认为"有效"。不过特别要加以注意的是,这个影响不仅仅指积极的效果,也包括消极的效果,譬如说违法也是一种效果,主要指法律规定对行为总的影响力,它不仅是指程度上的,影响不止是遵守的程度,它是指法律规定的行为对行为总的效力。

　　法律制度发出千万项命令,其中许多是很微妙、很复杂的,对象们也以微妙、复杂的方式作出反应。实际行为和法律规定的行为是一对错综复杂的关系。怎么去考察它们呢?弗里德曼提出一个比较好的方式,就是服从和异常行为。当对象老实地试图按他的理解,照规则制定者的要求去办,就是服从。① 也就是说服从是有意识地去遵守准则或命令,故意使自己的行为倾向法律规则的要求。服从和异常行为是连续线的两端,异常行为包括拒绝服从,使得准则、命令无效;故意的违抗、反叛等否定行为等。在这两端之间,还有许多种不同程度的积极或消极行为,其中一个比较重要的就是逃避。逃避行为使法律目的受挫,尚未达到不服从程度,在法律上应受惩罚,如逃税。不管什么行为,只要与某规则或命令即法律行为有因果关系的行为都是影响,但要如何测量影响却是困难的。

　　首先,我们如何知道是规则影响了行为,我们能否把法律效果从其他原因引起的效果中分开,如制度、习惯、良心和其他社会势力的压力等。在美国社会学界有很多人去做这方面的实验,在一些小的领域也有了一些收获,考察从比较容易的开始。譬如,高速公路限速行驶的例子,有的人在一个拐弯处去进行观察,在没有放限速牌以前,车以很快的或者说正常的速度过去,几千辆车大多都一样,一旦在那里放置限速80码的牌,结果90%的车遵守了,10%有违反或轻度违反,这个试验结果就作出来了。因为,其他因素比如说道德、宗教、良心等此时此刻是相对固定的,所以,规则的效果就比较明显,比较容易区分法律与其他因素对人们行为的影响。但是,对有一些古老的、长期的深深扎根于人民道德深处的法律而言,要进行区分难度就高。比如说我们中国赡养老人问题,你能区分多少是因为法律的规定,多少是因为道德、良知、伦理因素。我们几千年的儒家伦理一直推崇敬老、尊老、"孝为大",我们古代法律将不孝定为一种罪孽,不单单是道德、宗教上的罪孽,是法律上的犯罪,经过这种文化长期的渗透,你理所当然、天经地义觉得应该赡养父母,现在法律把它作为一个民事行为,你应该赡养老人,这是你的一个民事义务,如此,你能区分出你去养老人到底是受到法律影响还是因为其他因素影响呢?这种区分难度是最大的。

　　当然,有两种情况相对容易衡量。一个是规则本身要求见到或观察到的行为,主要指一些技术性的规则,交通、产品质量等这些比较容易观察到的技术性

---

① 参见〔美〕弗里德曼著:《法律制度:从社会科学角度观察》,李琼英、林欣译,中国政法大学出版社1994年版,第54页。

的规则;另一个是必须能够把这个行为与没有该项法律规定时将会发生的情况区分开的行为,如车速限制规定等。

其次,人们测量后果的时间也很重要。因为服从常常需要时间。新的一些规则或命令刚颁布时,常常会引起复杂社会的一定阶段的混乱和不平衡,但许多规则随着时间推移成为习惯,如随身携带身份证的事。在20世纪90年代初、中期,许多刚到深圳的人就不习惯携带身份证,因为以前内地没有带身份证这个要求,到了深圳以后,联防大队就经常查,要你出示证件,尤其是晚上10点钟以后,如果没有的话就可能被抓起来,被送到关外收容所。很多人开始不习惯,常常忘了带。但在香港,人们会很自然地将身份证当做必携的随身物品,就像我们带钱包上街一样的自然。后来在深圳时间长了,人们很自然就将身份证带在身边。又如城市市民带驾照开车的例子,很多人最初没有这个概念,但城市里经常要检查,交警那么多,没带驾照随时可能被查到,查到就违规,扣分又罚款。久而久之,随身携带驾照就成为普遍接受的习惯,成了日常生活的一部分。但农村地区有些人依然没带驾照就开车进城来了,因为农村不经常查,当然,不久的将来,农村在这方面也会加强。这说明法律规定与习惯也是可以相互影响、转变的,法律有生命周期,时间很重要,可能前面时段法律规定对人的行为影响效果比较小,但是到后面影响比较大,还有相反的情况。

测量服从的动机或主观意识则难度更高。当服从一项规则时,多少程度上是由于理解并自愿接受了正式准则,多少程度上是由于执行的威胁,多少程度上是由于习惯,多少程度上是由于内心的是非感,通常比较难以区分。有一些外在行为比较容易观察到,大家也容易理解,但是对一些支配行为的意识或动机,测量难度就高。统治者可以通过权力进行意识形态渗透,然后强加给你让它成为你的无意识,时间长了以后,这个无意识就成了你意识的一部分,自然而然去支配你的行为。所以说,我们要反省、要经常反思我们自身的意识与行为,对很多东西我们就会有新的认识。总之,有一点很明显:在一项法律生命周期的各阶段,影响和服从的动机是不同的。

此外,法律规则或法律行为对人们的行为要产生影响,弗里德曼认为首先还必须满足三个条件:一个是规则或准则必须传递给对象。这一点很重要,法律不传递给你的话,你根本不知道,你怎么去做、去履行呢。在司法实践当中很容易观察到,比如说判决书出来了,总要送达给我,不送给我,我不知道判决内容,我怎么做呢。第二,对象必须能够做,或按情况要求,不做某事。也就是说对象力所能及,比如说判决你必须一天到南极去把某个物件取回来,这不可能,所以说,判决的内容必须是对象有能力做的。或者按照要求是可以不做某事的,比如说判决你关一个月禁闭,而且不准吃饭,那生命也没有了,你做不到的事。所以说判决须是一个人的能力所及。但是,有时候法律可能是比较微妙的,有很多事情并不是凭常识就能判断的,打个比方,有些判决判定原告或被告应该做到以下几条,这几条表面看起来没有什么问题,但实际上,在他的能力范围内很难做到,判决给了你,实际上执行不了。第三,由于愿望、恐惧或其他动机,对象必须有做的意向。如果他根本没有任何意向的话,那么,法律即使给他最多的权利,也无法对他产生影响,这三个是必要条件,必须要满足,缺一不可。

这里讲的传递其实主要指传达,所谓的传达就是建立在法律制度内的传达,也就是合法传达。我们每次看到一部新的法律出台都是中华人民共和国第几号主席令公布,这意味着法律向全社会传达了。命令、法令也一样,要通过合法途径公布才能生效。司法也同理,判决、调解或裁定要送达到,否则,就无法执行。包括各种直接的、间接的信息都要送达,如当事人自身的、他人的信息。传达方式可以是直接的、也可以是间接的,如直接传递给当事人,大众传媒传播、律师等专业人士的中间作用等等。具体的比如有公告送达、留置送达、邮寄送达、代理人代领等,所以,送达在程序上很重要。传达对影响是必要的条件,也是一个先决条件,但它不能解释接到信息的人们会如何行动,为什么会如此行动,那么,是哪些因素在影响着他们的行动呢?接下来就介绍这些影响因素。

(1)制裁。制裁是对人的行为产生影响的一个重要因素。包括积极与消极制裁。消极制裁就是说处罚你,而积极制裁是奖励你,这里统称为制裁,有人称之为奖赏和惩罚模型。制裁对人的行为影响,我们学社会学、制度经济学的人最容易理解了,这与人们趋利避害的本能相适应。但是,处罚跟奖赏对人的行为影响哪一个程度更大或者说更为有效,这一点比较复杂,不能一概而论,二者的对比度与对象的性格、文化、惩罚或奖赏方式、力度都有关系。行为主义心理学通常情况下,行为人会选择最为有利的方式行动。总之,制裁是影响行为的重要因素之一。

(2)社会因素、社会关系即周围的文化和同等地位人集团的态度,对法律行为也会产生重要影响。如以被排斥相威胁,或通过表扬、批评等。齐美尔有个陌生人的概念。这个陌生人不是我们通常理解的 stranger 意思,而是指你的行为明显的与你所处的共同体中的多数不一致,或者说受到排斥,结果常常会被共同体排斥在权力享受的范围之外,这是什么意思呢?

其实这就是同等地位人的集团的态度,它会对人的行为产生影响,为什么会产生影响呢?这可以从社会学的角度来进行回答,比如非洲索马里有个叫通赔群体的组织①,这个群体是以血缘和地缘关系建立的,好像一个个小自然村一样,每个群体中的成员都有相应的权利义务,什么权利义务呢?其中的规定很

---

① 参见〔美〕唐·布莱克著:《社会学视野下的司法》,郭星华等译,法律出版社2002年版,第48—51页。

多,比如说一成员把群体外人打伤了,要赔偿别人,由群体出面对外去赔,群体承担70%,30%由加害人家庭承担。这70%如何承担呢,有各种方式,有的按人头,有的按照牛马的数字,但是如果得到赔偿的话,70%同样归群体,30%归受害人家庭。如果哪一天你犯了错误被驱逐出去了,这些权利你就享受不到了,这其实就是一种惩罚,通赔群体一般以血缘为主,也有后来加入的,在这种情况下你可能被别的通赔群体接受,也有可能不被接受,这跟我们现代国家的驱除出境道理是一样的。你被一个国家驱除出去了,有的国家会接受你,给你政治避难庇护什么的,有的国家可能不接受。所以说驱逐出去会是一个很大的惩罚,同等地位人的态度对你很重要。

现代社会中每个人在特定社会中都有一定的权利和义务,法的实现就是通过权利行使和义务履行二大途径,这个权利和义务是一个特定群体赋予你的,一旦你被那个社会群体驱逐出去,你就失去了权利,当然义务也不用履行了。但社会两个字意味着你享有一定的权利和履行一定的义务,所以,当你被驱逐出去,就意味着你不是一个社会人了,仅是一个生物人。要想在一个新的群体中获得权利的话,你就要付出很大的代价和努力,让新的团体认可重新获得社会人的身份,这样的话代价很大,一般的人就不愿意去违抗。这一点很重要,因为按趋利避害的原理,没有人愿意向自己的损害靠近而拒绝对自己有利的,所以,同等地位人的态度对一个人的行为有着重要影响。

(3) 行为人内心准则或内心声音即良心、道德情感、服从的愿望与正义感的影响。很多人对布莱克的纯粹社会学提出批评也是基于这一点,就是说人不像一般的动物,甚至最发达的机器人也不能做到,人的上百亿的大脑细胞会产生一种复杂的情感需求,这些情感需求很难用客观的方法去测量,包括上面提到的道德、良心、正义感等。罗素讲过,人不仅仅是趋利避害,还会追求快乐与幸福感,指的是一种精神上的满足。所以说,对人的行为的影响因素是多方面的,有些行为很难用趋利避害解释得通,比如说见义勇为,有什么利益呢? 可能受伤或牺牲,它追求的是一种正义感,正义感其实是一种情感满足,良心、美德满足会带给人一种幸福感,所以它会影响人的行为。良心不好是痛苦的,美德带来满足的喜悦,这是将社会知识存放在个人心中的结果。有些"错误性行为"的法律要执行,主要也是靠文化、同等地位人集团和良心完成的。

(4) 最后一个因素,是我们现代社会大量运用的懒惰、习惯或惰性,这条路线阻力最小。某种行为或法律行为模式最初响应一些较活跃的因素,是社会经过强有力的道德论证,刻画出原初路线,刻画出来后就成为一种惯例,只要例行手续即可,道德论调已不存在。懒惰、习惯或惰性从霍布斯起就开始分析了,中国老祖宗也做了分析,如法家,讲术、势,讲对人性的控制。现代社会大量使用格式合同,如各种各样的信用卡、所得税格式、提单、买卖格式合同,特别是现在大量使用的票据,如支票、本票、汇票、信用证等,千篇一律填个数字、签个字,很多法律行为都产生于这种枯燥方便的类型。它实质上是利用了人的惰性。因为人性中有惰性、习惯使然的一面。所以,它在行动过程中阻力最小,当然客观上它也带来了一些便捷,特别是现代社会,节奏快、分工细,它方便快捷,减少重复劳动,但也会产生很多问题。所以,我们要清醒,我们学过法律社会学要有与别人不一样的眼光,它不是要我们陷入到里面去看那些票据、格式合同该怎样去填,而是要清醒地去思考这些格式化的原初的道德论证,它在社会中实行了一段时间后是否合适或正当等诸如此类的问题,我们要清醒地意识到这种人类惰性、惯性模式后的道德论调。

总之,不管出于什么动机,只要当人以能观察到的方式有意识地改变某些行为时,就是遵守某项法律规则。当这种有意识改变的行为与法律规则所希望发生的行为方向一致,则是积极遵守,反之则是消极遵守。

第三节 功能与效果研究的难题

涂尔干在《社会学方法的准则》一书中指出:"在解释一个社会现象的时候,我们必须区分这一现象的充分原因和这一现象所发挥的功能","功能解释不是说明变量的因果联系,而是通过发现一个现象对它所属的较大体系具有什么功能来解释该现象的存在"。[①] 所以功能解释的方法其适用范围主要是解释现象为什么存在,但是并不适合于解释现象的发展和变化。相较于原因的解释,人们对功能解释的责难主要包括了:一方面,认为功能解释是一种目的论的解释,易于陷入到循环论和同意反复当中,目的论解释不像归纳科学那样根据过去发生的原因来解释现在和预测未来,而是以将来的结果中所体现的目的和功能来解释现在或过去的现象,这种解释方式使其并不满足科学要求中的可检验性这一特质;另一方面,功能分析的方法还被人们理解为对现存社会现象的辩护,缺乏变革的眼光。对效果研究存在着同样的责难,它还涉及过程的评估,比功能增加了可测量性,但也多了一重困难。具体而言,功能与效果研究的难题主要表现在以下三个方面:

一、动态的过程研究困难

首先是理解的困难,正如舒茨所言,理解是"一个复杂过程的名称,所有人都在日常生活中通过整个过程来理解自己行动的意义以及与我们互动者的行动

[①] 参见袁方主编:《社会研究方法教程》,北京大学出版社 2004 年版,第 88 页。

的意义"①,要获得对某一功能意义的理解就要求社会科学家自己去重建那些参与特定行动的行动者的自我理解。这涉及多方面的因素:行动者的主观因素,以及造成该行动结果的情境因素与客观的结构性因素。也就是说,同时还需要研究者能够科学地理解行动环境中的主体性与主体与客体之间的互动实践。

我们处在社会结构成长链的中间阶段,时代的潮流已经在人们身上打上了印记,要探索功能,就要"深入地去研究生活形式的互动和成长"②,也就是要了解那种选择性的进化过程或者适者生存的过程,这种功能性的成长具有与生俱来的倾向系统、环境条件,它们"对生活形式的某一些活动有激励作用,对另一些活动起抑制作用"。③ 而这些充满活力的系统与条件,就是我们要了解的生活形式的原因,这就需要我们对生活形式进行动态分析。环境并不是固定的东西,如库利所言,它是一个可塑的有机体,并与其他有机体发生相互作用,它拥有无穷多的、恰当的、成功的行为模式,这一良性结果总是伴随生长过程的变化以及补充它的新生长过程的出现,这样的生长趋势的特点在于该过程是模糊不清的,并且具有充分的可塑性,可以形成无限种类的人类行为类型。库利认为"经过社会过程可以产生看来合理的组织结构,但它本身几乎没有丝毫计划可言"④,社会有机体在其发展的过程中,对于它的目标或如何达到目标并没有明确的意识。因此,这种动态揭示的难度也就可想而知。

除了有机体自身发展具有无计划性外,"无论是在现在还是在历史上,生活一直是作为整体而发展的。任何事物都不是固定不变或孤立的,任何事物都是可塑的,在受到其他事物影响的同时影响其他事物"。⑤ 社会是一个由众多的生活形式与过程构成的复合体,其中每个形式或过程都在与其他形式与过程的互动中生存和成长,这些形式或过程一起结合成了一个非常紧密的整体,在这个整体中一个部分发展变化会对其他部分产生影响。这就告诉我们社会中任何一个系统作为历史过程和社会整体的一部分,必然会受到来自政治、经济、知识、技术等社会中各个子系统或部分的多方面因素的影响,要进行功能分析必须要进行整体关联分析。也就是说,为了理解部分如某个特定的结构、行动、语言,研究者必须把握全体即由意图、信仰、欲求或文本、制度语境、实践、生活形式、语言游戏等构成的综合体。因此,某个系统所属的更大系统结构形成的历史性成因、影响该系统结构的整体性因素都成为我们要进行动态的功能分析的困难所在。

---

① 参见〔美〕托马斯·A.施瓦特:《定性研究的三种认识论取向:解释主义、诠释学和社会建构论》,见〔美〕诺曼·K.邓津、伊冯娜·S.林肯主编:《定性研究(第1卷):方法论基础》,风笑天等译,重庆大学出版社 2007 年版,第 209 页。
② 参见〔美〕查尔斯·霍顿·库利著:《社会过程》,洪小良等译,华夏出版社 2001 年版,第 7 页。
③ 同上书,第 8 页。
④ 同上书,第 17 页。
⑤ 同上书,第 36 页。

法律功能的过程与生长研究也存在同样的困难,要搞清楚法律功能就须研究它所属的社会系统与法律系统的总体运行状况和全部影响因素,其间不存在将研究某一项具体功能所取得的结论试图去解释整体或全部的方法,而是要将上面所述的法律功能的生长过程和社会形塑它的全部环境、条件揭示出来,要将这些构成性因素中的清楚或模糊的因素尽可能展示出来,这也是功能动态研究的困难所在。

二、定量研究的困难

科学知识的特点在于它是具有普遍性的事物,而不是某个具体现象或特殊事件的归纳,科学要排除各种偶然性因素,通过一个个具体事物的研究来找出事物的共性,发现普遍的因果规律。长期以来,科学研究主要是把客观的自然现象作为自己的研究领域,采用的大多是实验的方法。而法社会学作为一门社会科学而非自然科学,其研究对象则是包含有人类主观意义的法律现象,是那些无法进行直接观察、非重复出现的社会文化现象。要对它进行定量研究就要试图磨合自然科学和社会科学之间的差异。

定量研究是采用统计调查研究或实验研究的方式,像自然科学一样建立假设,收集数据资料,然后进行统计分析与检验,定量研究的特点在于:第一,调查范围广,涉及大量单位;第二,量度的是一个单位中的少量侧面;第三,客观的统计和量度总体特征;第四,用相关分析等客观方法得出普遍化的结论。若要用自然科学的统计方法研究社会现象,那么,为了克服社会现象在进行统计分析时的不足,就必须满足下面几个方面的假设:首先,坚信概率论是可行的,坚信社会生活中具有一定的统计规律;其次,理解平均的概念,满足这个概念的前提是要有足够大的统计量,使样本分布符合正态分布规律,但这样的结果往往是一切偶然因素造成的随机量都被排除在外,留下的只是常数和合乎规律的东西;最后,要进行统计分析,就需要将概念进行操作化,比如在功能分析当中,需根据功能一词的定义将其操作化为可供测量的变量,还需在这些变量下设置不同的测量的维度。

但用测量自然现象的方法来对社会现象进行测量,研究对象的不同使社会科学中的定量分析方法具有一些不可避免的困难:第一,社会科学研究的现象比较复杂、异质性较大,影响社会现象的因素不仅包括客观的环境因素,还涉及个人的主观心理因素以及人际之间的社会因素,而研究者对人类的精神世界无法直接进行观察,对社会现象很难像自然科学那样通过控制各种客观条件和影响因素来加以研究,因此,社会研究很难采用严格的实验方法和精确的观测手段。第二,除了社会现象涉及人类的主观心理因素之外,社会现象的异质性也给研究带来了很大的困难,社会科学不能通过对一个人或一个组织的研究得到普遍适用的结论,社会科学需要的是大量的样本,研究结论需对大量样本进行概括。然而对社会现象进行概括的结果往往是让研究很难获得深入、广泛的信息,容易忽略深层的动机和具体的社会过程。第三,社会现象还受到来自个人因素的影响,这不仅指研究者的观察失误,而且还包括研究者的阶级地位、政治倾向、文化观念、宗教因素的影响所致的偏差。

因此,法律功能作为典型的社会现象,对它的定量研究的困难不仅包括了上述所有,还因基于法律功能的特殊性而增加了更大的难度。这些特殊性包括:法律功能不是简单可视的法律现象,而是从结构中派生出来的概括性的现象,且与其他法律现象关系纵横交错,或隐或显,很难用以确定性为前提的量度来测量。这也是对法律功能的研究迄今为止大多法社会学家都采用定性研究的缘由所在。

三、研究方法的难题

法律的功能与效果作为典型的社会现象,以上所述的两方面困难都存在于对它们的研究中。其实这很大程度上与法律功能与效果的复杂性有关。法律的功能与效果实质上就是法与社会的关系问题。帕森斯对法律体系在社会体系中的地位分析和他的 AGIL 模式对应,对后来者考察法律体系与社会其他系统之间的互动关系以及社会体系的关系有很大的启发,尤其是他从社会整体性的角度去探讨法律与政治、经济、技术之间的合力结果。然而,结构功能分析的缺点就在于它只研究静态的社会结构截面,并不能动态地探讨法律功能的演变状况。

另外,仅仅法律与政治、经济、技术等方面的社会事实之间合力的复杂性就足以模糊产生某种行为后果的来源。比如,"赡养父母"的行为到底是因为传统道德被法条化后的行为后果,还是法律规定被法律对象内化为道德规范后的行为后果,还是二者互为因果关系后的行为后果,这就涉及"赡养父母"的行为究竟是相关法律的功能后果还是与法律功能无涉的东西。此外,法律功能的判断也有个复杂性,比如,对土著人推行现代法律,正功能或者直接功能可能是使当地居民之间减少野蛮行为,但是,间接或者隐性地影响是:法律可能破坏当地的传统权威和习俗而致该区域意识动荡,期间会引起一些社会失范行为,类似例子还有《中华人民共和国婚姻法》颁布后离婚率反而上升。在这些情况下如何判断法律的功能,究竟是正向的还是负面的。而功能判断的困难更是直接影响对功能研究方法的采用。

对于法律效果的判断,也存在着两个困境。第一,按照法律在实际生活中产生的功能与效果来判断,首先要解决的是,如何把法律的原因所引起的效果从其他原因诸如传统道德、群体压力等引起的效果中单独剥离出来。第二,作为主观性的法律意识的改变应不应该算作法律效果,这是一个判断难题。正如现实中大量存在的那样,在定量调查尤其是民意调查中,主观态度占了问题的很大一部分。假如,这种法律意识的改变不归入法律效果,那么对于法律对象对某一法规的主观性看法该做怎样处理?假如答案是相反的,那么就会产生一个问题:一个没有驾照的公民主观表示不会酒后驾车是否就真的代表他有了驾照后绝不酒后驾驶呢。也就是说,主观意识的改变只能停留在主观层面,而法律效果却必须是事实上发生的。

或许,正如法社会学的特点所决定的那样,法律功能和法律效果体现了法—社会关系,是基于法律结构与社会而发生关系的状态,表明了法律对社会的一种适应性。法律功能是内在的,有法律结构就有功能,但是如果它不与社会发生关系的话,它的功能也就失去了意义。法律效果也必须是在现实生活中实际存在的,所以,我们谈法律功能和法律效果,就需要把他们放在法与社会的基本关系中去研究。在这种关系研究中去破解上述方法运用所存在的难题,突破原来的研究困境,对法律功能与法律效果研究作出有科学价值和法社会学意义的发展。

【思考题】

1. 什么是功能?关于功能的社会理论有哪些?
2. 法律功能理论的代表性观点有哪些?
3. 如何理解帕森斯的法律功能理论?
4. 斯通是如何对庞德的功能论作出继承与发展的?如何理解斯通的"正义飞地"?
5. 拉兹功能理论的主要内容是什么?
6. 法律功能的类型有哪些?其主要内容是什么?
7. 什么是法的实现?法的效力与法的实效的本质区别是什么?
8. 弗里德曼认为法律规则对人们的行为要产生影响,首先必须满足哪三个条件?
9. 按照弗里德曼的理解,法律行为对人们行为产生影响的主要因素有哪些?
10. 你认为法律功能与效果研究的难题有哪些?你有什么好的建议吗?

【参考书目】

1. 〔日〕富永健一著:《社会学原理》,严立贤等译,社会科学文献出版社1993年版。
2. 〔法〕埃米尔·涂尔干著:《社会分工论》,渠敬东译,三联书店2000年版。
3. 〔英〕罗杰·科特威尔著:《法律社会学导论》,潘大松等译,华夏出版社

1989年版。

4.〔美〕罗斯科·庞德著:《通过法律的社会控制法律的任务》,沈宗灵译,商务印书馆1984年版。

5.薄振峰:《斯通:法的综合解读》,黑龙江大学出版社2008年版。

6.陈锐编译:《作为实践理性的法律——约瑟夫·拉兹的法哲学思想》,清华大学出版社2011年版。

7.〔英〕约瑟夫·拉兹著:《法律的权威:法律与道德论文集》,朱峰译,法律出版社2005年版。

8.〔美〕罗伯特·K.默顿著:《社会理论和社会结构》,唐少杰、齐心等译,译林出版社2008年版。

第五章　法律的社会基础

第一节　法律的社会起源

一、社会生活中的法律

(一) 自然王国的启示

我们知道,人一直是以群居方式生活,也即一直生活在社会中,人类一直生活在社会组织中。"人类最初就是起源于动物,并且一直在某种群体(猿群)中生活,并创立了那些社会行为规则,"即"对周围环境作出的较原始的习惯性的动物反应"①,这就是当时的"法律"。当然,我们现在所讲的"法律是人类在社会状态下形成的智力的结果"②,是人类有意识追求的必然性结果。但最初的法律或许并不与人类智力的高级形式有多大联系,更多的则似"一位伟大的剧作家所言:自然界中按一定法则生活的生物教给人类关于王国秩序的道理"。③ 这一点我们可以从蚂蚁、猩猩、猴子、鲸鱼、狗等灵长类动物的研究中获得启示和法律的智慧。

经常观察蚂蚁的研究人员发现:蚂蚁有功能各异、极其复杂的各种组织或机构,如建设家园、保卫家园、修筑道路、储藏食物、孕育后代、供给品的集中与分发、庄稼的种植与储存、看守牧群、发动战争、利用俘虏等等,蚂蚁的社会中一切井然有序地进行着,但这个有组织的集体却没有明显的组织。没有领袖、没有将帅、没有列兵;没有高低贵贱之分,地位平等;没有任何指令下达,每只蚂蚁都自觉地行动,法则从未被违反过。也就是说,蚂蚁有最有效的政府,却没有政府首脑。④

蚂蚁上百万年如一日地保持着这些习惯,所以,有人认为它"表明了这样一个道理:指导群体生活的法则导致了绝对服从法则的动物的产生"。"理想主义者甚至主张向蚂蚁学习法理学,以便将这一政体适用于人类。"⑤有人会发生这

---

① 参见〔美〕约翰·麦·赞恩著:《法律的故事》,刘昕、胡凝译,江苏人民出版社 2010 年版,第 5 页。
② 同上书,第 3 页。
③ 同上书,第 6 页。
④ 同上书,第 9 页。
⑤ 同上书,第 11 页。

样的疑问:指导群体生活的法则来自于何处？如果说它是一种自然的道,如天体宇宙中那些运行轨道、规律一样早已先于人类而存在,那么,可能会陷入一种形而上学的哲学困境。

蚂蚁的行为法则经过上百万年的漫长岁月,若非经外在自然条件变化它不会改变,说明它只是一种动物的本能使然。既然蚂蚁这样的有智力的动物的行为模式也会变得很固定,而不能被其自身纯粹动物的力量所改变,那么,人类在继续其习惯性行为这一本能趋势的同时,已能依靠自身力量改变习惯性行为,说明人类"已具备一种超越于动物的品质"。① 但是不到万不得已,人类也会尽力地遵循和保留其祖先的习惯的这一所有动物的共性。但人虽"拥有蚂蚁的一切智慧,毕竟比蚂蚁多了一层无限高级的品质"②,使得人发展出一套并非仅仅出于本能而遵守的法律,尽管实际上是自然生活和社会实践推动并决定了法律的绝大部分,但人类对自然条件并非只有被动地反射或适应,还能够主动地改造和挑战它。在人与自然的互动中规则也被创造和刷新。

（二）法律的起源及其演进

许多动物的实验包括蚂蚁的例子告诉我们,人类的法律一方面起源于动物的本能而形成的固定在原始人类的脑中抹不去的惯习与模式,进而在不断进化的脑力结构和社会生活的双重影响下逐渐演进的习惯或规则;另一方面,则是人类有意识地从动物的规则中汲取、演绎成为人类遵循的行为规则和法则。

法律科学关心的是:这些潜意识地支配着原始人的惯习是如何实际转变为有意识的头脑的产物。其实,法的起源与上面研究的结果是相印证的,即与人的本能紧密相关。"人有两个天然本能:繁衍后代、保护女性。所以,原始人的一切行为、法律、规则纯粹是为了繁衍种族、保持集体生活方式以及养育后代而形成的习惯行为方式。"③而这种最初的法律当中,"私法没有存在的物质基础（如果将法律简单划分为公法与私法）,因为当时没有个人或家庭,也没有个人、家庭的财产,没有房地产,没有合同,没有民事侵权行为"④,只有指导个人与集体之间关系的一般规则。

在法律的形成、发展过程中,语言的产生是至关重要的。因为语言使人类能够表达、检视自己的思想,并了解他人的思想。"一旦人类意识到自身的存在,有了自我意识,并对自己及他人产生影响的人格形成概念,他们就有了良知。""随着良知的登场,人类就走进了道德本能的发展阶段。""正确和正义概念就是

---

① 参见〔美〕约翰·麦·赞恩著:《法律的故事》,刘昕、胡凝译,江苏人民出版社 2010 年版,第 12 页。
② 同上书,第 14 页。
③ 同上书,第 20 页。
④ 同上书,第 21 页。

与法律紧密相连并构成法律基础的两种道德情感。"①而法律形态和法律内容的发展变化与社会本身的发展密不可分,那就是当部族或部落分裂成许多个民族进入氏族社会,先是母系民族,后是父系民族,再进入奴隶社会,习惯法的内容也随之演变。

总之,在社会环境和社会生活中,每个人的行为必须满足社会本能,符合社会的一般要求,从一切社会动物维护、捍卫社会组织的本能出发,"个人对他人、对组织的行为必须符合常人的一般行为和习惯做法,符合一般规则。"犹如康德所言:"每个人的所作所为应能使他自己的行为规则成为一般的法律,这是一切法律的基础。"②所以,是社会生活和社会组织的本性决定和要求了人们的行为须与其他人的行为模式和惯习保持一致,否则,社会生活无法正常进行,社会组织也难以维持下去。而要人们的行为模式和惯习保持基本一致,就需要有规则,用规则去指导,用规则去约束。因此,使社会生活中的每个人的行为向同伴看齐,每个人的行为都在同等权力范围内自由地行使,每个人的自由的行使都能与他人并存,这是所有法律的基础。这也因此决定了法律的本质。

二、社会变迁与法律进化

(一)社会演变与法律进化

人类学与人种学的大量经验研究为我们提供了第一手的素材与资料,证明法律与社会变迁的紧密关系。在我们人类的早期,正如前面所述,只有源于动物本能的一些习惯性反应,与灵长类动物没有太大的差异。由于人所具有的无限高级的品质,使得人类能够在千姿百态的社会生活和社会实践中抽象出许多的行为模式,并进而形成惯习与规则而自觉地去遵守。由于这些惯习与规则的存在,使得劳动分工和社会结构从简单向复杂演变成为可能和必要。因此,他们的关系是互构和双向的,但究竟是法律进化取决于社会变迁,是社会生活的需要和社会条件的演变促使法律不断发展,还是法律的架构促使和保证了社会变迁或是利用法律作为工具有目的地推动了社会的变迁,争论从来就没有停止过,也没有一个统一的结论,无论在法学界还是社会学界。正如陈聪富(Tsung-Fu Chen)所言"法社会学理论家关注法律在一个变迁社会中的角色作用。本质上法律是社会机制的一种,它不能与其他社会系统相分离;同时,法律同样也被视为一种社会中的独立变量因素。法律是否能够和应当引领社会变迁,或法律是否应当顺从社会的变迁这个问题一直存有争议。实际上,法律既能引导变迁,同时也受

---

① 参见[美]约翰·麦·赞恩著:《法律的故事》,刘昕、胡凝译,江苏人民出版社2010年版,第33页。

② 同上书,第22页。

社会变迁的影响,二者之间并没有存在明确严格的界限,因此很难将法律或法律因素扮演的角色精准地单列出来"。① 但现代社会中法律推动社会变迁的能力普遍得到了确认。

对 1780—1860 年美国法变迁的社会学研究表明:首先,是财产观念的改变如用水权、财产权、生产性财产或工具性财产、土地遗产权等新兴的财产权益的出现和工具性法律理念的出现与兴起,需要法律去确认这些权益,保护和扶持这些经济发展,才导致了法律的变化与发展,而新兴法律的诞生与发展又促进了竞争和限制垄断,从而导致合同法与商法的诞生与发展。正如弗里德曼指出的:"法律系统不是自主的,也不是独立于社会。它不是隔离于社会生活之外指向自己的一个体系。""更大社会中的社会力量创造、形塑、改变并推动着它,但是这些力量生产出一个法律系统,并且这个法律系统自身成为社会生活的一部分;一旦就位,法律系统就会对社会、对我们的生活方式及思考、感觉方式产生它自身独有的影响。"法律和社会变迁之间的互动是"法律跟随社会变迁并适应它,但是它也明确和疏导着社会变迁,并且在社区生活中扮演者一个很重要的角色"。②

由此可见,社会演变与法律进化的关系,早期遵循着物质宇宙先于智能类生物的存在和观念形态的法律依仗生物存在的规律,但当法律在社会中诞生伊始,它们的关系即成为互构互塑的关系,而且,随着人类智能与知识的发展,法律的能力与作用不断增强。这种趋势将延续到人类生存的一定时期。

(二)西方国家法律发展的基本进路

在西方国家法律发展的主线中,首先,应该注意的是古雅利安人的法律。它是与父系民族相适应的法律习惯,家族财产属于家族,男性族长对家庭财产和族人的生活行为拥有绝对的权力,男性成员都享有财产权。尤其是印度法,也被称为摩奴法。它们体现了雅利安种族某些古老的原始习俗。其次,是巴比伦人创造的《汉谟拉比法典》,法典采用了原始习俗中已经存在的神裁法和原始的对等报复原则;犹太法中的一部分——希伯来法(它源于原始习俗),通过《圣经》和中世纪的司法官而对现代法产生了无比深远的影响。再次,古希腊人的法律智慧和古罗马的法庭与律师对法律的进步发挥了无可替代的重要作用。古希腊人认为法律的起源是神圣的,书面形式的法律不仅可以帮助很多人,还能为许多人所拥有,而古罗马程序完备的法庭、专业阶层的协助与监督,这是现代法制的雏

---

① 参见 Tsung-Fu Chen, *The Social Basis of Law: As An Instrument of Social Change*, Harvard Law School, Introduction, 1994.
② Ibid., Part 1: Theories, The Polemic of Social Basis of Law, A Legal Change in Changing Social Conditions.

形。再次,中世纪的残暴和压迫以最残忍的方式破坏了法律中的一切文明因素。① 最后,英国衡平法和普通法的建立与发展才真正开创了现代文明法律体系的先河,经过几百年的演变,至美国的宪法至上的形成才走向现代意义的法治时代。

(三) 中国法的特点

中国法的历史,一直可以追溯到华夏文明发轫之初的青铜器时代。从早期著名的《法经》算起,成文法历史已有两千多年。直至 19 世纪中叶,西方列强在中国设立租界,成立特别法庭,行使领事裁判权,这种异质文化的冲击才使中国延续了两千多年的封建法的统一性遭到破坏。而清末时期,清廷委派沈家本、伍廷芳为法律大臣,修订法律馆,兼办法律学堂,制订六法全书,才开始迈开中国法制现代法的第一步。遗憾的是,这一百年来,中国并不能顺序渐进地在法制现代化的道路上前进,随后的军阀混战、反侵略战争、内战及新中国建立后的"文化大革命",都让法制现代化几经断裂与废弃。

中国古代法的最大的特点就是视法为刑,兵刑合一。法几乎就是刑法的代名词。这主要与中国古代国家形成的渊源有关。据历史考证,中国新石器晚期就已有相当程度的社会分层和权力集中。青铜器的广泛使用,一方面,强化了业已分化的社会组织,同时也提高了战争的效能,随之而来的是造成了财富的重新分配。另外,青铜礼器通过把权力合法化,造就了最早的国家形态——家国合一的氏族国家。这种国家的本质就是战胜氏族统治和压迫战败国。它取得这种地位依靠的是战争,维持地位依靠的则是法律。所以"兵刑合一"、"兵刑不分"成了当时国家起源的特征,同时也成为中国古代统治者的两大统治工具。而兵与刑均与暴力相联系,所以中国古代法只有与权力与统治者的意志休戚相关,而缺失西方国家中的权利、自由和广大公民权利的土壤。相应的,中国古代法中一直重刑法,而少有民、商事法律的地位与发达。所以,一讲中国古代法,自然就与刑法联系在一起,而且这种刑法都极其残酷。相反,一讲西方法就会想到权利与自由。这都与法的起源的性质紧密相关。我们知道古代西方法在其社会政治生活中有广泛的职能,而绝不仅仅是统治者的政治工具,因而它的法律包含了比仅仅是惩罚犯罪更多的内容。

中国现代法的形成与发展主要是近三十年的事。中国的改革开放与市场经济改革,使得中国社会发生了前所未有的剧烈变化。财产所有制的改变,重大利益重组,贫富两极分化,社会异质成分的猛增,社会分工加剧,社会矛盾增加,道德与伦理退化,全球化趋向增强,政治、经济、文化体制与领域均发生了闻所未闻

---

① 在公元 117—138 年,被哈德瑞安建立起来的罗马帝国的太平盛世在他死去 750 年之后被频繁的战争、大批人口的被屠戮、建筑艺术的毁损、半野蛮人的统治摧毁了。

的巨大变化,所有这一切,都推动着法律的变革。因为社会变迁过于神速,且来势凶猛,迫使中国当代的法律变革采取了法律移植的方式,虽然法律数量激增,但移植的法律与中国社会的适应性论证根本无法满足法律的科学性要求,致使中国当下的法律出现了许许多多的问题。因此,中国当下及未来法律改革的路径之一就是要对社会结构、社会变迁的本质与内在格局进行深度研究,从而对法律与社会之间的适应性作出科学的论证,方能让法律真正满足中国社会的现实需求。

三、社会秩序与法律规则

法律是镶嵌在社会中的法律,社会的变化必然导致法律的变化,但法律的改变也必然引起社会的变化。但无论是社会的变化还是法律的改变,都离不开主体的行动实践。关于如何通过主体的行动实践导致社会与法律的变化这个主题,在本书作者的两篇系列论文"中国社会结构变迁与转型的动因探索——通过社会行动的法与非政治公共领域的关系解读"[1]与"法与非政治公共领域制度间博弈对社会结构之影响"[2]中得到了详尽讨论。通过上述两篇文章对社会中某一领域即非政治公共领域中主体行动、法与制度之间的内部关联分析,清晰地揭示了社会结构是如何在这几者关联因素的博弈间变迁与转型的。社会结构的变迁更迭,理论上视国家法律规定的内容和设计的正式制度的具体形式与实质内容而定,若这些设计旨在打破原有社会结构、构建新的社会结构,那么,法律的实施和正式制度的执行就是促使社会结构变迁;若这些设计旨在维护原有社会结构,那么这些法律的实施和制度的执行则不会改变原有的社会结构。而实际上,社会结构的变迁则受制于社会行动者的实践结果。无论在何种制度环境和法律形式的社会中,其中的行动者的行动后果直接影响社会结构的变迁程度、方向。这里所指的法律是指国家正式法律。

其实,按照社会学家的思想,国家正式法律仅是一个特定社会中全部法律的一部分,甚至是一小部分。大量的法律是内在于人们的社会生活中,构成人类秩序、指导人们行为的民俗、习惯、规则与程序。如婚姻、继承、损害赔偿、财产权的习惯由来已久,在人类正式法律形成之前就已存在。近代社会分工的加剧,科学技术的发展与工业化进程的推进,人们的社会生活呈现多元化形式,组织化的生活是其中一个重要形式,大量的民商事习惯构筑着相应的民商事行为与维持着这些组织与这些领域的基本秩序。因此,这些国家正式法律以外的民俗习惯与社会的秩序与结构存在着密切的关系,是它们实际形构着社会结构与社会秩序,

---

[1] 参见何珊君:《中国社会结构变迁与转型的动因探索——通过社会行动的法与非政治公共领域的关系解读》,载《学海》2007年第2期,第129—136页。

[2] 参见何珊君:《法与非政治公共领域制度间博弈对社会结构之影响》,载《华东理工大学学报》2007年第4期。

推动着社会的渐进式变化。总之,一个社会中存在的所有的法律,不管是国家正式法还是其他形式的法律,它们与社会结构和社会秩序的互构关系才是真正值得研究的课题。是它们实际形构着社会,也是社会真正影响着它们的存在、功能、效果与发展。因此,研究法律与社会结构、法律与社会秩序之间是如何互构影响的,就成了法律社会学的重要内容之一。

综上所述,我们看到了以下问题的答案:究竟是什么构成了法律的社会基础?法律与社会秩序之间是怎样的一种关系?人们每天未经反思而作出的无数行动构成了我们生活的基本秩序。人们去存钱,不会去翻银行法看看自己有什么权利义务,也不需要营业员保证其存折能取出钱来,同样,人们也不需要把民法、消费者保护法、产品质量法都研究以后才敢买东西,那么,法律在现代社会是怎样成为行动者行动的基础,行动者的行动又是怎样构建了法律秩序的呢?要搞清楚这个问题首先要明了"法律"一词所为何意?这里的法律其实是在两种意义上使用:一是指规则意义上的法律;二是指秩序或行动意义上的法律,包括法律行动的多个环节——立法、司法、行政、公众法律行为等等,这种法律行动的各个环节都参与了"造法"实践,参与了法律秩序的生成过程。当然,这种法律也同样在日常实践的情境中和社会行动的过程中不断地被生产出来,这是行动实践结构化的后果之一。要探讨这种"法律"的社会基础,仅仅从法学的方法是解决不了的,而社会学则大有用武之地。

第二节 法律的物质基础

法律是一种精神产品,它的诞生必定要有一定的物质为基础,它不是无根之水。涂尔干在研究人们自杀的原因时,将自杀与气温变化、白昼黑夜、季节替换联系在一起,将一种精神性导致的社会现象与一些客观条件联系在一起。说明精神产品或精神性现象总是有其自身的物质基础。但法律究竟与什么关系密切,之间又是一种怎么样的联系呢?孟德斯鸠曾将法律与一个国家的气候与土壤的性质、民族的性格等联系在一起。摩莱里也将法律与祖传的土地及其他物品联系在一起。马克思更是认为上层建筑里的所有现象包括法律都要受制于经济基础即物质基础。现代研究则发现:法律不管从哪个层次都要受到外在客观条件与物质基础的制约。所以,某个社会究竟能够存在怎样的法律,这些法律如何产生、变化与消亡,都与其物质基础紧密相连。下面我们分类来阐述这些相关基础。

一、地理、生态、气候、人口等自然资源基础

(一)地理位置与生态环境

地球上各种地理位置如寒冷地带、热带、温热带及其生态环境,是海洋与岛屿为主、平原与草原为主、丘陵与高原为主、或是环境复杂等地理位置的差异,不仅会直接影响各个国家的农业、工业和商业等经济内容与经济模式,还会程度不同地影响这个国家的民族性格、心理精神与生活方式,而以一个国家的经济状况、民族特点为基础的法律自然与之密不可分。例如海洋与岛屿为主的国家或海岸线很长的国家,他们的海洋贸易与海洋运输的法律就会特别发达,而以平原与草原为主的国家则有关农林牧副渔的法律则会相对完善。而以经济内容与经济模式为中心的经济法、商法或合同法、公司法等也会呈现较大的差异。正如孟德斯鸠所言:"法律和各民族谋生的方式有着非常密切的关系。一个从事商业与航海的民族比一个只满足于耕种土地的民族所需要的法典,范围要广得多。从事农业的民族比那些以牲畜为生的民族所需要的法典,内容要多得多。从事牲畜的民族比以狩猎为生的民族所需要的法典,内容那更多了。"[1]而与民族性格、心理精神与生活方式相连的民法、婚姻家庭法则更会呈现出相对应的多元化特色。

关于地理位置与生态环境对法律的影响,研究者甚多。早至亚里士多德、西塞罗就有这方面的阐述,而近代除了孟德斯鸠,查士丁尼、黑格尔等都有研究。如"亚里士多德说,'从古代一些石碑来看,萨地尼亚似乎是希腊的一个殖民地。它从前很富庶;以爱好农业而著名的亚利斯德斯神给它制定了法律。但是以后便衰微下去,一蹶不振了;因为迦太基人成了他们的主人,把一切可以养活人类的东西都破坏了,并且禁止耕种土地,违者处以死刑'。萨地尼亚在亚里士多德时代元气完全没有恢复;今天也是如此"。[2] 可见,不同的地理位置与生态环境会需求和形成不同的法律,而不同的法律也会导致不同的地区后果与生态环境。黑格尔也曾论述到:"日、月、山、河以及我们周围的一切自然物体都存在着。它们对意识所具有的权威。不仅在于它们是存在着的而已,而且在于它们具有一种特殊本性。意识承认这种本性,而且在对待这些物体并在处理和利用它时,总是顺应着这种本性的。至于伦理性的法律所具有的权威是无限崇高的,因为自然物体只是极其表面地、支离破碎地体现着合理性,而且把合理性隐藏在偶然性的外观中。"[3]这段文字乍看之下是在论述意识与存在的关系问题,但事实上,它也指出了法律的一种本质,即法律须顺应自然物体的一种本性,这种本性体现着自然物体的合理性。法律虽然具有崇高的权威,但仍须受到自然物体的制约。

现代法社会学家对地理位置与生态环境对法律影响的研究无论广度还是深度均超越了以往,成果丰硕。学者们对南亚、南非、中东、北欧、西欧等所做的研

---

[1] 参见〔法〕孟德斯鸠著:《论法的精神(上册)》,徐明龙译,商务印书馆2009年版,第339页。
[2] 同上书,第336页。
[3] 参见〔德〕黑格尔著:《法哲学原理:或自然法和国家学纲要》,范扬、张企泰译,商务印书馆2009年版,第166页。

究,都指向这种共同点。如劳伦·本顿对伊比利亚、葡萄牙、非洲等大西洋社会的法律,西班牙和新西班牙北部的印第安部落、土耳其和果阿等天主教和伊斯兰教国家与地区的法律,孟加拉国和西部非洲、好望角殖民地和新南威尔士、乌拉圭等国家和地区的法律的考察研究,都证明了这一点。因此,要研究我们每个国家、每个地区、每个历史时期究竟需要怎样的法律,就须搞清楚对应地区的地理位置与生态环境。

(二) 土壤与气候性质

孟德斯鸠用了鸿篇巨著来阐述世界上各个国家的土壤性质和气候性质是如何影响他们的民族性格、心理,从而影响这些国家的法律。确实,土壤的贫瘠与否直接到人们的性情、心理与生活方式。土壤肥沃,人们只要勤劳耕种就能很好地生存,所以,他们就不会关心太多的自由或者何种政体,人们的性情也会比较温顺,心理也会有些懈怠和贪生怕死,生活方式比较稳定。正如"西塞罗曾对阿蒂斯说'这伙善良的人都是些什么人?是商人和农民么?我们不要想象,以为这些人反对君主政体;因为只要给他们太平的话,一切政体对他们都是一样的'"。① 所以,这种条件下,孟认为政体要宽和,不适合专制政体,而适合一人合法权力的君主制。立法者要制定优良的法律,以保护居住和维护大自然。而"土地贫瘠,使人勤奋、俭朴、耐劳、勇敢和适宜于战争;土地所不给予的东西,他们不得不以人力去获得"。② 所以,这些地区的人们容易去发动"侵略"、"蹂躏"的事,立法者对他们所制定的法律自然也不会类同于土地膏腴地区的法律。而多山和岛屿地区易于防御,不易于被侵略和征服,他们比较容易保存自己的法律。也就是说,这些地区的法律可以比较好保存民俗、民风。

对气候条件与法律之间的关系,孟德斯鸠也有同样的认识。他认为寒冷气候下的人神经不扩张,感觉不灵敏,对快乐的感受性低,但心脏与纤维末端反应强,供给心房的血液有力,故他们精力充沛、勇敢,而情欲低、邪恶少、诚恳而坦白;而炎热气候下的人们心神萎靡、懦弱、想象力与感受力强。所以,立法者要根据不同气候条件下的人们的特点立法,良法会与气候的弱点抗争,恶法则会增进气候的弱点。法律也因此与气候产生了难以分割的联系。

(三) 人口数量与质量

将人口数量与质量视为一种客观的自然资源,不仅因为他们是一种客观存在的有机物,更重要的是因为人类几何级数的繁殖力、所独有的生产力和对资源的掠夺性消耗与倍数超越资源再生能力的消耗力,而这种能力将影响自然资源

---

① 参见《致阿蒂库斯书简》,第7卷,第7信,见〔法〕孟德斯鸠著:《论法的精神(上册)》,徐明龙译,商务印书馆2009年版,第334页。
② 同上书,第336—337页。

的储备量与财富总量。这一切将深刻地影响人类社会的所有精神生活、社会秩序和文化环境,包括法律秩序。所以,保证人口的增殖力与自然资源的再生力相等为人类生存的第一法则。正如托马斯·马尔萨斯所言:"人口增殖力和土地生产力天然地不相等,而伟大的自然法则却必须不断使它们的作用保持相等。我认为,这就是阻碍社会自我完善的不可克服的巨大困难。"①当然,马尔萨斯得出的结论就是"否定全体人类的可完善性"。②虽然马尔萨斯的结论过于悲观,但盖瑞·哈丁的各国自保以实现人类自救的"救生艇"理论,过于乐观的"人口过渡"理论都无法解决人口增长对资源枯竭的压力。也就是说人口增长只有且必须受到某种制约,靠什么去制约,靠上帝吗?过于虚无飘渺。人类的智慧告诉我们:这种制约只能靠伟大的自然法则和在自然法则照耀下的人类法律。凭借人类的法律对这一切作分配,在人与自然资源之间,在人与人之间,国与国之间,无论是关于世俗事务的何种法律,都要服从这第一法则。违背这第一法则的法律则为恶法。另外,人口数量也涉及一个国家政治、社会、经济、文化等方面的复杂程度,小国寡民总是比人口庞大的大国要容易管理。人口数量的爆涨则会使社会管理日益复杂化,作为管理工具之一的法律自然难以摆脱这种复杂性的影响。

人口的质量因为其关联到对这第一法则的认知与遵守程度而影响到人类资源消耗的速率,因此也就成了法律必须予以考虑的重要因素。文明程度或野蛮程度决定着人类对资源的消耗理念与保护程度。因此,是否耕种土地或农业在一国总产值所占的比重,是否善于使用货币和使用现代金融工具的能力,是否迷信,是否向往自由和甘受奴役,工业、商业的发达程度和资源消耗、生态环境的保护程度,人民对所有上述事项的理念,都成了评判一个民族野蛮、半野蛮、文明的标志,这些事项也因此成为法律必须考量的因素,和评判一部法律是良法或恶法的重要标志。

无论是民法、刑法、商法、国际法、关于政治的法律和关于婚姻家庭的法律都一样,都要考虑到不同的地区环境、土壤与气候性质、人口数量与质量、不同的民族特点与生活方式。换句话说,我们要去审查、评价一部法律时,就需要用上述指标去考察、检验和证明。因为这些指标因素构成了法律的自然资源基础。尤其在现代社会,自然资源的枯竭和雨林及其他生态环境的破坏,全球返暖与气候变化,构筑人类生存秩序的法律更是要充分考虑这些自然资源的有限性,和如何去维持与发挥这些自然资源的优势,避免和改善这些资源的弱势,为人类生存谋

---

① 参见〔英〕托马斯·马尔萨斯著:《人口原理》,朱泱、胡企林、朱和中译,商务印书馆 2009 年版,第 16 页。
② 同上。

取和维护最本的环境。

二、经济、科技结构与发展水平

(一) 经济模式与经济发展水平

一个国家的经济模式、经济内容和发展水平会制约一个国家的意识形态、人们的价值观、政治、经济、文化制度和设置等所有观念和制度层面的现象。法律无论作为意识形态层面还是作为制度层面的现象,自然是要受到这种制约。土地权属和其他财产权属从来都是一个国家经济内容的重要方面,是农业为主、工业为主、还是商业为主,农业中是以粮食为主还是农副产品为主,工业中是以锻造业为主、还是加工业或能源业为主,商业中是以服务业为主还是贸易为主等等诸如此类的问题都将深度地反映到法律之中,决定着法律的内容与形式。是市场经济模式还是计划经济模式更是深刻地影响着法律的内容与形式。经济发展模式对法律的影响是深远的,既有的实践与经验呈现给我们一个有趣的现象:大凡实行市场经济模式的国家,其相关法律尤其是经济与民商法特别接近,而计划经济模式下的不同国家的法律大同小异。政治制度和法系显示出的差异反而不明显。比如中国与美国,分属于不同法系,政治制度也完全不同,但有关的商法、经济法等却表现出相大的趋同性;中国与朝鲜,都是社会主义国家,政治制度接近,法系也相同,但经济法与商法等呈现出巨大的差异。这些经验只是告诉我们:经济模式对法律的影响之深远与巨大。

经济发展水平从来就是制约法律的一个瓶颈和重要指标。国际社会的经验证明:当经济发展水平低下,法律就很难发达。如改革开放前的中国以及某些非洲国家,与之相反,如美国、德国、日本等经济发达国家,其法律与法制都比较发达。否则,二者相脱节,也就失去了法律有效服务于社会的意义。当然,因为法律的自律性特征,不是没有经济发展水平不高,法律却比较先进发达的个案,但即便如此,法律仍是难以挣脱经济发展水平的制约。

19世纪末以来,由于世界经济的发展及全球化的影响,国际社会为维护经济秩序而产生的竞争法、反垄断、反倾销、反补贴立法风起云涌,这些法律无一不是与世界经济的发展模式、发展内容与发展水平紧密相关。20世纪欧洲的历史简直就是一部经济竞争与法律发展史。各国内部的经济法、商法、民法、合同法等等成了20世纪各国法律的重头戏,这些法律无一不是与各个国家的经济模式与经济发展水平休戚相关。现代国家的法律已不仅仅是被动反映经济和受它的制约,而更多的是主动地构建着经济发展模式和推动着经济的改革与发展。尤其是中国,近三十年发生了五千年来前所未有的经济变革,市场经济的推行与经济结构的重大调整,使中国发生着地震般的动荡与变化。从乡村的、农业的、封闭的社会与经济模式向着工业的、开放的、城市化的模式转型。中国传统法律很难再适应这种前所未有的经济模式与经济改革。公司法、证券法、票据法、海商法、破产法等商法应运而生,合同法、债法、物权法等民法也作出了重大修订,有人称中国法律是爆炸式增长,其间的漏洞与缺陷也是巨大的,但这是一个必经过程,需要在实践中不断修正与调整,以更好地适应这种新型的经济模式与经济发展水平。

（二）科技力量与科技发展水平

自从英国的工业革命以来,这个世界就发生了日新月异的变化。从蒸汽机、电的发明与普及,到电子产品的问世,再到信息技术的应用,还有各种核技术的开发、航天事业的发展,科技的力量把人类推向了一个谁也无法估量的未来。科技在改变着这个世界,也在改变着人类生存的社会秩序。法律当然也不会对此无动于衷。法律从内容和形式上不得不去反映它们,而且也不得不受它的制约与限制。更为重要的是,现代社会,伴随着政府职能的加强,各国政府不会不充分利用法律这个有力工具,对这种无限制发展的科技力量加以一种人类理性与文明的分配与制约。因此,才会有各种形式的对各国核技术开发与利用的国际公约和多边、双边条约。

当然,科技力量也为法律开创了一个新的空间,正因为科技开发出了南极、北极、海洋、领空、太空,才有了法律在这些领域的拓展,法律有了更广阔的表演舞台。法律的内容也被重新改写。商标法、专利法、知识产权法、产品的安全质量法、海商与海事法、国际运输法、国际贸易法,还有各种与尖端科学和新兴产业相关的法律,充满了各种技术与科学用语,科学技术的发展成果被吸收进了法律,法律的内容大大扩充。正因为科技具有这种神奇与巨大的威力,所以,当科技成为法律发展的动力时,社会的管理者与统治者也在利用被科技所推动的法律去合理构筑科学技术的结构与配置,去控制和调节科技的迅猛发展。因此,科技和法律互为工具与手段,又互为推动力量和调整对象。这种关系也就因此进入了法律社会学的研究范围。

所以,当法律试图有一个前所未有的突破时,它却不得不受到科学技术发展水平的制约。科技让它进入了某些开天辟地的领域,也只有科技才拥有这种力量让它突破目前的极限,走进一种它想践行的空间。

三、制度设置、民族性格等社会资源基础

（一）政治、经济、社会制度设置

制度设置与法律同属于上层建筑,他们之间似一对孪生兄弟般有着天然的联系。之所以将制度设置放在物质基础这一节,是因为在现代哲学的视域下,制度设置是一种客观存在已成为一种共识。在这种视域下,制度设置及其他物质存在一起构成了一个国家的意识形态及其他观念形态等精神层面现象的物质基础。制度虽然是一种人为的设置和一种符号物品,但它一经成立就具有了客观性和独立性,且参与着社会资源的分配。它相对于纯粹观念领域的法律而言,具有一种物质性质。当然,以制度形式存在的法律即法律制度部分,在此也归入政治制度,成为制度的一部分。社会资本原理告诉我们,制度本身既是一种嵌入性资源,又参与着对其他社会资源的分配与调节。因此,在现代社会,制度具有当仁不让的物质性。

一个国家的政治制度架构从来都会影响该国的法律。专制制度下法律只是一个摆设,而君主制、共和制和民主制框架下法律也各有其相应不同的特点。在功能上,政治制度实际制约着法律的发展方向、形式与内容。尽管在呼吁法治社会的浪潮下,法律对政治制度的制约和重构作用正在加大,但人类学和社会学对既有的人类历史的考察告诉我们:法律的发展一直深受政治制度的影响与制约。因为政治制度与权力相联系,而权力总是具有一种强力和霸道的特质,尤其在现代社会,它还拥有最多的权威数量和价值资源。因此,法律的发展与内容无法不受到它的制约与影响。从某个特定的历史时期考察,政治制度首先影响一国的宪法与宪政,进而影响到一个国家的其他部门法和单行法规,最后影响到整个国家的法律生活。

经济制度更是与法律有着与生俱来的关系。没有罗马早期对土地的合理的分配制度和使得罗马军士士气昂然一致御敌的经济制度,就没有罗马帝国的强大与崛起,更不会有照耀后世的罗马法。因此,正如孟德斯鸠所言:"罗马的得救是由于它的制度的力量。"[1]首先依靠的是一系列的经济制度与经济改革。近代的历史也同样告诉我们:没有工业革命与资本主义,就没有美国的宪法;没有社会主义,也就没有苏联的宪政大纲。中国更是如此,没有唐代先进的经济制度,就不会有影响深远的《唐律》;没有市场经济,就没有现在的法律制度。经济制度设置从本源上讲,是一国政治、军事、法律、文化等赖以存在与发展的物质基础,经济制度的内容则构成了所有上层建筑发展与秩序的基石。而法律对经济制度的反映也是全方位的,随手翻阅现代的法律,到处都充斥着经济的元素。经济制度在深刻地影响着这个社会,法律也就无处不在地反映着它们。

人类的历史告诉我们:法律与社会具有与生俱来的渊源。正式法律的诞生就是在社会的发展无法用其他方式调控的条件下,非正式法律也诞生于人类社会从简单到复杂的过程中。人类生存的最初状态按照卢梭的说法是个最适合人类生存的自然状态,他说:"由于自然状态是每一个人对于自我保存的关心最不妨害他人自我保存的一种状态,所以这种状态最能保持和平,对于人类也是最为

---

[1] 参见〔法〕孟德斯鸠著:《罗马盛衰原因论》,婉玲译,商务印书馆2009年版,第22页。

适宜的。"①虽然这段话卢梭明显是在批判霍布斯,其实正是卢梭思想的真实反映。他认为自然状态下的人类依照自然赋予的本能与规则生活,健康又平等,根本用不着法律。他认为人类心智的发展破坏了这种状态,情欲是一切罪恶之源。而情欲又只能产生于人与人之间有了关系即社会的情形中,法律就是在需要阻止这种情欲和没有法律或许就不会发生的那些祸害时诞生,所以说,法律与社会具有与生俱来的关系。

伴随着人类文明的进步、社会功能的增加和社会结构的分化与复杂,法律也就越来越成为人类社会的重要角色。现代社会,人类的心智充分发展,思维能力、借助于科技的行动能力越来越强,人类的数量爆长,可用资源日益衰竭,生态环境恶化,人类的竞争走向白热化,贫富之间、种族之间、宗教之间的矛盾,小至国内的各类犯罪、暴力与纷争,大至国与国之间的战争。若不能借助于法律去构建良好的社会制度,解决社会矛盾,抑制世界的动荡,那么,后果将是非常严重与可怕的。而社会秩序的重建在现代则主要仰仗法律对社会制度的设置与重构。因此,社会秩序的变迁与重建和法律休戚相关。正如弗里德曼所说:"更大社会中的社会力量创造、形塑、改变并推动着它,但是这些力量生产出一个法律系统,并且这个法律系统自身成为社会生活的一部分;一旦就位,法律系统就会对社会、对我们的生活方式及思考、感觉方式产生它自身独有的影响。"②要了解和把握特定社会法律的性质、内容与形式,势必要研究该社会相应的社会制度设置。

(二) 民族性格与社会生活方式

对于民族性格与法律的关系,孟德斯鸠和萨维尼等都有过经典的论述。孟德斯鸠认为"在不违反政体的原则的限度内,遵从民族的精神是立法者的职责"。③而他所说的精神则是指"气候、宗教、法律、施政的准则、先例、风俗、习惯"等综合形成的一般精神④,这种精神中所有的因素都与民族性格紧密相关。比如他认为西班牙人的性格是信实与懒惰混合,而中国人的性格则是不可想象的活动力与异乎寻常的贪得欲的混合。当然,他并没有说一国人民的历时性性格就是民族性格,但他认为这种性格与一国的气候、宗教、法律、施政的准则、先例、风俗、习惯等有着不可分割的联系。因此,他认为"当我们能够自由地顺从天然秉性之所好处理事务的时候,就是我们把事务处理得最好的时候"⑤,同理,他认为法律也一样,遵从民族的一般精神的立法则是最好的立法。萨维尼也认

---

① 参见〔法〕让·雅克·卢梭著:《论人类不平等的起源》,吕卓译,中国社会科学出版社2009年版,第98页。
② Lawrence M. Friedman, "American Law 254—257(1984)",转载自 Tsung-Fu Chen, *The Social Basis of Law: as An Instrument of Social Change*, Harvard Law School Press, 1994, p.8.
③ 参见〔法〕孟德斯鸠著:《论法的精神(上册)》,徐明龙译,商务印书馆2009年版,第365页。
④ 同上书,第364页。
⑤ 同上。

为"在任何情况下立法都必须是民族共同精神的'真实呈现'"。① 正如他在本书第三章第一节中所论述的一样。② 正是这种特定的民族生活中生长形成的"民族的共同意识乃是法律的特定居所"和法律的真正内核。③ 因此,法律与民族性格血肉相连,不可分割。事实上,任何一个在其特定的地理条件和客观环境下生长形成的民族,都有其独特的禀性,然后在其民族特有的生产、生活方式和历史过程中形成其独特的民族性格,而调整这些人与人之间的联合方式与人们生活的内在秩序的法律,不仅与这些民族性格难以割舍,还要受其决定。因为民族性格一旦形成,即获得相对的稳定性和具有一定的客观性,且制约着该民族的生活方式和价值理念,法律一旦脱离了该民族性格,就很难有生命力和在该民族中生存,也无法再被该民族的人民所遵从。

社会生活方式与民族性格是相互构造和相互影响的,它与法律的关系类似于民族性格。只是社会生活方式更具基础性和客观性。它是一个民族的实际生活的客观形式,是一种客观存在。社会生活方式决定了民族的性格和法律的内容与形式。社会生活方式是族人在长期的生活过程中经过多次选择、代代累积和稳固下来的,它对族人有一种相对稳定的制约作用。尽管社会生活方式本身要受到民族国家地理位置、生态环境、土壤情况、气候条件、人口等自然物质资源的制约,但在这些自然资源基础上形成的相对稳定的生活方式对观念层面的法律又具有基础意义。正如陈聪富(Tsung-Fu Chen)所说:"社会风俗控制着不同阶段的人类生活和文化生活,它并不是人类目的和智慧的创造物,而'更像自然力量的产物,人类在实践中无意识设定的,或者像动物从经验中发展出来的本能方式。'"④法律在这些社会生活方式中被建构和保存,特别是活法。许多风俗、习惯、礼仪都在社会生活方式中被完好地保存下来,成为后世的制定法的一部分。在各国的民法和婚姻家庭法律中我们到处可以看到这种现象。现代的活法其中相当一部分内容是此前历代的制定法,当它们在长期的实施中成为人们自愿遵从的生活方式,也就成了民俗习惯的一部分被保存和传递下来。当然,从横断面的社会生活方式来观察,我们不否认社会生活方式与法律之间的相互建构

---

① Tsung-Fu Chen, *The Social Basis of Law: As An Instrument of Social Change*, Harvard Law School Press, 1994, p.13.
② 萨维尼说:"在人类历史展开的最为远古的时代,可以看出,法律已然秉有自身确定的特性,其为一定民族所特有,如同语言、行为方式和基本的社会组织体制。不仅如此,凡此现象并非各自孤立存在,它们实际乃为一个独特的民族所特有的根本不可分割的禀赋和取向,而向我们展现出一幅特立独行的景貌。将其联结一体的,乃是排除了一切偶然与任意其所由来的意图的这个民族的共同信念,对其内在必然性的共同意识。"〔德〕弗里德里希·卡尔·冯·萨维尼著:《论立法与法学的当代使命》,许章润译,中国法制出版社2001年版,第7页。
③ 同上书,第9页。
④ Tsung-Fu Chen, *The Social Basis of Law: As An Instrument of Social Change*, Harvard Law School Press, 1994, p.11.

性。社会生活方式对法律有基础性的制约,但现代社会中法律对社会生活方式的能动性建构也是不容否定的,而且这种能动性随着法律的加强有一种增强的趋势。

因此,要评价一部法律的优劣,或要科学地立法,就必须科学系统地考察与法律相关的物质基础和了解法律的社会起源。否则,一部法律很难是真正意义上对该国家与民族谋福利的法律,也很难去正确地判断一部法律的优劣。当然,上述的考察仅停留在静态的横断面和纵向过程中,法社会学还强调动态的交互过程描述,要做到真正的科学、系统、全面,还需要结合本书中介绍的其他相关内容。这也是孟德斯鸠和萨维尼理论中的不足与时代局限性。

第三节 法律的精神基础

一、作为实践理性的法律

在此首先要加以说明的是,我们不去论证实践理性是否存在,是否具有实在性,这些工作康德他们早已经做了。我们假定这种实践理性具有实在性和实践能力,并且已实际上被人们所运用。在这个前提下,我们去讨论作为实践理性的法律。当人们将宗教从人类的神坛上拉了下来和从实践理性的世界中驱逐出去之后,这个祛魅的人类世界陷入了迷茫,不知什么可替代宗教来指引人们的世俗实践和构筑人类的世俗生活。此时,道德、伦理、经验纷纷登场,法律也在此时全新亮相。法律因为其理性特质,与行动实践的理性要求相符而超越其他被人们普遍认同与接受,这种法主要以实在法形式出现与存在。

所谓实在法,按照康德的理解是与自然法相对应的一个概念。"那些使外在立法成为可能的强制性法律,通常称为外在的法律。那些外在的法律即使没有外在立法,其强制性可以为先验理性所认识的话,都称之为自然法。而若无真正的外在立法则无强制性时,就叫做实在法。"[①]也就是说,康德认为即便没有外在形式但也可以约束人的法律(指各种实践原则或行为规则)就是自然法,但条件是可以被先验理性即实践理性所认识。这种理性是决定由意志去选择按什么原则(或准则)去行为的最高法则或绝对命令的纯粹理性之下的一种理性。这些法则中,"有别于自然法则的自由法则,是道德的法则。就这些自由法则仅仅涉及外在的行为的和这些行为的合法性而论,它们被称为法律的法则。可是,如果它们作为法则,还要求它们本身成为决定我们行为的原则,那么,它们又称为

---

① 参见〔德〕康德著:《法的形而上学原理:权利的科学》,沈叔平译,商务印书馆1991年版,第27页。

伦理的法则。如果一种行为与法律的法则一致就是它的合法性；如果一种行为与伦理的法则一致就是它的道德性"。① 可见在康德的眼中，各种法则是按等级排列的，虽然伦理法则与法律的法则是道德法则的两个面向，但道德法则之下先是伦理法则，伦理法则之下才是法律法则。而自然法是最高法则。由此可见，实在法的法律法则与道德法则并不矛盾与冲突，相反，它还能相互协调与补充。这是因为，它们都从属于最高法则——自然法。所以，人们一直试图将自然法的精神结合进实在法。②

那么，在祛魅的世界秩序图景中，自然法是如何在发生学意义上对伦理理性化发挥作用？即如何让伦理法则成为实在法的立法原则，实在法又是如何替代宗教成为人们的实践理性？这些问题都指向了一个核心问题：这种实在法的合法性究竟源于何处。康德的合法性是建立在道德形而上学分类体系基础上的外在立法类型中。③ 合法性在康德那里有着双重含义，即合乎自然法的道德合法性与合乎实在法的法律合法性。这种实在法按照哈贝马斯的理解"在法律的等级体系中一直都从属于永恒有效的道德法，并接受道德法的引导。但是，在多元化社会中，各种同一的世界观和具有集体约束力的伦理早已分崩离析"④，因而，实在法已无法从道德法中获取合法性依据，而只能转而投向对这个世俗世界所提出的公民主体权利的保护，即保护公民的自主性中取得合法性。在道德法则中，每个人被要求"外在地要这样去行动：你的意志的自由行使，根据一条普遍法则，能够和所有其他人的自由并存"⑤；而实在法中，也"只有当法人在行使其公民权的过程中能够领悟到自身便是那些他们作为受众而必须遵从的法律的创造者，他们才可能是自主的"。⑥ 也就是说在实在法中所指的人只有既是自身自由的主人又是他人自由或公共自由的仆人时才拥有自主性，因此，实在法也就在

---

① 参见〔德〕康德著：《法的形而上学原理：权利的科学》，沈叔平译，商务印书馆1991年版，第14页。
② 参见《构建和谐社会的路径探索——法与非政治公共领域良性运行的理想模型分析》，载《社会理论（第5辑）》，中国社会科学文献出版社2009年版。
③ 他认为："一切立法，不论涉及内在的或外在的行为，也不论它来自纯粹理性的先验的命令，或者是由于别人意志的规定，都涉及两个因素：第一，是法规，它表示该行为出于客观上的必然性，是应该发生的，因而把这种行为变成义务；第二，是动机，它把意志对上述行为作出决定的原则，以及内心对上述法规的表述，主观地联系起来，因此，这个法则使得义务同时又是动机的立法便是伦理的立法；如果这种立法在其法规中没有包括动机的原则，因而容许另一种动机，但不是义务自身的观念，这种立法便是法律的立法。……一种行为与法律一致或不考虑它的动机，就是该行为的合法性；如果一种行为的义务观念产生于法规，而同时又构成该行为的动机，这种行为的特征就是该行为的道德性。"参见〔德〕康德著：《法的形而上学原理：权利的科学》，沈叔平译，商务印书馆1991年版，第19—20页。
④ 参见〔德〕尤尔根·哈贝马斯著：《包容他者》，曹卫东译，上海人民出版社2002年版，第296页。
⑤ 参见〔德〕康德著：《法的形而上学原理：权利的科学》，沈叔平译，商务印书馆1991年版，第41页。
⑥ 参见〔德〕尤尔根·哈贝马斯著：《包容他者》，曹卫东译，上海人民出版社2002年版，第299页。

既保护私人自主又保护公共自主中获得合法性。而这种合法性的价值在上帝和诸神死亡后的世俗世界中,不仅在理论上获得了证明,实践中也受到了人们的普遍认同和接受,至此,实在法替代宗教成为人们的实践理性。

既然这种实在法的实践理性获得了承认,那么,这种需要有真正的外在立法才能具有强制性的实在法就须有一个确切的形式,即需要一套发达的形式技术。这就是韦伯所指的形式理性法,即一整套在伦理法则、道德法则直至自然法照耀和指导下的形式完备的理性法。这种理性法当然也包括实质理性法,是法律形式化与伦理理性化的融合、实质理性法与形式理性法的结合。只有这种结合才能实现法律作为实践理性的目标。按照韦伯的理解:实质理性法是指"只包含对人类或法律秩序提出宗教或伦理要求的因素,却并不包括对现有的法律秩序进行逻辑上的系统整理的因素"。[①] 这意味着,实质理性遵循的原则主要是法律本身之外的意识形态系统如宗教、伦理、道德等,而不是明确、确定的法律规则。所以,实质理性法是探讨如何让这些伦理要求演化为法律要求,以法律形式去实现这些伦理目标。在等级上,是从伦理到法律这样一种自上而下的过程。而形式理性则是指一种由系统性的规则支配的无缺陷的体系。它只考虑案件事实的明确的一般特征。逻辑形式合理的法律是形式合理的法律的主要类型。韦伯认为:"形式理性法是法理型统治的基础。它是在古代罗马法的基础上,经过19世纪德国和法国民法典的影响以及德国的潘德克顿法学的推动而形成的法律思想。其特点是接受了罗马法中的法律原则和法律技术,要求运用抽象的逻辑分析和解释的方法,建立一套高度系统化的成文法体系,达到方法论的和逻辑合理性最高程度的形式,也被称为逻辑形式理性法。"[②]因此,现代法律也就成了现代世俗世界的实践理性基础。

二、作为社会控制工具的法律

这种理论是把法作为实现一定社会目的的工具对待。这里的社会目的主要是指社会利益、社会主张和社会需要,社会利益和需要才是法律产生与发展的唯一根源,所有的法律都是旨在实现这个目的。因此,工具主义也被称为"利益理论"。以耶林与庞德为代表。耶林认为:法律是治理社会的重要方法,而不仅仅

---

① 参见郑戈:《法律与现代人的命运:马克斯·韦伯法律思想研究导论》,法律出版社2006年版,"第四章:法治与现代社会"。
② 参见〔德〕马克斯·韦伯著:《经济与社会(下卷)》,林荣远译,商务印书馆1997年版,第18页。在这种理论下,人们只以法律为标准,在审判过程中摒除一切道德、政治、经济、宗教等影响,仅依形式理性对待判决结果。犹如加滕一郎所说:形式理性法"就像自动贩卖机,从上面投入事实,在其中适用预先决定的所谓法律规定,然后从下面自动出来结论"。参见加滕一郎著:"民法的解释与利益的衡量",梁慧星译,载梁慧星主编:《民商法论丛(第2卷)》,法律出版社1994年版,第75页。当然,形式理性能够发挥作用的前提,是法律能够与伦理等实质理性分离,构成自我指涉的法律系统。

是一种形式制度,是"人类社会为了实现一定的生活条件"而进行的"有意识的立法活动的产物",法律源于社会而且具有明确的目的性,是为现实服务的。所以,法律的立场,犹如一位公正的调解人,评判所有互相竞争的利益与主张,重要的是使法律程序与现存社会正在发展中的利益与需要相配合,扶持那些有助于社会进步和人类文明的利益。庞德认为:法律是社会工程的一项任务或社会控制的一项工具,是一种高度专门化的社会控制工具。当然,庞德所指的控制包括了对人的本性内在控制和对人行为的外在控制,是通过系统适用政治组织社会的强力的社会控制。法律通过政治组织的社会对人们的行为进行安排而满足人们的需要或实现人们的要求的情形下,能以最少代价尽可能满足社会需求。它通过社会控制方式不断扩大对人的需求、需要和欲望的承认与满足,对社会利益进行广泛、有效的保护等等。法律的任务在于确定、承认和保障各种利益以求达到社会控制的目的。总之,这种理论认为法律是实现一定社会目的的工具,是通过社会控制来达到一定的社会目的。当然,这种工具的功能是全方位的。主要包括意识形态功能规范功能、争端解决功能与社会治理功能。下面分别加以阐析:

(一) 意识形态的功能

研究法的意识形态功能时,我们不能不谈谈柯特威尔对法律与意识形态的讨论。他对意识形态概念的讨论是与科学概念的比较中得以阐述的,他认为:"'科学'概念的特点是对'绝对真理'的执著的、充满智慧的怀疑与探究。相比之下,在社会生活中,被普遍接受的关于社会及其特征,以及关于权利、责任、法律、道德、宗教、政治和其他许多问题的观念体系和思想,却架构了确定性和可靠性,亦即人们信念的基础和行为的指南。所以,这些可以称之为意识形态或意识形态思想的观念体系,基于其本质,必将朝着包容一切的趋势发展。……所以,对于接受意识形态的人而言,通常认为意识形态在结构上并不等同于科学理论,而认为它是被揭示和发现的永恒的真理。"[①]正因为意识形态具有这样的特点,他认为意识形态能够为"社会合意"与"社会符号"提供一个思想框架和广阔的解释背景。

而法律的意识形态柯特威尔认为就是"通过法律学说反映和表达的'社会意识形式'"[②],反映的是"统治阶级的价值观与信仰"。[③] 也就是说,法律意识形态传递的是一种国家意志,它与占主流地位的道德、伦理等一起,为统治阶层和既有的社会秩序的维护服务。我们知道,意识形态是通过对人的信仰和价值观

---

① 参见〔英〕罗杰·柯特威尔著:《法律社会学导论》,潘大松等译,华夏出版社1989年版,第134页。
② 同上书,第135页。
③ 同上书,第136页。

的形塑实施对人的内在控制,从而实现其社会功能。这种控制途径是一种软控制,大量的人们在不知不觉中自愿去遵从某种行为,而且自以为是尊重自己的意志与信仰,其实该意志与信仰是被一种以渗透与铸造的方式慢慢强化形成的。特别是当这种意识形态以法律这种科学与知识的面向出现的形式铸造与渗透时,这种法律意识形态被技艺高超的法学家融化在法律这种专业知识中,很多人根本没有能力透视这层面纱去发现它后面的这种意识形态的力量,而在国家力量为后盾的各种法律规范的执行过程中,自身的价值观与信仰也被重塑。所以,这种通过以专业知识面向实行信仰与价值观的重塑的方式既隐蔽又最有力量。因此,现代统治者都愿意借助这种法律意识形态的功能,实现其总体目标与社会控制的目的。这种法律意识形态因此也为法律的规范功能奠定了基础和供给了一种总体框架。

在此,我们也发现了法律的意识形态功能与前文所讲的作为实践理性的法律具有天然的一致性。它们都是面向社会行动与经验体系,为社会实践和确定性、可靠性的知识提供一种指南与导向,提供一种解释性框架。但是它们之间有一个本质性的区别。前者是被有意识地运用于传递统治阶层的意图与目的,这种解释性框架是被预先规定了的,这种指南与导向也是由统治阶层按照其自身目的设定的;而后者则是为了行动实践具有一种理性指导,这种法律既是处于从自然法到伦理道德的链条中,和在它们的照耀下,又可以被实践检验、经验修正,它仅仅是作为实践理性的一种为人们的行为提供一种指南和依据。因而,这种作为实践理性的法律具有真理性,而法律意识形态则不具备。

(二) 规范功能

规范功能是法律本身具有的一项现实、全面、基本的功能。它直接为人们的社会行动与实践提供依据与指引。在这项功能里,法律以应当、可以、必须、禁止的指令性形式指引着人们的行为,它以国家的强力作为后盾,违反就会受到相应的惩罚,遵从则能得到某种利益,从而将人们的行为限制在某种框架内,以维护某种社会秩序。因此,这种规范功能是通过法律对人的行为的外在控制达到社会控制的目的。

要实现对人的行为的外在控制的目的,并不是意味着一味的惩罚。这种规范功能是全方位的,它通过各种利益调整和行为激励的方式来引导人们的行为。通常有:利益要求的表达功能、利益冲突的平衡功能、利益格局的重整功能、外附激励方式、内滋激励方式、公平激励方式、期望激励方式、挫折激励方式[①],通过上述种种方式及其他方式,人们的行为被纳入和限制在法律预期和设定的框架内,社会有序地运行,法律也就实现了其作为控制工具的目的。

---

① 参见本书第四章第一节第三点中"行为激励功能与利益调整功能"中的内容。

(三) 解纷功能与社会治理功能

解纷功能是法律最基本的功能。现代社会到处都充满了各种冲突与争端,个人与个人之间、个人与法人之间、法人与法人之间,法律除了预先对一些行为作出规范与引导以防止冲突,重要的就是冲突实际发生以后要对其进行适当的处理。分工剧烈与专业化的现代社会将这个任务交给了专门成立的解纷机构来承担,法院、仲裁机构、调解机构等等,主要还是由法院担纲。法律从程序与实体方面作出各种规定,来为解决争端提供规则、框架与基调。但也有人认为现代法院的职能正在发生改变,解决争端已不是法院的主要功能,正如柯特威尔所说:"大多数作者认为,法院是为了实现某些功能而存在的,诉讼程序是司法程序的中心环节和法律活动的核心——它使广泛的、跨文化的比较成为可能。如布雷德米尔认为,法院的功能是:使政治权力合法化,阐明政策目的,培养社会角色和社会期望,促进社会化的进程。"①也就是说,法院的功能从解纷功能向维护社会秩序功能或者说社会治理功能悄悄地转移,法院判决的目的主要已不是为了解决冲突,"而是为了维护规范秩序,是为了理解某一特定社会情况或关系,作出以法律原则为根据的说明"。② 因此,法律在现代社会通过解决争端与规范人们的行为和意识形态的渗透等功能的发挥实现社会治理与社会控制的目的。

三、作为文化的法律

作为文化的法律是指法律作为社会文化的一部分,一直参与着意识形态和宇宙论的建构,参与着社会事实和历史进程的建构。"根据萨维尼的理论,法律反映并表达了一个整体的文化图景,并不仅仅是一群规则或司法先例的集合。一部法律的编纂不过是文化进程的静态呈现。最重要的是法律如果不用它存在的历史的、社会的视角来观察是无法得到理解的。"③因此,作为文化的法律,广义上就是指整个法律的精神基础。劳伦斯·罗森(Lawrence Rosen)在其专著《作为文化的法律》中对此予以了专门的阐述。④ 法律在意识形态和宇宙论中的作用,我们在作为实践理性的法律和作为控制工具的法律几节里已做了探讨。在此主要讨论法律是如何与道德、权力、宗教等其他文化形态一起参与社会事实的创设和进行社会控制,在历史进程的建构中,法律又是如何起作用的。法律在理性化的过程中其重要的角色地位与功能作用是什么,所有的这一切是如何使

---

① 参见〔英〕罗杰·科特威尔著:《法律社会学导论》,潘大松等译,华夏出版社 1989 年版,第 238 页。

② 同上书,第 242 页。

③ Tsung-Fu Chen, *The Social Basis of Law: As An Instrument of Social Change*, Harvard Law School Press, 1994, p. 13.

④ Lawrence Rosen, *Law as Culture: An Invitation*, Princeton University Press, 2006, pp. 131—168.

文化成为法律的全部精神基础。

（一）社会事实的创设和历史进程的建构

这种创设一方面指在人类历史的进程中，法律作为文化的一部分不断地创设出部分社会事实，从最初的民俗习惯的形成到正式法律的诞生，从法庭与律师的出现，到宪政运动的爆发，直至现代法治时代的开创。而所有这一切的本身都已作为社会事实的一部分存在于人类社会的历史中，法律的每一次进步或改变，每一项法律制度的诞生与变迁，都是社会事实的增减。在没有法律和法律诞生之先，社会主要按照它原有的规律和自身的特点运作，而随着法律的诞生和发展，法律就参与到社会事实的创设之中和历史进程的建构之中，比如说土地权属制度、财产分配制度、婚姻家庭制度、蓄奴制度、贸易制度，这些制度的诞生无一不改变着原有的社会结构和人类历史的发展进程，但究竟是先有这些事实后才有法律，还是有了法律才有这些制度，这是另外一个问题，笔者不在此讨论，但考察人类的历史就能发现：它们至少是互构的，法律创设社会事实的事实不容否认。尤其到了近代，法律的发展致使这种现象比比皆是，以至于某些法学家惊呼法律可以造就一个新的世界，夸大法律的这种能动性。

另一方面，指法律作为上层建筑的一部分与权力、道德、宗教、伦理等上层建筑的其他部分一起，创设和改变着社会事实、社会结构与社会变迁。权力凭借它在相对方的反抗或阻力中实现自己意志的能力，在强权社会中创设了无数个社会事实，但也正因为这种无法从自身得到制约的无限性，致使它经常而且势必遭到社会中另外一种力量的反抗与抵制；道德与宗教是一种依靠人们内心良知的觉醒和真善美的呼吁而产生的一种力量，去指引人们的行为和创设社会事实，是一种软实力，但它欠缺某种保障；伦理虽然有一种来自于民间自身的威慑和制约，如共同体的集体制裁，伦理在社会生活中创设的事实琐碎且量大，甚至可以说它实际上维持着某种社会秩序，但它具有局限于某个社区或集团，民间的盲目性等不足。而法律既吸收与借鉴了道德、伦理、宗教的合理成分，又能借助于国家权力的力量去制约这种单向度的权力膨胀，故具有得天独厚的优势，因此，现代社会大量的借助于法律去制约权力，在社会生活的各个领域创设了大量的社会事实，它实际改变着社会结构和影响着人类的历史进程。所谓法治社会就是包括这种涵义。

另外一个更重要的因素就是以民俗习惯形式存在的活法，作为文化事实的一部分，它既是社会事实本身，又因其具有在社会实践中重构和互构的特点而刷新和创设了新的社会事实，以一种渐进和悄悄的形式改变着社会结构与社会变迁。而大量人类社会早期和历代社会既存的文化事实作为传统被很好地保存在这种民俗习惯中得以传承下来，当然，这种保存的过程在当时也是一种优胜劣汰的选择过程,①如儒、释、道、法在民间伦理中的竞争,最后胜利者改写了中国历史进程。又如日本民俗习惯中的"各得其所"的等级制信条②,日本人的每一次寒暄、每一次接触都体现了其信奉的等级制信条,多少世纪以来,"不平等"已经俨然成为日本民族中最容易预计、最广泛接受的组织生活准则。例如,当一个日本人在向另一个日本人讲"吃"或"坐"的时候,都必须按照对方与自己的亲近程度,或对方的辈分使用不同的词汇。此外,除了语言上,还有动作——鞠躬和跪拜等——都有详细的规定和惯例,他们不仅需要懂得向谁鞠躬,同时还必须懂得鞠躬的程度,是跪在地上、双手伏地还是额触手背,或是比较简单的动动肩、点点头,在哪种场合下应行哪种礼,日本人从孩提时代就开始学习。民俗习惯因其以日常生活中琐碎事务形式存在的特点,常常被人们忽略它们的社会和历史意义。事实上,社会存在的直观形式就是社会习俗和生活习惯,是它们影响着人们的行为和人与人之间的关系。人类学家对社会与历史的研究势必去考察这些风俗习惯礼仪也是基于这种原因。人类历史的进程其实大部分是由渐进的形式由这些微小的事物重建和推进的。正如本尼迪克特所言:"一个部落的正式习俗也许……,都可能使该民族的未来向独特的方向发展。"③

(二) 理性化过程中法律的重要作用

法律在理性化过程中的重要作用,最能体现法律起源与发展的精神基础。当然,这种法律仅是指由政治上有组织的社会正式制定,由颁法机关正式公布,并受到社会强力支持的正式法律。因为,伴随人类文明的进步与文化的繁荣,社会异质成分的爆涨和生活节奏的加快,人类理性思维与认知的发展,人们越来越意识到依靠心灵和良知、神的启迪的不确定性,依靠民俗习惯的局限性和不科学性,时代和社会都呼唤一种能够为人们行为、社会生活与秩序、科学技术的发展、经济秩序等设定一种可预测的、明确详细具体的规则体系,以满足上述需求和人们在复杂社会所获得安全的需要,这就是现代法律科学的诞生,也是上文所阐析的作为中世纪以前宗教替代物的实践理性。这种法律用庞德的话来说,就是"经验由理性形成,而理性又受经验的考验","法是通过理性所组织和发展起来的经验"④,它经过了人们的理性选择,又在经验中得到了检验。这种法律的诞生反过来又加速了社会理性化的进程和人类理性思维的发展。因此,它在理性化的过程中扮演着重要的角色。法律在理性化过程中的另一重要作用是它对权

---

① 这一点见本书第六章第一节。
② 参见〔美〕鲁思·本尼迪克特著:《菊与刀:日本文化诸模式》,吕万和、熊达云、王智新译,商务印书馆2003年版,第三章,第34页。
③ 同上书,第7页。
④ 参见〔美〕罗斯科·庞德著:《通过法律的社会控制法律的任务》,沈宗灵译,商务印书馆1984年版,第110页。

力的制约作用。权力得到法律的制约是理性化过程中的一个重要的里程碑,它是人类理性化发展的一个质的飞跃。

正因为上述缘由,现代法律的立法就显得尤其重要,正如萨维尼所言:"立法是重要的,因为它能够摒弃在法律发展进程中的质疑和不确定性,同时能吸收习惯法将其稳固下来,但是并不是以否定法律进化本质的方法,而是以最终建构稳固的有综合性原则的法典形式。在任何情况下立法都必须是民族共同精神的'真实呈现'。因此,法律系统只是更大社会秩序的一部分,它无法从法律源起的共同社会价值中抽离出来。"[①]但是,近一个世纪以来,哲学与认知领域的发展,诞生了许多新的理论,如后现代性理论,也有能力去剥离和求证这些在社会中同源共生的社会价值和观念形态的社会现象,当然,去考察法律时,还是要将它置于它生长的环境中,与整体社会和其他社会现象的关系中。现代法律的这种特征使得它越来越成为一个自律的系统,与它的物质基础相互分离又相互型构,还与上层建筑的其他现象相互剥离。因此,法律的自律性特征、确定性特征和对社会与民族精神的强关联特征,使得它成为现代社会理性化发展的重要缘由。

在人类文化的历史长河中,作为观念形态的文化,先是神学与哲学发生着重要的作用,它们诠释着文化事实与文化观念,构成民族性格与民族精神的一部分。此后,法律的出现与加入,使得文化发生了重大的变化,无论是文化事实还是文化观念,随处可见这种变化与足迹,文化变得更加理性与务实,民族性格与民族精神自然也受到它深刻的影响。法律本身也因此成为一种文化事实或社会事实,从不同的层次全方位地构筑与制约着每个特定社会的民族性格、民族精神与立法,作为文化的法律从而成为某个特定社会法律的精神基础。

【思考题】

1. 请你谈谈社会生活中法律的起源及其演进。
2. 你认为西方国家法律发展的基本进路与中国有何显著区别。
3. 如何理解社会变迁与法律进化的关系?
4. 社会秩序与法律规则之间是一种怎样的关系?
5. 为什么说地理、生态、气候、人口等自然资源基础是法律诞生的重要物质基础?
6. 经济、科技结构与发展水平是怎样制约法律发展的?
7. 为什么说制度设置、民族性格等社会资源也是法律存在与发展的物质

---

① Tsung-Fu Chen, *The Social Basis of Law: As An Instrument of Social Change*, Harvard Law School Press, 1994, p.13.

8. 如何理解作为实践理性的法律？为什么说它是法律产生和发展的精神基础？

9. 为什么说法律作为社会控制工具是法律的精神基础而不是物质基础？

10. 作为文化的法律是如何体现其作为法律的精神基础的特质的？

【参考书目】

1. 〔美〕约翰·麦·赞恩著：《法律的故事》，刘昕、胡凝译，江苏人民出版社2010年版。

2. 〔法〕孟德斯鸠著：《论法的精神（上册）》，徐明龙译，商务印书馆2009年版。

3. 〔德〕黑格尔著：《法哲学原理：或自然法和国家学纲要》，范扬、张企泰译，商务印书馆2009年版。

4. 〔英〕托马斯·马尔萨斯著：《人口原理》，朱泱、胡企林、朱和中译，商务印书馆2009年版。

5. 〔法〕让·雅克·卢梭著：《论人类不平等的起源》，吕卓译，中国社会科学出版2009年版。

6. 〔德〕弗里德里希·卡尔·冯·萨维尼著：《论立法与法学的当代使命》，许章润译，中国法制出版社2001年版。

7. 〔德〕康德著：《法的形而上学原理：权利的科学》，沈叔平译，商务印书馆1991年版。

8. 〔德〕尤尔根·哈贝马斯著：《包容他者》，曹卫东译，上海人民出版社2002年版。

9. 〔德〕马克斯·韦伯著：《经济与社会（下卷）》，林荣远译，商务印书馆1997年版。

10. 〔英〕罗杰·柯特威尔著：《法律社会学导论》，潘大松等译，华夏出版社1989年版。

11. 〔美〕罗斯科·庞德著：《通过法律的社会控制法律的任务》，沈宗灵译，商务印书馆1984年版。

12. Tsung-Fu Chen, *The Social Basis of Law: As An Instrument of Social Change*, Harvard Law School Press, 1994.

13. Lawrence Rosen, *Law as Culture: An Invitation*, Princeton University Press, 2006.

第六章　法与社会的基本关系

　　法律的诞生本就是人类社会运行的成果,因此,法律与社会的关系自始就是法社会学研究的核心问题,而法与社会结构、法与社会变迁及法与现代化的关系是现代社会法与社会的最基本关系。下面分别加以研究。

第一节　法与社会结构

一、昂格尔的观点

　　哈佛大学的著名教授昂格尔把法视作为"现实社会中人与人之间关系或结合方式的深层奥秘的暗码体系"。① 就是说人与人如何结合,人与人之间到底什么关系它具有深层奥秘,要怎么去破解这种奥秘呢?自然要靠密码,法则就是破解深层奥秘的暗码体系,这是昂格尔对法的理解。这种理解有一定的道理,因为现代社会中人与法的关系就像人与空气的关系一样,人要在一个社会生存很难摆脱掉法律的影响与制约,做一个完全的法外人,所以,在现代社会,法就是破解人与人之间结合方式的深层奥秘的最合适的密码。为了说明这个问题,昂格尔举了一个特例来解释它,即 17 世纪以来的近代西欧社会的深层结构与法的关系。他是这样来解释的:这段时期西欧社会的深层结构是源于霍布斯的包含着一系列深刻矛盾和悖论的自由主义世界观。这是指 17 世纪以后,经过了文艺复兴的启蒙,欧洲社会的人们冲出了宗教的束缚,开始追求自己的私利,追求自由、平等,然而,一旦私利没有了束缚,每个人的自由就想无限扩张。那么,他人的自由就会受到妨碍,所以,每个人自由的行使又必须得到限制。因此,期望追求无限制的自由与自由必须得到限制之间就会产生一对矛盾。当时欧洲社会就呈现出这样一种深刻的矛盾。这种深刻矛盾"在心理学层面上表现为欲望与理性的纠葛"②,我自己有各种欲望而理性又告诉我不能够这样做,一个人的心里就会产生矛盾;"在认识论层面上,是事实与理论的二律背反"③,理论上应该这样而事实却是那样,如现代中国社会的子女教育问题,理论上应该教育孩子要爱护别

---

　　① 参见〔美〕昂格尔著:《现代社会中的法律》,吴玉章,周汉华译,中国政法大学出版社 1994 年版,第 44 页。
　　② 同上书,第 150 页。
　　③ 同上。

人、要谦让,但事实上这样做以后不仅得不到正面的、积极的效果,反而还受到别人的欺侮和耻笑。那么,有人就怀疑:我这样教育对不对?实际上这是应然与实然的矛盾在认识论上的反映;"在政治实践层面上,是价值与规则的紧张"①,从价值角度应该这样,但规则却是那样规定的。

17世纪欧洲社会结构呈现出了上述的一系列矛盾,既然法是破解他们的暗码体系,那么,"作为暗码体系的法也就将这些西欧社会中深层结构的矛盾反映到了法律上面"。② 它表现在立法上,是自由的形式保障与实质保障的对立。因为从形式而言,立法就是要通过制定中立性的规则,使每个人都可以不受他人意志约束地实现自己的意志与愿望;从实质而言,立法是在将价值按轻重缓急顺序排列的基础上制定中立性的规则,但按照自由主义的原则,是非取舍、价值轻重的选择是个人的事,立法不能作出顺序安排;事实上,从立法的内部来看,也无法做到制定中立性规则而不涉及价值选择的形式。因为在规则的具体化过程中,损害中立性的价值选择根本无法回避,因为每个时代都会有统治阶层认为急需得到保障的利益和应予实现的首要价值;而个人选择有任意性,它会导致中立性规则的基础不稳定,这就出现了矛盾。所以,立法在形式上和实质上的矛盾,其实反映了深刻的社会矛盾。

在司法上,表现为形式主义和实质正义的对立。前者强调严格遵守法律条文,对应于前面讲过的自治型法,特别强调程序,严格忠于法律;后者强调为了正确地适用法律,有必要考虑一定的目的,也即进行一定的价值判断。实质正义相当于回应型法,强调目的、强调价值,如果遵守法律导致明显的非正义,就需要作出适当的调整,所以,在司法上就表现出严格遵守法律与追求正义这样一对无法回避的矛盾。此外,还有一对矛盾,就是自由主义原则不承认由司法来决定善恶的价值判断标准。若由司法按正义原则来做判决,这就成了由司法来抉择善恶是非,这又反映出一对矛盾。所以在立法、司法中反映出的各种矛盾、对立,其实质就是深层的社会结构的矛盾与对立,也就是说深层社会结构的性质决定了法律的性质和形式,而法律是反映社会结构的符码。对立法、司法的各种矛盾的剖析,能够破解社会结构的深层矛盾。

昂格尔对中国古代法的研究是这方面的典型代表。讨论他的研究之前,我先讲一个他在研究方法中存在的问题。这个问题与马克斯·韦伯《儒教与道教》这本书中所发现的问题一样,就是由于他们研究资料的局限性,对许多中国问题的定位与分析不准。尽管研究的一些方法论很好,有些透视也不错,但是由于局限于资料,使得很多他们认为的中国问题不是中国的真问题。如他们将清

---

① 参见〔美〕昂格尔著:《现代社会中的法律》,吴玉章,周汉华译,中国政法大学出版社1994年版。
② 同上书,第143页。

朝与先秦时期的资料所呈现的历史视作为整个古代中国的历史,唐宋明,中间那么长的历史被忽略掉了,以这样的历史背景为出发点进行的研究自然会导致很多问题。现在我们来看他的研究结果。

昂格尔把中国法的发展划分为三阶段:第一阶段,从西周至春秋中叶,权力开始集中,法既不是实证的也不是公定的,而是采取以习惯法为中心的礼制;西方社会研究中国最多的就是这个时期,他们一直认为到春秋中叶,中国的权力开始集中了。西周时候强调礼制,礼制是凝结在习惯之中,靠习惯法、民俗、伦理来维护社会秩序,权力集中之后就不是这样了。这个时期是以习惯法为中心的礼制,这与当时社会状况是一致的。第二阶段,从春秋中叶至秦始皇统一中国,从秦始皇开始,最重大的变化就是国家形态从封建制转变为郡县制,社会结构也相应调整,法律方面表现为实定的公共管理的官僚法;所谓实定概念,是按西方理论来解释的,因为官僚制和科层制是实定的,所以认为这个时期是实定法时期,但事实上中国的状况跟他们的理解还是有很大的距离,现在中国社会学做这方面研究的特别少。第三阶段,两汉时期的儒法之争,这种文化意识形态方面的矛盾也深刻地反映了当时的社会关系、各种利益群体的地位和需求。在法律上,儒家强调习惯法和自然的差序结构,使权力的效用过份仰仗传统;而法家强调权、术、势,而无视权力的正统性(合法性或正当性)问题。对这一时期的研究,昂格尔采用了比较丰富的资料,研究比较有价值,但一些表述用了西方的概念。当然,要提出质疑,我们需要在资料的基础上说话。研究后他得出这样的结论,中华帝国世代的法律实践没有找到兼顾强制与合意的制度形态,强制权力是刚性的、单向度的,合意是民主的、平等商谈的,就是公民与权力之间进行商谈、合意,像签订社会契约一样,是双向度的。但是中国古代没有找到这样一个将强制蕴涵于合意内的制度形态。所以,只好通过实质性的妥协来混合儒法两家的主张。

所以,昂格尔认为,如果以法治的有无为坐标轴,那么古代中国居其负极,现代西欧居其正极。也就是中国社会没有法治,而现代西欧达到法治的顶峰。中国历史经验在他眼里具有典范意义。尽管他对于中国历史的分析不一定完全正确,但他为后现代主义法学思考提供了支撑点。从他那里,我们可以得出中国法制现代化的一个关键问题,就是要形成和强化法的中介机制如程序、法解释学技术、职业法律家等媒介作用,来避免官僚法与民间习惯法的短路式接合而导致的断裂,使其形成一个统一的有机的结合体。他认为这个中间机制能够把强制性与合意连接起来探索制度形态,当然,重中之重,是要建立一整套公正又合理的法律程序。这十几年来我们一直在做努力,但是又出现了一些新问题,为一些人尤其是掌握了司法权、拥有法律专业知识的人利用程序、利用形式化来满足自己的私心、实现非正义提供了条件。没有行动就不会有进步,但要尽可能避免从一个极端走向另一个极端。如何把握好这个度,能够让实践尽可能地与设置的理想一致,我们有很多事情要做,很多问题要解决。

从昂格尔对西欧社会和中国古代社会的研究中,我们找到了一点与弗里德曼不谋而合的观点:"创造法律的不是科恩、罗布森和贝茨所谓的'公众舆论',而是实际上施加作用的社会力量。"① 这一点很重要,接下来我们介绍弗里德曼的观点。

二、弗里德曼的想象

弗里德曼认为:在法律制度内部有建立并维护社会结构的程序和规则。而法律规则和法律程序又是权力的产物。② 这是什么意思呢,他说在法律制度的内部有这样的程序与规则,譬如我们中国,全国人大有权去立法,如何去立,法律内部也有规定如立法法,要修改法律,法律也有规定,这是有关立法与修改法律的程序与规则。在法律系统内部更有维护社会结构的程序和规则,如各大部门法所确立的各种基本的社会关系。但是法律规则和法律程序又是权力的产物,所以在他的眼里不管司法行为、法律原则等都是具体的社会经济势力施加作用的结果。

社会法律理论从一个基本设想出发,即经济和社会创造法律,法律不是公正无私的,它反映权力的分配,社会势力迫使它向前。社会法律理论还假定法律制度类似于市场的活动③,它的理论依据源自"多元化民主制"。即所有群体都是在契约基础上平等流动、分配权利,"而法律既然是反映权力的分配,谁在全国的权力仓库中(储蓄中)有份,法律就反映谁。没有哪一个集团占统治地位,在大多数问题上,没有明显的多数,每个集团都是少数,都须与其他集团讨价还价,产生的结果是某种妥协的活动,即是'多元化民主制'"。④ 在"多元化民主制"下,法律制度就如同市场活动,每一个主体、每一个集团,可能有大有小,利益不等,但在形式上、程序上都是平等的,大家讨价还价,不管是什么人,不管是为什么目的,"一个以一定力量为构造其温暖的小窝而斗争的人(即为自身利益努力奋斗的人)对法律的影响,同一个以同样力量为解救饥饿群众而斗争的人或为保护森林免遭滥伐而斗争的人及为他人利益或公共利益而斗争的人对法律的影响是相同的"。⑤ 但这并不意味着法律从不表达深刻的价值观和崇高的理想。只有当权力和财富的分配不知如何做到公正时,这种"市场活动"可能是最有效

---

① 参见参见〔美〕弗里德曼著:《法律制度:从社会科学角度观察》,李琼英、林欣译,中国政法大学出版社1994年版,第195页。
② 同上书,第196—197页。
③ 同上书,第209—210页。
④ 同上书,第209页。
⑤ 同上书,第210页。

的。因为他们至少提供了形式上的平等,可以平等地讨价还价。

但事实上,权力是不平等地分配和不平等地行使的,法律也不得不反映并维持这种分配。法律以两个不同的方法区分或反映现存的社会结构。一个是规则本身。法律表面看起来是没有时间性的,是中立的,表达永恒的信念和崇高的理想。但事实上它们是权力斗争的产物,是占统治地位的意见形成的。这一点很重要,这是弗里德曼对法律的本质性的透视,法律究竟是代表什么的,它的基本内容自然都是与统治者与有权影响立法者的利益相一致,因为法律永远都是社会权力优势者的利益代表,而且每部法律制订出来都是为这些利益集团组成的社会服务的,都支持制定这些规则并使用它的社会。这是从法律规则方面来反映社会结构。

另一个就是法律的适用与执行。"司法的执行充满了正式法律不承认的微妙的和直率的社会控制形式。"[1]比如说,按规定每个人拥有同样的诉讼权利,当一个人的权利受侵犯了就可以起诉,但实际上穷人付不起钱,他就没办法起诉,进入不到诉讼程序,诉讼权利对他而言就没有任何实际意义。另外,诉讼权利只是程序上的,我可以判你败诉,让你的实质权利得不到保障。所以说这个权利在执行的过程中有很多微妙的情况,什么是直率的,微妙的,微妙在哪里,这是我们学社会学的人需要去揭示的。我们学过互动论,学过加芬克尔的日常方法论,胡塞尔的现象学,舒茨的袖里乾坤,还有很多社会学的理论,就是说,在这些理论里面,在微妙的过程当中,权力就像始终动态的天平,筹码(指各种社会力量与社会因素)稍微有变化,天平就会倾斜,它可能向这一边也可能向那一边倾斜。所以大家要对这一点保持清醒,法律在执行的过程中充满了微妙的直率的控制形式,穷人付不起诉讼费用,也就失去了纸上的许多权利,而富人或者有势力者则可以利用一些程序,如在备审案件目录中选择对自己有利的法官、陪审团,然后将他们的偏见变成法律等等。所以,司法并不像它假装的那样视而无物,没有阶级性,它的眼睛只向一个方向斜视。即权力分配的优势者,忽视的是权力分配的劣势者和穷人。犹如爱德温·H.萨瑟兰所说:"由于法院的阶级偏向和它们阶级对法律的实施所具有的影响力,白领罪犯比较不受影响。"也就是说,司法是和阶级连在一起的,相反的观点是神话。[2] 法院的阶级偏向和他们阶级对法律实施所具有的影响力,这句话指什么? 它是指一般法官的阶级来源系中产阶层的家庭,法官自身通常也属于白领阶层即中产阶层,所以白领犯罪比较容易得到宽容,而对特别有权的人会有些严厉,对底层的人则会瞧不起。

---

[1] 参见〔美〕弗里德曼著:《法律制度:从社会科学角度观察》,李琼英、林欣译,中国政法大学出版社1994年版,第213页。

[2] 同上书,第210—214页。

所以说,"即使是最复杂的程序也不能真正保障穷人与弱者的利益"①,程序设计再完美都是由人来执行的,而人终究是社会人。书面上的程序并没有毛病,但是穷人的权利与其他参加者的权利之间有巨大的差距。错的不是结构或程序设计,而是恰当的力量对比。例如:美国有位叫托马斯·谢夫的法社会学教授对美国中西部的一个州作过调查,那里精神病院关押的许多人都不是精神病人,只是习惯有些古怪的老年人,这些古怪习惯对己对人没有任何威胁、任何危险,但他们的家人不厌其烦,不愿他们留在家里,这些老人就被认定为精神病人。②而美国的精神病人不是医生认定的,需要司法鉴定,通过司法鉴定后才能被送出去,它们的程序非常复杂,从医院,到司法,再法官进行认定,但老年人失去了很多能力,相对于送他们去精神病院的正当壮年的家人而言,他们是弱者,大多数人被关进了精神病院,但他们不是精神病人。托马斯是个法社会学家,他做了这个调查之后美国社会引起轰动,这件事引起社会各界的广泛关注。当然,这是成功的案例。但是,这个案子反映出什么呢? 如果托马斯没有去做调查,如果没有人发现又会是怎么样的呢? 他们不是要永远被当做精神病人而关在精神病院里? 而生活中有多少不公正的事情是能够被调查曝光的呢?

就以该案为例,一边是法官、精神病医生及"精神病患者"的家属,另一边是陷在情绪网中的弱者,有的是贫困和年老的人,经常有些糊涂,通常还表达不清,一些并不患有精神病的老年人因他们家人的意志而被认定为精神病。在这种情况下,"正当程序"只是导致无意义的游戏,它说明了一点,即使最复杂的程序也不能真正保证穷人和弱者的权利。正当程序只是外壳,而操纵与决定它正当性的却是社会力量的强弱。如果让每个人享有正当程序,让大家充分享受公平和伸张正义,这需耗费很多钱,但目前资源不足。显然,他所指的是美国社会,在我们这样的发展中国家还不完全是如此,尤其是尚未完全进入法治的国家,除了钱,还有其他因素,我们搞社会学的应该始终保持客观的、冷静的态度去观察。

所以,现代法律制度的一个突出事实就是,"他们宣传的理想与他们的实际工作存在巨大的差别。但他们能使该法律看起来没有阶级性,很公平。这种一定程度的虚伪有双重功用:对社会上层有好处;同时,向社会中的其他人掩盖现实。"③因为,社会中力量弱势成员虽没有被禁止使用法律,但他们运用法律保护自己,做起来远比攻击他们的人要难。正如美国法学家弗里登伯格所言:"法律

---

① 参见〔美〕弗里德曼著:《法律制度:从社会科学角度观察》,李琼英、林欣译,中国政法大学出版社1994年版,第214页。
② 同上书,第216页。
③ 同上书,第218页。

基本上是设计来使普通人得不到正义,但不承认这事实。"① 这个法学家他把法律虚伪的面目给揭开了。为什么说美国法社会学在全世界走在最前沿,因为很多法学家抱着科学的态度对社会进行了冷静的认知的研究,他们触及事物本质、深层的东西,我们分析案例的时候也要带着这样的思维与精神。

从昂格尔到弗里德曼,我们已能认识到:法律无论从内容还是形式(法律基本结构),立法还是司法,都不仅深受社会结构的影响和制约,是社会结构的反映和表现,还深受社会力量对比关系的影响。法律的根本源于社会力量格局,法律规则、法律程序无论形式多么完美,其实质只是社会力量的对比关系与社会权力分配结果的反映。

三、法与社会结构的关系分析

昂格尔的分析,虽然宏观与静态,但他对17世纪以来的近代西欧社会的深层结构与法的关系分析,则已透视到现象的背后,建立起初步的动态关系,遗憾的是其未能对法与社会结构的相互关系进行过程与细节的描述与揭示,只是用一种法是这种关系或结合方式的深层奥秘的暗码体系的结论了事,从而缺失了法社会学的意味。既是暗码体系,就需揭示它是怎么样的一种暗码,是如何破译的,这种过程需要我们运用本书第二章方法中所提及的方法与最后一章中一些新的研究方法与范式及一些尚未发现或运用的其他法社会学范式,自觉地对法与社会结构的动态关系中的过程与细节作出描述与解释。弗里德曼得出法只是社会力量的对比关系与社会权力的分配结果的反映的结论,则更是仅从宏观上做一些现象阐析,而反映的动态过程与细节则是被忽略不计的。

因此,将昂格尔和弗里德曼的研究置于法与社会结构的关系现象上去观察,他们还是侧重于法与社会结构关系的静态分析,而二者的动态关系研究则更能体现法社会学的研究特征,自然也就成了我们法社会研究的重点,本书作者曾经从非政治公共领域的主体行动实践角度加以探索。② 法律通过其对主体行动提供一种游戏规则与制约,为行动实践设置了一种既有社会结构内的制度性框架与条件。但是,由于行动者的能动性与创造性特征,使得主体的行动实践过程中会产生许多非随机性成分,它可能僭越法律给它设置的框架,这种结果则会导致对既有社会结构的重构与形塑。那么,主体行动实践是如何形塑和再生产新的社会结构,法律与行动者,行动者与社会结构,法律与社会结构之间有着怎样的关系,该文与本书作者的另外两篇论文组成的系列文章中均有涉及和讨论,该系

---

① 参见〔美〕弗里德曼著:《法律制度:从社会科学角度观察》,李琼英、林欣译,中国政法大学出版社1994年版,第218页。
② 参见何珊君:《中国社会结构变迁与转型的动因探索——通过社会行动的法与非政治公共领域的关系解读》,载《学海》2007年第2期。

列论文也算是作者对法与社会结构的动态关系做自觉的法社会学考察与研究分析,但法与社会结构关系的事实解剖与法社会学研究,仍有待于我们进一步的开发。

第二节 法与社会变迁

一、莎琳·L.罗奇·安陆(Sharyn L. Roach Anleu)的思考

19世纪的社会理论家描述或理解法律的中心功能就是法律对社会变化的作用。梅因认为社会变化就是有关从身份到契约的变化,法律反映了这种变化。对涂尔干而言,法律类型就是社会类型的指示器和法律变化是社会变化类型与性质的标识。韦伯的法律类型学和法律思想暗示着进化论的发展和西方理性化的扩张,马克思认为法律不可避免地与资本主义经济关系纠缠在一起,从而成为阶级斗争和革命性的社会变化的阻碍物。① 到了20世纪,许多社会学家经历了包含在民族解放与民族独立中的社会变化,法律被认为是一种履行社会和经济政策的工具。主要的社会概念是指由许多可清楚鉴别的和分离的次制度组成的一个制度体系,包括法律制度,经济制度,文化制度,工业制度,民族国家和家庭。近20世纪中期开始的社会变化的系统研究,特别是在美国,在由联邦、州和私人组织收集的关于国家代理人的公共有效性的历史资料中受益。② 但许多评论家指出了关于法律与社会变化的简单的工具方法的局限性。有的人指出:法律作为社会变化的工具,须考虑国家变化和对个案做决策的过程,并不是简单地视为实际变化的参与者即可。③

近十几年来尤其是美国的9·11事件以后,社会变迁与法律关系的研究被置于超越国家法律制度之上,聚焦到国际法和法律机构上来。一些评论家认为:一些主权国家在制约民族国家的一系列双边条约和国际公约不断增加,及大量的资本、商品的国际移动与移民,特别是经济上的相互依赖的全球化语境下,已经丧失了抵抗力和调节能力,尤其在国际金融基金和世界银行组织影响国内政府的决定和国内政策的情况下,超国家的法律削弱了国家在世界中的作用。也有些人认为全球化增强了世界文化原则而挑战了民族国家原初在它们社会利益问题的经营管理的角色地位,从而促进了民族国家的责任心与权威。这是把法

---

① Sharyn L. Roach Anleu, *Law and Social Change*, Sage Pubilcation, 2009, p.4.
② Ibid., pp.4—5.
③ Connel, R. W., Why Is Classical Theory Classical, *American Journal of Sociology*, 1997, 1519—1521; Ginsburg, Ruth Bader, Inviting Judical Activism: A "Liveral" or "Conservative" Technique, *Georgia Law Review*, 1981, 541—547; Skrentny, John D., Law and The American State, *Annuel Review of Sociology*, 2006, 214.

第六章　法与社会的基本关系

与社会变迁的关系置于全球化的语境下思考的。莎琳·L.罗奇·安陆（Sharyn L. Roach Anleu）设计了对民族国家的法律与法律制度有各种影响的重要的全球变化。这种变化对法律作为一种惯例、一种符号、一种改革的有效性或效力的认知也具有重要性。① 这里的法律也是被当做社会控制和争端解决与调整的工具②，或者说是社会组织的综合成分，而不能被理解成与其他社会力量和社会机构隔绝的一个真空。它和其他社会现象一样，形构着市场关系，社会不平等的结构，工业化的水平，文化价值观，社会化的进程，政府结构与政治理念，同时，法律也被这些因素所形构。③

安陆还认为法律与社会变迁的研究通常采用经验研究与个案比较研究的方法，但社会研究者、法律参与者与公民对法律概念常常是在不同的意义上使用。④ 如福柯对法律的讨论不是聚焦在法律制度而是视作为一种调节，一种约束，一种法律比喻的运用，一种权利取得的过程，一种日常生活中法律的普及度与混淆等多元化的状态。这既不同于涂尔干、韦伯和马克思等经典作家将法视作为测量社会变迁或反映社会变迁的工具，也不同于当代的一些社会学家将法律视作为社会变迁的重要策略和资源的观点，如在诉讼和法庭上，不管什么结果，法律都达到了引导社会变化的预期而成为社会变迁的重要策略和资源，或者将这种关系视作为社会改革的重要渠道。而法律改革也可被社会变迁所影响，比如女性主义与反种族歧视都深刻地影响了法律的变化。当然，法律改革的成功与否也会影响到经济与社会的不平等。它们的关系是相互的。困难的是如何测量在改革中的成功还是失败。

除安陆外，还有许多法社会学家讨论过这种关系，如布兰登·埃奇沃思（Brendan Edgeworth）专门对契约国家中法律变化与现代性及后现代性的思考。⑤ 史蒂文·瓦戈从社会变迁导致法律变迁，法律作为社会变迁的工具的传统性话题引申到法律在引导社会变迁中的优势、局限及对变迁的抵制的思考。⑥ 埃德温 M. 舒尔（Edwin M. Schur）对法律与社会变迁关系的传统观点到最近美国法律中的理论观点进行了梳理，进而通过对美国黑人反种族歧视运动的实践考察，提出了对作为社会变迁工具的法律结论的质疑。⑦ 此外，尹伊君也从历史主

---

① Sharyn L. Roach Anleu, *Law and Social Change*, Sage Pubilcation, 2009, p. 243.
② Ibid.
③ Ibid.
④ Ibid., p. 244.
⑤ Brendan Edgeworth, *Law, Modernity, Postmodernity: Legal Change in the Contracting State*, Ashgate Pubication, 2003, pp. 1—17.
⑥ 参见〔美〕史蒂文·瓦戈著：《法律与社会》，梁坤、邢朝国译，中国人民大学出版社 2011 年版，第 245—265 页。
⑦ Edwin M. Schur, *Law and Society: A Sociological View*, Random House, 1968, pp. 135—139.

义的角度对法律与社会变迁的关系做了多维度的思索。① 因此,法与社会变迁的关系不仅是法社会学研究的一个传统领域,还是现代研究的一个热点与焦点。下面我们重点来介绍弗里德曼的研究。

二、弗里德曼的观点

一般理解,社会变迁包括两种方式:一种是革命性的,另一种为渐进式的。革命性变迁一般都伴随着政体的改变即政权的更迭,但也有例外,如中国改革开放前后的社会变迁,实质上已是革命性的,但政体并未变,社会结构已发生了根本性的变化。渐进式变迁主要指一些局部性变化,但未影响到整个社会结构的改变。我给它们下的定义是当形成一种全新的社会结构并与前社会结构发生革命性的断裂,这种新完成的社会结构达到相对稳定期,社会结构就发生了根本性变迁,而在前社会结构相对稳固期至后社会结构形式完成前的社会变化就是渐进式变迁。这种渐进式变迁在非暴力、非战争形式所达致的社会结构的根本性变迁中表现得尤为清晰。

那么,法律在其间发生了什么作用呢,也就是法律与社会究竟有什么关系?当社会发生变化时,由它决定的法律也不能不发生变化,尤其当社会结构发生根本性的变迁时,原来的法律不可能再适用于新的社会,法律也势必发生重大的变化。如新中国成立时就废除了国民党政府的《六法全书》,制订全新的法律。改革开放以来的二十多年,社会变迁之巨大有目共睹,故法律之变化也是相当神速。在现代社会,法律的一个重要变化就是法律不再是被动地随社会变化而变化。而是社会的变化常常是被政府借助于法律有意地、主动地推动的,尤其在政府权力显著地强于社会权力时,政府借助于修宪、立法,主动地推进社会结构的变迁和社会转型。

关于由法律变化引起社会变化的观点,我们来关注一下弗里德曼的理论,他按法律变化的起源点和其最终的影响点将法律变化分为四种类型②,这为法律变化与社会变迁的关系研究提供了一个有价值的模式。

(1)起源于法律制度外部即社会上的变化,但对法律制度的影响仅限于其自身,这种情况比较常见。外部力量对法律制度施加压力,结果是纯形式上的法律变化,对社会没有关系。可能原因:有两个或两个以上社会势力,力量大致相等,对法律制度作不可调和的要求,法律结果将是零。

(2)起源于法律制度外部的变化,但通过法律自身的变化又将影响扩展到

---

① 参见尹伊君:《社会变迁的法律解释》,商务印书馆2003年版。
② 参见〔美〕弗里德曼著:《法律制度:从社会科学角度观察》,李琼英、林欣译,中国政法大学出版社1994年版,第315页。

了法律外部,即影响到达了社会,即社会要求产生法律变化,反过来又导致重大的社会变化。比较典型的就是我国的市场经济体制改革,社会的变化开始要求法律变化,法律改变以后又引起社会更快速的变化,比如说国企改革与公司法立法就是这样的关系。

(3) 开始于法律制度内部的变化,可能具有的影响也发生在法律制度内部,如只是触动程序细节或法律内部的法律变化。比如说我国20世纪90年代末期到21世纪初,司法腐败严重,要求内部改革的呼声很高,最高人民法院就立了几个有关法官惩治和法官错案追究的条例、制度,进行了内部整顿,法官判了错案要追究责任,这些条例就是法律制度内部的,其影响也基本在法律制度内部,未波及社会上来。

(4) 起源于法律制度内部的变化,然后通过该制度,结束时影响在外部,即在社会上产生影响。这种变化表面看来,似乎是纯粹形式变化引起了重要的社会后果,但是有一种可能不容忽视,那就是法律变化"仅仅是一种工具,一个时机,某种社会变化已在地下响动了"。[①] 它实质是政府借助于法律来修改法律,比如土地所有权制度,土地所有权原来国有要变成公有,就通过修改法律,现在土地是有偿使用制度,当然属于私有呢还是仅仅只有使用权呢还有争议。就是说这个改变起源于法律制度内部,最后通过法律社会发生了变化,如果没这些法律变化,至少现有的房地产是搞不起来的,因为土地是通过交纳出让金转让的,如果说开发商没有土地使用权,他就没有地上建筑的所有权,没有所有权他怎么去卖房子啊?尽管目前土地的所有权还不够明确,国民党的地契权属是很清楚的,但这是过渡时期的产物,将来会变化的。

从弗里德曼的分析中,我们可以看到,法与社会变迁的关系是双向的,社会变迁推动法律的发展,法律也可促进或影响社会变迁。正如弗里德曼指出的:"法律系统不是自主的,也不是独立于社会。它不是隔离于社会生活之外指向自己的一个体系。""更大社会中的社会力量创造、形塑、改变并推动着它,但是这些力量生产出一个法律系统,并且这个法律系统自身成为社会生活的一部分;一旦就位,法律系统就会对社会、对我们的生活方式及思考、感觉方式产生它自身独有的影响。"法律和社会变迁之间的互动是"法律跟随社会变迁并适应它,但是它也明确和疏导着社会变迁,并且在社区生活中扮演者一个很重要的角色"。[②] 这是从某一个时段上对法与社会变迁的关系的阐述。事实上,这种法与社会变迁这种纵向关系的研究,更多的可以用历史主义的方法来考察。也就是

[①] 参见〔美〕弗里德曼著:《法律制度:从社会科学角度观察》,李琼英、林欣译,中国政法大学出版社1994年版,第320页。

[②] Stephen Brickery, Elizabeth Comack, *The Social Basis of Law: Critical Readings in the Sociology of Law*, Garamond Publication, 1986, p.8.

从一个民族或特定社会的发展历史中去挖掘、考察,立基于一个民族历史的每个时点的现实中(不管是过去、现在还是未来)去考察。从民族生活的发展、演变中,从社会的各种变迁中,从政权的更迭中,从丰富多彩的文化观念和文化实践生活的演变替代中去寻求法与上述种种社会现象的关系。

三、法与社会变迁的关系研究

既然法律受制于社会,那么重大的法律变化也是随着社会变化而发生的,并取决于社会变化。当然,法律也能能动地反映社会,即重构和形塑社会。如果说法律与社会结构的关系主要是反映内在关联的横向关系,那么,法与社会变迁则就反映二者的纵向关系。若将法与社会结构的关系置于纵向的动态关系上去观察,社会变迁则是这种纵向运作的结果。本书作者曾经从非政治公共领域主体的行动实践角度加以阐析。① 当然,这种行动实践都是具体的,而不是笼统地对着一个宏大的作为整体的社会结构。在现代社会,若认为社会结构的变迁更迭,主要视国家法律规定的内容和制度设计的具体形式而定,即这些设计旨在打破原有社会结构、构建新的社会结构,那么,法律的实施和制度的执行就是促使社会结构变迁;若这些设计旨在维护原有社会结构,那么这些法律的实施和制度的执行则不会改变原有的社会结构。这种说法未免有些夸大法律的作用,在某些条件下,看到的确是这样的现象。但实际上这仅仅是一种表象,在这种表象之下隐藏着一种更具实质意义的现象,即社会结构的变迁受制于成千上万个具体场域下社会行动者的实践结果。本人的"法与非政治公共领域制度间博弈对社会结构之影响"这篇文章将行动实践与法律间的关系按其自身的逻辑归结为两大作用四种情形,得出导致或者巩固原有的社会结构,或者是解构原有的社会结构的后果的结论。这种通过某一具体的行动实践中几个相关因素的内部关联分析,来清晰地揭示社会结构是如何在这几者关联因素的博弈间变迁与转型的模式,是一种典型的动态关系分析。这种法与社会的动态关系研究最能体现法社会学的研究特征。

法与社会变迁研究是一个热门课题,尤其在法律的地位越来越显要,而社会变迁也急剧加速的时代。从历史学、经济学、政治学、社会学,不管哪种视角研究都成果颇多。法与社会变迁的关系在法社会学视野下是一个宏大的课题,所以采用宏观研究的方法,如结构主义、功能主义、冲突论、进化论、批判主义和全球化等更为合适。当然,在一种宏大叙事的框架下,穿插微观场景的研究则更好,但要在宏观与微观中穿梭而不离主题和不混乱视域与种属则不是一件容易的

---

① 参见何珊君:《法与非政治公共领域制度间博弈对社会结构之影响》,载《华东理工大学学报》2007年第4期。

事,没有几人能做到福柯、布迪厄、哈贝马斯那样。也正因为此,法与社会变迁研究成为法社会学的一个研究难题则会吸引越来越多的法社会学家的视线与神经,在未来共同的努力下,相信会出现有关这个课题的经典理论与研究范式。

第三节 法与现代化

法与现代化的关系既是法与社会结构关系的延伸,也包含了法与社会变迁的关系,所以,它与前述的两个方面是平行的关系。要解剖法与现代化之间的关系,首先要了解什么是现代化。

一、什么是现代化

现代化,简单地说,就是从"传统"社会向"现代"社会的转化。下面我们来看看一些研究现代化的理论家的观点。M.列维将之分为相对现代化与相对非现代化进行描述,他认为现代化的定义将集中在"动力的来源以及某个社会的成员使用的工具的性质"[①],他强调的是工具的性质,原来的社会耕地使用牛、锄头等简单的工具,现代社会则是机械化、电子化,这样使用的工具性质发生了变化,这些性质与来源通常可归因于两个方面,一个是技术,一个是经济。技术主要指科技含量,经济主要指投入设备的经济价值的含量。他认为"认定一个社会是较高现代化还是较低现代化,根据的是该社会成员使用无生命能源(指不是由人或其他动物能产生的任何动力源,如用火来清烧土地、用风来航行等)和使用工具(指通常与使用它的个人身体分离的物质装置,如锄头、掘土机、自动化设备等等)来增加他们努力效果的程度"[②],使用无生命能源指不是由人或其他动物能产生的任何动力源,如煤、石油、天然气等,还有一些能源,如稀有金属、核,列维认为使用"无生命能源"与使用"工具"这两个因素,每一个都是一个统一的连续统的基础[③],通过这两个来增加人们努力效果的程度,然后判断是较高现代化还是较低现代化,并以此考察社会连续统的两极相对现代化社会与相对非现代化的社会结构。

S.艾森斯塔德(Shmuel N. Eisenstadt)则把现代社会的社会动员与社会分化(主要指角色分化与专门化、角色分离),各种政治、经济、文化等制度领域和各

[①] 参见 M.列维:《现代化与社会结构》,载谢立中、孙立平主编:《二十世纪西方现代化理论文选》,上海三联书店2002年版,第102页。

[②] 同上书,第104页。

[③] 这两个因素都有各自的连续统,这种连续统是列维为了理论上的建构假设的分类需要。"无生命能源"连续统是根据非生物能源与生物能源的比率建立起来的,分数越大,现代化程度越高,分数越小,现代化程度越低。"工具"连续统是建立在卷入其中的人口数字和工具种类及使用这些工具增加效果程度的比率的基础上。参见同上书,第105—108页。

种群体、阶层的持续的结构分化与变迁,且各种群体和阶层被引向统一又共同的制度与社会中心,各种功能明确具体、异质性强的组织系统与模糊的身份系统的形成等现代社会的基本特征概括为两大类[①],即"变化的类型(结构的分化)"与"对变化反应的类型(即制度吸收'不断变化的问题和要求'的能力)"[②],他认为具备这两种类型的社会即为现代社会。总之,他认为现代化就是社会、经济、政治体制从传统向现代类型变迁的过程。

S.亨廷顿(Samuel P. Huntington)则对现代化过程的特征概括为九点,即现代化是一个(1)革命性的(两种社会是根本不同的,是人类生活模式的根本性的、总体性的变迁);(2)复杂的(涉及人类思想与行为所有方面的变迁而不能轻易地归因于某单一因素或方面,如工业化、城市化、社会动员、分化、大众传媒的发展、教育的普及、政治参与的扩大等);(3)系统的(指现代化中任何一个因素的变迁都是与其他因素相联系的,并会影响到其他因素的变迁);(4)长期的(指现代化所涉及的总体性变迁只有在很长一段时间里才能实现);(5)阶段性的(指所有的社会都始于传统阶段终于现代阶段,都会经历相同的基本阶段,我们可以借此辨别出所有社会都将经历的现代化的层次或阶段);(6)全球性的过程(指现代化发端于15、16世纪的欧洲,但已成为一种世界性现象,基本原因是源于欧洲的现代观念与技术的传播及非西方社会的内部发展);(7)一种趋同的(指源于不同的传统却出现趋同的趋势,由于社会之间的相互依赖导致社会间的整合及现代观念与制度的普遍性先决条件);(8)不可逆转的(指作为一个整体的现代化是一种根本性的世俗趋势);(9)进步的(指现代化是不可避免的、人们所期望的,它的过程利大于弊,在文化与物质上增进人类福利)过程。[③] 苏顿(F. Sutton)则干脆在1955年发表的《社会理论与比较政治学》一文中将社会类型分为农业社会与工业社会。按照我们国内社会学家的说法,现代化就是从农业的、乡村的、封闭半封闭的传统社会,向工业的、城镇的、开放的现代社会转型过程。

可见,现代化在普遍性的形式之下充斥着理论分析视角的多样性和实践上的民族国家个性化特色的实质。但不管何种理论,都将经济增长与技术进步视为现代化的核心要素。总之,现代化在国际社会情况大同小异,都是以农业、乡村为主的封建社会向以工业、城市为主的现代社会转变。现代化的结果导致了一个"以经济的自律为基础的"近代市民社会的出现。现代化从本源上来讲,是一个社会结构的变迁过程。与此相适应,法受制于现代化过程而发生演变。对

---

① 参见 S.艾森斯塔德:《现代化的基本特征》,载谢立中、孙立平主编:《二十世纪西方现代化理论文选》,上海三联书店2002年版,第164—183页。本书作者作了简单整理。
② 参见〔美〕迪恩·C.蒂普斯:"现代化理论与社会比较研究的批判",载同上书,第222页。
③ 参见〔美〕S.亨廷顿:"关于现代化的几个基本理论问题",载同上书,第204—206页。

此,我们需要了解一下,现代社会与封建社会到底区别在哪里？怎样才能在两个社会的结构变迁中去了解法律是怎么在其间发生变化的？

二、川岛武宜的研究

（一）法与现代化

川岛武宜认为,封建社会的本质特征是人与人之间的等级支配关系或人身依附关系和强调"义理人情"的价值观念。与这种社会特征相适应的就是普遍的主体独立人格和主体独立意识的缺乏,当事人之间具有以物质利益的交换为媒介和前提条件的人身上的支配服从关系。当然,保证这种支配关系的现实基础是封建领主或地主的权力或社会力量。由此决定了封建社会的法律规范具有"权力"关系的色彩和一方施恩与另一方报恩相结合的身份契约特征。契约双方没有平等独立的主体人格,人们也缺少独立的主体意识和权利意识。执行法律依靠的是伦理观念,是人们的忠实和人情,而不是现代社会的平等、自由、独立的法意识或权利意识。如一份佃耕契约书中有这么一个条款："借地根据尊台（指地主）之便,即使是在期限之内,只要提出要求须立即返还。"[①]这样的条款看到什么？地主要归还即可任意性的解除契约,这还叫契约吗？这种即时任意解除契约的条款,将地方的"权力"从看不见传统的习惯转化为明确的"看得见"的形式。类似的情况很多,女佣、学徒工等都是一方施恩,另一方报恩的奉献性的劳动关系。女佣、学徒工,是可以随意打骂、体罚的。

现代化的结果之一就是导致了"以经济的自律为基础的"近代市民社会的确立。由于这种经济结构和经济规律的要求,即"以自然的本能的利己心为原动力而运行"的要求,它存在与发展的基本条件就是要求有自由独立的个人的存在。也就是说要求这些个人是平等自主、有独立人格的人,人与人之间的基本关系也被演变为权利义务关系。而伦理学主要研究善,善是利他的,是一种道德,伦理的本质是利他心,市场经济的本质是等价交换,等价交换则是利己心的面向,也就是说市场经济与伦理是完全相反的。因此,近代市民社会的法的性质也缘于这种所调整的对象是利己心世界中的等价交换关系的性质,而成就了法的非伦理性。以维护和保障这种自律经济的法原则上对于所有的经济关系都在冷静的利益计算的基础上进行调整,它被理想为能够如数学方程式一样得以正确计算和解题。因此,以法的技术概念的计算为目的的概念法学也由此诞生,它是这种非伦理的经济所给予的历史存在物。当然,这种非伦理的法的根源在于这种经济本身。这于这种法而言,伦理是异质的、外在的。正如川岛岛武宜所言：

---

① 参见〔日〕川岛武宜著:《现代化与法》,申政武等译,中国政法大学出版社1994年版,第114页。

"资本主义经济①只有在清除掉内在于封建的社会机构里的伦理②才能得以发展,所以资本主义经济的法是不能容纳这些非个人主义的种种伦理的。"③所谓种种的非个人主义伦理是指与封建体制相联结的以土地为中心的对财产的封建性、部落共同体性或家庭共同体性的伦理,如我们前面讲过的各种报恩、人身依附、等级支配关系与义理人情等,个人主义则强调利己心,强调人人平等,而非个人主义则不是,所以资本主义经济要排除这些。"商业、利润、利息等在伦理判断上成为中性的,它们受法律承认和保护。"④商业、利润、利息,在资本主义经济里是核心概念,有大量的著作关于这些,要成就资本主义经济的非伦理性,则需要用这几个概念去冷静的解释,使其在伦理判断上成为中性的,它们才会受法律承认和保护。那么资本主义经济的法很自然的就在客观上排除了伦理成分,此处的"伦理"还有一重含义是指排除了这几个概念中直接包含着价值判断,它尽量选择中性的概念,可以像有技术、函数一样的去解释、计算,比如三角形的边之和、$a+b=s$ 等形式把概念去价值化、技术化。这样,"通过财产法、家族法,以与上述人的结合关系的伦理诀别的个人意志的自由选择为最高原理的法律关系成为支配性的。"⑤这种与传统伦理诀别的、以个人自由选择为最高原则的法律关系在资本主义国家中就成为支配性的,压倒其他所有的关系;而封建社会是人与人之间的依附关系压倒一切,所以,近代市民社会的法的性质也缘于这种所调整的对象是利己心世界中的等价交换关系的性质,而成就了法的非伦理性。这一段话是川岛理论的核心。

但也有人认为,在法的非伦理的地方存在着一种特殊的伦理,那就是"'等价交换'只有在利己心的主体把他人也作为利己心的主体,即作为与自己有着同样独立的人格而相互交涉时才得以产生"。⑥ 什么叫等价,我们知道等价是资本主义经济交换的核心,"'等价'是对无限制的利己心所设的一个界限"⑦,因为每个人都有利己心,利己心总是无限制的,所以,就须对利己心设置一个界限,否则交换无法进行,这个界限就是等价。由此可见,"商品的等价交换本身就是一个伦理的过程"。⑧ 只有等价才能使交易顺利进行,这也"正是交易领域内的

---

① 资本主义经济是这种自律经济的典型代表。——作者注
② 指与封建体制相联结的以土地为中心的对财产的封建性、部落共同体性或家族共同体性的伦理等。——作者注
③ 参见〔日〕川岛武宜著:《现代化与法》,申政武等译,中国政法大学出版社1994年版,第29页。
④ 同上。
⑤ 同上。
⑥ 同上书,第34页。
⑦ 同上书,第35页。
⑧ 同上。

正义理念的实现"。① 法的非伦理性仅是为使一个伦理过程的等价交换无障碍地进行的不可缺少的条件而已。比如说经济合同法、公司法都有规定,按欺诈、胁迫签订的合同是无效的,可以撤销,这也是对公平的保证。还有暴利的例子,这里面最重要的是没有体现公平正义原则。不当得利的规定、少股东权益保护的规定等等都体现了这一原则。资本主义的法其实是有其自身的伦理性,这种伦理性最根本的要求是什么?个人的平等自由,也就是独立的个人人格,这一点是最重要的,要自由、平等地拥有独立的人格,才能有真正的主体性意识,也只有在这样的人格、意识基础上才能有公平等价交换。因此,等价交换与自愿、诚实、公平有着内在的联系。由此,我们可以得出,资本主义的法是伦理性和非伦理性的统一。

(二)现代法律学的两个重要元素

而从资本主义的法的非伦理性方面还可引申出它的"技术性"特征。这一方面源于近代经济是高度的技术性存在,以这种社会现实为调整内容的法必须能容纳这些技术;另一方面,为了满足法的非伦理性要求,法需要中性的概念以保护伦理过程得以实现,这样就引申出法必须有它自己的技术。包括立法的技术和审判的技术。这就导致了现代法律学的诞生与发展。

所以,现代法律学最重要的两个要素,按照川岛武宜的观点就是法律价值判断和词语的技术。前者指之所以要通过立法和审判的方式要求人们为某种行为,是因为要实现一定的"社会价值"②或"社会目的";因此,在立法过程中就需要对各种价值、社会利益进行选择。对此,我们回忆一下前面所学的庞德理论,庞德认为,为了实现一定的社会目标和社会控制,首先需要对不同利益进行排序,国家利益、个人利益、社会利益,这是一个价值选择过程,而且各种利益本身又有很多的层次,所有这些都要进行科学的、社会学性质的分析。一般进程是首先要确定法要达到的社会目的是什么,然后对全社会价值体系进行分类,再在此价值与彼价值、价值与价值体系、社会价值与法律价值、法律价值体系内基本价值与其他价值之间,进行社会学性质的分析,这种分析是一种社会工程学性质的操作,它的结论与科学中的假说属性相同。自然科学做实验都要有假设,其实法律也一样,在证明它之前首先也要有假设。而法律价值判断的真理性要通过法律对种种社会事实的适用这一实践程序不断反复的试行错误中获取,要在现实中获得证明。但之前的假设很重要,因此,立法过程中,技术概念很重要,就像自然科学中的实验程序一样科学。比如说硫酸实验,每个流程都要很清楚,如果错了就会引发事故甚至爆炸伤人。程序一点都马虎不得,一马虎就会出现灾难性、

---

① 参见〔日〕川岛武宜著:《现代化与法》,申政武等译,中国政法大学出版社1994年版,第35页。
② 同上书,第241页。

威胁性的后果,社会科学其实也一样。带着这样的态度去考察,我们就会慎重地对待,所以,立法的技术是要实现该价值判断所必须采用的词语的技术。通过它,使法律价值判断合理化与科学化。

同时,它要求"法律词语作为法律的传递手段,法律就是以这些词语作为概念去传递的;法律词语还作为法律的思考手段,法律命题中的逻辑构成为法律所特有"。[①] 因为要去思考或表达一个现象你总需要一个载体,这个载体就是词语,法律在拥有自己的逻辑体系以后,其中的每一个词语、概念、术语都有符合其原本逻辑的特定含义,法律的词语不能随意采用,也不能随意理解。如刑法上的抢劫与抢夺这两个词语怎么去确立呢?为避免歧义或混同就要抓住本质性的东西,抢劫是以暴力或暴力相威胁,抢夺是趁人不备、公然夺取,这个公然夺取与盗窃又区分开来,盗窃是秘密窃取,法律就以一种词语本质性的内涵差异把各种罪名区别开来。更为重要的是之所以采用这些词语去规定相应的罪名,是因为价值判断体系链条中的它们的上位价值判断所需。每个价值判断都有其所必须采用的词语,即只能这个词语才能确切表达这种相应的价值判断。所以,词语在法律上非常重要。每一部法律都建立起自己的概念王国,拥有很严密的术语逻辑体系和价值判断体系。川岛称法律学"是一门非常精致的技术科学"[②],所以现在读法律首先要搞懂概念和词语。也就是说,作为词语技术在法律学中的任务,一个是要确定词语技术中概念的内容,使之符合法律技术的目的要求;另一个则是对每一个法律价值判断进行说明,明确各法律价值判断之间的关系,搞清或构筑可使各种价值判断之间产生有机联系的词语与概念。

总之,作为现代社会的法律学或市民的实用法学的发展是与社会的现代化紧密地联系在一起的。自律经济与市民社会的产生与发展导致了与自足经济与封建等级社会相联系的封建伦理法律的衰落,同时促使了资本主义法律与现代法律学或市民的实用法学的诞生与发展。现代科学技术日新月异,现代社会变化剧烈,法律就须做重大变革与之相适应。如我国,在基本法外有很多单行法规存在,如海洋运输,以往一个海商法解决问题,现在出现了很多单行条例规则。民商法更是变化巨大,这就是为了适应这种知识经济、信息技术、全球化时代的需要。还有国际上的一些经贸条约、贸易规则与术语,必须懂才能做国际贸易。这也充分说明了法律词语、技术的发展与社会经济、技术的发展紧密相关。从而使得词语的技术与法律价值判断成为现代法律学的重要元素。

---

① 参见〔日〕川岛武宜著:《现代化与法》,申政武等译,中国政法大学出版社1994年版,根据第255页整理。

② 同上书,第235页。

三、法与现代化的研究难题

川岛对法与现代化的研究为我们树立了一个典范。他从现代社会的守法精神和日本人的法意识谈起,直到现代法律学的结构、要素和现代实用法学,理论深厚,用了大量日本社会中发生的事实材料来加以阐析,这种阐析总体上归结于定性研究。确实,这么一个宏大的课题不用定性研究似乎很难进行。但是,用法社会学的方法论对全书内容加以审视,发现它具有浓厚的规范主义痕迹。那么,应该怎样用符合法社会学的要求去研究这个宏大的课题呢?当然,这关键还是涉及研究对象即现代化的问题。

我们在这一节的开头就介绍了什么是现代化,现代化包括了复杂的横向的社会结构转型又包含了宏大的历史变迁过程,法与现代化的关系既要去研究在漫长、复杂的现代化过程中,法作为社会结构的显示器和变迁工具,是如何控制、引导社会结构转型和变迁的,而现代化对嵌入在社会母体中的法又有何影响,提出了什么样的要求。去研究这样一个复杂又深刻的主题,若拘之于一种研究方法是行不通也不现实的。所以,这就要视研究者的研究目的而定。前述的川岛表面看来是用一种历史主义的方法去解剖法与现代化的关系。其实,其中也包含着结构主义、批判主义与文化分析的方法,他用的是一种宏大的理论,但其间也交叉着不少微观理论,比如研究日本人的法律意识时穿插着常人方法论,而在分析现代法律学时用了符号论等。所以,研究这种宏大主题,法社会学的研究方法几乎都有用武之地。但值得一提的是,现代化与全球化关系紧密,用亨廷顿的理论来解释,现代化本身就包含着全球化的内容。所以,研究现代化一定要置于全球化的视野下,否则很难对现代化作出准确的定位。但从法社会学的特有的学科方法而言,对法与现代化的关系研究重在描述、阐析与解剖它们二者之间的本质联系,包括横断面的静态关系如昂格尔和弗里德曼所揭示的那样,和横断面的递次动态过程,及纵向的法与现代化的关系如川岛所示。为什么说他们的研究与示范方式都具有较浓的规范主义的痕迹,就是因为他们的描述、阐析与解剖的方法尚停留在分析层面,而没有达到解码层面,或者说只有部分的解码而不够彻底。

这种解码不是德里达、福柯、利奥塔等人所反对的那种总体性的、乌托邦式的、科学的方式,而是如福柯在权力研究中所描述的权力应该被视作客观事物之间的相互关系及其他们在具体制度中的运作,而不应视作为被某个国家或阶层所拥有的资源这种一般性的概念。他的权力谱系的观点是把单独的事项或进程视作为一个更大叙事的一部分。他把纯粹的和分散的规训实践视作为支配现代社会的最重要的机制。他认为支配现代社会的实验能够被两种本质上不兼容的方式即聚焦于法律与聚焦于规训的方式所引导。因为法律方式与规训方式很不相同,理解现代社会要求注意的不是低层次的法律主权概念即法律与权利,而是去详尽说明能够在现代社会中被检验的各种支配形式;不是去注意主权的统一大厦,而是去研究包含在各种社会机制内的各种功能、设置的次一级形式的多样性。因此,福柯认为权力应该在它形成的最低层次被考察,而不是仅仅关注在它运作中法律意义上的表面支配。因此,问题的分析不应该与中心立场的权力的合法形式与权力支配相联系,相反,应与权力谱系和权力的终极目标相联系。而且,权利,应该在怎么样型构司法制度的方法的场景下被观察,而不应作为建构合法性的一种概念来考察。注意力也应该投向权力的实质性运作与实际支配,而不是主权国家的司法制度这种笼统的观念上。在这种呆板的话语系统下作出选择的理由设定了现代社会的本质:权力是在它的谱系中被构建的,而不是社会的中心;法律只是一种面具,而不能决定权力是怎么展示的过程。①

由福柯对权力与法律的研究中不难发现,这种研究强调在权力实践中各种权力谱系如何型构和对权利怎样搭建法律大厦的场景考察的重要性,这也正是我们在法与现代化的关系研究中所倡导的解码法。我们的重点不是在法与现代化的关系的表象上,而是将这种关系置于现代化过程的母体中,在它们相互生产的无数个瞬间和由这些系列的瞬间所组成的过程中去观察与说明。当然,现代化是一个从宏大到微观全方位的、漫长的、复杂的工程,所以,用这种解码法去研究并不意味着可以一劳永逸,需要我们针对不同的对象、不同的研究目的,启用各种相应的研究方法才可以实现。

【思考题】

1. 为什么昂格尔把法视作为现实社会中人与人之间关系或结合方式的深层奥秘的暗码体系?他是如何以17世纪欧洲社会结构与法的关系作例证的?
2. 弗里德曼是如何描述法与社会结构的关系的?他的分析与昂格尔有何不同?
3. 以莎琳·L. 罗奇·安陆为代表的美国法社会学家是如何研究法律与社会变迁的关系的?
4. 弗里德曼是如何通过法与社会变迁的四种类型来说明二者关系的?
5. 法与社会变迁研究的难题是什么?你有什么建议?
6. 什么是现代化,传统社会到现代社会最大的区别是什么呢?
7. 你如何理解资本主义的法是伦理性与非伦理性的统一?
8. 如何从法社会学角度理解现代法律学的两个重要元素?

---

① Brendan Edgeworth, *Law, Modernity, Postmodernity: Legal Change in the Contracting State*, Ashgate Pubication, 2003, p. 208.

9. 法与现代化关系研究的社会学瓶颈在哪里？如何突破？

10. 从福柯对权力与法律的研究中你得到了什么启示？

【参考书目】

1. 〔美〕昂格尔著：《现代社会中的法律》，吴玉章，周汉华译，中国政法大学出版社1994年版。

2. 〔美〕弗里德曼著：《法律制度：从社会科学角度观察》，李琼英、林欣译，中国政法大学出版社1994年版。

3. 〔美〕史蒂文·瓦戈著：《法律与社会》，梁坤、邢朝国译，中国人民大学出版社2011年版。

4. 〔日〕川岛武宜著：《现代化与法》，申政武等译，中国政法大学出版社1994年版。

5. 谢立中、孙立平主编：《二十世纪西方现代化理论文选》，上海三联书店2002年版。

6. Sharyn L. Roach Anleu, *Law and Social Change*, Sage Pubilcation, 2009.

7. Brendan Edgeworth, *Law, Modernity, Postmodernity: Legal Change in the Contracting State*, Ashgate Pubication, 2003.

8. Stephen Brickery, Elizabeth Comack, *The Social Basis of Law: Critical Readings in the Sociology of Law*, Garamond Publication, 1986.

第七章 法律规范的社会存在形式

第一节 制定法与民俗习惯

一、国家法与民间法的提法

国家法只是一种称谓,有人称之为制定法,或正式法律,或者是立法的法律。它所包含的含义是指通过特定的国家机构和程序制定、颁布,且由国家强制力为后盾予以实施的法律。国家法具有普遍性特征,因为"法律的对象永远是普遍性的,……法律只考虑臣民的共同体及抽象的行为,而绝不考虑个别的人(地方)以及个别的行为"。① 所以,国家法的普遍性、统一性和强制性是基本的常识,而习惯法是相对于国家法而言,不是由有权机关指定的,不与国家权力相联系的,不是以国家强制力为后盾的,其存在形式也不一定是书面形式。国家法与民间法这个提法现在争议颇多,不甚统一。如田成有认为民间法不是法律,只是一种规范。② 梁治平认为:民间法是指这样一种知识传统,它生于民间,出于习惯,乃由乡民长期生活、劳作、交往和利益冲突中显现,因而具有自发性的丰富的地方色彩。③ 石大宪认为:民间法是一种民间记忆,包括非有权机关制定的法律,也包括被有权机关认可的法律,但为一定范围的人们所普遍遵从的行为规则。④ 刘作翔先生则提出,民间法算不上一个规范和科学的概念,"民间法"是一个抽象概念;但作为在社会生活中起作用的一种社会规范形式,民间法又是非常

---

① 参见〔法〕卢梭:《社会契约论》,何兆武译,商务印书馆1997年版,第50页。
② 他将民间法定义为:独立于国家法之外的,是人们在社会中根据事实和经验,依据某种社会权威和组织确立的具有一定社会强制性的人们共信共行的行为规范。参见田成有:《乡土社会中的国家法与民间法》,载《思想战线》,2001年第5期。他把在乡土社会活生生存在的这种礼俗、人情、习惯、族规、族法等称为中国式的"民间法"。这种理解把风俗、民情、习惯、族规等社会经验事实都融合进民间法中去了。
③ "在国家法所不及和不足的地方,生长出另一种秩序,另一种法律。这里可以概括地称之为民间法。"参见梁治平:《中国法律史上的民间法——兼论中国古代法律的多元格局》,载《中国文化》第15、16期。梁从文化的观点来理解,在乡民长期生活劳作交往中产生的调整冲突的丰富规则。在中国广大农村和边远山区,国家的政策法律渗透不到,但乡民的生活每天都在继续,冲突发生也能自行得到协调,这就是民间法发生的作用。
④ 这一外延相对较广的民间法以家族制度、神权观念、民间性组织制定的规范、风俗习惯等多种渊源形式存在,而且各种渊源之间多有交叉甚至重叠。这个概念内涵不够清晰,多种法律渊源存在交叉和重叠。民间法主要是地方性的,某个区域性的。

具体的,而不是抽象的和概念性的。① 这些定义严格意义上都不是很科学、很规范,西方也没有规范的定义,而只是作为认知法律的一种范畴。

其实,国家法在任何社会里都不是唯一的和全部的法律。正如梁治平所说:"无论其作用多么重要,它们只是整个法律秩序中的一个部分,在国家法之外、之下,还有各种各样其他类型的法律,它们不但填补了国家法遗留的空隙,甚至构成国家法的基础。"②从起源来讲,最早的法律是从动物的行为规则中借鉴而形成民俗习惯,然后从民俗习惯中提升上来,经过人类智力和法律职业家的不断提升、创制,达到了现在常人难以企及程度的国家法。现代研究国家法的时候,法社会学注重的是立法和社会需求间的关系,就是说当下社会需要怎样的法律,既有的制定法与社会的需求是否相符合等等。

说到这里,不能不提一下,有人认为民间法与习惯法二者还是有区别的,尽管它们在很多方面相互重合与交叉。如田成有提出民间法在外延上比习惯法更加广泛。习惯法乃是由乡民长期生活与劳作过程中逐渐形成的一套地方性规范;它们被用来分配乡民之间的权利、义务,调整和解决他们之间的利益冲突;习惯法虽未形诸文字,但并不因此而缺乏效力和确定性,它被在一套关系网络中实施,其效力来源于乡民对于此种"地方性知识的熟悉和信赖",并且主要靠一套与"特殊主义的关系结构"有关的舆论机制来维护。由这些习惯法的特征中我们可以看到它与民间法的差异。

梁治平对民间法与民俗习惯未做严格区分,他只是指出民俗习惯具有多种形态,"它们可以是家族的,也可以是民族的;可能形诸文字,也可能口耳相传;它们或是人为创造,或是自然生成,相沿成习;或者有明确的规则,或者更多地表现为富有弹性的规范;其实施可能由特定的一些人负责,也可能依靠公众舆论和某种微妙的心理机制"。③ 中国少数民族地区还大多保留着很多远古时期的民族习惯。乡民们在对待和处理公共生活的冲突和纠纷时,宁愿求助于区域内的人情和礼俗,而不愿求助于国家的"王法"。现在法社会学特别重视民间法或民俗习惯的研究。因为,它们是实际上调节人们之间社会关系的规则,是实际上指导人们的行为、存在于一定的区域性文化中的一种社会事实。所以,无论民俗习惯还是民间法,都是我们法社会学研究的范围。为强调法社会学上的研究意义,我称之为制定法与民俗习惯分别对应于国家法与民间法。

---

① 参见刘作翔:《具体的"民间法"——一个法律社会学视野的考察》,载《浙江社会科学》2003年第4期。

② 参见梁治平:《中国法律史上的民间法——兼论中国古代法律的多元格局》,载《中国文化》第15、16期。

③ 同上。

二、制定法与民俗习惯的利弊及相互关系

在"就制定法与民俗习惯间张力论村治"这篇论文①中,我曾经对二者关系作了这样的分析:制定法与民俗习惯并不是对立的两极,两者在一定社会条件下是交叉相融的。制定法是理性选择的结果,从本元上它应该有更科学的设计组合而优于民俗习惯。制定法的理性设计是全方位的,它既对实践世界进行了择优选择,又对制定法的未来导向进行了利益普遍性和统一性的设计,排除了习惯中的偶然性因素和阻碍社会良性运行与不利于社会稳定的因素。

制定法的弊端也源于此。制定法脱胎于法学专家之手,尽管他们也须进行社会调查,但制定法毕竟分娩于书斋。制定法只是源于少数人的价值共识。当然这部分少数人(他们本身也是一部分习惯的保存和传递者)可能比作为习惯的保存和传递者的大众拥有更多的法律卓识和专业知识素养与技巧,更懂得如何择优选择,但若未能透彻研究社会现实和法学的原理、本质及对制定法和现实的不断反思,择优选择很难是终极意义上的择优选择。这也是制定法长期以来存在的一个困惑和难题。制定法的第二个困惑和难题是:因为制定法的设计需要考虑到普适性和统一性,需要抽象和概括,特别是属于大陆法系的成文法国家的制定法。所以,它不可能将生活中发生的所有的社会事实都囊括进去和一一对应,因此,制定法本身与社会现实之间始终都会存在着一块模糊区域和一种落差。尤其是我们这样国土辽阔、人口众多的泱泱大国。有许多少数民族、边远地区、大山深处都有着一套自己的固守了几百年、几千年的民俗习惯和文化传统,这并不是我们现在仓促出台的一部部制定法可以囊括得了的。

民俗习惯是活生生的、经验具体的,它存活于人们的实际生活中。而且,能够保存到现在的民俗习惯是经过择优选择的。这缘于两方面原因,从上层统治者的统治需要而言,"只有那些适应早期社会一般生活方式及那个时代的经济要求的习惯,才能得到统治者或处于统治地位的贵族阶层的认可与执行。任何一个当权者都不可能长时间地实施与当时当地的社会需要背道而驰的规则或安排。"②另外从社会规则遵守和执行而言,"与一个社会的正当观念或实际要求相抵触的法律,很可能会因人们对它们的消极抵制以及在对它们进行长期监督和约束方面所具有的困难而丧失其效力。"③因而民俗习惯从其渊源和存在形式而言具有其真实的合理性,也是经过择优选择才保存下来的,与社会现实需求、民

---

① 参见何珊君:《就制定法与民俗习惯间张力论村治》,载《华北电力大学学报》2008年第3期。
② 参见〔美〕E.博登海默著:《法理学:法律哲学与法律方法》,邓正来译,中国政法大学出版社1999年版,第382页。
③ Vinogradoff, *Customary Law*, in *The Legacy of the Middle Ages*, ed. C. G. Crump and E. F Jacobs, Oxford University Press, 1926, p.287. 转引自同上书,第383页。

众具有更好的契合度。民俗习惯形成最初也许就是当时的统治者所提倡的一些伦理规则,或者是当时直接规定的法律,它在人们的实践活动中经过反复检验,最终形成一致的价值共识而被普遍遵守方能代代传递,尤其是早期社会中的习惯法。因此,民俗习惯也是经过人们的自觉选择才能保存下来。如中国社会生活中的人情礼节中包含了很多这样的内容,我们去了解一下广大农村和边远地区,很多地方的民俗习惯和历史上许多个朝代的礼非常一致。如在丽江地区流行的一种音乐据有人考证来自于汉代的赋,是在民间保存下来的一种很古老的音乐元素,说明民俗习惯以前也是统治者所提倡的规则,通过统治者的宣传,强制执行,慢慢渗透到民众中,然后潜存在纲常礼教的理念中或人民的日常生活中得以传递下来。所以说民俗习惯有它的优势。现在国际社会上法律人类学也开始涉足这块研究。它们的另一个优势是:直接创造主体是广大民众,不是少数的法学家,所以它更具有顽强的生命力。也就是说如果论正当行为合法性的基础的话,它的合法性更强一些。

但民俗习惯也存在着一些明显的缺陷。有人认为民俗习惯未经过科学论证与设计,充满了混乱和冲突,降低了它的利益普遍性和统一性的基础。另外,民俗习惯都与一定区域的文化传统和民族性相关,有一定的地域和人群适用的局限性,因此,不具有普适性。

上述制定法和民俗习惯各自的优势与局限及它们之间充满矛盾和协调的内在张力,使得制定法与民俗习惯之间形成良性互动成为可能。将科学合理的制定法的思想演变为人们实践中主导型的意识习惯和思维模式,从而铸造科学的与民众喜爱的民俗习惯,将人们的实践行动导向制度设置的初衷达到法律社会控制的目的。而这种民俗习惯的反复适用和长期存在,也使得制定法在现实中得以真正的实施。否则,只能是因民众的困惑而拒绝适用制定法,造成"法是法,现实是现实"的两条互不交叉的平行线的结果,从而令制定法流于形式而难以发挥真正的作用和功能,难以达到制定法社会控制或社会治理的目的。犹如我们在《秋菊打官司》看到的秋菊的困惑和《山杠爷的悲剧》中看到的村民的不理解一样。

现代社会制定法与习惯的关系是互动的,它们经过冲突、整合的不断调整最终共融于一个特定社会,让抽象的规则与经验的世界联结在一个特定的社会结构中,并形成一种稳定的关系。当然,习惯"将永远作为国家制定法以及其他政令运作的一个永远无法挣脱的背景性制约因素而对制定法的效果产生各种影响"[①],事实远不止于此,在制定法的立法过程中,经过把司法实践运用、总结、反馈而形成的源于习惯的一部分司法解释、惯例列为制定法的内容和通过习惯对

---

① 参见苏力:《送法下乡:中国基层司法制度研究》,中国政法大学出版社2000年版,第262页。

立法人员意识形态的渗透,从而使制定法的内容直接或间接地受到习惯的深刻影响。制定法为了保证其活力与效用,也需不断从习惯中汲取养料以满足自身需求。制定法的这种世俗合理性基础,奠定了有关制定法与广大公民的价值观、认知度的统一,从而保证制定法得以自愿遵守。当然,制定法可以以国家权力为后盾强制施行,借助各种国家力量渗透到人们的实践活动和日常生活中,让一部分制定法伴随时间推移成为公民习惯之一部分。

第二节 活法与行动中的法

一、活法

（一）哈耶克与昂格尔的解释

活的法律是由埃利希在其名著《法社会学基本原理》中首次提出。他认为两种法律中即国家制定的法与代表社会秩序本身或人类联合的内在秩序的活法,是法社会学要研究的重点。活法是直接产生于社会生活并支配、指引着人们实际生活的那些规则与事实。它先于国家自发地形成,是与社会同时出现和发展的。国家产生前,这些调节人们生活与社会秩序的规则已经存在了,他认为"人类联合的内在秩序不仅是法律最初的形式,而且直到现在为止,还是它的基本形式"。[1] 卢梭曾经考察人类原初社会,发现没有正式法律(这里的法律是指国家法律)之前人类照样生存得很好。[2] 可见,人类社会早期就有规则在支配人类生活。

20世纪极为重要的自由主义思想家(1974年诺贝尔经济学奖得主)哈耶克也曾经描述这种活的法律对于人类行动和社会秩序的重要性。他说:"人的社会生活,甚或社会动物的群体生活,之所以可能,乃是因为个体依照某些规则行事。随着智识的增长,这些规则从无意识的习惯渐渐发展成为清楚明确的陈述,……它(指这些规则)就如同社会生活赖以为基础的语言、货币或大多数习俗及惯例一样,几不可能是任何个人心智的发明所致。"[3]他的意思是指随着大脑的发展,人的动作习惯等也不断增加,人的行为也越来越有规律,有规律指的是可重复,原来是很随意的,条件反射性的。在多次重复与慢慢积累经验的过程中大脑又进一步生长,脑力结构的发展和知识的增长始终在互为条件地相互促进。

---

[1] 参见〔奥〕欧金·埃利希:《法律社会学基本原理》,哈佛大学出版社1936年版,第37页。转引自沈宗灵:《现代西方法理学》,北京大学出版社1992年版,第271页。

[2] 参见卢梭:《论人类不平等的起源和基础》,商务印书馆1962年版,第74—110页。

[3] 参见〔英〕弗里德里希·冯·哈耶克著:《自由秩序原理》,邓正来译,生活·读书·新知三联书店1997年版,第184页。

到了一定程度,原来无意识的行动,可以清楚地有意识地表述出来了。在人类早期的时候可能有一些恩、啊、哦的音节,这些简单的语言已经能够表达一些东西了,同时又渐渐发展成为更为抽象的且更具一般性的陈述。这就有了概括能力,概括能力是人类行为的高级阶段。所有这一切都依赖社会生活,而不是任何个人的心智发明。

"人类早在能够陈述这些规则之前,就已经能够普遍地按这种意义上的抽象规则行事了,甚至当他们具有了有意识抽象的能力的时候,他们有意识的思维和行动仍可能受着大量这类抽象规则的指导。"①这里的"抽象规则"哈耶克专门作出了解释,它是指在行动中通常得到遵守的事实,并不意味着每个动物都明确地知道它们。当个别动物以相同的方式对那些具有共同特征的境况作出反应时,抽象就发生了。如洪水来了,人们都往山顶或高处跑,后来有这样相同境况发生,都知道要往山顶或高处跑。这就是抽象,在这种抽象的基础上,人类进而有意识地概括出一般规律和规则,指导今后的行为,这就是最初的活法。由此可见,哈耶克关于法是自生自发的秩序的一番描述与埃利希的观点不谋而合。

而美国批判法学运动的领袖昂格尔教授对活法也有一番精辟的见解。他说:"千年以来,人们一直地把自然界和社会看作是一种不依赖于人类意志的,即使不是自我产生也是自我生存的神圣秩序的表现。(自然是不以人类意志为改变的客观存在)……只要上述这种意识还占优势,社会秩序就不会被看做是可以创造或重新建立的,甚至有时可以废黜的东西。……只是在相对最近的历史罗盘中,一种真正不同的存在和意识模式才得以出现。人们发现而且不得不创造秩序而不是仅仅接受现成的东西,这种发现鼓舞了新认识的形成。"②这一发现鼓舞了人类,原来人类有这么伟大的力量,可以对社会参与创造。如何去创造呢?为此,产生了许多的社会理论,包括社会学理论,如齐美尔的形式社会学、斯宾塞进化论、涂尔干的有机分工论等,原来社会是可以构造的,是可以借助于法律、道德、伦理等人类理性工具去构造。那么,谁的意志可以取代自然界而成为社会秩序的渊源呢?昂格尔接着分析:"它只能是统治者的意志或控制政府机构的特定统治集团的意志。因而,通过官僚法(制定法)这一工具,默示的、自发的秩序被公开的强制的秩序(统治者通过官僚法强行推行的)所取代了。"③现在很多秩序都是通过这种方式构造的。如20世纪80年代我国开始经济体制改革,现在我们的社会与改革前已呈现出巨大的不同。这就是国家通过一系列

---

① 参见〔英〕弗里德里希·冯·哈耶克著:《自由秩序原理》,邓正来译,生活·读书·新知三联书店1997年版,第183—185页。
② 参见〔美〕R.M.昂格尔著:《现代社会中的法律》,吴玉章、周汉华译,中国政法大学出版社1994年版,第128页。
③ 同上书,第128—129页。

的制定法来强行构建的。所以说,社会秩序是可以由统治阶层通过制定法人为构造的,但是,即便如此,昂格尔还是给了习惯法这种活的法律以重要的地位。他说:"我们也应看到,即使是最冷酷的官僚法规则体制也只能直接影响到社会生活的一小部分,许多社会活动仍然受到习惯性行为模式的支配,这些规则被认为是自然规则的延伸。"①当人们的意识兴起时,习惯则遭受瓦解、衰落和崩溃,人们面临着这样一种困境:有否认未加思考的秩序的经验,但又无力创造新的秩序。由此可见,批判并不是最难的,最难的是构造。当官僚法无法解决人类的意识所造成的恐怖或困境时,那么,意识能否与因某种形式与习惯的瓦解一直没有停止破坏但仍未被破坏的经验重新结合起来呢?这种经验就是:人们的生活从先于人们意识而存在的一种秩序中获得了意义和方向。②这种秩序是指不以人类意志为转移的客观规律,从这种客观规律中人们体验出了生活的一般意义和方向,然后,把这种经验和人的意识结合起来构建新的秩序。

"探讨这种潜在的、活的法律,它不是命令性规则的法律也不是官僚性的政策,而是人类相互作用的基本法典,一直就是法学家(主要指法社会学家)艺术的主要内容,而无论在哪里,法学家们都在用深刻的见识和丰富的技巧在从事着这种艺术。"无论是伊斯兰教学者、罗马的法学家、英格兰的普通法律师,他们的共识就是:"法律,与其说主要由法官和君主制定,不如说是由社会生活自身所提供的。"③昂格尔在这段话中告诉了我们什么呢?它揭示了这么一个意义,主要包括两重意思。第一,强调活法的重要性。从埃利希开始明确提出活法以来,很多的法社会学家如哈耶克、弗里德曼、瑞斯曼等都在不断地探讨研究活的法律对人类社会生活的重要意义,至今取得了丰硕的成果。活的法律作为人类联合的内在秩序,它是活生生的、经验具体的,早于纸面上的法律存在于社会的实际生活中,一直引导着人类的行为与社会秩序的形成。它本身就像一部大字典,人们可以从中找到如何相互作用,如何按其中的一般规则行动,如何生活,交往,处理人际关系等的法则。如费孝通先生的乡土中国就是对人类在特定的乡土社会中,如何按照一定的规则生活的探索。它是一种社会事实,它在人类的生活中占据着重要的作用。它是法律规范的重要形式,纸面上的法律在人类生活中有很长一段时期只占据着极少的部分。因此,探讨这种潜在的、活的法律成了法社会学家的神圣的使命。第二,对法学家,主要是法社会学家提出了极高的要求。因为这种活的法律是潜在的,深藏在人类生活和社会关系之中,实际规范着人们的行为和促进社会秩序的形成。特别是具有自然法精神的活法,通过这种活法,能

---

① 参见〔美〕R.M.昂格尔著:《现代社会中的法律》,吴玉章、周汉华译,中国政法大学出版社1994年版,第129页。
② 同上书,第131页。
③ 同上书,第233页。

从促进人类进步的终极价值拷问中去推动人类的行为与社会向文明迈进。因此,这需要法社会学家、法学家负有崇高的责任感,具有深刻的见识和洞察力,具有深厚的学识素养和系统眼光,同时兼具高超的技巧,将这种活法挖掘出来。这是他们的使命,也是他们的智慧的体现。

(二)川岛武宜的解读

川岛武宜将法分为法律命题与活法。并在活法的基础上提出了法社会学的任务。他认为"法律命题就是以命题或语句形式存在着的法律规范,在现代主要指国家制定的法律或法院适用的判例"。① 所谓命题或语句,就是以逻辑和概念体系存在的法律规范,按照严格的概念、术语形式表达,在现代社会的存在形式主要是二种,一种是成文法,一种是衡平法与普通法原则,分别对应于大陆法系和英美法系。川岛认为法律命题是法律现象的表现形式。听到现象两个字,大家马上会想到跟活法挂钩、跟社会事实挂钩,现象存在于社会当中,所谓法律现象,会联系到法律事实或法律的社会生活,他的着落点在活法。

川岛武宜认为:"法律社会学是以客观世界中发生的现实的社会问题作为自己的研究对象的。法律社会学中的法不仅现实地规范着人们的行为,而且,它还为人们的活动指示着方向。"②所谓现实规范着人们的行为,就是通过一些不同的指令类型如必须、可以、允许、不可以等事实上规范着人们的行为。你必须赡养老人,你必须抚养子女,你订立了合同,就必须履行,这是义务指令;禁止抢、偷,不可以这样为,这是禁止指令;在一定范围内允许你可以以合法的方式去经商,可以去这个单位就职,这是法律对你的选择指令。所有这些都是法律在现实规范者人们的行为。就是说,法在川岛那里,不仅是应然的东西,还是一个实然的东西。应然是应该这样做,实然就是我实际上这样做。法律规范不仅规定着你应该怎么做,它还是一个实然的东西,你实际上是怎样在做。

川岛武宜是怎样来阐述他的观点的呢?他首先通过对传统法律观和埃利希理论的批判开始他的理论阐述。传统的法律观强调法律是一个逻辑上、概念上的体系。在法律社会学产生前,传统法学已经存在了几百年,后来,越来越走向自己的概念王国,在自己的概念系统里运作。川岛武宜批评传统法律学将原本活生生的、有血有肉的人及其在人与人之间结成的现实关系为内容的法律秩序,完全变成了一种纯粹观念上的东西。他接着论述:"法律现象只是社会现象的一部分,它是现实存在着的。法律命题深受社会现实的影响,它的内容源于现实中的各种社会关系。……法律命题的最终渊源或根据,不仅存在于现实的社会生活之中,而且还被现实的社会生活所决定,这是法律命题的本来面目,也是它

---

① 参见〔日〕川岛武宜著:《现代化与法》,申政武等译,中国政法大学出版社1994年版,第216页。
② 同上。

的宿命。"①这是因为:"第一,创造出法律命题的人,是在现实的社会中生活着的、有血有肉的人,他的精神是他的一个组成部分,因此不可能脱离他所处的现实社会而独立存在。……第二,法律命题不可能脱离社会现实,又是由法律命题自身的性质所决定的。"②因为"它的内容必须在社会生活的现实中实现,否则就失去了存在的意义"。这就决定了"法律命题的目的在于创造特定的事实关系"③,而"人们创造法律命题的精神活动又不得不受社会现实和各种社会关系的制约。因此,法律命题的最终根据或渊源,存在于各种社会关系之中,而人的精神活动只是一个中介或称之为契机,它可使法律命题产生。"④如中国:"有借有还,再借不难",这是流传了几千年的中国传统文化中的一个惯例,现在,法律创设了你借我还的契约关系,一种权利、义务关系,它也与现实中的传统文化相契合。若凭空创造出一个与传统文化相悖的法律命题,它是很难有生命力的。我们婚姻法颁布之前,那时承认事实婚姻,新的婚姻法颁布以后,必须登记,登记是它的必备条件,没有凭证,就是非法婚姻,它以这种形式来宣告哪些关系是合法的。所以说,事实关系虽受法律命题所影响,但人们创造法律命题的精神活动,不得不受到现实的制约。

所以,从法律社会学角度看来,法律命题的现实使命,"是借助于政治权力的强力来创造一定的社会关系,并进而保障或维护该社会关系。……这种现实的社会关系以命令的形式表现出来,它要求人们去实施一定的行为,即它是一种规范"⑤,一种应然。"但它不只是观念上的应然,而是由社会生活所产生的现实的要求。在现实中,这种要求或多或少的实际存在于被实现的过程之中。在此,应然同时又是实然,作为一定历史阶段的社会关系本身,二者是统一的。"⑥川岛武宜将这种规范称之为活法。因此,"活法存在于现实的社会生活之中,作为现实社会生活的一部分,它的存在与发展直接源于历史的进程。在此,我将法律的此种存在形式与以人类的精神、意识、观念等为媒介的法律的观念形态相对应,称之为法律的直接存在形态"。⑦

接着川岛武宜又分析了"这种被称为直接存在的现实规范关系的结构问题"⑧,即活法的结构问题。川岛武宜首先批判了埃利希的观点。他说:"从方法论的角度来说,他将法律规范还原为现实的事实关系的思路是正确的,但是,他

---

① 参见〔日〕川岛武宜著:《现代化与法》,申政武等译,中国政法大学出版社1994年版,第218页。
② 同上书,第219—220页。
③ 同上书,第220页。
④ 同上。
⑤ 同上书,第221页。
⑥ 同上。
⑦ 同上书,第221—222页。
⑧ 同上书,第222页。

将'团体'作为载体来构成自己的理论则是错误的或不彻底的。"①埃利希认为由规范关系所维系着的现实的社会关系,是团体的内部秩序或组织规范,并进一步将它还原成了他所定义的"法律事实"。本来应该把法律还原为事实关系再还原成团体,团体再还原到个人,但是埃利希只是还原到团体层面,这与埃利希本人有关系,他长期生活在落后的东欧,那里强调宗族、家族共同体生活。这种家族、共同体生活就是那个社会的最基本的事实关系,是元关系。那里不存在公民社会的人与人之间直接建立的个人关系。川岛武宜认为这种"将现实的法律关系作为团体关系来理解的观念是非常危险的,因为它有可能忽略现实法律关系中的重要方面"。② 因为,"当把法的载体、法的创造者理解为团体时,社会中现存的各种法律关系就成了思考问题的绝对的前提,有时还可能将其神秘化"。③ 如果把团体视作为法的载体、法律创造者,对于团体中的个人而言,"法律就是一个赋予的东西,这样创造法律的过程和主体就消失了"④,而事实上它是一步一步的过程,主体是广大的公民个人,是个人的行为,如果是团体,个人的交往行动就没了,若将整个社会中人与人之间的互动、活生生的生活视作是法律的创造过程,法律就能还原到最终的事实上去,即活法上去。他的思想在批判别人的时候,就慢慢浮现出来。

第二个错误,"虽然埃利希主张活法是法律的渊源形态,但是他并没有进一步去明确地说明,活法与现实之中的其他社会规范如习俗、道德、流行、礼仪等之间的差异何在"。⑤ 他只是指出了"活法规范是形成和维护社会规范赖以存在的'社会关系'组织形态的规范,但我们绝不能说习俗与道德与组织的形成及维护毫不相关"。⑥ 但究竟区别何在却无交代。这很正常,如果还原为团体,就不能区分出来。所以他顺带批判了第二点。埃利希没有区分,也区分不下去。而川岛武宜则认为活法是一个非常广泛的概念,既包括初级形态的法律,实际存在于人们的行为当中,与习俗、道德、礼仪等一般的社会规范尚未分离;也包括与初级形态分离的各种中级形态的法律概念,如学校的纪律、公司的章程。搞清各种形态的活法的法律特征、性质与结构,正是法律社会学的研究任务之一。现在有些学者把初级形态放在法律人类学研究内容中,本人认为作为一种研究的尝试也无不可。

川岛武宜认为"如果不搞清法律的创造过程、法律的制定主体的问题,那么

---

① 参见〔日〕川岛武宜著:《现代化与法》,申政武等译,中国政法大学出版社1994年版,第223页。
② 同上书,第224页。
③ 同上。
④ 同上书,第225页。
⑤ 同上书,第231页。
⑥ 同上。

就不可能明确构成法律的基础、法律实体的现实的社会关系及其必然性"。① 一方面,"团体是由个人组成的,个人与个人之间发生的特定关系最终形成为团体的关系。所以,社会关系的分析不可能逾越个人与个人之间的关系的极限,个人之间的关系应是社会关系中最基本的组成单位。因此,问题的分析若没有到达个人与个人关系的层次上,这种分析就是不彻底的"。② 当然,这里所说的个人与个人之间的关系不是毫无联系的个人间的关系。另一方面,"将法律中的社会关系、特别是将团体分析还原为社会中的个人与个人之间的关系,之所以有了可能,并拥有了必然性,是因为作为分析对象的市民社会的组成单位,在事实上已因近代历史上各种协同体的解体而变成了个人,即这种分析方法是被历史本身决定的"。③ 如《乱世佳人》中的美国南北战争,南面是严格的等级制,北方没有等级贵族,很早进入工业社会,南方以农业为主,实行农奴制。郝思嘉穿越北方封锁线时,过不去。她报出白瑞德的名字,没有受欺负。女主人公本身是贵族,但是在北方士兵人中没有等级观念。白瑞德是个典型的工业社会的产物,他用自身的经济实力打出了自己的人际关系。这里典型地显示出协同体解体的北方社会与南方社会的区别与特质。近代的历史罗盘,社会的原子单位因协同体的解体而变成了只有个人与个人关系,从而进入了市民社会。市民社会打破了所有的等级观念,强调个体平等与权利。基于这两方面的原因,川岛武宜认为:"法律社会学应该立足于近代社会科学这一历史遗产之上,即法律社会学的分析要将社会关系重新构成为现实社会中的、个人与个人之间的相互关系。……只有将这种观念上的'法律命题'分析还原为现实中的社会关系及其必然性作为自己的目的时,法律社会学才能成为真正意义上的法律社会学。因此,研究深藏于各种法律体系和法律制度之中的现实基础、本质之后的社会历史关系及其必然性,是法律社会学今后的课题。"④

"人类生存在这种外界的——人类与自然的对抗关系中,并通过这种对抗关系来生产自身所需的生活资料。它既是人与自然抗争的过程,同时,在该过程之中又包含着外在于人类的自然的要素。因此,人类生存的因而也是他们生产生活资料的历史方式,通常贯穿着一种超越人类自身意志的必然性。……此种特定的人类的生存或生产方式,又总是与人与人之间特定的协作方式、即一定的社会关系相结合,这就是一定社会中各种关系必然存在的现实结构及其根据。"⑤在这两种关系中,人与自然的关系是基础,它决定着人与人的关系。这方

---

① 参见〔日〕川岛武宜著:《现代化与法》,申政武等译,中国政法大学出版社1994年版,第225页。
② 同上。
③ 同上。
④ 同上书,第225—226页。
⑤ 同上书,第226页。

面马克思研究的最为清楚。

所以,"法律与法律命题的现实基础是社会关系中现存的活法,而活法则又是贯穿于作为自然发展史的社会关系之中的自然规律本身。……法律的门外汉们尽管知道狭义的'自然'中存在着必然性或规律性①,但他们对社会现象或人类社会中亦存在着必然性或规律性的问题,则往往漠不关心甚至否认。"②这种现象在那些过于笃信法律的专家们身上亦常常可以看到。因为他们"往往易于对法律或法律命题的现实性或历史性视而不见,将法律关系理解为纯粹的、观念上的产物,进而落入法律拜物教的泥潭之中"。③ 川岛认为观念形态的法律命题,其现实基础或内容是各种社会关系及其必然性或规律性,而各种社会关系的结构正如上述的现实中存在的人与人之间的关系。

因此,川岛武宜认为法律社会学的分析要将社会关系重新还原成为现实社会中的个人与个人之间的相互关系。也"只有将这种观念上的'法律命题'分析还原为现实中的社会关系及将其必然性作为自己的目的时,法律社会学才能成为真正意义上的法律社会学"。④ 因为,从观念形态的法律命题这一现象出发,将法律现象作为一种自然的发展过程来掌握,进而通过对贯穿于该自然发展过程之中的规律性和"活法"这一法律命题的渊源的分析,追溯到了法律社会学的根本。因此,研究深藏于各种法律体系和法律制度之中的现实基础、本质之后的社会历史关系及其必然性,是法律社会学今后的课题。同时,法律社会学还应将研究活法的初级形态与中级形态、搞清各种形态活法的法律特征、性质与结构,作为自己的当然任务之一。

(三)活法的研究与考察

从埃利希到哈耶克、昂格尔,再到川岛武宜,活法一直是法社会学家的重要议题。活法的内涵与特征在他们的阐述中都大同小异,都是指存在于社会现实关系中的一种事实,是人类联合的内在秩序,是正式法的活的源泉。它的特点在与行动中的法的比较中已得到反映。活法与民间法或者说民俗习惯重叠之处颇多,但作者认为它们之间还是有区别的。民间法或民俗习惯已是经过初步抽象或概括过的观念形态的产物,而活法则是一种事实,是隐藏在社会生活中的各种各样的事实关系,是社会生活本身。以上法社会学家的关于活法特点的论述在我们当代中国的社会生活中也可得到广泛印证。我们只要留意一下我们周围的生活,我们实际生活存在的许多现象与事实,尤其在广大的农村地区,在婚嫁丧葬、红白仪式、礼尚往来中,支配人们交往的方式和实际生活中大量存在的没有

---

① 比如说银河系里特定的行星轨道、黑洞、地震、地球引力。——作者注
② 〔日〕川岛武宜著:《现代化与法》,申政武等译,中国政法大学出版社 1994 年版,第 226—227 页。
③ 同上书,第 227 页。
④ 同上书,第 226 页。

形式化的习俗就会有所体会,有些习俗可能已在民间流传了上千年,是从远古就保留下来的。这些习俗为什么能这么永久地存活在人们的生活中,它们是如何存活在社会生活中的等等,都有待于我们的进一步研究。即使在正式的司法中,也经常融合或渗透着这种活法或受到这种活法的制约。那么,活法与制定法究竟是一种什么关系?活法是如何影响制定法和正式司法的?这些也有待于法社会学的研究。总之,法社会学研究方法可以发现很多第一手知识,凭借科学的考察与研究,可以揭示和找出存在于不同领域的"活法",如瞿同祖对中国传统社会存在的家族观、婚姻观、等级观念、宗教观、儒家思想(和为贵、厌讼)等等的研究;对活法作出深度的研究,寻找和利用活法中可用之于今的本土资源;活法实现制定法的过程,是对其进行选择的过程,到底能实现多少,活法接受哪些,排斥哪些,为什么排斥,如何排斥,这都可以用社会学的方法来进行研究。

　　法社会学如何去研究考察活法,这是摆在法社会学家面前的一个既是古老又是前沿的课题。从埃利希开始,虽然法社会学家从来就没有停止过对活法的研究,这在前文我们已作了基本介绍,但伴随着社会科学、法社会学的发展和社会现实生活的巨大变化,我们应该采用什么新模式来研究,这也是作为一个法社会学家必须要面对的问题。本人有以下几点思考:第一,既然活法是事实,所以必须回到事实中去,可以用定性与定量各自单独的方法或者二者结合的方法进行研究。比如对某些活法深度观察的方法,或者大量调查的方法。第二,因为活法是人与人之间的一种社会关系,是一种社会内在联合的秩序,所以,可以对它做动态的过程揭示,采用一种主体间性与互动关系的研究方式,这在最后一章中有较详尽的阐述。许多社会学的方法在其中在有用武之地,如现象学、文脉语境的解释学、冲突论、交换论等。第三,在活法的静态的表象下做静态与动态的关系描述。这在最后一章中也有介绍。而且本人在《法与非政治公共领域的交互同构关系剖析》一文中也进行了某种方式的示范。[①] 该文章通过社会主体的行动实践建立制定法与活法之间的辩证关系,说明制定法由于其强制特征对主体的行动实践具有当然的制约力,但也导致行动者对其某种程度的厌恶与排斥;而活法则由于其诞生基础与自身特征更受到行动者的喜爱而易于付之于行动。这种活法与制定法的比较研究,通过主体间性来进行,融入了主体意识、心理等元素,打通了主观与客观的联结,建立起一种初步的动态关系。当然,在活法的静态的表象下做静态与动态的关系描述则要求更有深度、更具有描述性。

　　总之,回溯活法研究的发展历程,我们看到近年来活法研究的范围、方法、理论深度以及系统性都有所拓展。以上对活法重点、热点问题的梳理和研究,突显出几项蕴含在活法研究中我们可以加以挖掘的理论价值:第一,关注"活法",使

[①] 参见何珊君:《法与非政治公共领域的交互同构关系剖析》,载《政法论坛》2011年第3期。

法学研究对象突破了"成文法"、"条文法"、"国家法"的限制,不仅将社会中一切具有规范意义的社会行为规则纳入考察范围,特别是对非正式规则和活法的关注,使得法学研究的视域延伸到了社会生活本身,拓展到现实存在的各种社会关系及其联合机制,也开启了人们对国家法的中心地位的反思。第二,运用社会经验研究的实证方法,扩展了人们对法律知识的认识向度,在对法律的价值拷问之外增加了法律事实考察与分析和法律规范、法律制度的实态及运作过程研究,为法学研究引进了新的评判向度,也拓展了法社会学研究的维度。第三,引进了法社会学研究范式,将法律视为一种社会现象或社会事实,在社会整体结构中去考察法律的外在性视角,使得法与事实之间的关系重新得到审视,恢复了法的逻辑世界与外在生活世界的联系。近百年来,法学越来越陷入自己的概念王国,法社会学起到连接逻辑世界和现实世界的作用,美国很多法学家已迈开了重要的步伐,如哈佛大学、芝加哥大学、斯坦福大学等研究团队或学者们将法社会学作为一项科学来研究。第四,活法的研究为法律人类学提供了一种新思维。目前国际社会许多法律人类学家纷纷介入这项研究,也获得了丰硕的成果。

二、行动中的法

(一) 经典法学家的观点

行动中的法是20世纪20—30年代,美国现实主义法学派提出来的,以耶林、庞德、霍姆斯、卡多佐、卢埃林、弗兰克及布莱克等人为代表。是我们法社会学当中相当重要的一个内容。

培根曾在《论司法》中指出:"把界石挪动的人是有罪的。但是那不公的法官,在他对于田地产业错判误断的时候,才是为首的移界石者。一次不公的判断比多次不平的举动为祸尤烈。因为这些不平的举动不过弄脏了水流,而不公的判断则把水源败坏了。"[①]培根在此想告诫人们的是司法过程与法官的重要性。挪动界石侵犯了别人的利益,是违法的或犯罪的,但那只是一次具体的行为和侵犯,只是在一溪清流中倒入了一桶脏水,一曲和音中蹦出的一个不协调的音符。而法官对于田地产业的一个错判,却是在创制一条错误的原则或法律,不知有多少法官会仿效,更不知有多少人会以这种错误的准则去对待他们的田地产业的具体处置。所以,法官的职责与司法的重要性由此可见一斑。它向法官的业务素质和道德素质提出了更高的要求。无论是其中的哪一项不符要求,都会造成深远的影响,犹如污染了的水源一样,会在社会中迅速地传染或传播,从而可能带来整个社会的疾病或蜕化变质。这段话也充分说明了行动中的法的意义。因为,纸上的法是死的,行动中的法是活的,而纸上的法却是要依赖行动中的法去

---

① 参见〔英〕培根著:《培根论人生》,徐飞译,黑龙江科学技术出版社2012年版,"论司法"一章。

实现。如果行动中的法是腐朽的、衰败的,那纸上的法最完美也是徒然。培根这段话的实质是在强调法官对法律的影响力与重要性,要法官们慎重对待他们的每一个判决,每一个案件,要认真公正地使用他们的生杀予夺大权。法官们的一个个判决就是法,而且是真正的法律。

霍姆斯有句著名的格言,就是"法的生命不在于逻辑而在于经验"。① 在他看来,如果书本上的法不能得到法官们的遵循,它就丧失了法的实际意义,只有法官实际作出的判决才能发挥法的作用和践行法的功能,才是真正的法。所以,必须重视法官作出判决的过程。法律制定出来搁在那里没有人执行就是死的或者是冻结状态,没有意义。但适用到实际生活中,哪怕只用于一个案件的审判,法律就有了生命力。对实际情况作出了处理的法律才是有生命力的。

弗兰克也认为:"就任何具体情况而论,法律或者是:(1)实际的法律,即关于这一情况的一个已作出的判决;或者是(2)大概的法律,即关于一个未来判决的预测。"②他认为纸上的法只是用以预测和判决的工具,其本身并不是法律的全部,而只是次要的一部分。即以后发生类似事情,大概能作出什么判断的一种预测,纸上的法是预测判决的一部分基准,因为,还有很大部分是法官经验。这也是同样的事实不同的法官会作出不同的处理结果的原因所在。

卢埃林则认为:法就是官员关于纠纷的行为。他说:"无论是法官、警长、书记官、监管人员或律师,都是官员。这些官员关于纠纷做的事,在我看来,就是法律本身。"③他认为纸面上规则的作用是十分有限的,真正得以实际起作用的是官员的行为。因此,官员处理纠纷的事实过程与行为就是法律。现实主义法学派的主要意旨就是重视法律的运作事实或者说实施过程。

布莱克也认为:"法律是政府对社会的控制,或者说它是国家或公民的规范性的生活,如立法、诉讼和审判。"④在他那里,法律是一个变量,它可以增减,法律上的任何一项提起、诉讼或适用都意味着法律的量的增加,甚至某人主动伏法,诸如投案、招供、认罪也都增加法律的量。这种"行动中的法"是动态的立案、诉讼、审判、逮捕、控告、判决、赔偿等实际法律行为,还包括公民的各种与规范相一致的行为,是可以量化的各种具体法律行为,这就是布莱克所指的法的定义。

总之,从这些经典作家的阐述中我们可以发现,行动中的法相对于本本上的

---

① 参见〔美〕O. W. 霍姆斯著:《普通法》,冉昊、姚中秋译,中国政法大学出版社 2006 年版。
② 参见〔美〕杰罗姆·弗兰克著:《初审法院:美国司法中的神话与现实》,赵承寿译,中国政法大学出版社 2007 年版。
③ 参见〔美〕卡尔·N. 卢埃林著:《普通法传统》,陈绪纲、史大晓、仝宗锦译,中国政法大学出版社 2002 年版。
④ 参见〔美〕唐纳德·J. 布莱克著:《法律的运作行为》,唐越、苏力译,中国政法大学出版社 2004 年版。

法,强调的是法律的运作过程与人们实际行为和社会生活中起作用的规则的重要性,主张法律的重心在于研究规则体系背后更深层次的潜规则——社会事实,体现了反形式主义的理论取向,是法社会学对法学的重要贡献。

(二) 行动中的法与活法的联系与区别

行动中的法主要指法律的运作过程与执法人员的执法事实,是法律在实际施行过程中的法律状态或法律事实。它侧重于执法主体在执法过程中的千姿百态的实际行为,强调规则的执行事实。它既包含有本本上的法——制定法的成分,也包含了一部分活法或者民俗习惯的元素。行动中的法的提出就是针对本本上的法,这从前述的经典作家的观点中已得到充分反映。而它与活法也是既有联系又有区别,这些联系与区别典型地反映出它与活法各自的特点。

它与活法的联系主要有:它们都是强调现实社会生活中存在的法律事实包括实际调整人们之间关系的规则及法律主体的各种真实行动,而不是看纸上的规则,都相对于本本上的法,强调人们实际行为和社会生活中起作用的规则的重要性,都主张法律的重心在于研究规则体系适用过程中的各种语境,各种宏观、微观的因素和背后更深层次的社会事实,体现了反形式主义的理论取向,都摆脱了传统概念法学与法条主义的局限性,是法社会学对法学的重要贡献。行动中的法既包含有国家法,也包含了一部分活法,而活法也包括行动中的法。因为,实际支配人们生活的活法需要从人们的行为中来省察,即通过对行为的观察来研究认识支配人们生活的活法,通过对活法的检视,可以预测、了解人们在生活中将如何行动,从而预测行动中的法将会是何种状态,二者交叉相融又有区别。

而二者的区别在于:行动中的法是反形式主义方法论在实践中运用的体现,它强调的是对行为事实的研究。主要指法律的运作过程与执法人员的执法事实,是法律制定以后在实际施行过程中的法律状态或法律事实。它侧重于千姿百态的执法行为,重视执法主体以袖里乾坤为后盾去实现成文法的行动,是法律系统内部的行动;而活法则强调由社会生活自身提供的代表人类联合的内在秩序的法,是直接产生于社会并支配实际生活的那些规则。它强调实际支配人们生活的各种规则的形式,不管是人类有意识制定的还是习惯存在的,是形成文字的还是诉诸口头的。就主体而言,前者是特定主体,后者是普通主体;就领域而言,前者限于执法领域,后者则涉及社会生活的所有领域。二者的适用依据不同,前者是执法主体适用文本上的法来行动,虽然不排除执法主体的素质与认知的影响,但行动的基本依据还是本本上的法,但活法不同,它无需成文法作指导,而是行动主体依照植根于生活中的各种规则、风俗习惯、宗教道德及其本人的袖里乾坤行动。甚至它本身就是人们社会生活的一部分,人们的行为事实、社会生活本身就是活法。从这一角度来看,活法是行动中法的前提,因为只有社会生活中存在着一定的规则,才能影响人们的行为。

（三）行动中的法理论的挑战与研究

行动中的法的上述特点，不仅对我们的法社会学研究提出了很高的要求，同时也向执法者尤其是法官的业务素质与道德素质提出了挑战。

正因为纸上的、本本上的法律是死的，它要依靠人们的守法、执法行动才能使法律真正有效。所以，执法者重心是法官如何执法直接关系到法律的生命与意义。行动中的法理论对法官素质的挑战集中在两个方面。第一，对法官业务素质的挑战。它需要法官具备前面所述的系统眼光、历史素养、高超的洞察力与智慧等素质。因为，成文法或普通法往往过于原则或抽象，难以与具体形象又千姿百态的生活事实一一对应，需要法官在运用中加以解释或重新理解。尤其是法律与事实均会出现一些模糊之处或不确定性，这就更需要法官的创造力。所以，法官对法律规范的确定性或不确定性和事实之间的协调发挥着重要作用。尤其是当前法治程度尚不高的中国，法官与司法是老百姓观察、认识中国法律的窗口。因此在司法过程中，法官既要尊重法律的权威性与自然法的精神，又要避免条文的教条式运用，注意社会效果。正如卡多佐认为法律制度的根本目的在于社会福利，为达这一目的，法官必须选择最合理的手段，对不同的利益进行比较权衡。这既需要法官拥有深厚的理论知识与业务水平，善于运用社会学方法，考虑各种可能冲突的因素如逻辑的、历史的、习惯的、道德的、法律的确定性和灵活性、法律的形式与实质等等，来衡量什么才是最终的社会福利。其所拥有的理论知识和智慧使得法官能够对法律去予以实现和服务的目的作出真实的判断，还能够对将要运作的案件事实有洞察力和表达力。第二，对法官道德素质的挑战。法官若仅有业务素质与水平，而没有责任心和良知，依然不能让法律得到适当的实施和达到增进社会福利的目的。因此，法官必须具有这种不放弃、滥用自己职责的责任心，保持始终诚惶诚恐的谨慎。若法官贪污受贿，滥用职权，那就不仅仅是司法不公，民冤载道的问题，而是如培根所说的污染了水源，彻底地毁灭了法律与法治。因此，行动中的法理论要求法官具有优良的品德和正义之心，强烈的责任感和使命感。否则，最完美的法律也是无法服务于现实和成就其初衷的。

行动中的法理论对法官素质提出挑战的同时，对研究者也提出了挑战。即如何去对行动中的法进行法社会学的研究呢？行动中的法的核心是执法主体尤其是法官的执法行为或执法事实。所以，我们在研究时就须扣紧这一核心。在此以法官为例。要考察法官的执法行为或执法事实，就须去注意围绕着法官执法的主客观因素。法官为什么要这样判决，是如何作出判决的。从法官的主观因素考察。一是考察法官的有意识行为，法官是如何有意识地使法律如此这般地执行的或使法律产生异变的，这种状态的研究多采用现象学、常人方法论、符号互动论等方法，这一点可参照最后一章中辛普森案的示范。二是考察法官主体的无意识,如法官的袖里乾坤、案件事实的模糊性的制约,这种现象的研究只能采用结构主义、象征论、文化解释学、符号论与交往行为理论等,在西方还有法官的阶级阶层来源理论,如法官的出身是中产阶层还是低层或富裕阶层,民族、种族、宗教信仰、学历等。这个层面须考察几个内容:一个是指法官在司法过程当中,按照他们的袖里乾坤与无意识建构材料和进行判决,而这个过程背后体现的是一种结构,是一种微观的结构支撑着他们的建构与裁决。他们的意愿是受到他们自身摆脱不了的阶级偏向的结构主义的影响,所以他们的意愿,本身就是由种族、文化程度、经济状况、所属阶层等这些东西构成,而他们对这些因素很少进行反思,也就是说作为一种理所当然的东西,这就构成了法官的无意识,这个影响应该列为微观结构主义的影响。另一个是案件事实模糊性的考察,重在认识到卷宗材料所展示的事实,仅是拟制的事实,而非原生事实,卷宗里符号所产生的意义也不是原初事实场景中全部主体互动时所产生的意义。另外,除却文字符号本身意义的多变性与象征的模糊性,还有记录者将事实凝固到拟制空间中时,由于认知的局限性所致的对事实所做的取舍的无意识。所有这些导致案件事实的模糊性因素,对许多法官而言,常常构成他们判断案件时的无意识。三是从法官的情绪、心理等因素去考察,甚至有人提出对法官作出判决那天从起床后用餐、交通、接触到的人、身体状况或前几天的行动等所有事实作出观察;法官的心理研究则较复杂,则涉及宏观与微观理论,但法社会学仅仅关注法官执法时作为事实的心理状态。四是围绕着法官执法时的客观场景研究。如案件的社会结构、客观场域、既有的语义系统等,对此布莱克、布迪厄、皮尔斯等都有精彩的研究。这种研究因对象的复杂性采用的研究方法多有不同,对此本书多个地方有介绍。20世纪的后半期,将现象学引入法社会学的研究在国际社会兴起,取得了大量的研究成果,美国最为丰富,他们大量运用现象学方法去探讨主体性体验。如当事人的个体体验,司法机构的工作人员的主体性考察,法官在具体审判过程中是什么样的角色与主体感受是什么。这些研究国内尚缺乏,本人的一篇《法律在司法过程中的异变》算是此类研究的一个探索。对此,在中国还要特别注意无处不在的潜规则与中国特殊的文化语境这两个因素。总之,行动中的法是法社会学领域的一个重要研究领域,它的复杂性使得社会学和法社会学的多种方法论、方法在其中得以体现,它也最能挑战我们法社会学研究者的水准与理论素养。

第三节 压制型法、自治型法与回应型法[①]

这一章我们主要介绍社会学意义上的法律规范的类型或者说社会存在形式。如果说前两节制定法与民俗习惯、行动中的法与活法的分类主要从法律规范的横向关系来考察法律规范的类型,那么,接下来就是从纵向关系来考察,我们可以将之称为法律规范存在的历史形式。这种研究主要是塞尔兹尼克与诺内特的贡献。

一、压制型法

塞尔兹尼克、诺内特在《转变中的法律与社会》一书中,根据法律与社会秩序的关系,用一种他们自称为"发展模型"的方法[②],将法律的存在形式分为三种类型,即本节要介绍的压制型法、自治型法与回应型法。这种形式本书将它们称为法律存在的历史形式。之所以这样定位,是因为塞尔兹尼克、诺内特是在发展的序列中将法律分类的,他们认为这种"发展模型"都有一个潜在追求,即"探索能够解释那些其根源和方向被筑入某一现象的结构、无计划且反复发生的转变的各种理论。……其要点是,极力探寻一种明确的变化倾向,以致在运动的一个阶段所设置的那些有系统的推动力被认为在运动的另一个阶段产生了各种独特的结果"。[③] 所以,基于这种"发展模型"的法律分类是有次序性的。若将它们置于与社会的关系中,这些次序就表现为法律存在的历史形式。首先,我们来介绍塞尔兹尼克、诺内特关于第一种类型的法的主要内核。

压制型法假定:"任何既定的法律秩序都可能是'凝固的非正义'。"[④]这样压制型政权就可以名正言顺地将社会中的各种利益在现行特权和权力体系的保护链条上任意放置。压制的最显著特征是"为了确认支配权、镇压离经叛道或平息抗议而无限制地使用强制"。[⑤] 而"压制的共同根源是统治精英可以利用的资源贫乏"。[⑥] 他们认为:压制型法最独特、最系统的形式表现出以下特征:(1)法律机构容易直接受到政治权力的影响;法律被认同于国家,并服从于以国家利益为名的理由。(2)权威的维护是法律官员首先关注的问题。尤其是现行体制与行政的权威。(3)诸如警察这类专门的控制力量变成了独立的权力中

[①] 参见〔美〕诺内特、塞尔兹尼克著:《转变中的法律与社会:迈向回应型法》,张志铭译,中国政法大学出版社1994年版。
[②] 同上书,第22页。
[③] 同上。
[④] 同上书,第29页。
[⑤] 同上书,第33页。
[⑥] 同上书,第36页。

心,且能够抵制政治权威。(4)二元法体制(出自坦布鲁克,即无特权者的法律——主要是公法性质的,由专门的国家机构操纵,与政治便宜性的诸项要求相符合,任务是控制,特征是规定性和严厉的刑罚性;特权者的法律——主要是私法性质的,是自主的社会安排)通过强化社会服从模式并使它们合法正当,把阶级正义制度化(法律把无特权制度化、把依附制度化、把贫困状况刑事化如有关流浪罪的法律规定,组织对"危险阶级"的社会防御)。(5)刑法典反映居支配地位的道德态度;法律道德主义盛行。①

塞尔兹尼克、诺内特通过上述压制型法主要内容的介绍,对他们展开了围绕压制与权力系统、官方观点、强制机器、二元法与阶级正义、法律道德主义与惩罚性法律等最蕴含着压制型法社会学意义的方面展开了研究,从而对这种类型的法与社会性质之间的关系作出了理论上的阐析。

二、自治型法

塞尔兹尼克与诺内特接着对法律存在的第二种形式继续研究,他们认为:"随着自治型法的出现,法律秩序成了控制压制与专横的一种方法"②,也即法治。所以法治诞生于法律机构取得足够独立的权威以对政府权力的行使进行规范约束的时候。而拥有这种"专门的、相对自治的法律机构"体系的就称为自治型法的体制。③ 在这种机制下,"巩固和捍卫法律机构自治是法律官员关注的中心"。所以,"自治型法的主要属性可以概括如下:(1)法律与政治的分离,二者界线分明;(2)法律秩序采纳'规则模型';(3)程序是法律的中心;(4)'忠于法律'被理解为严格服从实在法的规则。"④

塞尔兹尼克与诺内特在对自治型法的主要内容与特征作出揭示以后,以与研究压制型法同样的方法,对与自治型法相关性最强的或从自治型法的研究中延伸出来的关于正统性与自治、法律与政治的分离、法律形式主义与规则模型、程序与自我约束、要求服从、法律批判与法律发展等方面作出了说明与阐析。这种研究让我们更加认知到自治型法存在的根源、历史与社会价值、其缺陷与未来的发展方向等,从而对这种类型的法作出更深度的研究。

三、回应型法

回应型法在塞尔兹尼克和诺内特看来,则出于"更多地回应社会需要"⑤,

---

① 参见〔美〕诺内特、塞尔兹尼克著:《转变中的法律与社会:迈向回应型法》,张志铭译,中国政法大学出版社1994年版,第35页。
② 同上书,第59页。
③ 同上。
④ 同上书,第60页。
⑤ 同上书,第81页。

"更完全、更理智地考虑那些法律必须从它们出发并将被运用于它们的社会事实"①。这种类型的法是他们研究的重点。下面我们来学习他们是如何对回应型法展开研究的。

将回应型法研究的第一步建立在"法律机构应该放弃自治型法通过与外在隔绝而获得的安全性,并成为社会调整和社会变化的更能动的工具"上。② 然而,由于开放性与忠于法律的完整性之间的二难选择,压制型法与自治型法都走向了维护一方的极端,而回应型法则"力求缓解上述紧张关系"。③ 它主张:"一个回应的机构仍然把握着为其完整性所必不可少的东西,同时它也考虑在其所处环境中各种新的力量。……只有当一个机构真正具有目的性时,才会存在完整性和开放性、规则和自由裁量权的某种结合。因此,回应型法相信,可以使目的具有足以控制制定适应性规则的客观性和权威性"④。由此得出了回应型法所具有的基本特征:

第一,"法律发展的内在动力加大了目的在法律推理中的权威"⑤。回应型法阶段,我们强调法律目的在法律权威中的作用。法律目的是什么？是维护正义,维护社会秩序。这与严格遵守法律产生了冲突。举个例子,如果杀了人,很严重的犯罪,但因为法律没有规定就不能被处罚,因为自治型法要求严格遵守程序、法律,也就是说法律没有规定的,不能处罚。然而,我们明显感到不公正,非正义。按照回应型法的要求,为了维护正义的目的,即使法律没做规定,照样可以处理。所以,"如果法律强调原则与目的,执法机构就有了一种丰富的资源可用于批判具体规则的权威"⑥。"要使目的既获得肯定性权威又获得批判性权威,法律必须在目的普遍化时能够详尽阐述法律机构的任务"⑦。什么是目的普遍化,法律有一个总目的,我们以前讲过,维护正义,维护社会利益与社会秩序,实现社会治理或社会控制,这些目的都较宏大,我们把它们称为法律的终极目的。这些目的要具体化,即把普遍的目的转化为具体的目标,就要具体化到机构里面。如为什么要有法院、检察院、律师。他们的目的是什么,任务是什么,要确立。目的的普遍化就是通过机构的任务和职责的明确来实现。如法院要处理纠纷,解决争端,审判犯罪,有这样的目的,则法院的工作性质,工作职责就建立起来了。围绕这个目的,法院在审理案子的时候,就会围绕其目的再行具体化,目

---

① 参见〔美〕诺内特、塞尔兹尼克著:《转变中的法律与社会:迈向回应型法》,张志铭译,中国政法大学出版社1994年版,第81页。
② 同上书,第82页。
③ 同上书,第85页。
④ 同上书,第85—86页。
⑤ 同上书,第87页。
⑥ 同上书,第91页。
⑦ 同上书,第93页。

的普遍化就是这样通过目标链环环紧扣自上而下的诠释把普遍目的转化为具体目的,从而建立使命,也即界定使命。

第二,"目的使法律义务更加成问题,从而放松了法律对服从的要求,使一种较少僵硬而更多文明的公共秩序概念有了形成的可能。"①如果原则和目的是批判规则的手段,那么一种代价就是对权威的侵蚀和公民服从义务的减少。通俗地讲就是自治型法要求严格服从法律、忠于法律,严格遵守是非常刚性的。但强调目的就不能完全严格服从法律,它可能导致每个人都以目的为借口和理由,满足自己愿望而随意违反法律和侵蚀或削弱法律的权威。所以,这里存在一个悖论。当然,这种观点认为若要不服从法律或违背法律,前提是旨在促成人类文明。但文明是抽象的,不同的社会有不同的理解,如人权概念的不同解释,发达国家与发展中国家就不相同。文明的界定同样会存在争议。有人认为这种法律权威极大的可变性是一种发达的法律体系的最显著特征之一。"在一种发达的体系中,法律判断的逻辑与道德判断和实际判断的逻辑变得紧密和谐起来。"②故,"回应型法在认识法律判断的复杂性和放松对服从的要求的过程中,表明了一种更广泛的理想"——对文明的承诺③,即"肯定一个真正的政治体的任何成员都不应处于无保护状态的原则。它特别关心的是,在一种假定和承认个性、多样性和由此而来的冲突的政治场合下,维持一种道德共同体"。④ 因此,为了树立目的权威,减少法律的刚性,建立文明的秩序,必须要面对三点要求:司法人员的素质要求;对法律规范要求越来越高;对文明概念的把握提出更高要求,进而促使法律和人文科学的发展。

第三,"由于法律取得开放性和灵活性,法律辩护就多了一种政治尺度,即法律解释就多了一种政治参与的功能。由此而产生的力量虽然有助于修正和改变法律机构的行为,但是也有损害机构完整性的危险。"⑤对规则模型的批判与对目的的强调,使得法律程序内部增加了参与法律制定的机会,法律舞台成了一种特殊的政治论坛。这是基于一种司法部门的责任,即保护那些在多数统治的政治中容易被忽视的价值和利益的责任,因而成为政治行为的一种补充。

总之,从上述三种类型的法律形式的内容和特征来看,似乎每一种都对应着一种不同的社会制度或社会类型。其实,它们都只是一种抽象的概念或一种理想类型,实际中的法律秩序都不可能是其中之一种绝对一贯的体系,都可能具有

---

① 参见〔美〕诺内特、塞尔兹尼克著:《转变中的法律与社会:迈向回应型法》,张志铭译,中国政法大学出版社1994年版,第93页。
② 同上书,第99页。
③ 同上书,第100页。
④ 同上书,第101页。
⑤ 同上书,第87页。

混合的特征。只是它所表现出来的要素或基本状态可能比其他类型的法律秩序更接近于一种类型而已。所以,在这种意义上而言,每一个历史阶段中的每一个社会所表现出来的法律形式可能主要接近于某一种类型,我们将之称为法律存在的历史形式或社会形式。而其又相对应地表达出某一特定的历史阶段某一社会的结构与性质。因为法律是镶嵌在社会母体中的,二者的性质与结构密不可分。所以,若是要了解一种社会特定的法律类型,就不能不将它们放置到更广阔的法社会学视野里,去研究相应的社会结构、体制、性质,同理,若要了解一个特定社会的性质、结构,也不能不去考察这个特定社会之中的法律存在形式或法律类型。所以,塞尔兹尼克和诺内特提出的三种法律类型,为我们提供了一种颇有研究价值的法律存在的历史形式,也因此使得他们的这部著作成为我们法社会学的经典著作。

【思考题】

1. 请谈谈制定法与民俗习惯的利弊及相互关系。
2. 哈耶克是怎么解释活法的?
3. "探讨这种潜在的、活的法律,它不是命令性规则的法律也不是官僚性的政策,而是人类相互作用的基本法典,一直就是法学家(主要指法社会学家)艺术的主要内容,而无论在哪里,法学家们都在用深刻的见识和丰富的技巧在从事着这种艺术。"昂格尔在这段话中告诉了我们什么?
4. 川岛武宜是如何通过法律命题与活法的关系分析提出法社会学的任务?
5. 法社会学是如何去研究考察活法的?
6. 什么是行动中的法?它与活法有什么联系与区别?
7. 法社会学如何去对行动中的法进行研究?
8. 为什么说压制型法、自治型法与回应型法是法律存在的历史形式?它们三者的主要内容是什么?
9. 如何理解回应型法的其中之一特征即"法律舞台成为一种特殊的政治论坛,法律辩护多了一种政治尺度",即法律事务成为了对政治行为的一种补充?
10. 本章区分的几种法律类型有法社会学上有何意义?

【参考书目】

1. [美]E.博登海默著:《法理学:法律哲学与法律方法》,邓正来译,中国政法大学出版社1999年版。
2. 苏力:《送法下乡:中国基层司法制度研究》,中国政法大学出版社2000年版。
3. [美]O.W.霍姆斯著:《普通法》,冉昊、姚中秋译,中国政法大学出版社

2006年版。

4. 〔美〕唐纳德·J.布莱克著:《法律的运作行为》,唐越、苏力译,中国政法大学出版社2004年版。

5. 〔美〕卡尔·N.卢埃林著:《普通法传统》,陈绪纲、史大晓、仝宗锦译,中国政法大学出版社2002年版。

6. 〔英〕弗里德里希·冯·哈耶克著:《自由秩序原理》,邓正来译,生活·读书·新知三联书店1997年版。

7. 〔美〕R.M.昂格尔著:《现代社会中的法律》,吴玉章、周汉华译,中国政法大学出版社1994年版。

8. 〔日〕川岛武宜著:《现代化与法》,申政武等译,中国政法大学出版社1994年版。

9. 〔美〕诺内特、塞尔兹尼克著:《转变中的法律与社会:迈向回应型法》,张志铭译,中国政法大学出版社1994年版。

第八章 立法的社会学观察

第一节 立法的首要条件

一、中国的立法现状与经典法社会学家的论述

所谓立法当然是指正式制定法律的过程与活动,它的产品就是制定法。制定法是一个国家的权威机构有意识追求的结果,它是一种人类的理性行为。那么,究竟怎么样的立法是最好的呢?最重要的是要让所立之法与当时社会现实需求相适应,及这种适应度与人类文明和社会进步相协调,形式和内容都如此,这是立法的首要条件。

中国的现代立法从清末沈家本等人编纂"六法全书"开始,一直到新中国成立,法律与社会需求的适应度都极低,法律的执行效力很差。审视我国当前的立法,也同样存在着法律内外两方面的令人忧虑之处:第一,简单移植完全不同于中国法律传统的土壤中生长的西方法律模式,用西方的法律概念、法律准则、法律理念来解释、裁剪中国问题。如破产法,刚开始根本实施不下去,因为我们的企业和英美的差别很大,国有企业如何破产?后来国企改革,分离所有权和经营权,仍解决不了一个根本问题。而对地方企业的破产,还和地方财政挂钩。另外在处理破产时还要考虑第三方债权、税收、变相兼并等,如果借用英美的破产法来处理,肯定解决不了问题。现在的破产法比原来是进步了。中国这样的法律有很多。用西方的法律概念、原则来裁剪中国问题会导致两方面的危害后果:一方面,可能毁弃固有的法律传统,毁坏传统的生长机制和发展能力。有一些传统的法律元素本来可以成长为我们所用的,但是被毁坏了。尤其在婚姻家庭、继承、损害赔偿等民事法律领域。另一方面,因"中国传统法文化陈陈相因,在古代就获得了体系上的高度和谐与超常稳定。传统的法控制指令,潜入了中华民族的心理底层"。因而导致"它控制着新的法律体系的运转,使法律在社会实现过程中向既往的历史回复"。① 这就意味着现实中传统的法文化能够使得这种西体中用的新法律体系流于虚无,回复到仍由传统法律权威发生实际作用的过去。第二,由于领略到由发达、完备的法律体系培植起来的井然有序的西方社会

---

① 参见陈晓枫:《中国法律文化研究》,河南人民出版社1993年版。

秩序的好处之后,就开始大肆立法,而忽略了中国公民执行法律实际能力与法制素质低下的现实状况,这就易造成法律归法律、事实归事实的两条互不相干的平行线的困境。西方的法律体系能产生这么好的法律秩序,是因为有一系列制度上配套的东西,也和民众的素质有关。如生产一个产品,本应抱着很诚实、很信用的态度,而诚实信用的态度就能减少甚至湮灭恶意的产品质量事故。德国、日本的产品之所以在国际市场上声誉好,是因为他们产品质量特别好,哪怕一个配件螺丝都很讲究,这就是一种诚实信用态度在产品中的体现。我们连食品、药品都存在这么多的隐患与风险,说明我们一部分民众的素质确实存在问题,目前虽在改进,但是由于我国的历史条件造成的公民接受、认同和消化法律的能力与法制素质低下的现实状况不是一下子就能改善的。这就迫使我们需要对立法作一些反思了。

培根曾说:倘无迫切需要,不应立法,即便立法,亦应虑及现实的法律权威。[1] 他认为:只有在文明和知识已然超越前代的时代,才可操持此业。[2] 如果以往时代的作品因当下的无知而遭毁弃,那才真正令人堪悲。[3] 培根为什么如此说,理由是什么? 因为文明和知识若不能超越前代,就不能准确地理解、把握前人所立的法律,也就无法穿透前人的智慧,更谈不上提升前人立法中所包含的思想了。那么,在这种条件下若是修改旧法或重新立法,则可能会导致更愚昧落后的法律的诞生。这种法律不仅不能促进人类文明和社会进步,相反,则会对既有的文明和进步造成极大的破坏甚至毁灭。

萨维尼也曾经指出:如果是在一个并未达臻此一艺境[4]的时刻编纂法典,则下列弊病势无可免:司法表面上似由法典规定,而实际则由法典之外、充任真正的绝对权威的其他什么所调控,不管怎样,这一假象导致了最具灾难性的后果。[5] 萨维尼指的虽是编纂法典,但其对所有的立法都具有普遍意义。萨维尼在这段话中要告诉我们的是什么呢? 法典由于其形式上的权威地位所拥有的影响力,而将人们的注意力吸引到其形式上包括其所有与当时时代接洽或严丝合缝的各种术语、概念上,而真正的法律权威(如自然法精神)却不能借助于法典形式所拥有的地位和影响力而在现实生活中得到真实的施行,并从民族的道德力量中获取营养使自身进入圆融之境,这种后果的严重性是不可估量的。

美国社会学家威廉·M. 埃文(William M. Evan)在研究美国种族关系法时,

---

[1] 参见〔英〕培根著:《培根论人生》,徐飞译,黑龙江科学技术出版社2012年版,"论司法"一章。
[2] 指编纂法典。
[3] 参见〔英〕培根著:《培根论说文集》,水天同译,商务印书馆2008年版,第59—64页。
[4] 艺境指存在或已确认能够推导出存在于一切法律概念和规则间的内在联系及其确切的亲和程度的公理。——作者注
[5] 参见〔德〕弗里德里希·卡尔·冯·萨维尼著:《论立法与法学的当代使命》,许章润译,中国法制出版社2001年版,第18页。

也曾经列举了7个有效立法的必备条件。①（1）制定新法的机构必须具有权威性。立法机关由于其民主授权的基础而具有立法的当然合法性,而次一级权威性如行政命令、管理机构的决定和法院的决定尤其是后者,由于其作为政策制定机构的合法性问题而常常受到质疑。（2）表述新法的基本原理须与已有的文化和法律原则保持一致和延续性。（3）须搞清楚法律要求的新行为模式的性质、意义与社会现实企求。即现实中的社会、社区、集团对它们有什么需求,这些新行为模式性质是什么,法律目的是为了什么,搞清楚诸如此类的问题。（4）法律制定与生效之间时间的合理安排。因为在拟制一部法律时,应该考虑社会变迁所需要的时间因素,使人们确信由法律引起的变革是被理性控制着的,立法政策是审慎而有远见的。（5）执法机关的行为必须受到法律的严格约束。（6）法律的积极鼓励与消极处罚同样重要。所以,采用积极鼓励方法同样也能使法律促进社会变迁的效果,并不是只有处罚和各种损害赔偿才能实现。如现代法中关于授权、津贴、税收及其他特许权等等规定就是一个佐证。（7）对于因他人规避或违反法律而受损害的人,他们的权利必须受到有效保护。这是埃文针对美国社会提出的,是一些关于立法的具体条件,具体条件要与特定的社会、国家相联系,要尊重各国的国情。当然,立法的首要条件是前提和基础,最为重要,如果不搞清楚这些问题,纵使立法也是枉然,不仅达不到立法的目的还要破坏已经建立的现有文明。

二、满足立法首要条件的重要性

上述经典法社会学家的论述所要告诉我们的是满足立法的首要条件的重要性,他们对未达到首要条件的立法所发出的警告不是危言耸听,而是富有前瞻性的智慧的洞悉,也体现出他们对人类文明的深切关怀。因为,凭借他们的智慧与知识,他们已清晰地意识到不满足立法首要条件时立法的灾难性后果,这些后果包括:

第一,即便有形式完备的法律体系存在,但如果法律与实际生活及现实需求不相适应,那么真正在现实生活中发挥作用的就不是法律,而是法律之外的其他权威,如民俗习惯、道德宗教、伦理等,而最为可怕的是当这种权威是某一专制权力或多数暴政或落后腐朽的文化或某一个领导人或精英集团(如政党、军队、金融组织)时。如在军阀割据时期,法律在那里其实只是形式,实际统治他们的是军事权威,地方上的统治或治理则主要仰仗传统权威,法典实际上仅是一个摆设,这将导致最具灾难性的后果。虽然法律形式上很完备,但实际执行过程中并没有发挥多大作用。甚至,法律对人们的行为、行动没有任何意义,这种现象或

---

① William M. Evan, *Sociology of Law: A Social-Structural Perspective*, Free Press, 1980.

后果将使人们从心理上、意识形态上都无视法律的存在,人们从内心深处忽略、轻视法律的权威,随着时间的推移,这种意识潜入民众或民族的心理,渗透到文化传统里代代相传。这一事实带来的后果将导致法律的虚无主义。久而久之,在整个社会、民族中就会失去法制得以生存的土壤与文化基础。

第二,由于,强加的法典不能适应现实需要,法典之外的"绝对权威"就会假借法典名义任意妄为,打着维护公益的旗号侵犯各种私权和公共利益。法官、司法机关就可以借助法律的外壳任意判决,而将法律的真义与规定置之高阁,在司法过程中,法官说怎么判就怎么判。那么,其他职能机关也会依法仿效,这种现象将势不可免地导致司法权滥用和各种权力机关、行政职能机关的权力滥用,然而却进入了制度的框架,披上了合法的外衣,从而以制度和合法的形式进行着摧毁人类文明的勾当。总之,一旦法律之外的其他权威借助于法律的形式,它就会导致执法者的任意妄为,它可能使人类数千年来不断努力才建立起来的文明成果破坏殆尽。所以,这种后果是灾难性的。

第三,更为严重的是,如果不存在能够推导出一切法律概念和规则间的内在联系及其确切的亲和程度的公理,那么法典的概念和规则之间是不可能建立一种真正的内在联系,只能是一系列辞藻和概念的机械堆积。这种公理就是从能够促进人类文明与社会进步的自然法精神或有类似内涵的精神中推导出来的公理或原理。只有在这种公理的指引之下,才有可能建立法典中一切法律概念和规则间的有机联系及其确切的亲和程度,才能将真正的法律权威寄居在这些概念和规则之中。而这一切需要立法者具有超越前人的智慧和娴熟地驾驭法律概念与术语的高深技巧。

第四,即使具备了上述所有,怎样才能找到真正的法律权威的生命所在,也是一大难题。萨维尼认为:只有考察民族的现实生活,比较研究往日民族生活的历史,今古观照,才是厘清一切立法之得于立基的生命源泉之所在。① 否则,法律的权威只能是假象,至多是形式上的。

第五,用韦伯的话来讲,一个民族要始终以本民族和社会最长远、最根本的利益为行动准则,排除一切其他短期、局部利益对行动的影响与干扰。援引到立法中,也是同理,立法不仅要追求"特定时空下文明"的适应度,还需考虑长远的、根本的社会利益与目标。

这既是萨维尼在这段话中要告诉我们的含义,也是培根那段话中要昭示的意义。其实,关于这一点,许多法社会学家、思想家都有过论述,如康德、庞德,这里不再展开。我们之所以给予罗马法以无比荣耀的地位,绝不仅仅是指《查士

---

① 参见〔德〕弗里德里希·卡尔·冯·萨维尼著:《论立法与法学的当代使命》,许章润译,中国法制出版社 2001 年版,第 18 页。

丁尼法典》等诸如此类法典的完美形式。我们现在看来,它里面很多的法条都过时了。若将它还原到当时的历史中,罗马法与当时的社会需求是如此完美地契合。它传递出这样一种精神:这是一种关于法律天赋、法律价值尤其是有形法律与其所居之民族个性、时代和社会需求的相谐促进而造就一个强盛的帝国的意义,以及留待后世之一种无上的价值、智慧及进步的典范意义。通俗地讲就是当时的罗马立法既契合了当时的社会需求,又符合人类进步的长远目标和体现了自然法的精神。所以它的法律造就了当时强大的罗马帝国。罗马法最重要的价值,是以其独特的纯净形式,蕴涵了永恒的正义规则,因而赋予其自身以自然法的秉性。同时,"以其具有的实际惩罚功能,使其具备了实在法的功能"。[①] 因此,罗马法兼有双重特征:形式美与内在美;自然法秉性与实在法功能。罗马法因此成为这方面最好的典范。

法律如何与所居的民族的需求、个性、所处的时代相和谐固然重要,譬如,我们现在立法,首先要考虑怎样立法才能和我们的民族精神相契合,才能促进中华民族的真正崛起。比如我们的《劳动合同法》,为什么出台时民众一片哗然呢?现在美国等很多西方国家都在评论它,国内外对一部法律的反响都如此强烈,责难不少,那么这部法律就可能确实存在问题,需要反思。如我国现行的劳动法借鉴了很多英美的制度,但它是否和中国当下的需求相适应,是否与我国配套的其他制度相适应,诸如此类的问题都值得好好研究。除此之外,法律与现实的适应度要与人类文明和社会进步相协调这一点更为重要,难度也更高。因为现实需求常常会有短视与盲点,它更需要立法者的卓越智慧与高瞻远瞩的能力。一部法律的出台要去考察是否至少在一个领域或一个阶段是推动了社会进步的,而这个进步是否能够推进更宏大的长远的目标实现。任何一部法律的出台都需要放置到一种目标链中去检视,直推至终极目标的尽头。只有这样考察,这个法律制定出来才有科学性、前瞻性。

三、对立法基本条件的考察

将上述综合起来,培根与萨维尼所指的立法的首要条件是在立法的最高层次上,即寻求自然法与实在法的契合点,推演和挖掘出一种文明、进步的法律公理并能将之有效地融化到实在法中去,而埃文所指的条件则已在如何科学地进行实在法立法这第二个层次上,我们称之为基本条件。即将一般公理与具体的国情与社会现实有机联结起来,制定出真正良法的基本条件。如何对这两个层次的立法条件进行科学的考察,是摆在立法面前的最大难题,也是我们法社会学

---

① 参见〔德〕弗里德里希·卡尔·冯·萨维尼著:《论立法与法学的当代使命》,许章润译,中国法制出版社2001年版,第22页。

的现实任务。

对第二层次即如何科学地进行实在法立法的考察,重点在欲立之法对社会现实需求的适应度方面的考察,主要还是采用实证的研究方法更为有效。这就需要在立法之前,对各区域、各民族、各种团体、各行各业、各个层次、各个群体的各种需求,对整个社会的经济、政治、社会、文化、人口、地理等所有的现实状况作全面的考量,问卷、访谈、田野调查、统计分析等等都是测量这些问题的有效手段。现实需求度考量最难的问题是:什么才是真正的需求,而不是表面的、局部的、暂时的需求,是从这个民族、这个社会中内生出来的真实的、长远的、整体的需求。所以,对现实需求度的考察还免不了对民族历史的考察。而人也是需要特别加以考察的,因为所有的法律无非是规范人的行为之用。正如查士丁尼所言:"首先考察人,因为如果不了解作为法律对象的人,就不可很好地了解法律。"① 当然,现代国家人口数量的庞大,不可能做到对每个人都一一加以考察。所以,需要对人口划分各种类别、各种层次,了解人的总体状况与结构,包括特定国家人口的数量、质量、分布、性格、结构,及深入到各区域、各民族、各种团体、各行各业、各个层次、各种群体之中的人们的真实需求,列出所有的需求清单。又因为,现代法律是针对人的行为的法律,因而还特别需要对人的行为进行分门别类的考察。而问题从来都是认识一个社会现实需求的标识,所以,还需要对一个特定社会所存在和暴露出来的所有问题、冲突做深入调研,然后加以汇总分析。诸如此类的考察林林总总,既然是现实需求的适应度和实在法的立法考察,就须立足于经验知识的基础上,而经验越丰富多样,则获得的知识也越全面翔实。而获得的经验知识越丰富翔实,则立法也就越有科学性。

在法律要与人类文明和社会进步相一致或促进人类文明与进步这第一层次上,关键在于推演和挖掘出一种文明、进步的法律公理并能将之有效地融化到实在法的一系列原则中。对这一方面的研究则主要采用逻辑分析、比较分析、资料的统计分析与历史分析的方法进行综合研究。这方面可以借鉴的经验很多,从查士丁尼、卢梭、摩莱里、康德与黑格尔到梅因、萨维尼、奥斯丁、庞德与狄骥等,都是这种从逻辑中获取知识的典范。正如罗素所说"一个逻辑理论可以通过其处理疑难的能力而得到检验。在思考逻辑时,头脑中尽量多装难题,这是一种有益的方法,因为解这些难题所要达到的目的与自然科学通过实验达到的目的是一样的"。② 逻辑的方法同样也是可以获取知识的,但它须建立在大量资料与众多的问题假设基础上,这种知识虽与经验知识不同,但它依然对人类文明的发展

---

① 参见〔罗马〕查士丁尼著:《法学总论——法学阶梯》,张企泰译,商务印书馆1989年版,第11页。
② 参见〔英〕伯兰特·罗素著:《逻辑与知识:1901—1950年论文集》,苑莉均译,商务印书馆1996年版,第57页。

和知识的增量扩展作出了与经验知识同样重要的贡献。因此,比较、资料统计与历史分析的方式都可以在这种框架内大施拳脚。但逻辑的过程毕竟不同于经验知识的获取过程,它需要以一套严谨的获取知识的机制、原理与方法为基础,而推演和挖掘出一种文明、进步的法律公理,更需要一系列的价值判断和择优选择的过程,这既需要将文明与进步放置到最高的目标链上去进行推演选择,还需要对文明与进步到法律公理之间进行纵向的具体化推论。而要将之融化到实在法的一系列原则中,也就是威廉·M.埃文所做的这一层次上,除须熟悉和尊重推演本身所具有的一套原理外,更需要立法者的素质及其所具备的立法艺术与技巧。

第二节 立法者的素质

一、经典法社会学家的观点

制定法是由立法者制订的,因而立法者的素质决定着制定法的生命力。正如密尔在《代议制政府》中所言:"几乎没有任何脑力工作像立法工作那样,需要不仅有经验和受过训练,而且通过长期而辛勤的研究又训练有素的人去做,一个具有决定意义的理由是,法律的每个条款,必须有准确而富于远见地洞察到它对所有其他条款的效果的情况下制定。"[①] 所以,立法者的素质是重中之重,没有罗马法学家们精深渊博的知识和各种法律、历史、文化素养就没有罗马法的辉煌;没有拿破仑的远见卓识和一批立法精英,就没有《法国民法典》的问世与代代相传。而这一切都归功于立法者的卓越素养。

按照萨维尼的观点,立法者应具备两种基本素养:历史素养,即确凿把握与每一时代相匹配的每一法律形式的特性;系统眼光,即在与事物整体的密切联系中(真实又自然的关系中)省察每一概念、规则。这意味着,立法者的素养决定着法律的质量与生命力。如我国现行的村民委员会自治法,原本旨在推进农村的民主建设,实际施行后却暴露出很多问题。我曾对华北农村与浙江农村进行过调查,发现很多类似问题。即在村民选举的拉选票过程中,存在着比较普遍的贿选、暴力现象,甚至形成黑势力。被选举人为了自身的利益之争不惜使用种种违法手段。本来推行村民选举制度的愿望是好的,是进步的事情,而实际的结果却令人失望,为什么?托克维尔在《论美国的民主》一书中描述了美国近两百年前的民主情形,尽管他们当时的民主也存在着许多问题,但呈现出的总体情形却是令人兴奋和乐观的,为什么?那是因为任何制度的建立与推行,要结合一定的

---

① 参见〔英〕J.S.密尔著:《代议制政府》,汪瑄译,商务印书馆1984年版,第76页。

社会条件、背景与民情,要与当时、当地的现实需求相适应。在我国现有的历史条件和社会制度下推行村民自治时机是否成熟?若是成熟,应建立怎样的自治制度、应怎样立法,才是真正符合我国当下国情的,这些都需要立法者的眼光与素质。所以,很多有远见的、有实践经验的作家和思想家都有这样的共识,在社会文明没有达到一定程度的时候,不宜制订法典。而要制订一些单行的法律,则既要与现实需求相适应,又要符合人类文明与进步的总目标。

也如马克思所言:"立法者,应该把自己看作一个自然科学家。他不是在制造法律,不是在发明法律,而仅仅是在表述法律,他把精神关系的内在规律表现在有意识的现行法律之中。如果一个立法者用自己的臆想来代替事物的本质,那么就应该责备他极端任性。"[1]如此,马克思在此提出了立法者不仅被要求在智慧上超越当代及此前的一切时代,还要求立法者须具备科学家精神和一种负责任的品德。因此,立法就不能够是人人参与,尤其是制定法的最后统筹编纂只能是一部分人。因为具备上述条件的人毕竟是少数人。客观上,非小国寡民的国族,也难以让人人参与,只能将之委托给能胜任的少数精英或机构担任。因此,这少数精英就必须是符合上述条件的真正的精英。

摩莱里更是从对低劣的立法者的行为及其恶果中说明立法者素质的重要性,他说:"在追溯一切社会的起源,即追溯赋予社会以某种形式的制度的时候,人们就会发现,那些只给人类的病患以治标药物的法律,可以被视为拙劣疗法之恶果的始因。人们也可以把这些法律指责为祸害的第二原因,由于其草率而致酿成祸害或无法预防祸害。这些法律的制定者常常把真正的弊病当作好事,可以说致力于给缺陷本身及与良好秩序不相容的事物以完美的形式,并使其制度化"。[2]摩莱里在此指出了那些治标不治本的法律的祸害与恶果,实质上是在制造更恶劣、更危害的后果,它使得真正的祸害无法得以及时发现和预防治疗,最后酿成无法挽救的恶果。这就是低劣的立法者所带来的恶果,因为他们没有这种洞察力与智慧,透视不到真正的病因,所以给不良事物冠之以美好与合法的形式。当然,这些事表面看来是好事,但若置于人类文明与进步的终极目标链上可能是一种恶果或祸害,至少只是一种治标不治本的药物或暂时麻痹性的药物。但这些立法者不具备这种洞察能力,这就是低劣的立法者的可怖又可怜之处。

二、中国的现状

第一节中所阐述的我国当前立法存在的这两方面问题,深刻地反映出我国

---

[1] 参见中共中央马克思、恩格斯、列宁、斯大林著作编译局编译:《马克思恩格斯全集(第一卷)1833—1843年3月》,人民出版社1956年版,第167页。

[2] 参见〔法〕摩莱里著:《自然法典:或自然法律的一直被忽视或被否认的真实精神》,黄建华、姜亚洲译,商务印书馆1982年版,第49—50页。

立法者的素质问题亟待重视,这是关系到一国的法律质量与法治进程的大问题。我国当下的立法机构,名义上主要是全国人大、国务院及其各部门和地方各级人大,也就是说是人大代表及相应的机构成员是立法者。但实际上,涉及两个方面的问题。一方面,真正起草法律的人员是部分相关专家,包括法学教授与司法人员,司法人员主要由法官构成。在现有的职业分工与知识体系下,这也属于正常的选择。问题是这部分法学教授能否代表其所在领域的真正精英,他们能否将该领域的与之相关的所有或有代表性的真知灼见与经验知识收集起来。另外,法官是否能代表司法界的所有人员。其实,在中国的现有体制下,律师这个群体的意见是值得重视的,因为他们熟悉甚至精通现有的法条,代表着民间力量,他们在公权力与公民个人之间,最能领悟到法律方面的不足与现实的真正需求。其他拥有部分执法权的行政机构的相关人员,也是不可忽略的相关意见与经验知识的承载体。那么,负责起草法律的专家是否将上述专家的意见都收集起来了? 这包括几点,第一,他们是否召开过足够让意见都反映出来的不同形式的这些相关人员的专家研讨会;第二,若召开了足够的研讨会,是否收集到了尽可能广泛又深入的意见与观点;第三,也是最关键的一点,起草法律的专家有无能力和足够的智慧将上述所有的知识、经验、观点、意见不作曲解与偏离地汇集起来,并且,科学地提取这些意见中的真知灼见并对其归纳、分类。另一方面,虽然起草法律的是相关专家,但最终能否得以通过的决定权在于人大代表。因这些代表是非法律专业人员,所以,他们所具备的文化知识与专业知识的素养、文明的程度与系统的眼光、现实的洞察力与人类文明的前瞻性决定了他们的判断力,也决定了一部法律的命运。即便是一部很优秀的良法,假若遇到了上述条件与能力欠缺的人大代表,那么,这部法律的命运也是不容乐观的。

因此,在中国现有的体制下,这就不仅要求法律起草的专家,还要求负责对法案审查、表决通过的人大代表都具备卓越的眼光与视野,具有前述这些经典法学家所阐述的基本素养与智慧,能够认知与穿透这些表象,运用一套科学的方法去判断一部法律。而法律专家更应该在立法的各个环节,包括一部法律诞生的各个阶段、各个部分,如问题假设、资料收集、统计分析、归纳总结、研讨会安排、法律起草、审查与判断等等,都能运用一套科学方法和渗透科学的精神去行动。假若没有或不足具备上述条件的专家与人大代表,就不应该立法。所以,在这种前提条件下,中国当下应该以广泛的途径发现与选择这类专家,汇聚起来如形成专家库,而不能局限于将一部法律交给某些大学的某些专家匆匆出台。同时,也应选择具备这类条件的人员作为人大代表,以保证法律的决定层拥有具备这样禀赋的人员。

三、立法者素质的考察

如何考察立法者的素质，这既是对一个国家政治决策者的挑战，也是摆在我们法社会学研究者面前的一个大难题。假如从密尔的标准出发，第一个标准，即"不仅有经验和受过训练，而且通过长期而辛勤的研究又训练有素"，考察难度系数相对要小；而第二个标准，即具有对"法律的每个条款，必须有准确而富于远见地洞察到它对所有其他条款的效果"的能力，考察的难度系数很高。其实，萨维尼提出的立法者应具备的两种基本素养也在这一层次的标准上。这说明第二层次的标准尤其重要。

第一个标准，通常可以通过一些外在的硬性指标来测量，比如学历与专业，是否法学专业毕业，受过多少年的训练，在何处受的训练；职业经验，是从事法官、律师工作还是法学教育或研究工作，从业多少年，在哪些机构或单位工作，担任什么职务或从事具体的什么业务；有哪些成绩或成果，经办过多少案件，其中有哪些有影响的案件，发表过哪些论文和著作，参加过哪些重大或相关项目研究等等。但第二个标准，是个软标准，涉及的维度很多，还难以用硬性指标来测量。比如，怎么样才是"准确而富于远见"，什么才属于"洞察到效果"，又如什么才是与时代相匹配的"法律形式"，怎么样才算是"确凿把握"，"与事物整体的密切联系"又是怎么样来衡量，诸如此类，假如要具体化为一些可测量的指标，其间难免会有许多歧义或争议环节。而这个标准又特别重要，它通常是决定着一部法律是恶法还是良法的核心环节，关系到一部法律对一个国家文明进程的影响与作用，也关系到这部法律的生命力。所以，对这个标准除采用一些指标测量起辅助性作用外，更多的要仰仗这个国家有一批卓越的思想家和法学家，有一批科塞所说的这个时代真正的知识分子，"他们表现得'对神圣事物非常敏感，对他们宇宙的本质和控制他们社会的法则进行不同寻常的深思'。……他们以更高层次的普遍真理，对当前的真理提出质问，针对注重实际的要求，他们以'不实际的应然'相抗衡。他们自命为理性、正义和真理这些抽象观念的专门卫士，是往往不被生意场和权力庙堂放在眼里的道德标准的忠实捍卫者"。[①] 作为立法者，他们还要拥有科学家的精神与品格。同时，这个社会还要有一套能让真正拥有这些能力、具备这种学识智慧与水平的知识分子上升的制度与渠道。也意味着这个国家要有整体较高的思想与学术水平、文明程度及制度设置。在现有的水平下，那只能采用矮中取长的方法，选择特定社会中学识最丰富、思想最深远者，在选择的路径与制度上设计一套科学和有效的办法。

[①] 参见〔美〕刘易斯·科塞著：《理念人——一项社会学的考察》，郭方等译，中央编译出版社2001年版，前言第13页。

总之，对立法者的素质的考察，一方面受制于测量工具与水平，另一方面也受到一个国家的整体文明程度与该国家精英的思想水平与知识水平的局限。在特定时期，假如不得不立法，只能充分利用既有的测量工具，尽可能地将这个时期特定社会中最优秀的成员选拔出来，而且，尽可能地形成常规制度，将平时发现的优秀人才纳入人才库，以备不时之需。最妥当的办法是将人才库分等级，最高级别的人才库少而精，宁缺毋滥。中层库则量可大，把平时各种学科、各行各业的优秀人才，甚至只有一技之长的人才也纳入其中，不让优秀人才流落其外，为最高人才库提供后备。不管怎样，只要这个国家具有如密尔、萨维尼和马克思他们这样的认识，就会伴随着该国家文明程度的提高与测量技术的进步，逐步向着他们所认识到的境界靠近，而他们的认识也会越来越深化，从而使这个社会或国家拥有一批具有渊博的学识、崇高的品德、深远的洞察力、科学的精神等优异素质的人才并能及时吸收到立法者的行列，做到人尽其才。

第三节 立法的艺术与技巧

摩莱里曾经在对不同职业之间的区分中有这么一段论述，他说："那些为免于贫困而不断劳作的人，只从事沉重、粗笨、下贱和奴役性的工作的人，人们称之为下等手艺人，他们只需要具备比动物稍高一点的本能就可以了；那些创造某种娱乐品从而令富人和穷人都需要的人，人们称之为艺术家；而那些思考、判断、创立体系、把一切我们所谓的真理加以艺术化并立成规则的人，那些调节我们的习惯、习俗和调整我们社会与政府的体制的人，人们称之为贤人、学者、立法者、政治家。"[①] 可见，摩莱里是把立法视作为一种只有智慧卓越的贤人、学问家才能从事的职业或事业，而其中也包含着立法需要高超的艺术与技巧的蕴含。因为把一切真理艺术化并立成规则，和调节习惯、习俗与调整体制，这不是普通的体力或智力劳动，它需要超凡的智慧、深厚的学识及种种立法的艺术与技巧。现代社会，人们基本上都已经认识到，立法是一门艺术，前两节中一些经典作家的论述或观点都包含着这重含义。假如把它看成是一种职业或行当的话，那么，这是一个难度系数最高之一的职业与活动。现代各民族国家的立法已经逐步专门化，虽然有专门的机构，却未能职业化。立法的手段通常包括以下几个方面，而立法的艺术与技巧也就蕴藏在这些手段与过程中。

---

① 参见〔法〕摩莱里著：《自然法典：或自然法律的一直被忽视或被否认的真实精神》，黄建华、姜亚洲译，商务印书馆1982年版，第149页。

一、传统法律的继承与创新

任何一个国家的立法是不可能撇开民族的历史横空出世的,法律本身就是一个国家、一个民族的历史与文化的重要组成部分。中国五千年的文明生成了我们中华文明的组成部分——中华法制。从氏族社会的原始习俗、夏商法制,经过周、秦、汉、南北朝,再到隋、唐、宋、元、明、清,最后到民国法制与新中国法制,其中的大量概念、术语、规则代代承继与发展,如果说其间出现明显的断裂,也就是清末立宪开始的现代法制。它将整个中国的法制截成两段。前段形成的法系我们称之为中华法系,其后我们称之为现代法,总体上属于大陆法系,也有人称之为社会主义法系。长达数千年的中华法系中的法律承继性,正如张晋藩教授所说"悠久的中华法制文明史既辗转相承,而又从未中断过,因此,无论是某一部法典,还是某一项制度,都有着清晰的沿革和明白的源流关系,这种系统性和完整性是世界其他文明古国所少有的"。① 这种现象我们可从大量的各朝各代的法律规定中得以佐证。号称为中华法系皇冠上的夜明珠的《唐律疏义》,传承了大量的唐之前的礼法内容,律、令、格、式也是援引和承继了中国有史以来延续到隋的各朝律令中的词语与语句,即概念、术语、名称与制度等。"封建社会后期辽、金、元、清各朝的法制建设,也都丰富了唐宋以来的封建法律的内容。"② 现代立法虽然与传统的中华法系有着明显的断裂,"大清律"与"六法全书"显然是借鉴和移植了日本等大陆法系的内容,开创了中国现代立法的先河,形式和内容也迥然有别于中华传统法系,但它还是保留或承继了诸多传统法系中的术语与制度。直到现在,我国的法律仍然保存着诸多的传统文化与以往法制的内容与痕迹。

那么,如何挖掘传统法律中有助于现代法制的内容,并有机地融入现代法中,这就要仰仗立法者的智慧、学识与技术。但有几条是必须要具备的:第一,立法者须熟悉中国社会的历史、政治、经济与文化、国民性格等,对中国的文明史与国情、民情的特殊性有一个深刻的认识和抱有审慎的态度,应对中国的历史与国情和由此决定的中华法系的特征了然于心。第二,与古希腊、古罗马、古埃及、古巴比伦文明相比,古中国的文明是唯一作为一个连续完整的独立体保存下来。我们国人读《诗经》的内容犹如看邻人一样熟悉与亲切,但现在的希腊公民读他们祖先的荷马史诗却如听神话那么遥远。这就是作为文明独立体幸存下来的好处,是我们国人的幸运,但它也伴随着沉重的负荷。如何继承与弘扬古文明中的

---

① 参见张晋藩:《中华法制文明的演进》,法律出版社 2010 年版,绪论第 1 页。
② 参见张晋藩:《未已集——张晋藩先生教研五十周年纪念》,南京大学出版社 2000 年版,第 171 页。

文明因子和有价值的进步元素,抛弃古文明中陈旧、腐朽、落后及与现代文明不相符的部分,撷取其精华,除了具有深厚的国学知识,还需要具备洞穿历史的智慧与剥茧抽丝的能力,将各朝各代的法律中真正促进了当时时代的进步与社会的繁荣,至今仍有现世价值的精要剥离、抽取出来。第三,即使具备了上述去芜存精的能力,但要将这些中国传统文化中的精要与文明因子化为现代法律中的公理、规则、概念、术语,还需要立法者具有高超的立法艺术与技巧。他能够将之春风化雨,即用现代的法律词语与语句以现代法律所具有的逻辑将这些精要表达出来,成为法律内容的有机组成部分。第四,要真正做到古为今用,还要有比较意识和关系意识,既要建立传统法律与当时社会之间真实关系的思考意识和当今现实中内生出何种法律需求的思考模式,还要与国际社会中不同法系、不同国家之间同类法律的比较中去思考怎样汲取、汲取哪些传统法律中的元素与成分的意识。在上述对中国传统法律的承继与汲取的基础上,重要的还要对传统法律进行时代的发展即创新,方有可能继续 30 年代学人们"建立中国本位新法系"的理想,这也是当今立法者任重而道远的任务。

"由于中国是一个地处东北亚大陆、资源丰富的内陆性国家,以农业为立国之本的自然经济结构,以宗法家长制家庭为社会的基本构成单位,以儒家纲常伦理学说为统治思想,以皇权神圣的专制主义为国家的基本政治制度,等等,是形成中国古代国情的诸因素。这种国情决定了饶有特色的中华法制文明的内涵与历史传统。"[①]而现代社会经过科技革命、工业革命与政治革命,信息经济、市场经济、知识经济的倡导,全球化的漫延,中国的经济格局、社会结构、政治制度、意识形态及价值观产生了与传统社会不同的根本性改变,所以,即便要继承中国传统也要作出时代的创新,立法时要特别重视中国传统文化、法制与现代社会特征和现实社会需求的有机结合。要用现实去诠释历史,在现实的需求上建立传统法系的亲本,因为法律总是为现实服务的,所以,现实永远是法律的基本立足点。又因为现实是历史的延续,现实里永远都有历史的影子与沉淀,因此,要针对一个有着悠久历史的民族国家的现实需求立法,就须虑及上述全部因素。在具体操作中,对中国传统与现实的考察至关重要,传统部分更多的只能仰仗资料分析与考古的发现,而现实的考察则可以借用社会学的实证研究方法。对它们的运作与把握,归纳与演绎的艺术与技巧则有赖于立法者的素质。立法者的素质决定了这种技术运作水平的高低和所挖掘的传统经验的质量的优劣。

二、法律移植

现代民族国家特别是法制建设起步较晚、也相对落后的大陆法系国家或者

[①] 参见张晋藩:《中华法制文明的演进》,法律出版社 2010 年版,绪论第 1—2 页。

成文法为主的国家,对法律移植这个概念一般不会陌生,而且也确实存在着大量的法律移植现象。这主要缘于两方面的原因:一方面,因为经济与社会的改革开放导致社会急剧变迁,需要大量的适应新型需求的法律法规,可由于这些国家法制历史短,法律很不完备,远远不能满足所需,因此,仓促之间的大肆立法舶来品势无可免;另一方面,现代经济、信息、技术的全球化迫使这些国家不得不去面对国际社会的规则与法律,同时,全球化也为这些国家的法律移植提供了便捷。那么,究竟什么是法律移植?按照法国法学家 P. 罗格朗的说法:"'Transplants'(移植),据《牛津英语词典》解释,其义或为'移动并处于新的位置',或为'传送或转移到别处',或为'移居至另一个国家或地区'。'移植'意味着'位移'。从法律职业者的意图而言,这种移植发生于各个法域之间:既定的法域中存在非本土的并且已经从别处引入的法现象。"[①]事实上,国际社会对法律移植的争论异常的激烈,有的强烈反对法律移植,认为法律移植是不可能成功的,有的则充分肯定法律移植的必要性,涉及的主要问题就是移植之法律与本土文化和现实需求的适应性问题,即一个从不同情境中生产出来的法律能否在另一个情境中生存与适应。但不管哪种观点,法律移植在世界范围内广泛发生已是不争的事实。也就是说,法律移植已成为现代社会一些剧烈改革的民族国家立法的重要手段。法律移植的实践有成功的也有失败的经验,因此,也就引发了理论界关于法律移植是否可行的激烈争论。

既然是移植,就必然会产生适应性与异变问题。南桔北移为枳是人人都能看到的事实。因为任何一种从特殊的情境条件下生长出来的事物,都是该事物生长环境共同作用的结果。法律也同样都是该法律生成的国家、民族的特殊历史文化、各种制度综合作用的结果,而法律规则的公理、原则、概念、术语所具有的意义都离不开它所生长的环境因素,受到"一种特殊的符号—文化情境"的制约[②],而赋予法律以意义的社会背景、这种"符号—文化"情境是无法移植和不可通约的。这也正是反对者的主要理由。然而,不同的声音从来就不绝于耳,一种声音是:"以纯粹的命题形式构成规则的书面词语与这些词语所关联的思想之间的关系,从文化决定论的意义而言,是很偶然的。"[③]因此,要使这些移植来的形式上的词语发生本土化意义是可能的,只要将这个词语所关联的整个语言背景也一同输入即可产生同样的效果;另一种声音是:一个语词只要被其他任何人重新讲述或重新运用,所产生的意义就不会与原初意义同一。所以,语词所包含的原初的确定性意义至多只是一种命题假设,而每一次的重新使用与表述都是

---

① 参见〔法〕P. 罗格朗著:《何谓"法律移植"》,马剑银译,见〔意〕D. 奈尔肯、〔英〕J. 菲斯特编:《法律移植与法律文化》,高鸿钧等译,清华大学出版社 2006 年版,第 75—76 页。
② 同上书,第 83 页。
③ 同上书,第 84 页。

一种具体的活的实验。在这种理解框架下,法律移植同样是可能的。因为每一次的法律移植就是一次活的实验;再有一种声音是:"认识论结构又非常重要,因为只有它们能揭示特定文化中正在运作中的特殊符号世界以及规范化策略。"① 这种认识论结构是指,一方面,认识者要清楚意识到其运用某一个语词所得出的结论是基于所有公开的既有知识的结果,而且是偶然性的,此刻的结论很可能就不是彼刻的结论,而要真正理解该语词的意义从而验证自己的认识,就需要追求"历史与文化的理解","只有这种追求才能够作为与活经验重建联系,改善自我理解以及最终拓宽自由的支点"。② 因此,在这种认识论结构的理解框架下,法律移植同样不是不可为的。

因此,按照当今世界法律移植大量发生的事实和这种理论上对法律移植的不同声音,法社会学家能做的就是去面对和解释。法律移植事实上发生且有成功的经验说明它是可行的,之所以引发如此多的争论又有失败的经验,说明法律移植存在着诸多风险。如何克服或预防风险,成功移植。关键是移植的艺术与技巧问题。上述的争论让我们看到:最重要的艺术与技巧体现在这三种不同声音所陈述的理由中。第一,如果只要将一个词语所关联的整个语言背景也一同输入即可进行法律移植,那么如何输入这种语言背景?其实,这只是一种关系隐喻,是对他者的他性的原初接受能力的领悟力。这意味着,你能否把握赋予一个法律词语或法律概念以原初意义的语言结构和语言背景,并且将这种词语与语言结构及背景之间的生成性意义的关系一起输入,这不仅需要你熟悉输入国的语言结构、该语言结构的意义系统及生成该语义系统的所有知识,更应精熟其法律体系所承载的意义与这种关系结构间真实的必然的关联特征。第二,既然每一次法律移植就是一种具体的活的实验,是对命题的一次验证。那么,法律移植就需要了解实验目的与遵守实验规则,这不仅需要移植者熟悉法律概念生成原初的整个意义生成过程,还要具有将自身的实验活动置入寻求这种验证目的和寻找新的意义生成的能力与知识。也就是说,移植者除了须熟悉移出国的法律、文化与历史知识,还要深谙移入国的各种知识体系、理论思想与社会制度、国情与民情等,更要具备将这些移植来的法律词语或概念科学有效地嵌入到移入国的社会文化背景中的能力与技术。第三,这种认识论上的要求其实是一种高境界的要求。因为要追求这种语词与活经验之间的联系,要清醒意识这种语词意义的偶然性与灵活性特征,就不仅需要对移出国和移入国各自历史与文化的深远的洞察力,还要具备对自律的语言与知识系统自身的深厚的积淀和对移入国

---

① 参见〔法〕P.罗格朗著:《何谓"法律移植"》,马剑银译,见〔意〕D.奈尔肯、〔英〕J.菲斯特编:《法律移植与法律文化》,高鸿钧等译,清华大学出版社2006年版,第93页。
② 同上书,第94页。

法律的了然于胸。只有这样,方可让物理借用的法律语词、术语、概念或原则,在本国起化学反应,从而解决移植法律与本土的适应性问题。所以,法律移植需要立法者具有高超的技术、渊博而又深厚的学识、卓越的智慧与深远的洞察力,工匠式的技术是绝不能胜任这项艰巨而又伟大的工程的。

三、现实的经验总结

与法律移植的横向经验借鉴的研究方法相比,这种现实的经验总结与传统的继承与创新都是纵向的,只不过后者是自上而下的顺沿历史的足迹走来,而前者则是自下而上的从最具体的场景不断抽象概括上来的。现实的经验总结之所以成为现代立法的重要渊源,不仅是因为它们直接来自于实践活动,直接反映了特定社会与民众的现实需求,还因为它能受到即时的试错检验与修正,具有实证性与鲜活性的实验性质。

这种法律经验通常的来源主要有四个途径:第一,大量的司法案例中的法律经验。这种经验主要来自于从地方到最高人民法院的全国各级法院。最高人民法院由于处理案情特别复杂、疑难、重大或影响特别巨大、深远的案件,相应地要求法官具有最高的业务水平和能力,因此,他们作出的判决常常具有类似于司法解释的作用,这种经验通常都能进入立法者的视野。地方法院由于每年处理的案件数量特别庞大,曾经有一个约十人的法庭每年审理案件上万件①,因而具有丰富的审判经验,也最能发现法律中的漏洞与不足。此外,其他司法机关如检察院、公安局、仲裁机构和其他拥有部分执法权限的政府职能机关的执法经验与体会也是正式立法不可忽略的重要渊源。第二,地方立法与政策来源。因为这些规则与政策都是为了满足区域性或即时性的现实需求而作出的,是对社会需求作出反映的一种规则实验。所以,它们最能反映社会发展的动态和需要,是社会变迁与差异的晴雨表,是衡量社会现实需求的重要标识与工具。从某种程度而言,它们也可以被看成是一种规则的社会试错机制。又因为这些地方立法与政策具有广泛的社会参与和社会渗透基础,因此,这种社会试错机制又为正式立法提供了最有力的证据和最全面的资源基础。第三,民俗习惯与大量的非政治公共领域的经验。民俗习惯作为一种法律的存在形式,我们在另一章中已详细介绍,它们是活生生的、经验具体的,数量也最为庞大,它们的鲜活性与实践性特征是正式立法的活的源头。非政治公共领域是中国改革开放与推行市场经济以后出现的新生力量,大量的民间社团与非营利组织都有一套各自行之有效的规则与经验,这种经验为中国的立法注入了新的生机与前瞻性的实验。第四,律师的

---

① 参见北京市海淀区人民法院民一庭、民二庭2011年结案数量。本人认为这种超负荷的工作量不利后果很多,不管是对审判员的工作强度还是案件的质量而言,一般以每人每星期一个案件较为适宜。

经验。之所以将这一类经验单独列出来,在中国是有特别原因与意义的。这一方面是基于律师的身份、地位与职责,因其代表民间力量和私权一方,履职过程中无任何公权力可依靠,又要维护其当事人的利益,所以,其只能全力仰仗法律的力量。他们不但熟悉案件的全部事实,也谙熟法律,他们最能发现法律对现实需求的空白点、滞后、不适应性等等,他们也最能发现法律需要改进的敏感地带;另一方面,律师虽然拥有庞大的人数和丰富的法律实践经验,但他们缺乏如司法案例一样的编纂途径,也没有他们经验的制度性汇总的平台与一些意见呈现的出口。所以,在律师实践中潜藏着大量的对立法富有启发性的资源与财富。

从上述方面提炼出有法律价值的经验,上升到理论,再分门别类为法条,这个过程面临着一环紧扣一环的高难度。首先,如何对海量的经验进行概括筛选,这是一大难题。因为如此海量的经验是不可能——列出来的,所以,首先要进行一次初级筛选。即使借助于计算机进行,也有一个输入前的筛选录入问题。而在运用计算机归类统计分析时又进行了一次筛选。在这层层筛选中尽量不遗漏有价值的经验。对上述的第一、二点经验因已形成书面记录,有了一些初步总结,借助于计算机等工具,整理的难度系数会降低很多。而上述的三、四点则难度较大,所以,最好能有一些常规性设置,使得律师能够将其发现的有重大立法价值的案例、经验整理汇集成册,如全国每年一次,由律师协会或其他机构组织。一些重要的民俗习惯和非政治公共领域的组织经验也按同样的办法由一些民调机构收集成册。类似的一些常规性设置对立法是大有裨益的,它不仅能降低立法成本,重要的是能保证立法的质量。其次,要将这些整理的经验与需求概括上升为法律规则和原则资源的高度,它需要立法者深厚的专业功底与实践经验、敏锐的洞察力和睿智。所以,这个环节选择真正具备这些素质的立法者尤其重要,若没有则宁愿不立法,宁缺毋滥。最后,并不是所有的规则资源都能自动地成为法律。如何将这些概括抽象后的经验与现实需求变成现行的法律,需要立法者渊博的学识与理论积淀、卓越的前瞻性和高超的立法技术。关于这一点,前述的所有经典法社会学家的论述与观点都适用于它,它需要将这些规则资源置于理论的目标链和国家或社会长远利益的目标链及人类文明与进步的目标链上去审视,这在任何社会都只能是极少数精英可为之。

上述的三个阶段及相应的手段并不是相互独立,毫不相关的。相反,现代社会中的大部分法律都是三者相互渗透、相互交融的结果。立法的艺术与技巧除了蕴含在这三个阶段之中,还需要他们将这三者有机结合,将从传统中挖掘出来的文化精髓、移植来的概念与术语、概括抽象后的经验与现实需求逻辑安排为一个科学的法律体系。这除了要求立法者具备上述的种种智力条件以外,还要求他们精通本民族的语言文字、法律知识与法律逻辑,熟练地驾驭这些概念术语及这些概念术语与具体的社会、文化语境所赋予的意义之间的联系。这一点作者在第六章第三节川岛武宜关于"现代法律学的两个重要元素"的阐析中也已谈到。用什么法律词语才能准确表达前述的种种法律理想、法律目的、价值判断、利益选择,又符合中国国情与现实需求,这需要立法者具有前述的综合素养。

【思考题】

1. 你认为中国的立法现状中存在的最严重的问题有哪些?
2. 培根与萨维尼的论述想表明什么?
3. 威廉·M.埃文列举的有效立法的条件对我们有何启迪意义?
4. 你认为立法的首要条件是什么?请说明理由。
5. 对立法的基本条件怎样进行考察才是有科学价值的?
6. 你所了解的中国当下立法者的素质存在哪些方面的问题?如何进行考察?
7. 如何对传统法律进行科学的继承与创新?你有什么建议和对策?
8. 你认为立法可否进行法律移植?如果可以,应如何移植?
9. 在对现实的经验总结方面,你认为哪些方式较为合理和有效?
10. 除本书所列的三种方式以外,你对立法的艺术与技巧还有什么建议?

【参考书目】

1. 〔德〕弗里德里希·卡尔·冯·萨维尼著:《论立法与法学的当代使命》,许章润译,中国法制出版社2001年版。
2. 〔罗马〕查士丁尼著:《法学总论——法学阶梯》,张企泰译,商务印书馆1989年版。
3. 〔英〕伯兰特·罗素著:《逻辑与知识:1901—1950年论文集》,苑莉均译,商务印书馆2009年版。
4. 〔英〕J.S.密尔著:《代议制政府》,汪瑄译,商务印书馆1984年版。
5. 〔法〕摩莱里著:《自然法典:或自然法律的一直被忽视或被否认的真实精神》,黄建华、姜亚洲译,商务印书馆1982年版。
6. 〔美〕刘易斯·科塞著:《理念人——一项社会学的考察》,郭方等译,中央编译出版社2001年版。
7. 〔意〕D.奈尔肯、〔英〕J.菲斯特编:《法律移植与法律文化》,高鸿钧等译,清华大学出版社2006年版。
8. 张晋藩:《中华法制文明的演进》,法律出版社2010年版。

第九章 法律意识

第一节 川岛武宜的观点

首先,我们来看一下川岛武宜是怎样来理解法意识的。他认为:法意识主要是探讨"与法这一社会统制过程相关的行为的心理性前提条件是什么"的问题。① 所以,他认为法意识设定两种意义:一种是与法相关的意识,另一种是与法相关的无意识心理状态。因此,这种意义上的法意识包括的内容极其广泛,有法之认识、法之感觉或法之感情。那么,究竟法意识具体内容是什么呢?川岛武宜接着指出:法在"决定人类行为的种种要因中,最接近行为决定处所发生的现象就是赋予行为以动机的'意识'"②,而法意识就是"最为接近决定依法统制社会之行为的社会现象"。③ 例如因离婚问题、合同问题发生纠纷,许多人最初并不把它当做法律问题来考虑,也不关心法律。为了解决纠纷常常是寻求一些法律之外的手段来解决,如委托经纪人或帮派头目等人,在我国,城市是寻找帮会、行会和单位组织等,农村是寻求亲戚权威(族长之类)、邻里保长或村长等,而最后的处理结果往往受事实上的势力关系支配,弱者只有"泪往肚里流",而对法律漠不关心和无知。故川岛武宜认为:正是与这类无知或漠不关心相结合的、支撑着它们的有关纠纷的意识(印象、价值观念等),构成了使这些纠纷不能上升到法统社会平面上来,或作为驱使当事人的决定性因素。④ 这种对法律的无知或漠不关心就是最为接近决定行为的意识,即法意识。所以,他认为要了解法意识就必须要考察与法之现实性机能(法的现实性机制与功能)相关的社会行动的决定性因素之意识。而"为了让每个社会里依法实行统制明确化,首要工作就是明确上述行为"。⑤ 即考察社会行动的类型有哪些,采取这些行动的决定性因素是什么,之所以能够采取这些行动的现实性机制有哪些,这些行动的社会功能是什么,从而考察采取这些行动的决定性因素之意识,即法律意识。

---

① 参见〔日〕川岛武宜著:《现代化与法》,王志安、渠涛、申政武等译,中国政法大学出版社 2004 年版,第 133 页。
② 同上书,第 136 页。
③ 同上。
④ 同上书,第 134 页。
⑤ 同上书,第 136 页。

其实,从川岛武宜的守法精神的叙述中我们可以得出,他在守法精神中所说的"主体性意识"也是法意识,那是更高层次的法意识,而这种最为接近决定依法统制社会之行为的法意识是第二层次的法意识,是一种行动实践意识。

第二节 帕特里夏·尤伊克、苏珊·S.西尔贝的总结

一、既有研究的概括

他们认为既有法律意识的研究可以概括为三类:一类是作为态度的法律意识;另一类是作为附带现象的法律意识;第三类是作为一种思维模式。

第一类是经典的自由主义传统的表达,这类观点认为:意识就是个人的观念和态度,是它们决定着社会生活的形式和结构。意识既包含理性又包含欲望,欲望指"自我中变动的、积极的或基础的部分……把人与人区分开来的不是他们对世界的理解不同,而是即便在他们理解相同的时候却希望得到不同的东西"。[①]尽管这一研究将焦点放在个人的欲望、信仰、态度对世界的形塑作用,但该研究的重点不是描述个体的差异性,而是一种深层的、广泛的、合乎规范的一致性。例如对美国公民的法律意识研究结果表明:"人们对法律的态度,与他们对法律权威所运用的法律程序的公正性的判断呈较强的相关关系,而与个人在这一过程中是胜是败没有强相关。"[②]由此来证明美国人"一般用互动的过程和形式,而不是用互动的结果来评价他们的法律经验"[③],从而在千姿百态的自由观念与个性态度中寻求一种一般性的共性。

由此相反,另一类结构主义观点则认为意识是社会结构运行的一种副产品,而不是构造结构和历史的动力源。人们的认识和行动要受到模式化的社会关系的结构制约,个人仅仅是社会关系的载体。按照这种观点,法律和法律意识也仅是一种附带现象,"因为一种相应或合适的法律秩序,包括法律主体,被认为是由一种特定的社会与经济结构生产出来的。例如资本主义生产和再生产的需要是如何决定法律行为和法律意识的"。[④]

结构主义传统中的另一种观点是把法律意识看做一种方式或者说一种思维模式,通过这种方式,社会组织生产出使他们自己得以授权、维持和再生产

---

① 参见〔美〕帕特里夏·尤伊克、苏珊·S.西尔贝著:《法律的公共空间》,陆益龙译,商务印书馆2005年版,第56—57页。
② 同上书,第57页。
③ 同上。
④ 同上书,第58页。

的工具。例如:通过弘扬形式平等和程序公正这样一种法律意识的方式,提供了"一种稳定的和明显中立的框架,在其中,资产阶级的积累和利润最大化的利益可以兴旺发达";但也有助于说服无产者,"你们也有合法的权利,你们也确实拥有进入资产阶级的机会"①,从而使得现存的经济秩序的不平等合法化。所以说,这种观点把法律意识看做是提供一种思维方式的工具,是一种思维的生产方式,这种思维方式有助于社会去组织、生产利于自身存在、发展的框架与制度。

总之,按照尤伊克和西尔贝的总结,既有的法律意识研究的成果可以概括为上述三大类,而它们的特点是:第三类与第一类观点中法律意识的性质相同,都是将法律意识视作为具有主观能动性的东西,是决定行为的前提条件。而第二类结构主义观点与之相反,将法律意识视作为社会结构运行的副产品,是被决定的东西,是由特定的社会与经济结构生产出来的附带产品。因此,这种观点关注意识的生产与实践过程。

二、文化分析方法

帕特里夏·尤伊克和苏珊·S.西尔贝则提出了一种与上述传统的自由主义与结构主义研究方法不同的"文化分析的方法,它把人的行动和结构的限制整合了起来"②,认为意识是一种文化实践的意识,特别是作为参与社会关系建构的实践,强调具有思想的认识主体的重要性。他们认为"意识不仅仅是思想的一种状态,法律意识是在人们所说所做中得以生产和显现出来的。从这一意义上讲,意识就是'社会世界的整个现实的必要构成'③,在个人所拥有的关于社会生活的实践知识中得以建构和表达"。④ 意识也因此"被推论性地扩展为对日常行动的反思性的思考,它被当做具有能力的社会行动而得以悄无声息地付诸实践"⑤,意识被理解为交互过程的一部分,在此过程中,个人赋予世界一种相对稳定的、客观的意义如语言、信仰、价值观,这些意义一旦被体系化与制度化,就会变成物质系统和话语系统的组成部分,这种系统限制和制约着未来意义的创造。

由此,他们得出,意识在个人与社会结构的关系间充当着一种媒介,一种具有象征性的媒介,从而成为现实世界的构成基础。另一方面,在社会实践或法律

---

① 参见〔美〕帕特里夏·尤伊克、苏珊·S.西尔贝著:《法律的公共空间》,陆益龙译,商务印书馆2005年版,第59页。
② 同上。
③ 同上。
④ 同上书,第69页。
⑤ 〔英〕安东尼·吉登斯著:《社会的构成:结构化理论大纲》,李猛、李康译,生活·读书·新知三联书店1998年版,第41—110页,转引自同上书,第69页。

行动的过程中,意识(包括法律意识)又被重新表达和建构。同时,他们还认为,"意识总是一种集体性建构,同时表达、使用和创造出公开交换的各种认识"。而这种"集体认识的行动表现各不相同,定位于当时的情境中并受情境的塑造,既包括即兴表演和创造,也包括引用和复制",而且"可能随相关的历史背景和情境发生着变化"。[①] 法律意识也同样,不可能指望一个21世纪的妻子所表达的对婚姻的义务、法律的机会与限制的理解与一个18世纪的伯爵夫人所理解的一样。因此,他们认为意识仅是一种特定时空下的媒介,既受社会结构的制约,也难以超越主体建构行动的深刻影响。因为社会结构与主体的行动都是特定时空中的具体文化背景下的,因此,要研究法律意识就势必要去考察特定时空下的社会文化。

三、三种法律意识类型

帕特里夏·尤伊克和苏珊·S.西尔贝在这种认识论的前提下,通过从1990—1993三年间对新泽西州的430位居民的访谈的基础上,提出了三种法律意识类型:敬畏法律、利用法律、对抗法律。他们称之为人们建构法律性的三种实践方法,实质上也是三种实践理性。

在第一种类型中,法律性被看做和确定为一种独立于普通社会生活的领域,与普通生活没有连续性,也相互有别,然而却是威严的和可预见的。这类被访者认为:法律性是相对固定的、不受个人行动影响的东西。……法律被理解为严肃的、神圣的空间,在其中世俗世界按照重要性和结果被重新描绘。在这些情境中,人们通常表达出他们的忠诚并接受法律的建构;他们相信正规的法律程序能够提供正义和公正,尽管其结果并不一定是公平的。然而,当人们在敬畏法律时,对所意识到的自身的无力表达出挫折感,甚至是愤怒。如米莉·辛普森案。[②] 所以,在这种类型中,法律显示出一种结构主义的倾向,对人们有着外在的约束力。强调法律的结构性地位。

在第二种类型中,法律被描述成一种游戏,被当成游戏来玩耍,这是一种有边界的领域,已有的规则在其中得以运用,新的规则被创造出来,用来服务于最大范围的利益和价值。法律不是与日常生活及其相关内容相脱节,而是由日常生活来为其搭建框架的。也就是说,法律本身就是日常生活的一部分,可称之为法律生活。人们只是在针对具体的目标和限定的情境时描述他们对正规法律建构和程序的接受。在这里,被访者显示出较少关心法律程序的合法性,却较多关

---

① 参见〔美〕帕特里夏·尤伊克、苏珊·S.西尔贝著:《法律的公共空间》,陆益龙译,商务印书馆2005年版,第69—70页。
② 同上书,第71页。

心法律对于实现他们愿望的有效性。这种类型强调法律的被动性和人们的能动性与目的性。

第三种类型中,当人们发现法律的结构超越了他们的能力时,"他们就滋生了某种'应对'的企图,即利用当时情景所提供的暂时性的、没有预期的出现的条件,无论是物质的还是话语的来设计解决办法"。[①] 例如拖延、省略、计策、小小的骗局、幽默及制造场景等都是人们常用的反抗方式。人们会利用这种传统社会实践中的缝隙,从法律的权力那里得到间歇的时机。当然,反抗的目的各有不同,有的是为了维护尊严与荣誉,有的是为了报复,有的是为了那一时刻能够回避法律及所要付出的代价。但这种对抗很少是愤世厌俗的,反而常常带着正义感和权利意识。这种类型主要是强调法律的结构性制约与人们的能动性之间的博弈。

所以,从尤伊克和西尔贝的叙述中我们可以看出,他们认为的法律意识是多元的、可变的,而且还常表现出矛盾。意识的形式并不与行动者完全相对应,一个人可能在不同的互动和事件背景中表达出所有三种形式的法律意识。因为意识是在情境化的事件和互动过程中产生并围绕事件和互动而表现出来,一个人可以通过语言或行动来表达多样的、可能是矛盾的意识。"人们在表达不同的理解、价值和期望时,主要取决于他们说话时的情境,以及他们所预想的通过谈话能够实现的目的。"[②]这种话语的多样性及修辞手法的可变性,通过从有效的文化清单或内存的意识形态与结构中援引为其他的解释而得以实现。所以,"矛盾并不反映说话者个人的认知缺陷,而是内在于可供利用的多种解释性图式之中"。[③]

我们知道,"法律性是由不同取向的意识构成的,这些意识同时在大众文化中得以表达。相互对立的主题存在于这些图式以及他们的常识性表达之中"。[④]所以,法律性的多种面目,即法律意识的变异性及其多种建构图式,"使得个人能够在解释社会现象时具有广泛的自由度,同时又能贴上法律的标签。……当我们在使用一种由不同解释图式的沉积物堆积而成的法律文化时,个人能够表现出来的可变性既不是无限的、随机的,也不是任意的,文化所提供的图式、解释的清单以及社会与物质资源的可获得性,包括教育、经历、金钱、接近法律代理人等,都创造了许多偶然性,使得某种类型的意识比其他类型的意识具有更多的表

---

① 参见〔美〕帕特里夏·尤伊克、苏珊·S.西尔贝著:《法律的公共空间》,陆益龙译,商务印书馆2005年版,第72页。
② 同上书,第76页。
③ 同上。
④ 同上。

达机会"。①

由此可见,尤伊克和西尔贝所说的法律意识,事实上是一种实践意识,一种社会过程和社会参与,一种实践理性,是通过语言和行动的参与,是人们在法律意义、行动、实践和机构中的建构。它是集体性的,是参与的人们共同生产并经历的。所以,它也是可以观察和解释的,是客观现象。但当人们运用法律图式和储存资源时,要受到资源的可获得性以及谈话时的情景性和谈话目的等限制。所以,这种意识通常会表现出受结构性制约的多样性,这种法律意识与实践之间的连接是直接的。所以,对它的研究最有效的方法就是返回到法律意识表现出来的实践场景与过程中去。

第三节 伊·亚·伊林的论证

一、伊林对法律意识的理解与规范法律意识

按照伊林的理解,法律意识就更加抽象、更加奇妙。他认为法律意识是建立在这样一种信念的基础上:法和法律具有自己确定的客观内容。而这一客观内容意味着:"在人与人的外在关系中存在着某种统一的和客观的正义,要认识它只能通过内在的经验,通过对自然法的真实而具体的体验和揭示。"②"正是作为有关'本体的'、'真正的'、统一的法的认知客体的自然法律意识,才应该成为一切关于'法'的判断和一切法律决定和司法决定的基础,因而也应该成为那些在不同的社会和国家中由被授权者制定并冠之以'制定法'的'法律'的基础。"③

所以,在伊林看来,存在着两种法律意识,一种是自然法律意识,它是制定法律意识的基础;另一种为制定法律意识。制定法律意识就是"指人对制定法的概念进行与其涵义相符的体验"④,这里的涵义就是指给定的客观内容即自然法。二种法律意识之间有时呈现出相似性,有时对立和不可融合,而大多是存在着一种差距。尤其当自然法律意识模糊、混乱、无目的和软弱时,创制出的制定法就会是恶的、非正义的,与自己的原形不相符。伊林认为,这种失败是因为人们缺乏意志或能力不够,没有成功地认识到自然正义的内容并将它作为一切有关制定法的判断的不可动摇的基础。又因为能力永远取决于心灵,所以他认为这种法律创制的失败,就应"归咎于心灵的普遍的、历史上持续不断的冷酷化,

---

① 参见〔美〕帕特里夏·尤伊克、苏珊·S.西尔贝著:《法律的公共空间》,陆益龙译,商务印书馆2005年版,第77页。
② 参见〔俄〕伊·亚·伊林著:《法律意识的实质》,徐晓晴译,清华大学出版社2005年版,第6页。
③ 同上。
④ 同上书,第18页。

归咎于追求良法的意志的不足"。① 在此我们也可以看到伊林的唯心主义哲学观。但其中确实蕴涵着经得起实践检验的真知。大家用心体会一下。

伊林接着提出,因此,这就需要一种规范法律意识(即自治法律意识)去统一它们,这种规范法律意识他认为是"一种永远受心灵和良心激励的追求完美、正义和法的意志形式"。② 规范法律意识认定法始终包含有一种客观的、具有完整和确定含义的给定内容。规范人们的自然法律意识越发达、水平越高,就越能发现它,并有效地将它揭示出来,忠实的理解它和准确地解释它。所以,按照伊林的理解:自然法律意识就构成了制定法律意识最深刻的基础。规范法律意识就是追寻、感悟自然法律意识,去体验制定法律意识。这是一种意志形式,也是一种意志内容。

而掌握制定法律意识的实质的路径就是:"首先是对某种触摸不到的、具有客观意义的对象进行的直接、真实和清晰的体验。这种经过知觉来检验和净化的体验,必然会产生一种确信——确实存在着具有客观意义的对象,而用思想去理解这一对象的尝试,又必然会使人承认这一对象所特有的、内在的、与自身统一的、用于相应认知的客观涵义。"③这种法律意识伊林也将之称为自治的法律意识。他认为"制定法诉诸于人的理智的意志如同诉诸于自我管理中心"④,它要求每个人都能按照自然法的要求和规定去管理自己的外在行为。"制定法的出现是由于人们心灵中缺乏这种自我管理"⑤,所以要为它创造自律形式。自治法律意识也包括"人按照制定法自己管理自己的行为"⑥。

最终,"制定法将随着它自身朝着精神和自然法的涵义的靠近而变得越来越不需要,而法律意识则越来越发展、深化和巩固"。⑦ 所以,超越制定法或战胜制定法就是用心灵去领悟法,用意识和意志去掌握法(指自然法或自治法)的复杂过程。而不是去违犯它,或合法地废止它,更不是从根本上否定它。超越制定法或战胜制定法就是要求法律意识去承认制定法的客观意义和了解、接受它的真实基础,也即了解"作为自然法的基础的价值,是构成人类的各个个体精神的整个集合的有尊严的、内在独立的和外在自由的生活。这种生活要成为可能,只能通过主体追求圈子(指每个人最基本的绝对权利或自然权利)的和平而有组织的平衡。这是一种保证每一个人都同样享有精神尊严的生活的平衡,破坏这

---

① 参见〔俄〕伊·亚·伊林著:《法律意识的实质》,徐晓晴译,清华大学出版社2005年版,第7页。
② 同上。
③ 同上书,第22页。
④ 同上书,第50页。
⑤ 同上。
⑥ 同上。
⑦ 同上。

一平衡只能是为了更加公正"。① 之所以称为整个集合,它是指整个人类体系,"是各个主体自然权利圈子的集合,在其中,每一个圈子内都关闭着一个精神生活的自然权利中心。这些圈子外围的相互接触和相关性,把它们变成了一个分割自然权利的和具有自然法意义的特殊体系,……这是一个自然精神的相互关系体系,是全人类精神的兄弟团结和自然平等的体系"。②

所以,"规范法律意识就是将制定法作为自然正义的现象和诺言来加以接受的,它永远都能在自己身上找到承认合法的结论和判决的力量,即使它们在精神上并不正确,对承认者并不公正:这正是因为法削减或践踏了'我的'利益,因而'我'能够自由地承认和接受这一损失,只要这一承认不是对'我的'精神尊严的拒绝。对制定法的这种支持是一种为自然法的胜利而斗争的行动。这就是为什么苏格拉底的形象——他为了不法的法③的胜利而接受了雅典法官们的不法判决,并平静地服下了毒药——能永远成为影响最为深远的、为自然法律秩序而战胜制定法律秩序的典范。"④因此,伊林总结说,"规范法律意识就是追求法的目的的创造性意志"。⑤ 之所以说它是创造,是因为它是体验、体悟的结果,体悟是一种创造或再创造,是受良心或心灵激励的对完美、正义、善的追求的体悟,也就是对自然法的本真的体悟。因此,这种体悟的结果就是制定法应予实现的目的。若是根据这种体悟的结果制定的法是不法的法,那是因为人们的心灵或良心有缺陷或人们体悟真、善、美的能力有限,人们的创造性意志出现了问题,无法达到制定法的真正目的,即制定法不能作为自然正义的现象和诺言来体现,这种创造性意志偏离了规范法律意识应有的意志形式,所以才会导致不法的法的诞生。但不法的法只要是在这种形式下诞生的,就得遵守它,遵守它就是尊重规范法律意识。

二、伊林的法律意识三公理

因此,伊林得出了法律意识的三个公理:

第一公理:精神尊严是整个现实生活的根基,而自尊则是国家力量和政治健康的源泉。⑥ 即有尊严的和创造性的人类精神生活,始终是政治的最高目的,而制定法和国家组织,则是手段。

在此,首先需要理解的是什么是精神或精神生活?按照伊林的理解,它是人

---

① 参见〔俄〕伊·亚·伊林著:《法律意识的实质》,徐晓晴译,清华大学出版社2005年版,第42页。
② 同上书,第42—43页。
③ 指有瑕疵的或恶的制定法。
④ 〔俄〕伊·亚·伊林著:《法律意识的实质》,徐晓晴译,清华大学出版社2005年版,第54页。
⑤ 同上。
⑥ 同上书,第155页。

在精神上对应有的和必需的生存方式的追求,是把自然法作为客观的、最高的价值体验,是一种自然权利。它可以理解为艺术、道德、社会和宗教涵义上的客观的美的评判与体验。"人的心灵是活的精神存在物,人不仅具有追求客观价值内容的能力,还具有一种追求为这些内容所必需的生存手段的力量","人的心灵深处都隐含着追求精神的意志、精神的形式和追求精神的能力"。正是这一点,为人的生存和人的活动奠定了首要的和最深的基础。

"个人尊严感是作为真实的精神经验的结果在人的心灵中诞生的。"[①]人是在对自然法价值和自然权利的体验中产生出个人尊严感和确信自身具有实现这些价值的能力的。心灵在绝对价值对象中的自我肯定是个人尊严感的唯一源泉。所谓"精神的自我肯定,是指人找到了解决精神使命与自我保全本能之间的冲突的正确方式",如征服自己的本能,使它臣服于精神;向精神证明本能,证明自己心灵的本能性向心力,在必要范围内使本能神圣化和解除对它的束缚。

尊重自己意味着承认自己的尊严(自尊),承认自己是精神的主体,是活的、追求精神和善的意志中心,是一种有益的力量。"这种存在于公民心灵中的情感,作为一种最深刻和最可靠的保障,能保证公民的行为成为最高涵义上的有目的的行为,保证这一行为符合法的目的和规定。"一个公民,如果他拥有成熟的精神自我意识,就会无愧于自己的全部权利,也会承担自己的全部义务,并将意志能量注入自己的法律义务。禁令不会给他带来压力,他能感觉到禁令后面隐含的法的坚定不移的客观目的,不会用犯罪来贬低自己的尊严。面临不法的法时,他会以法的目的采取政治性违法行为,这种行为会加强和深化法的精神尊严。"一个人,如果尊重自己仅仅是因为自己臆想的、或纯粹外在的、或偶然经验的特征如力量、美色、财富等那些不能构成其精神实质的东西,从本质上讲,他尊重的就不是自己。他的精神自我感觉受制于那种可能属于他,但不是他本人的东西。"这是一种病态的自我肯定。另外一种更糟糕,"他们根本就不会尊重自己也不习惯于尊重自己,以至于从来就感觉不到自己的精神尊严。"丧失了精神上的自我肯定,心灵就缺失了斗争的动力,而是沮丧地认可了自己的屈辱,逐渐形成奴隶的心理生活方式,习惯于不尊重自己。

而个人的精神尊严感决定着整体人民的精神水平。[②]"人民,如果不会尊重自己的精神尊严,就会创建出病态的政权,培育出病态的自我感觉和病态的意识形态。"[③]所以,没有了自尊就意味着国家力量和健康政治的源泉的枯竭。

"丧失自己的精神尊严,意味着丧失自己心中创造精神生活的、需要自然法

---

① 参见〔俄〕伊·亚·伊林著:《法律意识的实质》,徐晓晴译,清华大学出版社2005年版,第144页。
② 同上书,第152页。
③ 同上书,第161页。

的、能表达自然法和构建法律秩序的活的中心",也意味着丧失了产生法律意识的活的根基,即"丧失追求法的意志,丧失追求法的目的的意志,以及自律地用对法的目的的意识为自身行为提供动机的能力"。所以,精神尊严是整个现实生活的根基。

第二公理:一切法律生活和国家生活的基础,就是人内在的自我管理能力,是人精神的、意志的自律能力。[1]

因为只有人的精神构成,"才有可能在法的思想基础上,根据追求客观福祉的真实意志解决人的各种追求之间的冲突"。[2] 此时,"法就成了精神的标识,精神的生命方式"。"精神内容的绝对价值使法具有了自己的意义、自己的绝对基础、自己的尊严,而为精神所必需的精神的生命形式或方式,则使法具有了自己的基本法则——自律。"[3]因为,只有这种精神生命形式或方式才能使精神具有源源不断的活力,才不会使心灵枯竭、冷酷,才能提供络绎不绝的创造力。相反,就不是精神的真正必需的生命形式。这种必需的生命形式就是自律。所以,自律是真正的、基本的精神形式,为精神所固有,也是精神的存在和活动方式。

所谓有精神,意味着能够"确定自己和控制自己,意味着拥有能引导生命走向有益目的的力量。……精神生活就是在实现最高具体价值过程中的首创精神"。对于精神而言,自律始终都是最基本的生活方式,"无论它的实现是通过必须遵守的规范的形式还是通过自愿履行的合同的形式。……而只有完成了精神自我肯定并在心中确立了精神尊严的人,才能实现真正的自律。这也是法律意识的第一公理与第二公理之间的联系"。[4]

"一个过着自律的精神生活的公民,则是生活真正的建设者,……为建设生活,他绝对有必要使他的内在自律为自己找到不受约束的外在表现。"[5]也就是说,外在表现只有在作为内在自律的表现形式时才有价值和意义。"拒绝精神自律的外在表现,会阻碍精神生活的繁荣,降低它的燃烧效能;这一拒绝将给人类生存的完整性造成深深的裂痕,使人的个性精神失去正确标志,并使人的外在构成陷入庸俗状态。"[6]正是这种精神自律为健康的法律意识提供了前提条件,也只有这种法律意识才能担负起外在自由的重担。[7]

当然法律自由从其实质而言,是一种精神的、内在的自由。"自我管理实质上并不是外在秩序和外在行为的体系,而是个人法律意识内在的精神构建和这

---

[1] 〔俄〕伊·亚·伊林著:《法律意识的实质》,徐晓晴译,清华大学出版社 2005 年版,第 178 页。
[2] 同上书,第 166 页。
[3] 同上。
[4] 同上书,第 171 页。
[5] 同上书,第 169 页。
[6] 同上。
[7] 同上书,第 170 页。

些意识之间的特殊联系。"① 它要求每一个人能保证自己有可能用发自心灵的自由意志去参与对事情的决定或决策,而不是依靠个人的外在力量如权势、名誉、财富等去参与这一决定的表达和实现。但自由并不排斥服从,反而还要对服从加以证明和组织:"它认为自由的基础就是能自由地承认必要的规则并因其正义性而自由地服从这些规则的具体的自律性个人精神。"② 当然,关键是要在法律规范与个人精神之间找到某种有机的、具体的结合,使"意志与行为、行为与规范都处于统一之中,与自己的内容是同一的,并服务于相同的法的目的。这就是法的精神力量和活的力量,同时也是法律意识的具体威力"。③

"政治是精神生活的社会形式"④,"任何一个国家政权都应该努力在公民中培养这种自律性法律意识"⑤,这种自律性法律意识,它是更为深刻和重要的精神自律的结果与表现,是任何一个国家的活的源泉,它构成了民主的精神实质。创建国家就意味着在人民中创建精神自律的能力。这就决定了政权的基本任务是,"用人民的法律意识约束自己,获得人民的承认,并把自己(指国家或政权)的他律式治理融入人民承认的自主性之中;只有这样才能利用这一承认去培养人民走向自律性法律意识和自我管理:因为培养精神自律只能通过有序地和系统地实现这一自律"。⑥ 否则,压制精神自律的制度,会使公民们变得沉默与消极。失去自律性法律意识的公民,既无自我控制能力和独立性,也无自我管理能力。结果国家要么被暴政者践踏或佞臣们玩弄,要么被有自律性法律意识的公民所组成的国家瓦解和奴役。

第三公理:人们相互间的精神承认,即相互尊重和相互信任,是一切法律秩序和国家的基础。⑦

"人类是以封闭的和独立的个性精神中心的集合形式生活在地球上的,这些中心在肉体和心灵上相互隔绝,同时又被统一的、共同的生存环境联系在一起。"⑧ 所以,人们之间不可避免地会产生利益冲突和竞争,而法就把"这一竞争变为了有关应有生活方式的具体争论"。同时每个人都享有精神上的独立生活权,但在现实生活中,"它却是人与人之间的一种联系——一种用自己的界限把人们联系起来的界,一种给人们的共存划界的连接物。……法也只能存在于人们之间具有活的关系的地方:法首先是作为一种意志情绪诞生的,并首先是作为

---

① 〔俄〕伊·亚·伊林著:《法律意识的实质》,徐晓晴译,清华大学出版社 2005 年版,第 172 页。
② 同上书,第 173 页。
③ 同上。
④ 同上书,第 171 页。
⑤ 同上书,第 174 页。
⑥ 同上书,第 176 页。
⑦ 同上书,第 203 页。
⑧ 同上书,第 190 页。

第九章 法律意识

一种精神对精神的关系实现的"。① 因为,体验要用人的理性,尽管这种理性是受心灵激发的理性,理性是意志的产物,而体验是主观的、感性的,因而是情绪的。所以说,法是作为意志情绪诞生的。这种关系就叫做相互的精神承认。

人的任务就在于"保证它们(指这些关系)具有精神的和具体的应有水平"。② 当然,这种关系绝不是等价的。"它们不仅具有个人的、主观的'喜好'意义,而且还具有绝对的、客观的道德忠诚和精神尊严的意义。"③正因为此,这种相互的精神承认关系只能是应有的水平,它们虽有绝对的、客观的意义,但也包含着主观的个人喜好这种个别具体的意义,这种意义常常会因人而异。所以,每个人都希望别人用"最好"的态度对待他,每个人都希望受到爱戴与尊重,希望得到信任和良好祝愿,每个人都会因为成为恶意和怀疑、蔑视和仇恨的对象而感到压抑。这种"最好",正是精神的产物,是精神生活和精神状态的成熟表现。凡是人们的精神水平低下和不成熟的地方,人们之间的相互关系也必然低劣和不正常。所以,"社会关系的构建归根结底取决于人们的精神水平"。④ 只有精神水平成熟才能构建出合理、有益的社会关系。换句话说,"法律关系就是精神关系,因为法向人们指出了客观的最佳行为,而一切客观的'最佳'都正是要由精神去接受、认识和实现"。⑤ 也就是说,是精神为法提供了标准,法才得以根据这种标准去确定、评判什么才是最佳的行为。

所以,"进入法律关系所意味的,正是使思想和意志上升到法的思想和法的目的的高度,上升到这一活的正义的源泉的高度"。各种关系中的"法律形式"它充满了最高的涵义:"它要求人具有精神尊严、追求法的目的的意志,以及自律性自我肯定的能力;它能把个人法律意识摆到客观福祉的面前,并迫使人在自我肯定和自我限制的基础之上确定自己的行为,约束自己。法律秩序是法律关系的活的体系,其基础是要求人们在心灵中保持自己对待物质和行为的关系的活的体系,并以此构建自己的生活:肯定自己心中的精神原则,确定自己的法律地位,并同样肯定他人心中的精神原则和他人的法律地位。"⑥所以,法律关系的基础是人们相互间的精神承认。

任何法律关系都建立在两次实现三个承认的基础之上:"第一,进入法律关系的每一个主体都承认法是关系(指人们相互间的精神承认关系,一种精神对精神的活的关系)的基础,是生活的形式,是具有客观意义的思想。第二,每一

---

① 〔俄〕伊·亚·伊林著:《法律意识的实质》,徐晓晴译,清华大学出版社2005年版,第190页。
② 同上书,第191页。
③ 同上。
④ 同上。
⑤ 同上。
⑥ 同上书,第192页。

个主体都承认自己的精神方面,即承认自己的尊严和自己作为法律创制力的自律。第三,每一个主体都要承认其他主体的精神方面,即承认他的尊严和他作为法律创制力的自律。"①对所有的这些承认行为都没有形式上的要求,它是以沉默为前提的,但它却是法律关系最深层的实质。

而要实现法律关系,还要求人们同意共同服从于法和有理解与认识法的能力,也就是拥有相当成熟的理智和精神。所以,任何正常法律关系都是建立在相互间的精神承认基础之上的。由此可见,所谓法律秩序就是相互间的精神承认体系。因为法律交往是一种精神交往,法律关系也就成了这种承认的变体。对他人的精神承认,就意味着"承认他为精神所固有的绝对尊严,并确定与他的相应关系"。② 也承认他有"追求法和法的目的的意志"③,也就是说,要接受他人的精神本质和承认他人的权利拥有权,把他人的不可侵犯性视为对自己独立状态的担保,"这样做的结果会产生对人的信任。相互尊重和相互信任是一切法律关系的基础"。④ 当然,"一个人要想得到精神承认,自己就应该实现精神自我肯定;要想受到尊重,自己就应该自尊,并具有自尊的真正理由",这也是法律意识的第三公理与第一公理之间的有机联系。

三、法律意识的实质

这样,"尊重他人就进入了法律意识的实质本身"⑤,这种尊重他人是双向性的,是相互尊重。尊重他人的积极意愿是一个具有规范法律意识的人所固有的。而一切规范法律关系的基础,不仅是每一个人对自己的尊重,还有各方的相互尊重。所以,这种相互尊重既是私法律关系的基础,也是一方拥有治理权、另一方只有服从义务的公法律关系的基础,在后者中显得尤为重要。因为,"对于公民而言,尊重政权是非常自然的,一个精神上承认法和尊重法的尊严的人,不可能不尊重被授权创制并实施法律的意志。……而对于政权来说,尊重服从于自己的公民,把他们视为自律性精神中心——权利能力的主体"⑥,也同样应该是非常自然的。因为,政权在面对公民时,不可能把所有的义务变成是不可避免的事,把被禁止变成是无法实现的,所以它只能依靠公民的法律意识,依靠他们的个人理智和他们的个人意志。由此可见,人民与政权的相互尊重是国家存在的必要基础。

---

① 〔俄〕伊·亚·伊林著:《法律意识的实质》,徐晓晴译,清华大学出版社 2005 年版,第 193 页。
② 同上书,第 194 页。
③ 同上。
④ 同上。
⑤ 同上书,第 196 页。
⑥ 同上书,第 197 页。

同样,相互信任也是社会、法律秩序和政治生活的必要基础。伊林认为,首先,信任者会将被信任者视为精神存在物。因为信任是建立在尊重的基础上,以尊重的存在为前提。任何一个人如果能按照高尚意志,即按照追求客观福祉的意志构建自己的行为,就会成为精神存在物,他们就能客观上受到尊重,还值得信任。因为信任产生于人开始考虑被尊重人的实际生活方面的时候,考虑他的意志、意志方向、他的个人精神的创造性源泉本身的时候。其次,还将被信任者视为有一种追求客观正义行为的意志,且是有生活功效的意志。因为信任的前提是人的精神责任能力,但责任能力并不能产生信任,还须有履行责任的正面结果,而且不是在个别情况下,而是在一般范围内,是在对于该人来说最基本、最终的涵义内,也就是说,被信任者决定使自己向善不是一次偶然行为,而是经常如此,且这一选择和这一决定从实质上看是他所固有的和固定的,因为他基本的意志方向就如此。这就是对他人的善良意志这一他人行为的现实基础的信任。

伊林认为,"真正的信任是一种完整的信任:它不仅涉及理性的意志,还涉及心灵的无意识情绪,也涉及语言、事业。因为,信任者发现人的心灵中存在着'善良愿望'和这些愿望的力量与它们的必然胜利。他坚持这样一种信念:向善的意志在面对向恶的愿望时能与之作斗争并战胜之;向善的意志不仅能把握心灵的情绪,还能把握心灵创造性的无意识力量;向善的意志能为自己找到完全合适的、能忠实地说出它的决定的语言形式;向善的意志还能为自己打造忠实的生命表现、相应的和应有的行动或活动。"①所以,"真正的信任要求被信任者具有高尚的、有力的和完整的意志。"②自然,一个要求得到他人信任的人,首先就应该相信自己。因为信任是自主地产生和形成于"对他人的意志方向及其内容、力度和完整性的直接领悟之中"。③ 如果被信任者没有高尚的、有力的和完整的意志,那别人也无从直接领悟到这种自尊和自我信任,也就无从产生对他的信任。

如果没有了这种相互信任,"人们之间的道德联系也就不再成为可能,法律关系也会不可避免地蜕化"。④ 因此,对他人的信任就进入法律意识的实质本身。"在法律意识里,信任就是对他人意志的合法性、高尚性和奉公守法的相信。……信任仿佛是在向人声明:'你乃具有追求精神、法、合法行为的活的意志;我知道这一点并满怀信心地等待着你的相应行为!'……这种态度应该是相互的,而这种相互的正确信任对双方都是必要的。"⑤

---

① 〔俄〕伊·亚·伊林著:《法律意识的实质》,徐晓晴译,清华大学出版社2005年版,第199页。
② 同上书,第200页。
③ 同上。
④ 同上。
⑤ 同上书,第200—201页。

所以,相互信任既是私法律关系的基础,也是公法律关系的基础。在公法律关系中,对于公民来说,"相信自己的政权,即承认它追求法和法的目的的意志,是很自然的事。因为这符合政权的精神本质,符合它的社会功能和使命。……这种信任也是一种默许,默许政权承担起立法事务,以此解除我的心灵和法律意识中的这一负担和这一责任。……一个公民,如果相信自己的政权,就会确立自己与它的一致性,使自己的意志和它的意志融为一体。"① 对于政权而言,"信任公民同样是非常自然的。……一个政权如果失去了这一确信,……它就只有两条路可走:要么努力使公民具有这种能力和这种意愿,并以此保证自己有可能相信人民,要么终止自己的存在。"②

伊林还认为:任何个人,如果不懂得尊重,就会成会社会疾病的基本胚胎,若得不到及时治疗,还将变成完整的传染病灶。这种人会不知不觉把自己的不自尊传染给他人,疾病会逐渐地占领整个法律关系网络,破坏交往的精神本质。他不尊重自己,别人也不尊重他,这样会使整个社会的共同生活水平降低和恶化。与公民这种关系相适应的,只能是"病态的、以政权与人民之间的互不尊重为基础的政治制度。……得不到尊重的公民,或者变成奴隶,或者变成革命者,或者同时具有二种特征"。③ 而伴随不尊重的就是蔑视、否定、怀疑与欺骗甚至仇恨的情绪,互不信任是一种破坏性力量,无论在公民之间还是在人民与政权之间,不信任是致命的,若国家变成一个互不信任和互相怀疑的体系,它就不可能再生存下去。总之,"当法律关系参与人不承认法的目的、整个法、制定法、该制定法、该主体地位的时候;当他们不尊重自己的、他人的、自己的政权的精神尊严的时候;当他们不信任自己的政权、他人或自己的时候,这些关系都是病态的"。④

最后,伊林总结说:"人类面临着彻底更新对法与国家的理解的经历。"传统的有关法与国家的"外在"本质的说法是有害的,应该转向研究和掌握它们的"内在"的、精神与心理的实质。因为"法仅仅是'表现'在外在的、空间和实体的世界里,它真正的生存和活动的圈子却始终是人的心灵,它在其中发挥着客观价值的力量。……即使法具有完全的存在,也只能通过法律意识,加以感悟和实现"。⑤ 离开了法律意识,就没有法与国家,或者至多是个没有灵魂的躯壳而已,而这种法律意识是人追求精神自律的结果。

当然,伊林最后将这种心灵中的最高力量、绝对的客观价值归于了宗教。他

---

① 〔俄〕伊·亚·伊林著:《法律意识的实质》,徐晓晴译,清华大学出版社 2005 年版,第 201—202 页。
② 同上书,第 202 页。
③ 同上书,第 206—207 页。
④ 同上书,第 213 页。
⑤ 同上书,第 214 页。

认为"那种把生活作为最高的和最有主观价值的内容,并在其中引导人的东西"①,称为个人的宗教。而且,认为:宗教是"一切事业和关系中的领导"。② 因为,在伊林眼中,艺术、知识、美德等本身不能囊括整个人类精神,也不能向人指明他的最高和最终的目的。如果它们获得了这种包罗万象的和领导一切的意义,它们就超越了自身而获得了宗教的意义。

而"信教是一种精神状态,所以它只有在神的启示被个人心灵自主地接受的情况下才会具有意义和价值。……真正的信教要求拥有精神自由并依靠于它,它能实现人的自然权利,珍惜这一权利,因而也能培养心灵中的自然法律意识。对上帝的认识的(认识上帝的)真正渴望能唤醒人心灵中追求精神自律的意志,而这一意志也就是追求自然法的意志。这就是为什么真正的信教者有可能反对某种法律内容或某种法律调整方式,却不会因为误解而从法的原则上反对法本身(指自然法)"。③ 也就是说自然法本身是得到每一个信教者的承认的。

那么,如何在现实生活中维护它呢?这就是信教者面临的难题。宗教本来倾向于拒绝制定法和国家,但如此,就会"有意识地摆脱人的经验生活,或无意识地无视这一生活以及人和国家本身的客观特征"。④ 故,宗教转向了接受和承认制定法与国家,但对它们的理解建立在视它们为某种重要价值的基础上,"这种价值就是法与国家的基本运行目的——人民和人类的精神文化"。⑤ 而繁荣人类的精神与精神生活正是上帝的事业,所以,以服务于这一事业为己任的国家自然会得到宗教的承认和推崇。正是"宗教的直觉为国家指明了它的思想使命:在人们的人间生活中通过他律调整确立最有利于人民和人类的精神繁荣的,能培养公民学会逐步利用兄弟团结和自律法律意识的力量去提高制定法的精神境界的制度。……借助于这种宗教直觉,政治创造将获得最深刻的思想和最重要的准则,把国家制度和自然法律意识联系起来,并以此预防国家制度的精神蜕化"。⑥ 所以说,健康法律意识最后的根基具有宗教的本质。无论就基础还是构建而言,健康的和强有力的法律意识具有宗教性质。

宗教信仰就其本质而言,"就是把上帝作为完美的和真实的生活中心予以精神的、完整的、逼真的和无条件的领悟"。⑦ 正是宗教信仰的这种特征,展示出了它与规范法律意识之间的联系。"真正的宗教信仰肯定人心灵中的法律意识的公理性根基:个人精神尊严感、自律生活能力和承认他人精神因素的艺术。在

---

① 〔俄〕伊·亚·伊林著:《法律意识的实质》,徐晓晴译,清华大学出版社2005年版,第215页。
② 同上。
③ 同上书,第217—218页。
④ 同上书,第219页。
⑤ 同上书,第200页。
⑥ 同上。
⑦ 同上书,第223页。

激发心灵的精神敏锐性和唤起其爱的力量的同时,宗教信仰还能把人导向爱国主义、对团结的崇拜、相互的精神尊重和信任。……宗教信仰给法律意识带来了自己的全部礼物:最高的使命、绝对的价值尺度、性格的完整性、高尚精神的力量和真正的英雄主义。这就是说,在信教者的心灵中激发出来的恰恰是那些为繁荣高尚的国家制度所必需的高尚力量。……有宗教信仰的公民能在自己心中把真正的宗教信仰的力量与健康和正确的法律意识的力量融为一体,而且能使他的法律意识成为他的宗教信仰的成熟表现。"[1]所以,伊林认为宗教改革与政治改革的实质,"就在于恢复与绝对客体的真实而直接的交往,也在于精神生活方式的解放与更新。应该用活的、真正的、痛苦的和充满灵感的经验去更新我们的宗教的个人心理根基——基督教,更新历史的国家制度的根基——法律意识"。[2]

总之,在伊林那里,自然法律意识是一切的基础,它是一种客观的、内核性的价值标准,制定法仅仅是它的外在形式或表现,而自治法律意识则是一种能力型的思维形式或意志形式;规范法律意识则是一种纠偏或纠错性的思维装置,它维系着内在的自然法律意识与外在的制定法间的联系,也刺激着心灵的鲜活与完美及保证心灵对外辐射能力的持续性。正是从这里出发,伊林建立了三个公理。从心灵对客观价值或客观福祉的体悟所产生的精神尊严到——自我管理的自律能力或意志形式,再到——承认他人的精神或相互间的精神承认,这是现实生活、政权、国家、制定法及一切法律秩序的基础和源泉。因而,伊林认为:相互尊重、相互信任是法律意识的实质,而这种尊重与信任的源泉来自于心灵中的最高力量、绝对价值,是心灵中对完美、正义、自然权利等的不断领悟、体验的结果。所以,他很自然地得出了法律意识的实质是宗教的结论。因为,宗教的本质也是对"完美的和真实的生活中心予以精神的、完整的、逼真的和无条件的领悟。"其结果,只不过这种"完美的和真实的生活中心"是上帝。在此,我们也可以看到伊林的教徒本性与他的宗教情结,但我们也无法否认在其论证过程中的真知灼见与天才思想。

总之,伊林深刻地认识到了法律意识的重要性。法作为一种外在的力量,只有通过心灵的内在有序性,即通过法律意识,才能创建生活的外在有序性。另外,法所制定的一般的、抽象的规则,只能通过活的、直觉的和良性的法律意识,才能调整具体的社会生活。而且,不断追求法的绝对尊严及价值的法律意识,还能不断促进制定法的改造。因此,对法律意识的研究不仅很有必要,而且对一些

---

[1] 〔俄〕伊·亚·伊林著:《法律意识的实质》,徐晓晴译,清华大学出版社 2005 年版,第 226—227 页。
[2] 同上书,第 227 页。

宗教信仰缺失的社会更有重要的现实意义。

四、我们如何对法律意识进行考察

综合以上各种观点,我们能够得出:法律意识可以从两个层次来分析,一是在指导整个民族精神与人们心灵出发的所有精神追求层次上,指导整个国家理念及整个制定法的层次上,主要是指自然法法律意识。自然法法律意识的研究是一个比较抽象又庞大的问题,要避免这方面的研究陷入到纯心灵和唯心的层面。现代的自然法法律意识基本精神很多都可以溯源至古希腊、古罗马的一些思想家与神学家,自亚里士多德开始就已经对自然法精神和意识进行研究,只是那时的研究并没有在如此细化的学科分类基础上,更没有现代社会科学所强调的实证研究方法。如何对自然法法律意识进行考察?从国际社会的大量研究来看,自然法律意识的考察主要采用定性研究方法,而且,从它的特征来看,也只能以定性研究为主。对此,伊林的研究则为我们提供了一个经典范例。他是如何将观念形态的东西层层剥离,建立序列,然后逐步论证。这种纵横交错的思维模式与层次为我们的定性研究打开了另一个天地,它将某种思辨性的东西采用类似于指标化的形式来研究,为我们开创了一种另类的科学研究的模式。当然,这种模式在早期社会学家那里都能找到一些踪迹,但伊林的天才为我们提供了一个纯净的蓝本。

二是从指导国家与全体公民、组织实践与行动的层次上,主要指实在法法律意识。这种法律意识的自觉研究起步较晚,它与现代法律科学与社会科学的发展密不可分。第二个层面的法律意识形式多样,上文介绍的从传统观点到川岛武宜、尤伊克和西尔贝等,类型众多,方法各异,现代法社会学的各种研究范式、方法都可以或单独或几个结合地运用于它,定性与定量并驾齐驱。而且,由于实在法作为现代制定法的代称,其内部又队伍庞大,错综复杂,既有层级次序又有多种类型。所以,对实在法法律意识的考察可以纳入这样一个框架内:

第一,指导组织与公民行动实践的结构性法律意识;尤伊克和西尔贝的第一、三种类型中的法律意识和传统结构主义的观点都属于这一类型。对这种法律意识的考察,法社会学的各种部门方法论都可以采用,同时,还可以辅之以定量研究。

第二,形塑组织与公民行动实践的微观心理层面的法律意识,包括对法行为的态度、理念、冲动和支配行为的与法相关的意识与无意识;着重去考察人们行动时的心理需求与心理状态,如川岛武宜第二层次的法意识。对这一层次的法律意识的考察除法社会学与社会学的研究方法外,许多心理学的实验法和其他社会科学的方法均可采用。

第三,在行动实践中被构建的法律意识。着重去考察行动类型、行动模式、行动过程及其与法律意识间的互动关系,如尤伊克和西尔贝所描述的第二种类型中的法律意识,对这一类型的法律意识的考察,尤伊克和西尔贝他们所采用的研究方法、哈贝马斯与布迪厄的研究方法都可以借用。

所以,假如将所有的法律意识视作为一个法律事实而纳入一个体系的话,它们间的层级次序依次可划分为两大层级四种类型,包括自然法法律意识层级的类型与实在法法律意识层级的三种类型。当然,这两个层级的法律意识与两种研究方法之间的对应不是绝对的,自然法律意识可以用定量方法来研究,而实在法律意识也可以用定性方法来研究,这主要视研究目的与所拥有的研究条件而定。当对某个特定社会的法律意识或一个特定民族的传统法律意识进行研究时,或许就需要借助多种研究工具或研究方法。以上仅是从研究方式上来讨论。

如何对某个特定社会的法律意识或一个特定民族的传统法律意识展开实质性研究,这显然是个仁者见仁,智者见智的问题,可以从多个不同的视角切入。但还是离不开一般性的条件,那就是:第一,将法律意识作为整个社会中的一个法律现象来讨论,要嵌入到社会的母体中去讨论;要将它与特定社会的制度、社会文化、社会生活紧密联系起来。第二,要将它与法律文化、法律制度等其他法律现象区别开来。第三,要将它与意识形态或观念形态的意识现象区分开来,要将它当做一种社会事实来对待。第四,所有的这些剥离都要置于一种关系链上,要用动态的方法去研究,而且要将整个过程呈现出来。这种一般性条件的确立,使得法律意识的研究建立在了法社会学的基础上,成为一种可以考察、解释的事实。

【思考题】

1. 川岛武宜关于法律意识的观点是什么?

2. 尤伊克与西尔贝是如何理解法律意识的?他们提出的三种法律意识类型各代表了什么?

3. 尤伊克与西尔贝的文化分析方式与经典的自由主义和结构主义传统的区别是什么?

4. 你如何解读伊林的规范法律意识、自然法律意识、制定法律意识与自治法律意识?

5. 伊林法律意识的实质究竟指什么?

6. 按照伊林的理解,法律意识与国家精神或民族精神有何联系?

7. 请你用自己的理解将伊林的四个法律意识概念、三个公理及法律意识的实质联系起来表述一遍。

8. 我们应该如何对特定社会的法律意识进行考察?

【参考书目】

1. 〔俄〕伊·亚·伊林著:《法律意识的实质》,徐晓晴译,清华大学出版社 2005 年版。

2. 〔美〕帕特里夏·尤伊克、苏珊·S.西尔贝著:《法律的公共空间》,陆益龙译,商务印书馆 2005 年版。

3. 〔日〕川岛武宜著:《现代化与法》,王志安、渠涛、申政武等译,中国政法大学出版社 2004 年版。

4. Balbus, I. D., *The Dialectics of Legal Repression*: *Black Rebels before the American Criminal Courts*, Russell Sage Foundation, 1973.

5. Bourdieu, P. and L. Wacquant, *An Invitation to Reflexive Sociology*, The University of Chicago Press, 1992.

第十章 法律文化

第一节 什么是法律文化

一、法律文化研究的基本概况

"法律文化"在我们国内工具书中的解释是：有关法律现象的文化。即与法律相关的文化现象，确切地说是各种法律现象所反映的文化，是整个社会文化的一个具体方面和组成部分。文化通常被理解为是社会在科学、教育、艺术及其他精神生活方面所获得的成果的总和。法律文化也可被理解为是人们在法律领域所创造的精神财富的总和。如同整个社会文化一样，法律文化的性质、水平归根到底决定于社会的物质生活条件。而在各种学术文献中，它的解释五花八门，多达数十种。

现在我们来看一下几种代表性的提法：（1）国内最具影响的法律文化研究者梁治平将法律文化当做一种文化类型来研究，他认为文化中的核心部分如观念、心态和价值体系等都是在类型学的意义上被理解的。（2）"法律文化就是社会群体关于权利与义务的价值选择、思维模式、情感模式和行为模式的总称。所谓现代法律文化就是指以公民的权利和自由为本位，强调控制国家公权力的一种法律文化形成。"①这种解释显然狭窄了法律文化的概念，除了权利与义务，社会生活中还有很多无关乎权利与义务的形态。与这些形态相关的行为、观念，法律规范并不是无动于衷的，即使当下尚未涉及到或者还未注意到，但它们终究是会影响到法律制度的。（3）所谓法律文化，是指"支配人类法律实践活动的价值基础和这个价值基础被社会化的运行状态"。②法律实践并不只是惩治违法行为的过程，它体现了特定的价值观念被社会化的社会过程。③ 这种解释明显忽略了法律文化内部的蕴涵，只是强调了外部基础。而法律文化的许多重要内容无从体现。（4）指一定民族从历史传习中获得的，要求个体按特定模式进

---

① 参见王称心：《构建和谐社会的法治分析》，载《法学杂志》2005年第3期，参见向阳等：《法治论》，山东人民出版社2003年版，第150页。
② 参见赵震江：《法律社会学》，北京大学出版社1998年版，第13、500页。
③ 参见扈海鹏：《全球化与法律文化的再解释》，载《学海》2002年第1期。

行法律实践和法律思维的指令性系统。① 而有相当一部分文化是产生于当下的特定社会、经济条件,而不仅仅是从历史传习中获得的。(5)一种有代表性的法理学的解释。"所谓法律文化,是指在一定社会物质生活条件的作用下,掌握国家政权的统治阶级所创制的法律规范、法律制度或者人们关于法律现象的态度、价值、信念、心理、感情、习惯以及学说理论的复合有机体。"② 另外,还有刘作翔对法律文化作了体系性的梳理。而早在 20 世纪 30 年代,钱穆先生、严景耀等人已开创了中国法律文化研究的先河。而在 20 世纪 80 年代,除梁治平以外,武树臣、孙国华、陈晓枫、郑成良等人也开始了法律文化的研究,经过 20 世纪 90 年代,直至 21 世纪初期,在国内掀起了"法律文化"研究的热潮,取得了不少成果。但这些研究大多基于法学领域,社会学界少有人涉足。

上述所有法律文化的定义或解释,主要是在"文化"概念之下的一个下位解释,从文化概念中演绎出来,围绕着法律现象展开。在此,我们有必要对文化概念做一些了解。文化概念,在不同的社会背景下和不同的学科领域中,有着不同的理解。通常情况下,它是指一个社会中的知识体系、艺术和文学作品、意识形态的存在形式等。也有人将之理解为纯粹主观的东西。而在人类学领域,则强调文化的"深厚底蕴",包括"一个社会中的全部生活方式,包括它的价值观、习俗、象征、体制及人际关系等"③。

而社会学则强调文化的可观察性和文化在社会中的地位及对社会的功能作用、效果与影响力。法律文化就是与法律现象相关的文化,法社会学对它的研究则趋向于社会学的方法。比如托马斯·莱塞尔认为:"法律文化就是社会中存在的、可以通过实证方法调查的、所有与法律有关的价值观、规范、机构、程序规则和行为规则的总称。"④ 这个概念比较全面,但我认为仍可以扩展为一种宽泛和丰满的概念,我们可将法律文化视为所有与法律制度和法律现象相关的态度、情感、机构设置及其文化实践。无论是法律制度的内部还是外部,只要对法律和法律制度等法律现象的设计、运作、变迁产生影响与作用的态度、价值观、心理、情感、象征、文化事实等,都属于法律文化研究的范围。法律文化与民族传统之间有很深的联系,民族的性格、特点、传统文化包括各种民俗习惯与生活伦理、潜藏在国民心理的各种行为指令等等,都会深刻地影响法律文化的内涵与形式,也会反映到法律文化上面。

---

① 参见陈晓枫:《中国法律文化研究》,河南人民出版社 1993 年版,第 13 页。
② 参见吕鸿雁、韩金儒:《试论法律全球化发展趋势对中国法律文化的影响》,载《法制与社会》2007 年第 05 期。
③ 参见〔美〕塞缪尔·亨廷顿、劳伦斯·哈里森主编:《文化的重要作用——价值观如何影响人类进步》,程克雄译,新华出版社 2002 年第 1 版,前言:"塞缪尔·亨廷顿——文化的作用"。
④ 参见〔德〕托马斯·莱塞尔著:《法社会学导论》,高旭军等译,上海人民出版社 2008 年版,第 280 页。

总体来看,有意识的法律文化研究启动于20世纪60年代的美国,被学术界公认的当属埃尔曼、梅里曼和弗里德曼。在随后的20世纪70、80年代,苏联、日本、欧洲等许多国家展开了蓬勃的研究。20世纪末以来,意大利、德国也展开了各种形式的讨论研究,出现了一大批研究成果。接下来重点引荐与阐述弗里德曼和劳伦·本顿的研究成果,因为他们的研究具有对法律文化做法社会学研究的代表性意义。而托马斯·莱塞尔和戴维·奈尔肯的观点本书也会予以简单介绍,他们分别代表了本书对知识点和研究方法的安排上的要求,符合本书的写作宗旨。其实,埃尔曼、梅里曼对法律文化的研究具有很典型的代表性,特别是梅里曼用法系与文化相勾连来研究法律文化,洋溢着浓郁的法社会学意味。他们二位对法律文化的研究对后来者都深具影响力,但其主要用比较方法来研究,他们也因此被喻为比较法学家的代表。因此,在此不予以专门介绍,但他们对法律文化的研究还是具有重要的理论价值。

二、托马斯·莱塞尔的解释

前文中托马斯·莱塞尔给法律文化下了一个定义,这个定义稍嫌过窄和过于法学化。所谓法学化,是指明显的注释性方法的定义。好在接下来,莱塞尔给这一定义增加了一前提条件,即"所有这些表现形态之间都存在着相互联系,而且可以将它们视为一个整体;而该整体又可以通过其内在的特征显示出来"。[①]这一附加的条件稍稍减少了一些规范主义痕迹,但仍未脱法学窠巢。而接下来在方法论上的描述和研究范围的罗列,倒是有比较浓郁的法社会学气息。他认为对法律文化进行研究,应该"将实证性、描述性和理想性社会学的方法和法学的方法结合起来。为此,应该研究社会中根深蒂固的宗教公正观念和世俗公正观念中的主流思想、社会中适用的法律基本原则、立法组织、行政组织和司法组织及其实践的重要特征、法律人的思维方法和技术性的分析规则。此外,还应该探究诉讼程序的基本特征、居民的法律知识、法律意识和法律行为,而且,应该在研究中对这些不同的要素进行相互指引"。[②]

他认为法律文化研究应该与一个特定民族国家或社会联系起来进行比较研究。比较法学采用的手段主要是区分不同的法系进行研究。但这种方法遭到了法社会学的猛烈批评。因为它没有探究法律生活的各种真实表现形态和法律文化的任何实际情形。在全球化压力下,各种法系之间的趋同性倾向日益明显,这值得从法律生活和法律文化视角作深入探究。莱塞尔认为比较可行的研究手段

[①] 参见〔德〕托马斯·莱塞尔著:《法社会学导论》,高旭军等译,上海人民出版社2008年版,第280页。

[②] 同上书,第281页。

是从法律的多元性和普遍性这两个视角分别进行差异性研究和趋同性研究。

从法律的多元性着手研究的依据是：即使是一个完整的国家，它们也或多或少分成不同的群体和社团，这些群体和社团以法律形式组织起来，形成了相对独立的法律亚文化。那么，这些社团的法律文化有多么重要，与其他社团和整个社会的法律文化相比有什么特殊性，又如何与整个社会的法律文化相融。这些都是法律文化应该加以重点研究的。研究时，可区分横向的（平等地位的）和纵向的（上下属关系）法律文化；也可区分与政治、文化和社会经济有关的法律文化。如与政治相关的有法律机构的分类、联邦制和分权；与文化相关的有：由于不同的宗教、民族和不同的语言而形成的不同的法律文化；与社会经济相关的有：出现在不同的社会阶层和职业团体中的法律文化，不同利益集团中的法律文化。

普遍性研究主要基于全球化的压力和对其作出的反应。当前全球化领域主要包括：国际旅游、全球性产品市场和资本市场和文化市场，还有跨国公司和跨国政治组织（联合国、维和部队、国际法庭与仲裁庭、首脑联盟等）的增长。在政治领域的法律主张有：要求承认和实现普遍人权，在自由市场领域建立民主机构；在经济实践领域建立"商人自治法"；关注保护竞争秩序和知识产权的法律。法社会学应该关注其间所有的现实基础和特定问题的内在机制与文化基础。

总之，莱塞尔认为法社会学的首要任务是弄清事实真相并进行自觉分析。它不仅是为了"获得科学知识，而且应该对缺陷进行评价性观察，并能说明这个观察"。[①] 也正是因为这些观点，弱削了莱塞尔的规范主义分析方法，增加了其法社会学的成分，使得他对法律文化的抽象性概括具有了法社会学的思考。

三、戴维·奈尔肯的观点

西班牙欧尼亚提国际法律社会学研究所于 1995 年在意大利马切拉塔大学，开始组织了关于法律文化的系列国际研讨会和出版了相关的论文集，取得了丰硕的成果。这些研讨会的主要组织者为意大利马切拉塔大学的奈尔肯（David Nelken）教授与德国不来梅大学的菲斯特（Johannes Feest）教授。他们也亲自撰写了关于法律文化的论文。下面重点介绍奈尔肯教授在第三次会议上发表的论文。因为第三次会议的议题是关于法律移植与法律文化问题，所以，奈尔肯论文的内容也自然不离这个议题，讨论法律移植过程中的法律适应问题。之所以选择这篇论文介绍，是因为法律文化可以从内、外部两个方面来研究，内部研究弗里德曼作出了经典榜样，下文会设专节予以介绍。若从外部来研究，纵向的以历史主义方法来研究，劳伦·本顿作出了很好的示范，下文也会重点介绍。而横向

---

① 参见〔德〕托马斯·莱塞尔著：《法社会学导论》，高旭军等译，上海人民出版社 2008 年版，第 286 页。

的则以法律移植最为典型,因为法律移植将法律置于不同社会和异域文化之中,涉及法律的适应性问题,最能突显法律文化的冲突与协调、不同法律文化的比较研究等法律文化的核心问题。所以,本书对此专门予以概略介绍。

　　对奈尔肯教授而言,在对待法律文化问题上,法学与社会学的分歧毫无意义,就是法学内部法律社会学与比较法学的对立也无足轻重,他赞同比较法学家梅里曼的提议,"应借助研究法律的各种变量来重构比较法学的方法,这些变量包括法律扩展、法律渗透、法律文化、法律制度、法律人员、法律程序、次要规则和法律经验等。对于研究法律迁移来说,所有这些变量都至关重要,显然,这也是法律社会学有兴趣研究的议题"。[①] 也就是说不管是哪个学科,重点应去关注与法律移植这个问题节点相关的各种变量,而不是无谓的讨论学科差异。而在法律移植这个问题上,重点要去研究的是形塑法律的社会情景或语境,法律的生成性过程,法律的适应性条件与重构问题,自然也就牵扯出法律文化的问题。奈尔肯教授对法律文化的探讨首先始于法律变化与社会变化这个传统话题,但他是将法律移植或法律适应嵌入在其中加以讨论的,他认为"从法律文化变化或适应的具体情况入手来进行研究,而不是从套用僵化的理论出发,具有诸多益处。……法律适应可是有意或无意的社会分化过程的产物。法律适应可源自一个社会内部的发展,或是由于其他社会的刺激或强迫变化"。[②] 同时,他认为"也需要将法律移植问题同更广泛的对有关社会变化的研究关联起来。……法律变化依赖诸如社会运动、革命、进化和某些伟人等其他社会力量"。[③] 除此以外,奈尔肯教授认为还应关注法律变化背后的力量,比如是国家还是社会,关注何人和何事引起、接受或容忍了法律文化的变化,"焦点聚集在机构、制度、网络、子系统、法律和社会的场域、社会共同体、行业、委员会、结构或话语"[④]等,所有的这些因素在法律文化这一背景的内在关联中重新得以解释。而法律移植除了移植技术层面的法律职业者之法,奈尔肯认为更重要的是法律适应,即被移植当地的文化与传统所认同和接受。所以,法律移植突显出法律文化间的差异和法律在社会中的地位。他认为"关注这些差异并将其具体揭示出来,然后解释并尝试证明这些差异,就可能发现在这些差异背后潜伏着不同的态度"。[⑤] 而正是这些分歧反映出法律文化的内涵与隐喻。

　　因此,奈尔肯认为"'法律文化'一词并非是容易界定的概念。它可意指各

[①] 参见〔意〕D. 奈尔肯、J. 菲斯特编:《法律移植与法律文化》,高鸿钧等译,清华大学出版社2006年版,第13—14页。
[②] 同上书,第30页。
[③] 同上书,第31页。
[④] 同上书,第33页。
[⑤] 同上书,第36页。

种类型或各类单位,从当地法院的文化、特定类型强意义和弱意义'共同体'的文化,到民族国家的文化和诸如'拉丁文化'之类更广泛的文化体系乃至'现代法律文化'。它也不无困难地用于意指国际贸易、通信网络或其他跨国活动中的所谓'第三方文化'。[①]关键要搞清楚,"是把法律文化作为一种解释的方法还是作为被解释的对象?在法律移植中,我们要使法律适应法律文化还是要使法律文化有助于影响法律的适应过程?我们要面对许多此类选择。"[②]这些问题使得法律文化的概念变得扑朔迷离,但其实还是有迹可寻的。奈尔肯教授在分析这些问题时,虽标示出法律文化作为不同的对象时的不同效用,也对某些观点作出了评价与批评,但仍未能对法律文化作出根本性的揭示。他也指出了当下的全球化趋势是否可以对法律移植和法律文化作出新的解释。他在指出经济技术、金融的相似性带来的法律制度的趋同性与开放性同时,他又承认民族国家的差异性与多样性、各种法律移植的具体场景的片断性的重要作用,如此,他又陷入了法律文化概念的模糊性循环。其实,假如我们将法律文化即视作为一种现象,又看作是一种思维模式或解释方法,这种窘境就会得到释放,他所列举的许多问题将会迎刃而解。这两种对待法律文化的态度我们可以在研究同一问题时分别进行,也可以交叉进行,这样既可以将研究问题析透,又避免阐析过程中思维的混淆与困惑。但不管怎样,奈尔肯教授在这篇文章中所展示出的许多方面,弥漫着法社会学研究的芳香。这将给我们诸多启迪与影响。

第二节　弗里德曼的理论评析

一、《法律制度》中的理论

（一）法律文化的一般理论

弗里德曼是通过法律文化对法律或法律行为的影响来讨论这个问题的。他认为法律是权力的产物,是社会力量角逐的结果。而期间,最重要的"基本介入变数是预先决定个人和集团赞成或反对该法律的态度和感情。——当法律文化把利益转变成要求或允许这种转变时,社会力量即权力、影响对法律制度施加压力,法律行为从而产生"。[③] 所以,他认为研究法律文化要特别注意这样两个问题:一是"公众对法律制度的了解、态度和举动模式"[④],特别是一些重要集团即

[①] 参见〔意〕D.奈尔肯、J.菲斯特编:《法律移植与法律文化》,高鸿钧等译,清华大学出版社2006年版,第37—38页。

[②] 同上书,第39页。

[③] 参见〔美〕劳伦斯·M.弗里德曼著:《法律制度——从社会科学角度观察》,李琼英、林欣译,中国政法大学出版社2004年版,第226页。

[④] 同上。

法律专业人员的法律文化,律师、法官和其他在这个圈子里工作的人员的价值观念、思想意识和原则。二是他认为法律文化包括这些专业人员的价值观和态度受社会结构的制约,"价值观是社会结构的残余"。① 所以,他认为法律文化是某个特定社会整个社会文化的有机组成部分,在移植或借用他国法律时特别要注意这种文化的特殊性。最合适的方法是向"某方便来源去借",即向社会结构和社会文化比较接近或有共通处国家去借。

由于相似的历史、社会经济结构会在法律文化中产生惊人的相似,所以,根据这种特点将法律制度分为这么三种基本类型:主要受罗马法影响的民法法系,也称大陆法系包括西欧、拉美、法语非洲国家,坚持把法律编纂成法典;另一种是普通法系,包括英国及其殖民地和前殖民地的国家,如美国、加拿大、澳大利亚、新西兰、牙买加、非洲的许多国家,他们强调普通法与判例法的作用;再就是所谓单独法系,包括苏联、东欧等国家、伊斯兰国家、日本等。这些国家的法律都是一种独特的混合物。"把法律制度分为'法系'是假定一个国家的法律制度不止是各部分的总和,它还具有明确的特征和风格,这种特征是长期的,来自'法系亲本'。"②"法系亲本"的提法来自于动植物和语言的分类法,即近亲繁殖的结果。相同的法律制度有更多的共通性,法律文化要诉诸于法律制度才能将利益转变为要求,同时,这种转变又受制于法律文化。

然而,在这种许多法律汇合的几大法系的大框架下,我们不应忽略法律的亚文化群和法律多元主义。在某一特定的社会中存在着不同的法律制度或文化。它有多种形式,可以是平面式的,包括如奥斯曼帝国和现代以色列的那种文化联邦主义(一个国家内部根据宗教不同可以有不同的法院制度)和如美国、瑞士、加拿大、澳大利亚这样的结构联邦主义;也可以是垂直式的,包括殖民地法律制度(文化联邦主义的垂直排列,如二者冲突时,本地法让位于宗主国法,或现代法与习惯法冲突时,前者胜于后者)和等级法律制度(结构联邦主义的垂直式,如加州法与联邦法冲突时,前者让位于后者);还有身份集团主义,主要存在于现代以前的社会中,适用于个人的法律取决于他的身份或他的社会阶层,如庄园法适用于庄园中的农民、工人,皇家法庭与普通法适用于骑士与贵族,商人惯例和法庭适用于商人;双层多元主义。即在一个法律制度内,穷人与富人适用着不同的法律,即使他们是隐蔽地存在着的。如正式法律适用于富人,穷人主要适用习惯法。

总之,关于法律文化的一般理论,重在强调如何通过各种主客观结构与多种

---

① 参见〔美〕劳伦斯·M.弗里德曼著:《法律制度——从社会科学角度观察》,李琼英、林欣译,中国政法大学出版社 2004 年版,第 227 页。
② 同上书,第 235 页。

主体的态度将利益转变成法律要求,从而对法律行为施加影响。这种转变意味着社会上存在着急需保护或应受保护的利益,需要用法律形式去承认、肯定并予以保障;另一个层次是从个人层次去理解,就是具体的社会事实中,个人如何将利益需求转变为法律诉求。至于几大法系和亚文化群及文化多元主义则涉及转变能否顺利完成的技术与策略问题。即在实现转变时,必须考虑到这些法系和亚文化群的制约。否则,难以科学地实现这些转变。研究法律文化时,除了上述不同的社会经济结构基础上产生的相对应的法律制度基本类型和多种形式的具体法律制度这些基本结构、文化差异以外,还要注意以下几个问题:结构和文化上的多元主义相互作用,法官是文化的一个中介元素。"结构性决定导致吸收具有本质上不同的法律文化的法官。"[1]另外一个层面上,态度和法律结构也相互作用。"态度帮助制造对法律制度的真实要求。……文化建造结构,结构反过来对态度起作用,因为它规定什么是可能的,确定什么是普通的并形成那种文化中思想转动的圈子。所以,结构是态度的宝贵证据。"[2]也就是说,对法律行为发生深刻影响的法律文化,本身就受到社会经济结构、法律制度结构或基本类型、公众和法律专门集团的态度或价值观、社会文化与意识形态的制约与影响。

(二)现代法律文化要注意的几个问题

弗里德曼认为现代法律文化与传统法律文化有根本性的差异。传统文化认为法律是不可以改变的,即使有改变,也是非常态现象,是神奇的、非常的。现代法律文化颠倒了这种基本假定,认为"法律的一部分体现永恒价值观念,但大部分法律是变化的,而且经常变化"。[3] 因为这大部分法律,是"道德上中性的工具,要达到某种目的的手段"。[4] 从传统理论到工具性理论的变化,导致法律文化的作用发生了根本改变。因为,只有法律人的智性努力才能很好发挥和使用法律的工具性作用。而不仅这些法律人受其文化约束,而且法律思想所涉的内容与范围也必定受到文化的规定与约束。它决定了特定时空中哪种法理学应该得到尊重和确立。例如美国法律生活特别重视权力分散、权力制衡,1787年宪法就是这种态度和文化的后果,同时,宪法也有助于这种态度和文化保留至今。

所以,现代法律文化要特别注意几个方面的事情。

合法性理论的变化。在现代社会,信仰减弱了,所以要援用制裁来进行补充和保证服从。传统权威的衰败,现代权威多了一个艰巨的任务,即实用主义地证明自己是有道理的。"法律文化必须找到某种新的合法性原则。现在压倒一切

---

[1] 参见〔美〕劳伦斯·M.弗里德曼著:《法律制度——从社会科学角度观察》,李琼英、林欣译,中国政法大学出版社2004年版,第233页。
[2] 同上书,第245页。
[3] 同上书,第240页。
[4] 同上。

的原则是合理性:经过正当手续制定的,能产生正确结果的法律是有效的。"①所以,合法性理论的变化直接影响到法律文化的变化趋势。

科学概念在现代法中扮演了关键性角色。因为,"既然现代法律是工具性的,它就必须使用合理手段来达到目的。科学意味着理性"。② 因此,现代法律大量使用专家。当然,"'科学'概念在现代法学中还有一个特别作用,它帮助保护律师和法官在社会中的地位"。③ 因为法官创造法律,是一个公开的秘密,但法官这个创造权力的正当性在哪里呢?所以,法官需要一个认为变化是合法的这样一个理论来证明他们对法律的控制是正当的。科学理论能很好地服务于这个目的。"科学规则是现实世界的真理,它阐述外部现实,不受任何个人的突然想法的影响。"④只有科学家拥有这种技能。法律科学与自然科学一样,要由法学家控制。事实上,"法律科学根本不是科学,只是对科学的模仿"。⑤ 因为,它不是以经验为根据的,是演绎的。但让这些法律专家将法律视为真正科学很重要,如此,有助于法律和法律知识的威望,给法律营造客观公正的舆论基础。这是法律文化变化的一个重要方面,使法律从自然法精神向实践理性转变。

理性法学是对法律独立受到威胁的一个防备手段。理性法学将法律视为一个独立王国,法官仅是发现和宣布原已存在的法律。然而,它又被法律现实主义所取代,法官是在创造法律,创造的新技巧对法官和法律都有危险。因为在创造过程中,法律文化大有用武之地,法官在裁判时可以名正言顺地援引法律来源以外的材料,如科学、道德、习惯、学说与常识等,法律文化通过这道门就可以或明或暗地进入判决中来。如此,就会使法律的独立性受到破坏与侵蚀。所以,理性法学则是对它进行限制和防备的一个有效手段,以避免法律偏得过远。

现代法律文化的一个重要特点是讨厌文化多元化。"减少多元化是自然的过程。"⑥这也是由现代社会和经济发展的一体化决定的。因为科学和技术没有国界,所以,反映它的法律也应统一,现代法律文化正在征服世界。这也是各国法律日趋相同、相互借鉴的原因之一,也是国际公约不断增加的原因之一。

(三) 内部法律文化

上述讨论的是法律文化如何影响将利益之争转变为对法律制度的正式要求的过程。因为将每个具体利益转变为相应的法律要求,它都要受到所提交的法律制度结构及其他法律文化的影响。这是从一般的法律文化来研究。此外,弗

---

① 参见〔美〕劳伦斯·M.弗里德曼著:《法律制度——从社会科学角度观察》,李琼英、林欣译,中国政法大学出版社 2004 年版,第 251 页。
② 同上。
③ 同上书,第 252 页。
④ 同上。
⑤ 同上。
⑥ 同上书,第 256 页。

里德曼还将法律文化分为内外部来研究。在此,回顾一下庞德理论中所蕴涵的五个层次的转换将大大有助于我们对这个问题的理解。

第一层次:最大限度地发展人类的力量是我们永恒的目标,它也是我们人类文明的主要内核。

第二层次:把法律变为达至这个目标的工具,即要阐释特定时空文明的主要内容及其要求。如正义与权利。

第三层次:作为文明所要求或预示的,又是作为法律先决条件或法律制度应该予以实现的正义、权利的观念。这也是衡量哪些利益应该得到或优先得到承认、保护的标准。如何阐释和把握,如何落实到具体的法律原则之中。

第四层次:法律的一般原则,如庞德罗列的美国例子。

第五层次:具体的法律原则与法律规定。

如果将弗里德曼的法律文化研究的内容纳入庞德的上述五个层次,那么,弗里德曼的法律文化则主要在除最高层次以外的其他四个层次发生作用,尤其在第二、第三层次。接下来我们来看他是如何进行研究的。

他认为"外部文化是一般人的法律文化,内部文化是从事专门法律任务的社会成员的法律文化。每个社会都有法律文化,但只有有法律专家的社会有内部法律文化"。当要启动法律程序时,必须将利益转变成要求。也就是说"本是外部法律文化的一部分的态度与要求必须加工使之符合内部法律文化的必要条件"。① 所以接下来弗里德曼将讨论在法律制度的正式要求的形成过程中,内部法律文化是如何影响它们的。

弗里德曼认为,首先,是内外部文化决定把利益要求编制成法律上恰当的权利诉求。因为利益与权利是两种不同要求,如两名男子爱上同一名女子,两名政客竞选一个职务,两个城市争办一个会议。这都是利益之争。要成为法律上的诉求就要转换。怎样转换,价值观与法律制度等都会影响这个过程。从法律制度层面上看,权利是通过或针对某公共权威如国家提出的要求,并且它是可期待得到无限供应和必须得到支付的,但是法律制度内有价值的东西都是有限供应的。所以,权利要求是对权利的选择性供应。那么,那些权利能成为权利要求将受到法律文化和要求意识的影响。而在具体利益编制成具体的法律诉求层面,法律文化也在各个方面影响着它。

其次,是法律论证。即"把法官的结论和判决与某些更高原则或具有首要合法性的某机构或制度联系起来"。② 法律论证是内部法律文化的一个组成部

---

① 参见〔美〕劳伦斯·M.弗里德曼著:《法律制度——从社会科学角度观察》,李琼英、林欣译,中国政法大学出版社 2004 年版,第 261 页。

② 同上书,第 276 页。

分,但它在不同类型的法律制度下,表现形式有着巨大的差异,也反映出不同社会中法律文化的差异。弗里德曼将它们分为四种理想类型:第一种是有一套封闭的前提、不承认创新原则的法律制度,如古典的犹太教、穆罕默德法律(圣经)和伊斯兰教(可兰经)等只有单一圣经的书面宗教的法律制度与这种制度接近。圣书是固定的,不允许创新,立法大门是关闭的。法官们不得不大量使用诡辩术、条文主义、法律虚构、类推论证等以避免创新的嫌疑。第二种是法官或圣贤的权威建立在圣洁、智慧和神圣制度上的法律科学制度。这种制度的前提是封闭的,但它接受创新。即"在短期内,前提标准是固定的,但是已知的前提标准与潜在的标准不同,法学家可以'发现'新主张,改善旧的,表明新的关系"。① 指法律是神圣的,不能轻易改变,但当法律事实与既有法律标准发生矛盾时,智慧的圣贤或法官即可提出新的主张,并阐明二者的关系。也即对神圣的法律作出新的解释。第三种是前提标准公开,但不真正接受创新。常见的有习惯法。有文字之前的原始社会通常都是这种类型。裁判人未受过专业培训,他们只是利用各种经验常识、习俗惯例进行裁判,他们没有创造新的法律。"法律"已经在那里,那就是法律文化。第四种类型是前提标准公开,接受创新的工具类制度。现实世界中存在的革命合法性国家和福利合法性国家的法律制度都接近这种类型。这类制度中,法官可以不受原有规则的约束作出判决。其诉诸根据主要是"'道德要求、功利主义及其他方便规则和政治格言',而不是'从逻辑总结抽象意义得出的准则'"。② 在上述每一种类型中,我们都可看到法律文化大有用武之地的空间地带。这些类型的划分,为法律文化的影响和作用的呈现,勾画出清晰的轮廓,为法律文化的研究提供了基础性前提。

　　再次,弗里德曼从条文主义、法律拟制、类推和解释规则等法律内部的各种具体制度和环节上来论证法律文化的影响力。所谓条文主义是指"一种以旨在达到目标的技巧代替法律目标的方式"。③ 条文主义深受法官价值观、智力、情绪偏好的影响。有两种典型情况常被称为条文主义。一种是过于注意字义而不考虑语境。另一种是逃避的条文主义,即裁判者"歪曲普通词的意思为了达到需要的结果或避免这些词似乎清楚指出的某痛苦结局"。④ 所以,条文主义都是冒犯社会逻辑意义的推理方式,它的实际意义是指出对规则的某种误用。所谓拟制是借用某法官或法律行为人之口,将某种不是事实的东西说成是事实。梅因爵士称它是为了"掩盖或意图掩盖的事实是一项法律规则已发生改变,即字

---

① 参见〔美〕劳伦斯·M.弗里德曼著:《法律制度——从社会科学角度观察》,李琼英、林欣译,中国政法大学出版社2004年版,第281—282页。
② 同上书,第283页。
③ 同上书,第288页。
④ 同上书,第290页。

面没改而运作已改的事实"。① 通常情况下,"它存在于限制或拒绝创新的制度或次要制度中,……在封闭制度中最兴旺发达"。② 法律拟制搭建了法律原则与事实之间的桥梁。类比是普通法发展的核心但很少得到承认的一种制度。它是常识推理的一种典型方式。法官把他面临的事实与似乎属于类似原则的过去案件事实相比较,"用类比来证实或解释规则或表明它与其他原则和规则的关系"。③ 使用类比规则,法律变化较小,是一种渐进主义的战略。它与拟制的区别是,前者是用演绎推理规则来解释、说明事实,后者是虚述事实来适应法律原则。再就是运用法律逻辑的特别规则来处理法律论证前提的解释规则。因为立法者是不可能起草出适用于每个具体情况的法规,这就需要解释。法院也要求用一种特别的解释原则来主张一种优势。那么,这种法律逻辑的特别规则从哪里而来,其目的何在?弗里德曼认为:第一,给这些规则强加了一种法律人特有的外行人不具备的特别逻辑,"而不是社会上流行的任何推理形式"。④ 第二,是为了解决封闭制度问题,因为"逻辑规则或解释规则给少量前提增添了内容"。第三,"推理规则在机构之间的斗争中充当了武器。"⑤因为可以使用特别逻辑来阻止邻近机构的权力渗透或扩张自己的管辖权范围。第四,这种特别逻辑规则有助于法官的任务完成。他可以把一些"困难判决怪罪于法律,而不怪他们自己的意志行为"。⑥ 因为他可以托辞科学的法律逻辑规则得出的结论就是如此的。总之,因为"困难案件、新案件、社会上重要的案件与社会给合法管辖权规定的坚固的界限之间有一种紧张"⑦,要解决这个问题,"一种办法是通过法律论证、类比、法律虚构和条文主义这种花招。社会对合法性的态度以及总的法律文化决定什么时候,如何可以使用各种花招。"⑧

最后,法律语言和风格也是值得一提的。因为"普通法的前提和解释规则都是封闭的,不是公开的"。⑨ 事实上,法规的解释总体上都是封闭的,所以法规的词语就成了法律论证的前提。"法律文化,特别是合法性理论,影响法律的语言和风格以及法律论证形式。"⑩如法国的上诉法院使用省略语、技术和非人格的风格。"判决很集中要点,由于非常简要,几乎不很连贯,它是对法律工作者

---

① 参见〔美〕劳伦斯·M.弗里德曼著:《法律制度——从社会科学角度观察》,李琼英、林欣译,中国政法大学出版社2004年版,第293页。
② 同上。
③ 同上书,第296页。
④ 同上书,第299页。
⑤ 同上书,第301页。
⑥ 同上书,第302页。
⑦ 同上。
⑧ 同上书,第303页。
⑨ 同上书,第302页。
⑩ 同上书,第303页。

谈法律,一点不是针对外行或当事人的。"① 而英国法院的风格则完全不同,他们像是"一群聪明、谨慎的绅士在一起讨论困难的问题"②,意见是讨论性的,语调是随便的,几乎是交谈式的。当然,风格不是保持不动,如卢埃林认为,美国不同历史时期的风格差异就给他很深的印象,"内战前崇高风格盛行,19世纪后期,正式风格取而代之"。③ 最后,又有些回归崇高风格。"风格的变化可能反映合法性理论的变化。"④ 风格涉及许多因素,有普通技术因素,有法官在每个案件中能花的时间因素等等。"只有在封闭制度下才存在法律专业和技术性的法律词语。"⑤ 这种技术性用语有几种意义:第一,大多数术语是作为一种速写,即每个术语都有业内人士才能明白和掌握的特别含义,而且只能是这种含义,以便于职业集团完成任务。这种技术性语言对专业人员有效。第二,它具有象征性意义,大量专业词语与术语将职业变成专业。第三,保持专业团结和威望。因为共同的文化和风格,这些特别词语和记忆将这个专业联结在一起。第四,还具有仪式作用。使法律具有庄严神圣感。第五,在社会生活中,因为这些专业词语促使契约等法律生活标准化,减少混乱程度。

弗里德曼从法律内部的各个环节和各种具体制度上分析法律文化对它们的影响,具有独到的见解和学术价值,但弗里德曼分析的缺陷也是很明显的。在法律文化是如何在各个具体的内部制度中施展影响的他没有描述,作为法社会学最重要的特征,描述、展示、解释这些影响是必不可少的,而这正是弗里德曼这部分理论所缺失的。

二、《选择的共和国》中的理论

此外,弗里德曼在《选择的共和国》这部著作中专辟一章来讨论现代法律文化与具有时代特征的个人主义的关系。他认为现代法律文化是紧紧围绕个人的自由选择展开的。"现代技术已经塑造了人们的生活环境,进而塑造了他们看待世界的方式。"⑥ 他们相信自己能够自由选择,为了"保护选择的自由,社会需要一个严密的规则和规则结构网络"。⑦ 也可避免或防止社会陷入无政府状态。因为在技术与专家塑造的庞大的生活世界和陌生人社会面前,个人的力量是极

---

① 参见〔美〕劳伦斯·M.弗里德曼著:《法律制度——从社会科学角度观察》,李琼英、林欣译,中国政法大学出版社2004年版,第303页。
② 同上书,第304页。
③ 同上书,第305页。
④ 同上。
⑤ 同上书,第306页。
⑥ 参见〔美〕劳伦斯·M.弗里德曼著:《选择的共和国:法律、权威与文化》,高鸿钧等译,清华大学出版社2005年版,第70页。
⑦ 同上书,第71页。

其渺小的,只有凭借法律才能与之抗衡,这就是法律繁荣发达的一个根源。规则的大量出现,增加了个人选择权和选择的可能性范围,或实际上扩大了选择的范围。这种可能性范围本质上是自由。这种选择表达的是一种与个人主义相结合的现代法律文化。所以,"在选择的共和国里,现代生活展现了一种不可思议的两重性状况。"一方面,"共和国许诺,个人可以完全控制自己的生活机会"①,另一方面,把个人置于超出其能力范围的专家和技术的支配之下。摆脱这一困境的方法就是通过规则来控制。由此,弗里德曼得出:"选择的概念、选择的欲望和选择的经验遍及现代生活而且重构了现代法律以适应选择的文化。"②而他的目标就是要"破解法律文化的信息以便展现潜在的选择文化,这种选择文化在无数个方面赋予法律和生活以意义"。③

那么,如何来破解呢?弗里德曼认为可以通过这样几个方面来努力:

以职业自由或选择自由为例。一方面,"现代国家都严格限制职业自由"④;另一方面,现代生活中的许多选择都受受托经纪人或中介的支配。如生病时药品的选择自由,只能通过医生的中介服务,这项药品的选择权事实上就是一项空洞的选择权。又如职业自由,虽然,现代社会中,职业选择实际上并没有选择自由。然而,通过选择实践达到自我实现是职业选择的首要目标。所以,人们普遍认同职业流动性的生活过程和接受第二次就业机会的文化,这就为成千上万的人开放了新的职业选择机会。也就是说,通过关于一系列支持职业的重新选择自由的法律来削弱和限制上述对职业自由的严格限制。因此,保障职业自由是现代法律的一个重要原则。

现代生活中广泛多样的选择假定:选择者有足够的抉择能力,任何人都不能代替。而事实上,单个普通人的抉择能力远不如专家。在假定与事实之间就会产生一种张力。这种张力和选择中的困惑就会促使一种孕育、正当化和支持选择自由的规则的社会文化的诞生。因为信息的获取是自由选择的根本。所以,信息自由流动的问题是现代法律的一个普遍性问题。

关于契约自由与福利国家的干涉主义问题。契约自由"意味着自由与自愿的活动与安排"⑤,它赋予个人选择权以崇高地位,"它的实质是选择"。然而,在许多的契约情形中,选择是虚假的。当人们处于道德、经济、权力劣势的处境中,即使签订契约,也不可能真正自愿选择。例如,所谓的标准合同就是处于权力与

---

① 参见〔美〕劳伦斯·M.弗里德曼著:《选择的共和国:法律、权威与文化》,高鸿钧等译,清华大学出版社 2005 年版,第 82 页。
② 同上书,第 83 页。
③ 同上书,第 84 页。
④ 同上。
⑤ 同上书,第 92 页。

实力的强势"企业家"通过合同这种所谓形式上的契约自由来立法,实质上已剥夺了人们的自愿选择权。又如在垄断的情形下。所以,在这些情况下,适当的国家干预或政府规制才是保障选择自由的最好路径。这就牵出了第四个问题。

个人与组织或实体之间的选择悖论。以劳资关系或劳工法为例。维护劳工权利是这种关系或劳工法的普遍主题,然而一些法律或判决却用强调工人权利的话语维护了雇佣者的选择权。例如在"高德查理诉威格曼案"中,宾夕法尼亚州最高法院宣布一部要求矿山和工厂以现金支付工人工资的法律无效。① 理由是:这项法律贬损了工人的人格和损害了工人的权利即他(指工人)可以为了他认为最好的东西(金钱或商品)而出卖自己的劳动。所以,这种貌似维护工人权利的判决或话语实际上却真正损害了工人的利益。另外,有些人将对劳工的各种先赋性因素(如种族、宗教、性别等)倾斜的选择权视为一个个人偏好问题,从而掩盖了这种实质上的选择自由问题。这种偏见的根源在法律文化。因此,特定的国家干预有助于真正的选择自由。当然,现代社会中,许多人生活在组织或群体中,无论男人还是女人。但这种组织或群体是"具有平行利益和地位的"②,是人们依仗自己的权利自愿组织起来,是个体作为自我表达和动员的载体而活动的。在这种组织市场中进行选择是个体的一种自我表达方式。

文化强调选择,但选择的范围却因出身、地位、种族、性别、宗教、财产、个性偏好、年龄、外貌、身体结构等等一些"不可改变的特征"③而实际受到了限制。这些限制它不是以法律的形式直接出现,它是法律文化的千姿百态的形式散落或渗透在生活中,形成和强化着社会的基本意识形态,从而真正地妨碍了选择自由。

因此,弗里德曼总结道:"法律文化立基于一些不容易标示和测定的基本社会规范之上。这些规范模糊而易变,而确认它们的证据又令人失望地软弱乏力,尤其是在调查研究被证实之前更是如此。但是,如果不认真考虑这些规范的力量和现实,就不可能很好地阐释社会的结构和行动。'法律文化'是一个用于表示有关法律规范和观念的方便的术语。"④从弗里德曼这段叙述中我们可以得出:法律文化其实是散落或渗透在社会生活中的一系列实际上支配着人们行动的活法或潜规则,一种有关各种法律现象或法律事实的态度、情感及其文化实践;在个人心理层面上包括各种有意识或无意识的情感与态度,和林林总总或模糊或清晰地游离在社会生活中、黏附在人们行动中的一些潜规则等人们初步抽

---

① 参见〔美〕劳伦斯·M.弗里德曼著:《选择的共和国:法律、权威与文化》,高鸿钧等译,清华大学出版社2005年版,第96页。
② 同上书,第100页。
③ 同上书,第101页。
④ 同上书,第109页。

象过的东西。

总之,弗里德曼在不同的时期和不同的著作里对法律文化进行了系统的讨论,是当今社会对法律文化研究的一个代表性成果。在《法律制度》中主要讨论了法律秩序内部的法律文化,而在《选择的共和国》中则主要是从法律秩序外部讨论法律文化,探讨这种法律文化在打造特定社会的法律秩序中的地位与作用。这种法律文化是如何紧紧围绕个人主义的选择自由而形成一种选择文化,从而形构一种新的法律秩序或法律制度。这种研究方法启迪了人们如何在社会的母体中从法律系统的各个层次、各个环节与社会的接洽处去寻求文化的影响,从而直抵法律现象的文化渊源,为外部的法文化研究树立了一个很好的范例。将弗里德曼的内、外部文化研究结合起来,就构成了一个系统完整的研究法文化的经典。这也是本书之所以要对其研究做详尽介绍的原因所在。

第三节 劳伦·本顿的研究

一、研究的焦点

劳伦·本顿的名字读者可能并不太熟悉。严格意义上,他的研究似乎与法社会学有些距离。确切地讲,他是用历史社会学或社会人类学的方法在研究法律与文化的关系。他的研究成果名称就叫《法律与殖民文化:世界历史的法律体系(1400—1900)》。为什么要介绍他的理论呢?因为这段时期是世界范围内殖民扩张的巅峰时期,在殖民政治体系中,法律与殖民文化的关系具有典型意义。这种典型意义在我们对法文化的研究中具有重要的价值,因为它提供了一种极致形式让我们透视法与文化之间的各种微妙关系。

本顿的研究是通过对这段时期世界范围内有代表性的几大殖民体系中的殖民地法律体制与文化之间的张力或妥协来完成的。他研究的分析对象或焦点主要落在殖民政策、法律多元性、管辖权界线与文化界线、文化与法律的中介人、法律与财产的关系、文化在全球格局中的地位这几个方面。下面我们分别加以阐述。

在殖民统治中,宗主国总是千方百计地希望自己的权力扩张或延伸到殖民地,所以,殖民政策中最重要的元素就是管辖权扩张。而殖民地却是设法要维持本土或传统的政治权威。如果殖民权力中存在着几种竞争性权力,被殖民内部也有几股不同力量或几种不同派系的矛盾与冲突。此时,政治权威(无论是宗主国权威还是殖民地权威)都会企图通过文化界定一些重要对象的界线和通过文化实践建构或提升其合法性与霸权地位。而"法律不仅起到了将一个帝国各个不同的组成部分联结在一起的纽带作用,而且还要为在政治和文化上互相独立的帝国权力或者殖民地权力之间的各种交流奠定基础"。① 在此过程中,不同的法律权威的结构逐渐形成,多边法律竞争关系出现。而这种不同法律权威间的结构性关系,"不仅拥有着改变不同宗教和文化界线设定的能力,而且还具备界定彼此差异性的力量"。② 所以说,"殖民主义形塑了法律多元化政策的架构"。③ 而这种架构本身就是法文化的内容。

在法律多元性的研究中,法律人类学作出了重大贡献。所谓法律多元性主要指一个特定社会中存在着多种法律权威结构或多种法律秩序或层次不一的多种法律体系。这是殖民地的特色之一,它们间的斗争"使得多元法律秩序的格局变得异常清晰"。④ 其间,可能存在坚固的法律多元性与脆弱的法律多元性之别。按本顿的理解,这种法律多元性对管辖权争议有帮助。因为:多元性会带来两方面的显著冲突,一是"由文化中介人带来的挑战,以及随之产生的关于这些群体在法律秩序中的地位的冲突";二是财产权冲突,"关于法律上的文化差异的冲突总是和关于财产支配权及其法律界定的争议交织在一起"。⑤ 这些冲突领域是法律上讨价还价的领地。而殖民地法拥有一套特别的潜规则,它可以对调整系统进行调整,改变宗主国法律的运作方向。也就是说,通过殖民地法的微观权力技术的策略运作,可以使宗主国法的宏观规定转向或使它变得无能为力。当然,这种法律制度框架或法律权威结构最终还是受制于文化界线。总之,"文化界线在法律制度上的体现直接形成了广阔的制度轮廓"。⑥

关于管辖权界线与文化界线的讨论,本顿聚焦于前者对后者的决定性方面。"一旦管辖权的扩张将双方的差异确定下来,法律也就不得不承担起建构差异性的任务,即在法律范围内规范文化交往的任务。"⑦ 管辖权的内涵和由此决定的文化实践主要是由宗主国决定的。虽然这种管辖权的主张造成了文化分歧和法律秩序内的紧张,但"在诠释管辖权要求所具有的重要性方面以及在策略地采取削弱这些主张的立场方面,被征服的民族显示出了相当的内行和老练"。⑧ 因为他们能够清楚地意识到"管辖权要求与体现文化差异的信息之间的紧密联系"⑨,所以,他们就巧妙老练地加以利用。因此,这种由管辖政策形塑的制度框

---

① 参见〔美〕劳伦·本顿著:《法律与殖民文化——世界历史的法律体系(1400—1900)》,吕亚萍、周威译,清华大学出版社 2005 年版,第 3—4 页。
② 同上书,第 2 页。
③ 同上书,第 3 页。
④ 同上书,第 11 页。
⑤ 同上书,第 11—12 页。
⑥ 同上书,第 12 页。
⑦ 同上书,第 14 页。
⑧ 同上书,第 16 页。
⑨ 同上书,第 17 页。

架,将殖民地文化与殖民统治方式联系到了一起。

文化与法律的中介人在殖民统治中担当着重要又复杂的角色。他们一方面承担着阐释双边文化和使多元法律秩序在殖民地推行的重要作用,他们被视作是殖民统治所必需的;但另一方面,"他们的存在是对统治群体努力维持的文化界线的一种公然蔑视"[①]。这种角色的具体性质的确定,是由作为殖民统治基本原则的关于文化差异的阐释原则决定的。但不管怎样,他们在殖民地对殖民统治的策略性回应中起到了不可替代的作用。

法律与财产的关系问题,主要集中在多元法律秩序最主要的重组以及在财产权分配与界定中发生显著变迁的交叉地带。因为"殖民地法律政策依赖于财产权的类别,来区分哪些财产争议属于殖民地的主要利益,从而应当由殖民者控制的法院来处理"[②],而其余的交给其他法庭来处理。"在多元法律秩序中,这一利用手段谋取另一种多元法律秩序图景的做法促成了作为内部界限仲裁人的殖民国家(指殖民地民族国家)的形成。"[③]这种研究路径导致了人们对具有结构相似性的制度或现象产生的条件或原因的研究兴趣。即国家制度复制的研究。从而产生了第六个问题。

文化在全球格局中的地位。对此,本顿认为主要可从三方面着手。一是政治权力和法律权力的定位。"政治权威假定别的政权内部的权力构造与自己的权力构造存在相似性"[④],通过允许政治权威之间相互承认的机制与法律,使国际体制的建立成为可能。二是通过构造一种制度框架,使不同文化群体能够在不同政权之间相互协调,不同的政治法律权威在其间发挥作用。指在不同文化之间承担桥梁、纽带作用的制度性设置,如联合国的各种组织、一些国际交往平台的峰会、联盟等,各国的外交部及使、领馆,国内的各种国际组织或外向型组织等等。三是存在着持续存在的诠释文化差异的机制和过程,主要指上述组织或机构制订的原则、规则、公约及运作程序、机制等。在这种全球格局或国际秩序的形成过程中,文化承担了关键性角色。

二、本顿的总结

最后,本顿总结:在殖民主义的过程中,旨在创造新的秩序的法律多元性成为了一项殖民工程。在多元法律关系之间存在着各种冲突和政治协商,所以,多元法律秩序的存在,本身就是文化的表达和冲突的产物。在殖民体系中,法制的

---

① 参见〔美〕劳伦·本顿著:《法律与殖民文化——世界历史的法律体系(1400—1900)》,吕亚萍、周威译,清华大学出版社 2005 年版,第 20 页。
② 同上书,第 25 页。
③ 同上书,第 26 页。
④ 同上书,第 27 页。

崛起是必要的。它可以让人们误以为殖民制度是"帝国的刺激与本土的回应"间的交往行为①,而掩盖其霸权的实质。法律这种公正的表象,"意味着精心构思一种形式主义,这种形式主义的虚礼反过来会产生偶然的公正结果,在特定的案件中这或者阻挠了统治阶级的目的,或者保护了平民的利益。这些例外使得法律'大大超越了某种虚假的东西'"。② 法律这种产生偶然正义的能力既服务了殖民者也被被殖民者所利用。汤普逊将被殖民者的反抗或回应比喻为林中居民的偷猎行为,法律是殖民政府的有用指南。古哈坚持认为殖民地底层人民是被排斥在这种妥协关系之外的。布迪厄认为:被殖民者的法律参与是否暗含着对殖民产生的宗主国法律秩序的认同,其实并不尽然。对宗主国法律制度会造成伤害的认识与这种认同是并存的。但是对这种多元法律秩序的清醒认识是通过交互作用的文化实践产生的。本顿承认了这些观点中的某些合理性,但也指出了他们各自存在的缺陷。他认为:"任何地方法律与文化上的竞争同时创造了文化和法律整合的制度模式与制度预期。……在法律秩序塑造过程中发生的冲突,敦促了之前并不存在的国家法发挥其职能和存在的空间。"③文化成了一种特殊的使全球同质化的力量。因为"整合文化差异的惯例拥有了制度化的形式,以及文化结构可以重复出现,它们也成为了国际连贯性的要素"。④ 在多元法律秩序形成的过程中,国家将发生与广泛存在的法律和文化整合相联系的历史性转变。针对财产体制变迁方面的法律文化界限问题如土地关系、劳资关系、投资关系等等发生的各种冲突和斗争,都有可能演变成对殖民地的新的权力结构有着潜在深刻影响的大问题。因此,在殖民统治中所发生的法文化问题,直接影响到法律制度、社会结构、权力结构的变迁。

总之,本顿通过殖民地中与法律相关的文化实践的展示,一方面说明了文化对法律的重要性在殖民统治中的意义;另一方面,也对法文化的研究作出了重要贡献。他似乎有些"无心插柳柳成荫",他并不是为了研究法文化才去研究殖民文化与法律的关系,但在殖民体系各种制度、观念、政治、经济、文化发生剧烈碰撞、交织、斗争的特殊空间里,在殖民文化与法律之间发生的各种关系、对接过程中,典型性展示出了法文化的一些重要特征,它让人们清晰地认知到法文化研究的重要方面和法文化本身的特性。这也是本顿留给我们的在法文化研究领域有价值的思考。

---

① 参见〔美〕劳伦·本顿著:《法律与殖民文化——世界历史的法律体系(1400—1900)》,吕亚萍、周威译,清华大学出版社2005年版,第276页。
② 同上书,第277页。
③ 同上书,第285页。
④ 同上书,第284页。

三、法文化研究的基本进路

法律文化按弗里德曼的观点是价值观的集合，是以价值观的形式在指导法律专业人士实施法律，以价值观的形式来指导人们进一步的认识和遵循法律。而在本人的视野下，法律文化是人们在历史和现实中创造的，内隐和渗透在法律理论、法律规范、法律制度、法律行为之中，并通过人们的观念、习惯、心理等在生活中表现出来的各种文化现象或文化事实的总和。它是一个民族或国家在漫长的历史进程中不断积累起来的民族习性、民族心理与传统习惯在法律现象中的反映，是人们对法律的情感、理解和需求的某种行为模式的沉淀，是社会文化不可分割的一部分。因此，要研究法律文化，就须从这些环节、这些现象的联系之中和背后展开，从人们在法律生活中展示的各种观念、习惯、心理和行为的事实及其基础中去研究，从各种法律理论、法律规范、法律制度和法律设置等各种法律现象的相互碰撞及其社会根基中去研究，从民族历史、民族心理与传统习惯的考察中去研究。

法社会学的研究有着自己的特殊性，不管是定性还是定量，只能将法文化作为一项社会事实来研究，所以，在进行法社会学研究时，通常采用以下几种研究类型：第一种：追因研究，即解释性研究。探索现象与本质、原因与后果之间的关系。了解分析规则与技术规则。具体的有四种形式：第一，法律文化对法行为影响研究，包括普遍主体的行为和特殊主体的行为，整个社会的法律文化是怎样影响普通主体和特殊专业人员的行为的。第二，法律文化对法律机构、法律制度的影响，这主要指内部法律文化的研究，如前文的弗里德曼的研究。这两种形式都是从法律系统的制度性设置中去研究法律文化的作用和如何渗透的过程。第三，从法律系统的外部来研究，将法律文化作为一个社会事实来研究，如中国乡土社会崇尚无讼，这种现象是怎么产生的，全球化与现代化与法律文化之间的关系及影响等。第四，研究整个社会中各种法律现象的文化基础，如本书的"法律的社会基础"一章中的研究。

第二种研究类型是比较研究。有横向研究和纵向研究。所谓横向研究，是指在控制时间变量的前提下，对处于同一历史时期但不同领域、地域、体制或者文化的法律文化进行比较，进行横向比较研究能够有效考量不同法律文化的异同，并在此基础之上，借鉴对方的优势，以进行更有效的社会控制，它包括：受本顿启发的亚文化群之间的比较研究，全球文化与区域文化之间的研究。所谓纵向研究，一般是指对同一法律文化的不同发展阶段进行考察和比较，这能让我们厘清一种法律文化的脉络去向，不仅可以发现问题的源头予以科学应对，也能发现它的长处予以发扬光大，同时，也指文化对法律概念词语的理解的影响，这是一种逻辑上的自上而下和自下而上的比较研究，这一种纵向研究更有浓厚的法社会学的意味。

第三种类型是过程—事件分析。无论法律制度、法律规范、法律行为、法律功能与效果等都可以进行过程—事件分析。过程—事件分析相对于结构—制度分析的优势在于,它并不把结构视为分析的常量和决定事件的唯一因素,而是在社会行动中洞察社会结构和社会过程。它比简单化的结构—制度分析更能解释社会事件更微妙更深层的演化脉络和逻辑结构。法律文化对上述现象的影响或在上述现象的过程—事件分析中揭示法律文化无处不在的渗透力与影响力,撩开覆盖在这些现象上的层层面纱,呈现出法律文化的基础与底蕴,则主要采用动态的研究方式能更好地达到目的。

第四种类型是宏观与微观研究。由于法律文化本身是分层的,即存在宏观法律文化和微观法律文化,前者是指广泛存在于一个社会、国家或民族当中的基础性法律文化,可以说是整个共同体有关法律现象所达成的共识;后者是指,某些特定组织、群体或者特定地域所独有的法律文化,或者是整体法律文化之下的某些亚文化。由于自然条件、风俗习惯、性格礼仪等的差异,微观法律文化数量众多。这决定了法社会学对法律文化的研究也因宏观与微观之分而采取不同的视角、不同的方法,所谓宏观的法律文化研究立足于整个社会、国家或民族的宏观层次的法律文化现象,多采用结构与解构主义、功能主义、冲突论、文化分析等方法进行研究,而微观的法律文化研究则聚焦于某一群体、组织、特定地域及次层次的亚文化等,法社会学的各种研究方法都有采用。

法社会学与社会学的研究方法对于所有的上述类型的法文化研究都可以适用,只是根据不同类型或不同的研究目的有所侧重而已,定性或定量或二者的结合。那么,定性研究一般采用哪种方法?定量研究又是采用哪些方法?通常情况下,第一种类型有较高的可操作性以及精确度,学界不少研究都采用定量为主的方法;第二种视比较的层次和精确度决定采用何种方法;第三种类型由于过程—事件分析涉及变量众多,故适宜采用定性研究方法;第四种类型也适合采用定性研究方法,尤其是宏观的法律文化研究,较为抽象。微观的法律文化研究定量方法也有不少,故定性与定量都可适用。当前国际社会兴起的一种法文化研究的现象我们不能不予以关注,即从法文化视角的研究深入到了对主体间性的探究,揭示隐含在法律条文和法律制度背后的意义空间,借助地方性知识展示不同文化背景下人们生活的样态,从主体性角度探究法律的实践理性。这些研究国内尚缺乏,本人的一篇论文算是此类研究的一个探索[①]。另外一种研究也属于法文化研究的范畴,如我国现在规定赌博是违法的,聚赌是犯罪的。但人们依

---

① 参见何珊君:《中国语境下刑事诉讼律师的困境与法治——文化分析模式》,载《学海》2012年第6期。这篇论文的部分内容参见本书的第十二章。

然照赌不误,人数有增无减;又如美国历史上曾有过一段这样的历史:国家颁布了禁酒令后,喝酒的人反而更多。那么,为什么法律明文规定禁止,现实中依然我行我素,法律是法律,事实是事实,二者各行其是的原因是什么? 这也是典型的法律文化研究。

【思考题】

1. 在当下中国应该怎样开展法文化研究?
2. 如何从法文化视角展开法官制度、律师制度的研究?
3. 弗里德曼为什么要分内部、外部法律文化进行研究? 这样研究的价值是什么?
4. 同属于外部文化,弗里德曼为什么要在《选择的共和国》中讨论法律文化与个人主义的关系,而不将其纳入《法律制度》中的外部文化中来研究?
5. 劳伦·本顿是如何在殖民体系中研究法律文化的? 他这样研究的目的是什么?
6. 托马斯·莱塞尔是如何对法律文化作出解释的?
7. 从法社会学视角论证法律意识与法律文化的异同。
8. 举例探讨中国社会的法律文化是如何影响法官工作的?

【参考书目】

1. 〔德〕托马斯·莱塞尔著:《法社会学导论》,高旭军等译,上海人民出版社2008年版。
2. 〔美〕劳伦斯·M.弗里德曼著:《法律制度——从社会科学角度观察》,李琼英、林欣译,中国政法大学出版社2004年版。
3. 〔美〕劳伦斯·M.弗里德曼著:《选择的共和国:法律、权威与文化》,高鸿钧等译,清华大学出版社2005年版。
4. 〔美〕劳伦·本顿著:《法律与殖民文化——世界历史的法律体系(1400—1900)》,吕亚萍、周威译,清华大学出版社2005年版。

第十一章 法律制度

第一节 法律制度的总体描述

一、法律制度的架构与功能

究竟什么是法律制度,在法社会学领域并没有一个统一的定义。弗里德曼专门对法律制度进行了研究,经过他的考证,所有的法哲学家与社会科学家对法律制度的定义概括起来只是"分为几个类别"而没有真正的定义①。一是机构类别,即属于法律制度一部分的人和机构,包括律师、警察、立法者、行政官员、公证员等人的相关工作;二是规则类别,指一批神圣的规范;三是职能类别,即只要从事法律职能工作如解决争端,不管是任何团体、组织或制度都属于法律制度;四是视为某种专门的程序或秩序。弗里德曼认为法律制度无非是"这些国家中有一些公众明显认为是法律一部分的社会次要制度,包括法院、立法机构和刑事司法制度。……'法律制度'只不过是把这一切次要制度加在一起的综合物,可以把理想的定义想象为一个完美的大圆圈,次要制度是小盒子和方块,都比圆圈小。"②法律制度具有输入、输出、反馈等共同特点,包括结构、实体、与文化的相互作用等组成部分。弗里德曼的这种观点受帕森斯的影响明显,无非是将法律视作为社会整体中的一个子系统。但又无法纳入他所概括的上述四种类别。

法律制度在本书作者的研究中,是在狭义的范围内使用,它仅指法律机构与法律程序等正式的制度性设置及规则运用的制度性活动与过程,是将法律制度作为一项社会事实来看待,虽说与麦考密克与魏因贝格尔所指的制度有一些交叉,但也存在着很大的差异。在他们那里,法律制度这一事实主要还是指受人力制约的事实或由规则创制的事实,主要指法律制度内的构成性事实体系,正如他们所说"制度作为一个概念而言在逻辑上早于它的任何实例的存在"。③ 而本书所指的事实则更多的是与波普尔所指的物理世界相对应,是真实世界中存在的

---

① 参见〔美〕弗里德曼著:《法律制度:从社会科学角度观察》,李琼英、林欣译,中国政法大学出版社1994年版,第6页。
② 同上书,第12页。
③ 参见〔英〕麦考密克、〔奥〕魏因贝格尔著:《制度法论》,周叶谦译,中国政法大学出版社1994年版,第68页。

客观物体与现象,而与该事实指向的规则或概念是否事先存在无关。而且,这种事实是将法律制度作为一种整体视作为整个社会中的其中之一的子系统来看待。它的内部结构由法律机构、法律程序及适用法律规则的活动构成,它的外部体现为与其他社会制度一起履行它的社会职能,并与社会产生各种层次的、部分的相互关联。对此,可能有人会认为这与帕森斯与卢曼或托依布纳的法律系统含义相同或接近。或许可以这样认为,他们是在宏观的理论层次去证明这种系统的结构与功能,而本书只是把法律制度作为一项特定社会中的制度事实或客观现象来展开研究。即从它的权威性、职能及从它的内部结构的各个部分展开,而且仅选择其中的重要性方面来讨论。

从这一意义来讨论法律制度的功能,则主要涉及法律制度的实在性功能。包括:第一,创制法律与分配正义。通过对整个社会各个层次、各种利益的衡量,选择急需保护的重大利益或首要利益及应该予以保护的利益,确定标准以法律形式予以承认并保护,从而达到对利益与正义的分配,这主要体现在立法机构的职能方面。第二,解决争端与社会控制。这一功能也可称为维护社会利益与秩序的功能,是司法机构的主要职能体现。因为,司法机构解决争端的主要依据之一是立法机构通过的有效法律,通过对社会中发生的各种大小争端的解决过程中法律的适用,立法中承认或欲以保护的利益得到了实际的维护,且使社会秩序正常运作。第三,国家的意识形态功能和政治功能。这主要是指通过立法与司法手段对法律原则与社会基本价值、信念的确认与维持,国家的主流意识形态得以传播与维护,且通过审判与执行获得某种政治目的,把法院变成某种政治辩护的论坛等政治功能,这一功能在法律角色一章及回应型法一节都予以较详尽的讨论。第四,社会的安全阀功能。也可称为和平时期的国家烟幕弹功能。为什么这样说?因为社会上的各种冲突包括因国家利益分配原则的不公所致的个人与个人间的冲突、组织与组织间的冲突、个人与组织间的冲突、个人与政府或国家的冲突,通过立法的烟幕形式或司法机构这个媒介掩盖和缓冲了,从而避免了个人或组织与国家或政府之间的直接碰撞与冲突。同时,作为整个社会的怨恨、愤懑、冲突的"出气口",为避免使这些社会情绪积压聚集为威胁社会安全与动荡的巨大力量,承担着社会的安全阀功能。

正是在这种实用性的法律制度架构与功能条件下进行法社会学的研究,才使得本书对法律制度的探讨落到两个重点上:法律机构与权威扩散,法律程序与公众参与。因为法律制度作为法社会学知识体系中的一个重要内容,对它的讨论林林总总,涉猎之广,成果之丰,难以简言将之囊括。本书对它研究重点的确立是在本人的研究方法体系和这种理论架构下,基于当下社会现实和社会变迁中出现的有关法律制度的重大困惑与问题思考的结果。而在这种前提下讨论法律制度,我们就无法回避它与社会交往权力的关系问题。

二、法律制度与社会交往权力

在这种理论架构与功能体系下,法律制度无论是作为整体视作为特定社会中的一个子系统,还是其系统内部的各个组成部分或子子系统,都与这个社会或者说生活世界发生着各种联系,而法律制度总是作为一个行动系统被讨论。无论是法律制度与国家或社会整体的联系,还是个人或组织与法律制度的交往,或者法律制度与社会其他子系统的联系,这种围绕法律制度建立起来的各种社会交往权力自然也就成为现代世界中法社会学研究的热点与重点。

在法律制度与国家或社会联系的层面上,法律制度是被视作为一个具有某些确定功能的独立行动系统,它的存在是以包括前述的实在性功能为有效条件与标识。它的架构与意义更多的是在帕森斯的行动结构框架内被讨论与体现。因此,对这个层面的法律制度的法社会学研究借鉴帕森斯的社会行动理论会较有收获和价值。而法律制度与社会其他子系统的联系,则更多的是在实践层面上被探讨。这种实践层面上的探讨更多的则与制度设置的社会需要联系更强。这也正是本章接下来两节要讨论的重点。而个人或组织成员与法律制度的交往层面,在某种意义上与哈贝马斯的行为交往理论有更多的联系。实际上,现代社会中所有这种意义上的法律制度内的行动与交往,都是角色行为,而角色行为则更多地表现出哈贝马斯的交往行为的特征。当然,这并不意味着否认角色行为具有目的行为、规范行为和戏剧行为的特征。而且,与规范行为似乎有着明显的相似性,只是它的总体却呈现出交往行为的特征。

按照哈贝马斯的理论,语言是交往行为中的重要媒介,而"只有交往行为模式把语言看作是一种达成全面沟通的媒介。在沟通过程中,言语者和听众同时从他们的生活世界出发,与客观世界、社会世界以及主观世界发生关联,以求进入一个共同的语境"。① 这种沟通"是通过反思的方式,这一点和目的行为、规范调节行为以及戏剧行为都有所不同"②,"充当的是协调行为的机制"③,这种交往模式设定,"互动参与者可以把我们迄今为止所分析的行为者与世界之间三种关联④中潜藏的合理性力量动员起来,以便实现相互共同追求的沟通目标"。⑤ 为了满足有效性要求,"参与者自身可以通过协商,对语境加以明确。……对语境的明确造就了一种秩序。依靠这种秩序,交往参与者对三个世界中行为语境

---

① 参见〔德〕尤尔根·哈贝马斯著:《交往行为理论:第一卷行为和理性与社会合理化》,曹卫东译,上海人民出版社2004年版,第95页。
② 同上书,第99页。
③ 同上。
④ 指与普波尔的三个世界即物理世界、精神世界与客观思想的世界的关联。——作者注
⑤ 参见〔德〕尤尔根·哈贝马斯著:《交往行为理论:第一卷行为和理性与社会合理化》,曹卫东译,上海人民出版社2004年版,第100页。

的不同因素进行归整,并把它们与先前分析的生活世界中的实际行为语境结合起来"。① 对于沟通各方而言,"解释的任务在于,把他者的语境解释包容到自己的语境解释当中,以便在修正的基础上用'世界'对'我们的生活世界'背景下的'他者的'生活世界和'自我的'生活世界加以确定,从而尽可能地使相互不同的语境解释达成一致"。② 从而完成沟通,实现交往行为。

当把这种交往行为置于法律制度条件下,行为者的解释语境不可避免地要受到某些制度条件的限制。因为所有角色主体的行为者试图协调不同行为者由不同个体语境造就的不同表达图景,达到沟通的目的,其这种协调机制势必要满足社会有效性要求,而这种有效性则受到行为者意义的阐析与以适当的表达形式提出正确性要求的制约,而这一切在法律制度框架内则是指须虑及法律制度所允许的规范语境。因为,即使在这些沟通主体在各自的个体语境中寻找表达途径时,他们也都会意识到这种法律制度框架的存在,都会在这种语境下产生一种普遍的行为期待,但其中又具有目的行为的某些特征,不纯粹是规范行为,因为这些行为者都会寻求这种制度条件下最利于自己的沟通机制,从而实现自己的交往权力。当然,沟通既然是一种协调机制,它当然得遵循相互谅解与相互让步原则,只有这样才能达成行为的协调一致。而这种协调只能是"通过行为语境寻求沟通"③,而沟通的中心环节是解释,"解释的核心意义主要在于通过协商对共识的语境加以明确"④。毫无疑问,法律制度所贡献的规范语境也是所有沟通主体所面对的实际行为语境之一,这就为所有行为者的行为动机与主体间性的承认与接受提供了前提与默契。法律制度的条件与规则为这些行为者提供了正当性认可的基础。因此,法律制度为社会成员的交往权力提供了一个平台,同时,也为这种交往权力设定了某些限制。

三、对法律制度的社会学考察

从上述意义出发,对法律制度的法社会学研究可以从不同的层次、不同的类别、不同的视角来进行。对作为一个整体的社会中的其中之一子系统研究时,可能会侧重于用宏观的定性研究的方法。而对它的内部结构的研究,则可以采取宏观与微观并用,定性与定量结合的方法。特别是对法律制度实际运作过程的研究,更可以采用观察法、问卷调查、访谈等研究手段。而在现有的社会情景下,对法律制度的实体性考察与研究被提到重要的位置。其中重要的问题涉及法律

---

① 参见〔德〕尤尔根·哈贝马斯著:《交往行为理论:第一卷行为和理性与社会合理化》,曹卫东译,上海人民出版社2004年版,第100页。
② 同上书,第100—101页。
③ 同上书,第84页。
④ 同上。

机构的有限权威与权威扩散、法律程序与公众参与,对这些问题的研究可以多种方法或多种视角,

其实,将上述不同的层次、类别、视角的法律制度研究放置到方法论体系下,它将变得更加的清晰与显明,作为子系统的研究倾向于结构主义与功能主义的方法;而实体性考察则与进化论和实用主义关系紧密;对社会交往权力的研究则最为复杂,它涉及现象学、包括了常人方法论等的符号互动论、交换理论等,既有宏观又有微观。因此,对法律制度的研究也是一场法社会学研究方法的大展示。从一般意义上而言,研究方法与研究目的紧密相关。所以,在具体研究时,究竟采用什么研究方法与手段,得视研究内容与研究目的而定。但既是社会学的考察,最重要的一点就是法律制度的事实性,无论你是将事实的法律制度概念化为若干命题形式置于所需要的理论体系假设中作种种阐析,还是设置若干指标去考察事实状态的法律制度,都离不开法律制度的事实状态的考察。所以,对法律制度的社会学研究,总是摆脱不了法律制度的现实考察,摆脱不了围绕法律制度的时空性展示与阐析。

当然,这种社会学研究不能是为了方法而方法,重点还是问题意识,而法律制度中的核心问题和当前最重要或紧迫的问题研究则为中心。所以,对法律制度的研究关键是要准确地把握什么是其最核心的问题,然后才去思考怎么样将问题剖析、展示、阐析清楚,用什么样的方法去研究最适合该问题,最能达到这个目标。当我们将视野转向法律制度的内部时,我们发现当下最重要的两个问题就是法律机构与法律程序的研究,而它们各自的重要性则是法律机构与权威扩散、法律程序与公众参与问题。本章接下来的两节则主要从实践层面的法律制度的现代职能与社会意义开始,探讨这两个问题的重要性方面。这种研究虽然不同于对法律制度与社会交往权力的研究,但它依然是一种社会学的研究。

第二节 法律机构与权威扩散

一、法律机构的有限权威

法律机构权威的有限性是它的宿命。因为法律机构从它成立伊始就决定了它只能具有有限权威。首先,从现代组织理论出发,所有的政府、社会组织或机构都有它的职能边界,现代的政府代理理论也假定了所有的政府机构的职权都是有限的,不能超越代理人的授权范围。虽然,法律机构不属于政府机构,但它在现代社会是代表公权力的一方,因此,这条原理同样适用于它。而权威与职能紧密相连,故职能的边界决定了权威的有限性。其次,任何法律机构成立伊始都是基于现实社会的某种需求,具有一定的使命和目的,它的职权与功能也早已被

规定和划界。这种职权与功能直接导致了机构的权威限度。因为,现实社会中,法律机构的权威总是建立在它的职能活动和功能的发挥基础上,离开这种职能活动也就无所谓权威,权威不是空中楼阁。现代社会中,法律机构的职权与功能通常都是由法律作出明文规定。如在我们中国社会,立法权主要在全国人大及其常委会,国务院及其各个部门行使,地方人大及其常委会也有部分立法权,但权属有限制,制订的法律也相应地有效力级别,低级不能与高级相抵触。而司法权中公、检、法的分工也是相当严格的,比如侦查权与逮捕权一般属于公安局,除法律明文规定的属于检察院的部分权属外;公诉权则是由检察院专辖的;而审判权的行使机构唯一的只有法院。而各级司法机构的权限也是由法律作出明文规定的。

或许有人会质疑职权并不等于权威,不错,但权威脱离了职权活动也就无所谓权威。尽管权威的来源并不来自于职权,相反,职权或职能范围的界定来源于权威的制约。相当一部分学者认为政府权威源自国家的授权,而国家的权威按照卢梭的说法本身也是源自人民的授权,更确切地说,是源自单个人意志的集合即契约的约定。黑格尔一方面肯定卢梭的这种意志作为国家原则的观点,另一方面则批评这种"以单个人的任性、意见和随心表达的同意为其基础的"契约[1],若是建立在这种契约基础上的国家,是一种脱离了客观理念的以纯粹的抽象思想为基础建立起来的,这是最可怕和最残酷的。因为这种包含着知识和意志或自由的主观性的单个人意志,"仅仅包含着合乎理性的意志的理念的一个环节",因而是"片面的环节"。[2] 他认为真正的国家意志是一种自在自为的理性的东西,是一种客观意志。而一个现实国家的权威,他认为"如果这种权威有什么根据的话,那么这些根据是取之于国家有效的法的形式的"。[3] 也就是说,黑格尔认为国家的权威源自有效的实在法。但这种有效法须体现合乎理性的客观意志的内容。现代的国家理论通说,国家权威或政府权威源自人民对它的合法性信仰。

不管权威来源基于何种理论,但它们共同的前提是:国家权威或政府权威一方面因为其来源须满足各自来源处的种种条件,另一方面要受到具体权威机构职能的限制。权威无疑不同于职权。但权威同样需通过职权或职能活动才能得以体现。广义的国家权威或政府权威包括了法律机构的权威。所以,法律机构也同样,一方面要满足权威来源处的各种必要条件,以证明自身的合法性和正当性;另一方面则要在受到基于权威确立的职权范围的制约。因为所有的具体机

---

[1] 参见〔德〕黑格尔著:《法哲学原理:或自然法和国家学纲要》,范扬、张企泰译,商务印书馆2009年版,第255页。

[2] 同上。

[3] 同上书,第254页。

构都只能分享部分的政府权威或国家权威,而这部分权威正是确立相应的具体机构的工作目标的前提与宗旨。假如权威分层级的话,那么这部分权威是第一层次的,而通过具体机构的职能活动体现出的权威则是第二层次的。但不管是哪一层次,都是有限权威。所以,法律机构的权威同样摆脱不了有限权威的宿命。

现代国家中,法律机构除了具有通常的立法、司法、普法功能外,它还具备部分的政治功能如广泛的公众参与与民主商谈、实现社会正义、增进社会福利等功能,以及制定法律、解释宪法、确认法律原则与维持社会秩序的基本信念与观念等意识形态功能。通过这些功能的发挥和让自己成为促进社会变迁、调解社会利益、解决社会冲突的能动工具等途径,法律机构逐步建立起和巩固着自己的权威。但随着法律秩序开放性和认知能力的增强,法律机构的完整性与权威也面临着威胁。虽然,按照诺内特与塞尔兹尼克等人的研究,这种状态促进了目的在法律推理中的权威,通过"重申法律秩序的一些公认的价值"和运用目的对"合理性价值"的牢固树立等措施①,去践行国家的意识形态功能和分配正义的功能。但它还是不可避免地导致了两方面的后果:一是对法律机构的能力提出挑战;另一是促使了现代社会各职能机构的相互分权、相互制约又相互依赖的格局的形成。前者要求法律具有更高的权威性,而后者则意味着客观上法律权威更加的扩散。这也是现代社会法律机构所面临的两难困境。

二、现代职能机构的分权与依赖

在诺内特与塞尔兹尼克所设想的回应型法为主的社会中,诸多的行政机构都是执法机构,法律的职责由各种职能机关执行。这些后官僚组织的首要任务是"吸收参与、鼓励创造性和负责任"。② "法律必须从一整套指派给不同的国家机关的职责中摆脱出来,给它们留下更广泛得多的领域,以显示它们在选择方法和手段方面的首创精神,并强调它们能动的组织作用和争取公众参与法律规范实现的责任"③。合作与商谈是具有首创性的体现,有参与和自由裁量权在里面。所以每一个机构的运作和它自身的文化参与及团体性质关系密切。当它们有了更多的自由裁量权,就会更多地牵涉合作(指机构与工作对象间的协商合作)。所以,在这个新模型中,各种具有特殊目的的机构成为法律责任的载体和法律发展的渊源,通过合理价值的显示,也促进了法律的发展。总之,回应型社

---

① 参见〔美〕诺内特、塞尔兹尼克著:《转变中的法律与社会:迈向回应型法》,张志铭译,中国政法大学出版社1994年版,第109页。
② 同上书,第111页。
③ 同上书,第113页。

会需要大家广泛参与,托马斯·雅诺斯基的《公民与文明社会》[①]、吉登斯的《第三条道路》[②]两书中都有提及。这意味着回应型社会相当于民主社会。

现代化的过程导致现代社会职业分化与专业分工越来越细,专业知识门槛越来越高。各自的专业知识砌成的高高的围墙将该专业以外的人员挡在外面,一旦这种专业领域成为政府的职能机构,由于附加在这种机构上面或者说是它所依托的公权力,使其具有了与法律机构相同的力量,只不过它们的权威因与其职能相连而有所不同。因此,也导致这些职能部门与法律机构之间因职能权限产生冲突与争议。这些冲突从根本而言是职能机构间的分权,它的背后是既有的社会势力均衡的结果。同时,这些职能机构在现代化的背景下又不能不相互依赖。法律机构与其他职能机构,法律机构内部组织之间都遵循着这条原理。

现代社会异质性的不断增强所致的社会复杂化程度的加大,也向政府的治理能力提出了更高的要求。因此,现代社会职能部门的设立与职权范围一方面是在总体的社会目标框架下划分与限定的。这种总体的目标在现代社会中又不能不与宪法和国家的执政总纲领相一致,所以,职能活动从根本而言就是一种执法活动。另一方面职权划分也是基于现实社会的需求而确立的。而后者因事实的突发性、偶发性、新生性等因素则更加复杂,所以,在划分职能权限时不能不虑及这些因素,而给予一定的自由裁量权。通常情况下,现代国家都实际赋予了它们相应本属于法律机构的部分执法权。比如我国的国土、劳动社会保障、税务、工商、海关等等各个政府的职能部门都具有相应的这种权限。这虽然容易导致这些职能机构间权属的碰撞与冲突,但也确实为作为各个职能机构服务对象的公民带来了效率与便捷。从普遍意义来看,这些职能机构的执法活动使法律机构的权威得以降低,不再是一家独尊。但另一方面,它也使得法律机构能够专注于它独享的某种职权,更加重视这种职权活动的社会效益与质量。也正是立基于同样的理由,各个职能机构的职权边界得以明晰,使得全社会可以形成一种有清晰边界、纵横交错的职权网络。而这些职权网络也更加促使各个职能机构相互分权又相互依赖。

法律机构由于其独立的职权内容如上文提到的逮捕、公诉、审判权尤其是后者,使得其突出与相异于所有其他的职能机构。其不仅作为专门的司法机构相对于其他职能机构具有更强的独立性,由于法律专业与知识自足自律的发展,也因其拥有的丰富的解释经验而使得其他职能机构的执法权对它有着更强的依赖性。当然,最独立的司法,在现有的科层制官僚体制下也是难以获得完全独立

[①] 参见〔美〕托马斯·雅诺斯基著:《公民与文明社会:自由主义政体、传统政体和社会民主政体下的权利与义务框架》,柯雄译,辽宁教育出版社2000年版。

[②] 参见〔英〕安东尼·吉登斯著:《第三条道路:社会民主主义的复兴》,郑戈译,北京大学出版社2000年版。

的,即使按照塞尔兹尼克的自治型法阶段,法律机构的完整性与独立性仍旧是相对的,何况,当下的社会大多已进入向回应型法迈进的阶段,法律机构更因其开放性与灵活性与其他职能机构相互渗透。事实上,知识化、信息化的时代是不可能达到因与外界绝缘而获取完全的独立性。而在国家目标下,所有的职能机构的职权都是有限度的,它们整个地分享着一个完整的权力,它们的相互依赖性是不可避免的。尽管职能机构的职能活动的绩效要受到各自所掌握和操作的技术限制,法律机构也一样,但各自职能活动的职责、知识、经验构成了它们各自的"领土",为它们间的分权与依赖提供了基础与条件。

三、法律权威的扩散与民主政府的联系

按照塞尔兹尼克和诺内特的理解,当法律强调社会结果与规则内含的价值时,目的就获得了支配性地位和确立了其在法律推理中的最高权威,从而使其获取对规则与规则适用的批判性、普遍性和解释性纲领的意义。然而,它的代价则是对规则与法律机构的完整性与权威的侵蚀。但从另一方面而言,这种目的权威的确立实际上暗含了对社会多样性、公民个性与冲突正常化的承认,法律机构若能够在这种社会常态下以规则的灵活性和权威的可变性获取好的社会效果,则会让法律机构赢得更高更强的权威。这就需要法律机构具有更强的能力和更精湛的决疑术。它能够在法律程序内或法律推理过程中,让各种冲突的力量与社会势力通过政治辩护的途径取得统一,并最终纳入文明的轨道,以维持道德共同体。而这一过程则会让更多的社会力量、更广泛的公民参与到法律制定与法律解释之中,一种法律制度和程序内的广泛参与,这种参与实质上也意味着法律权威的扩散。如果说职能机构的分权使得法律机构的权威实际分散和削弱是外部扩散,那么,这种基于法律机构的开放性和灵活性,而使更广泛的公民与社会力量以冲突的协商、谈判、调解的方式达成一致,让多元化的民间主体通过对原有法律的改变即制定新的法律和对法律作出新解释的方式参与到分享法律权威的过程中,实质上则是内部的法律权威扩散形式。

何谓法律权威的扩散?就是法律权威赋予更多的机构。本来法律权威就集中某一机构,现在法律规定了每个机构都可以按照一定的规则执行其职能范围内的法律职责,各个机构都被赋予一定的首创精神,都可以根据目的推理来确立合理价值并执行。如工商部门,税收部门,社保部门……都有,这样权威就扩散了,不再是一家之言了。而在每一个机构的目的解释过程中,公众的参与扩大了,这就是民主商谈。卢梭的社会契约论认为,政府的权力是人民赋予的。人民是指取得胜利的占有统治地位的群体,他们把权力委托给一个政府,民主社会是代表大多数人利益的社会。大多数人把权威委托给政府,政府成为权威的代言人,等于说民众间接参与了政治商谈,参与了政治辩护。法律辩护是一种直接参

与形式,通过民主参与把原来那些被忽略的利益重新得到补充和保护。公众的参与就更广泛了,这个参与是指参与国家民主商谈的行为,即法律权威的扩散所致的参与。

因此,无论是外部还是内部法律权威的扩散,其实质是一种民主,即通过内部法律权威的扩散"把权威导向那些民间的制度安排的地方,多元性极其显而易见"。① 而通过有广泛差异性的其他职能机构的执法活动和对法律的理解与解释的独特性所形成的多元化使法律权威在外部得以扩散的形式,践行着法律制度的政治功能。因为民主的最大意涵是权力或权威的分散即最广大的行动者的参与,法律权威也一样,其权力越分散则民主程度也就越高。当然,这种主体只能是相互独立、平等和合作关系的横向机构,垂直的有权威依附关系的主体不在其列。它们既相互独立与制约,又合作与互惠。这种权威扩散能够激发各自的首创精神和负责任态度,避免绝对权力或毫无权力状态下职能机构的堕落。因此,这种权威扩散的结果将导致一种民主政府的诞生。

按照帕特南对意大利所做的经典研究表明,"民主政府的成功与否取决于其环境接近'公民共同体'理想的程度"②,这种公民共同体的重要内核是公民之间、社团之间平等、互惠的合作关系的形成,公民美德和公民品质的形成。所谓公民的美德,帕特南引用了迈克尔·沃尔泽(Michael Walzer)的话"对公共事务的关注和对公共事业的投入是公民美德的关键标志"③,而"'牺牲一切纯粹的个人和私人目的,持续地认同和追求共同的善'看来接近公民美德的核心含义"。④ 但并不是说,公民共同体的环境下,公民就没有了追求个人利益的动机,只是这种个人利益是经过"'恰当理解的自我利益',即在更广泛的公共需要背景下的自我利益,'有远见的'而非'短视的'自我利益,有助于促进他人利益的自我利益"。⑤ 而公民品质中最核心的内容则是公共参与和公共精神的形成。帕特南的研究告诉我们:决定民主政府基质的公民共同体最重要的特征在于:第一,公民参与公共事务不仅仅是追求个人利益,更是为了追求一种公共的善。第二,共同体里的公民身份要求所有人都政治平等,"这样一个共同体的联结纽带是互惠与合作的横向关系,而不是权威与依附的垂直关系"。⑥ 第三,共同体里的成员之间团结、信任和宽容。第四,公民习惯于结成社团活动。这种社团"有助于

---

① 参见〔美〕诺内特、塞尔兹尼克著:《转变中的法律与社会:迈向回应型法》,张志铭译,中国政法大学出版社1994年版,第107页。
② 参见〔美〕罗伯特·D.帕特南著:《使民主运转起来:现代意大利的公民传统》,王列、赖海榕译,江西人民出版社2001年版,第100页。
③ 同上。
④ 同上。
⑤ 同上。
⑥ 同上书,第101页。

民主政府的效率和稳定"①,因为它既"培养了其成员合作和团结的习惯,培养了公共精神"②,又因为"大量的二级社团组成的密集网络既体现了又增进了有效的社会合作"③。因此,越接近于公民共同体理想程度的社会即公民性越强的社会就越是民主的社会。而判断公民性的强弱依据,帕特南认为在于公民的品质。它具体表现为:

> 这些地区的大多数国民都通过日报热切地关心社区事务。他们为公共事务所吸引,而不是为个人化的或庇护—附庸型的政治所吸引。居民们相互信任、行为公允、遵守法律。这些地区的领导人比较诚实。他们相信民众政府,始终愿意与自己的政治对手达成妥协。这里的国民与领导人认为平等是合意的。社会网络和政治网络的组织方式是水平型的,不是等级制的。社区鼓励团结、公民参与、合作和诚实的品质。政府是有效的。难怪这些地区的人民对生活是满意的。④

从帕特南的研究中可以得出:不论是哪一种权威,是法律权威还是政府权威,只有让这种权威尽可能地扩散,使社会组织、社会成员之间从纵向的、等级的附庸关系向横向的、平等的合作关系演变,才会有真正的公民共同体的形成,和衍生出真正的公民品质,也只有在这些条件下才会有真正民主政府的诞生。法律权威外部的扩散形式可增强职能机构之间平等合作关系的形成,法律机构内部的权威扩散则可以促进公民对公共事务与公共政策的关心,培植他们的公民意识与公民品质,促使公共精神的形成。因此,权威的扩散与民主政府的内核之间有一种内在的必然联系。

总之,对类似法律机构与权威扩散主题的研究,尽管帕特南为我们提供了定量研究的很好范例,但更多的还是如诺内特与塞尔兹尼克、柯特威尔等法社会学家所做的定性研究,帕特南这部实证研究的经典,虽然有大量的定量研究所取得的材料为支撑,但还是一部定性与定量结合的典范。因此,在对法律机构与权威扩散进行研究时,要取得较好的研究效果,就需要既对法律机构的权威限度、它与其他职能机构之间的分权与依赖、权威扩散与民主政府的联系等事实做定量和定性考察,又要对它们进行实证研究基础上的综合分析和阐述说明。但总体上,这类性质的研究主题还是侧重于定性研究更能取得较好的研究效果和实现研究目的。

---

① 参见〔美〕罗伯特·D.帕特南著:《使民主运转起来:现代意大利的公民传统》,王列、赖海榕译,江西人民出版社2001年版,,第102页。
② 同上。
③ 同上书,第103页。
④ 同上书,第133页。

第三节 法律程序与公众参与

一、法律程序的层级性

法律程序在广义上,应该包括哈贝马斯的商谈理论中的民主法治国意义上的法律程序,即一种"理解成通过合法之法进行的对于商谈性意见形成和意志形成过程的程序和交往预设的建制化,而这种过程又进一步使得合法的立法过程成为可能"的程序。[①] 也是被福楼拜尔(Julius Frobel)所称的"通过讨论和表决产生于所有公民的自由意志的"总体意志的程序。[②] 假如对程序作一个排序的话,这也是最高层级的程序。也有人称之为程序主义法律范式。而另外一种通常意义上的法律程序则是指法律系统内的程序,是指狭义上的司法过程中的程序,它在层级上要低于前一种程序。

商谈意义上的程序首先要保护的是"民主过程的程序条件"。[③] 例如司法部门中进行的法律运用商谈就须用"来自法律论证商谈的那些成分作为补充。……这要求把一个法律公共领域加以建制化,要求这个法律公共领域超越现行的专家文化,具有足以使有争议之原则性判决成为公共争论之焦点的那种敏感性"。[④] 这种法律公共领域的建制化保护就是属于需要加以保护的程序条件。另外,政府行政也已经不再"把活动仅限于以规范上中立的、具有专业能力的方式来执行法律"。[⑤] 而是"必须借助于程序法在一个始终取向于效率视角的行政的决策过程中建立起合法化过滤器。……只要行政部门在施行公开的法规纲领时无法避免运用规范性理由,这样的行政立法步骤就应该是能够以交往的形式、依照满足法治国合法化条件的程序而进行的。……当然,参与行政的实践不能被看做法律保护的替代物,而要看做是确定那些行政决定之合法性的事先起作用的程序"。[⑥] 因此,"程序的法律范式促使立法者关注法律之动员的条件"[⑦],和"确保合法之法的产生条件"[⑧],而不是法律规范本身。

所以,哈贝马斯认为"程序主义法律范式的核心:根据毛斯的一个表述,'法律建制化的人民主权和非建制化的人民主权的普遍结合和互为中介',是民主

---

① 参见〔德〕哈贝马斯著:《在事实与规范之间:关于法律和民主法治国的商谈理论》,童世骏译,生活·读书·新知三联书店2003年版,第540页。
② 同上书,第633页。
③ 同上书,第543页。
④ 同上。
⑤ 同上。
⑥ 同上书,第544页。
⑦ 同上。
⑧ 同上书,第545页。

地产生法律的关键。实现权利体系所需要的社会基础之建成,……是依靠产生于市民社会和公共领域、通过民主程序而转化为交往权力的交往之流和舆论影响"。① "在程序主义法律范式中,政治公共领域不是被设想为仅仅是议会组织的后院,而是被设想为产生冲动的边缘,它包围着政治中心:它通过培育规范性理由而影响政治体系的各个部分,但并不想占领这个系统"。② 总之,在哈贝马斯的视野下,程序性法律范式"通过强调市民社会和政治公共领域,这个范式有力地指出了一些参照点,在这些参考点之下,民主过程对于权利体系之实现获得了一种新的意义、一种以前所忽视的作用"。③ 这些参照点包括"在哪些必要条件下,法律主体以政治公民的身份可以就他们要解决的问题是什么,这些问题将如何解决达成理解"。④ 这里的理解实质上也是一种协商、同意的过程,是真理的意见与多数人的意志形成与统一的过程。在这样的理论预设下,这种范式的自身条件本身也是处于讨论过程中,它因此也影响每人自主地"参与对宪法之诠释的前理解视域的形成"⑤。与此同时,人民主权成为一种程序,它以公共商谈的形式生产交往权力。

因此,在这种意义下的法律程序实际上具有民主、人民主权与法治国的涵义。这种含义蕴藏着卢梭、福楼拜尔、穆勒、阿伦特的精神气质,也是哈贝马斯特别强调的关于法律和民主法治国的商谈理论的核心。这种程序是一种协调机制,是一种使合法性形成又在合法性条件下进行的将多数人的意志与真理性的寻求建立在一种自愿同意基础上的过程,是一种民主的立法程序。这种程序的合法性力量与依据来自于商谈。所以,这种意义下的法律程序与公众参与的关系实质是我们上文讨论的法律与民主政府的关系。

总之,法律程序的层次性导致了公众参与的不同形式和不同的社会价值。在高级层次的商谈程序中,公众的参与,是以自由平等的公民身份,在自由意志原则的前提下通过公共交往权利与政治参与权利的行使,基于商谈达成的同意和共识而构成法律共同体或政治共同体的过程。这种参与是作为法律共同体或政治共同体的成员所行使的民主参与政治参与,它的价值在于为民主法治国提供了一种程序正当性与合法性的依据,正如哈贝马斯所言"民主程序承担了提供合法性的全部负担"。⑥ 它将民主法治国从契约性来源的危机中拯救出来。同时,它也为宪法和法治国原则找到了依据。因为,"公民们如果决定要组成一

---

① 〔德〕哈贝马斯著:《在事实与规范之间:关于法律和民主法治国的商谈理论》,童世骏译,生活·读书·新知三联书店 2003 年版,第 545 页。
② 同上书,第 546 页。
③ 同上书,第 548 页。
④ 同上书,第 549 页。
⑤ 同上。
⑥ 同上书,第 686 页。

个法律同伴的自愿联合体,并且用实证法来合法地调节他们的共同生活的话,他们必须承认哪些权利?这种立法性实践的施为性意义已经具体入微地包含着民主法治国的整个内容。人们在一种这样的法律共同体之自我构成的第一步上就已经承诺了实行这样一种实践所具有的含义,而权利体系和法治国原则正可以从这样一种含义中引申出来"。① 另外,公众参与的商谈程序为属于道德范畴的人权和属于政治范畴的人民主权或民主权利的内在联系找到了一种新的契机。总之,这种高级程序中的公众参与为民主法治国的合法性危机找到了新的出路,同时也彰显出这种新型民主法治国的正当性内核。这一点与帕特南的研究也相印证。帕特南的研究证明:公民性越强即公民越对公共事务与公共政策关心,越有公民品质与公共精神的社会或社区,越是民主。公民的公共参与越广泛、深入,社会就越民主。

二、公众参与的社会价值

接下来重点要讨论的是第二个层级即狭义意义上的法律程序。这种程序与我们在本章篇首对法律制度的总体定位保持一致,即在狭义的范围内将法律制度作为一项既存的社会事实来研究,而法律程序则是这种法律制度的构成部分或子系统。通常这种法律程序都以各国的实在法予以明确规定。这种法律程序中的公众参与主要是以一种制度控制的形式进行行动,它须遵循既有的法律制度与法律程序的总体规则,利用制度或程序提供的机制和其中的弹性或灵活性达成目标。这是一种制度框架内的社会行动。这种参与的社会价值主要有:

第一,当一种新型的诉求得到法律程序的肯认,使原来法律没有规定的但遭受侵害的正当权利得到司法救济,实际上就使一种原来没有得到统治者认同的或被忽略的新型利益得到了表达与维护,实质上这已经是一种新的法律制订。所以,新型诉讼就不只是扩大了可诉诸法律机构的权利范围,还扩大了法律参与的范围,使得在法律内部增加了民众参与立法的机会与程序。又因为这种新型诉求就整个社会而言,是由社会上不特定的公民行使的,而任何一个类似诉求的成功,都需要经过包括作为当事人的公民等相关人员的多次沟通、协商,尤其是调解结案的,还须取得他们的自愿同意,社会中不特定的许多人因此实际参与到法律制订与分享法律解释中来。这种在法律程序内具有更广泛的公众基础的立法与法律解释,一方面使得法律权威以一种合法的形式得以扩散。另一方面增进了法律程序的民主价值。

第二,在回应型法阶段,由于确立了目的在法律推理中的权威和重申法律秩

---

① 参见[德]哈贝马斯著:《在事实与规范之间:关于法律和民主法治国的商谈理论》,童世骏译,生活·读书·新知三联书店2003年版,第690页。

序中一些公认的价值,使得政治辩护或社会辩护循着法律权威这道门走了进来,法庭成为维护某些团体利益和变更某些公共政策辩护的论坛。这种求助于法律权威的公众参与与社会利益的表达,使得法律程序成为政治表达的一种便捷途径,并且又被合法形式所遮蔽。这种形式更能渐进地推进民主的价值。因为,关于政治权力的行使、政治治理和统治,司法原本并不直接参与,但司法机构是政治目的具体化后形成的职能机构。法律有规定的去执行,未规定的要进行解释和推理,而这些推理从目的而来,这些目的是比较高的政治要求。尤其在回应型法阶段,尽管法律没有规定,法律机构仍可以从正义、或人类社会整体文明和进步的目的出发,通过诉诸法律权威重申法律秩序中的一些公认的价值的方式,对那些被统治阶级疏忽、遗漏的应该得到保护的利益,通过司法机构职能活动进行救助。如此,社会辩护"使得公共政策的发展和实施有了一些新的支座"。[①] 由于新的处理作出以后,法律不会因此马上重新修订,但公共政策却可以及时作出回应,故它为公共政策提供了新的支柱。每次新的政策的出现都是因为现实中大量新问题的出现,而原有的政策没有预见到而加以规定,这就需要作出新的规定,而法律机构的实践为新政策的制订提供了良好的依据和经验。这就是一种政治内容的补充。所以,这种法律辩护的观点,使得这些机构"不再专注于行政管理的规则性"或者说规范性,而在于"合理性这一价值"的牢固确立。[②] 在这个过程中,法律机构通过以广大民众参与的形式增加了新的法律,实现了法律辩护的目的。

第三,这种法律程序内的公众的广泛参与、社会利益的恰当表达,客观上阻止或减少了法律权威的专横武断,因为通过目的权威去救济和表达被原有法律遗漏的社会利益,实际上是在用实质正义对社会制度安排重新作出调整,使法律从形式正义向实质正义过渡,这在客观上就削弱了法律的权威与专断。再说,这种利益表达与法律推理过程,因为不再是依据法律规则的规定行为,使得制度内增加了更多的沟通、协商机会。

第四,由于"法律权威被广泛授予;为数众多的各种具有特殊目的的机构都是法律责任的重要载体和法律发展的渊源"。[③] 所以,这种法律制度内的公众法律参与与行政参与基础更加的广泛,这让公众对社会事务的关心、参与和对公共政策的制定与监督具有更广泛的社会基础,从而使得对公民的参与公共事务的能力、责任感与兴趣的培植、他们的创造精神的激发、公民品质与公共精神的打造找到了一条合适的途径与一个合理的机制,并且促进了各种机构间的分权与

[①] 参见〔美〕诺内特、塞尔兹尼克著:《转变中的法律与社会:迈向回应型法》,张志铭译,中国政法大学出版社1994年版,第109页。
[②] 同上书,第111页。
[③] 同上书,第116页。

合作。这些机构间一方面因为各自接受了部分权威而实现了全社会职能机构的分权,它们各自行使自己的自由裁量权,另一方面,它们职能之间的相互依赖性、又促使它们谋求各机构间的合作。如此,有助于培植全社会横向的合作网络。

第五,这种广泛的公众参与对法律机构和行政机构的能力提出了巨大的挑战。因为社会公众的广泛参与有赖于法律目的权威的确立,而目的权威的确立就会导致法律的不确定性增加和法律机构完整性的损害,这就需要法律机构和行政机构对公共利益的界定、法律秩序中公认价值的确立、公众意见的吸收等方面具有高超的认知能力、判断与辨别能力、驾驭法律概念的技巧等。当然,它也对法律机构的职业道德、品质与职业伦理提出挑战,需要这些机构具有负责任态度、崇高的品质与强烈的使命感。因此,这种广泛的公众参与能够促使法律机构和行政机构对自身能力的重视和提高。

三、法律程序的载体性与生产性

法律程序作为法律制度的重要构成部分,其最重要的特征表现在其广泛的载体性和生产性方面。所谓载体性主要指法律程序作为整个法律制度行动的承载体,它为其提供了行动的程式、次序和结构,为其提供了时空的规定性与延展性。所以,它与法律机构一起构成了法律制度行动的物质基础与结构框架。法律机构是一种静态的时空展示与物质资源,而程序则是一种动态的时空展示与资源。它承载着法律权威、法律制度的目标实现、职能践行、法律责任的承担、法律规则的实施与修正等等大小层次不一的重要事项。法律程序的生产性则是指它能够通过自身的生产与再生产能力生产自身得以存在的条件,生产对法律制度进行批判的依据,生产出新的制度产品包括新的规则、新的制度、新的职能等。

考察法律程序的载体性时,要运用各种手段将法律程序承载的各种资源与事实层层剥离,尽可能让所有层叠与交叉、遮蔽的内容在时空中呈现。首先,法律程序是真实事件的承载体,能够为所有相关的行动者提供行动的程式、次序和结构,通过相关人员的话语、相关物件、文本材料的时空展示,法律程序生产出认知与判断权威的依据。这也是法律程序最基本与最重要的载体性证明。其次,法律程序是法律目标、职能的承载体。通过法律程序的时空延展,法律制度的目标在相关行动者的行动中一步步得以落实并最终完成,法律制度的职能也在这种行动过程中得以践行,不论是全部践行还是部分践行。再次,法律程序是法律规则的承载体。因为法律规则的运作过程实质上就是法律规则的实施过程,一方面,法律程序的运作本身须按照法律规则(程序法)的规定进行,另一方面法律程序运作过程就是将法律规则(实体法)付诸实施的一项行动。没有无法律规则实施内容的程序空转,也没有无程序的实体法实施活动。最后,法律程序还是法律责任的承载体。因为所有的责任总是要寄居在某种载体上才能存在和通过该载体表现出来。法律责任也一样,它只有伴随法律程序的运作才能获取生命力。所以,研究法律程序的载体性时,就要对它的运作过程和如何运作,有什么条件和规则,承载了哪些内容和实体性事项,对程序的连贯性与断裂点,对程序的空间排列与展示等等做全面的观察与说明。

法律程序不仅能够承载上述事项,重要的是它还具有生产能力。因此,对法律程序生产性的研究,重点则落在它的生产过程和生产能力方面,这最能体现出法律程序的意义和价值。因为法律程序的存在与运作为法律规则和真实的事件提供了寄居所和外壳,而法律规则与真实事件的输入势必产出法律结果。而且,这种结果没有统一的样式、规格与品质,这也因此使得法律程序的存在不仅必要且须满足一定的条件。正是这些条件使得它自己能够正常的运作,使得它能够满足真实事件的展示与法律规则的适用之需,使得它能够完成它所有承载的目标,同时,也使得这些得以存在与前提的条件在这个过程中不断地得以生产和再生产。又因为法律程序是真实事件与法律规则展示与碰撞的空间。所以,法律规则、法律制度的缺陷与正当性会随着法律程序时空的延展而在与真实事件的展示与碰撞的过程中得以呈现,而这种程序运作的实践性与经验性特征,使得法律程序能够生产出对法律制度进行批判的依据。同时,在法律程序运作的内部,由于其具有知识与经验生产的能力而使原有的法律规则在实施过程中生产出它自己的变体,从而偏离原有的法律规则,即生产出新的规则或对原有规则的修正。而相关的案件事实与证据的展示与陈列,各相关人员的话语表达与凝固保存,这种时空交织也能够衍生出其他新的制度产品比如新的法律制度、新的职能等。这些产品可能是优质产品也可能是劣质产品,甚至假冒伪劣产品。所以,必须对它的存在与运作条件及生产过程进行检测与监督。否则,能够驾驭和操纵法律程序的主体可能会利用这种生产能力或因为法律程序本身生产过程的故障引致社会灾难性的恶果。

基于法律程序的这种载体性与生产性特征,对法律程序的法社会研究重点应放在它的运作过程的时空性展示中,重视情景与场域研究,如布莱克案件社会学的研究,研究方法采用定性与定量结合较为适宜,而常人方法论、拟剧理论、符号论、现象学等一些微观场景的研究方法则大有用武之地,当然,结构主义、功能主义、冲突论与交换理论也能够对它的研究提供很好的通道。总之,对法律程序的研究,其层级性与公众参与的价值等研究主要采用定性研究与政策分析的方法,而重点则是它的载体性与生产性特征的研究,这不仅因为它是法律程序中的重要内容,也最具法社会学的特征。让前述的这些载体性与生产性特征在法律程序的时空中尽可能地展示,然后用一种类似于白描的语言技术将这种展示记录下来或凝固保存,让事实自己说话,让读者自身去观察和领悟法律程序的载体性与生产性特征。

【思考题】

1. 你是如何理解社会学意义上的法律制度的？
2. 探讨法律制度与社会交往权力的关系有何意义？
3. 对法律制度的社会学考察你有什么建议？
4. 如何理解法律机构的有限权威？
5. 你认为应该用哪些指标去考察法律机构与其他职能机构之间的分权与依赖？
6. 你认为应该如何对权威扩散与民主政府的联系做实证研究？
7. 如何理解法律程序的层级性及其功能？
8. 请阐述说明法律程序内的公众参与有何社会价值？
9. 你认为应该如何来研究法律程序的载体性与生产性特征？
10. 你对法律制度的研究有何新的思考？

【参考书目】

1. 〔美〕弗里德曼著：《法律制度：从社会科学角度观察》，李琼英、林欣译，中国政法大学出版社1994年版。
2. 〔英〕麦考密克、〔奥〕魏因贝格尔著：《制度法论》，周叶谦译，中国政法大学出版社1994年版。
3. 〔德〕尤尔根·哈贝马斯著：《交往行为理论：第一卷行为和理性与社会合理化》，曹卫东译，上海人民出版社2004年版。
4. 〔德〕黑格尔著：《法哲学原理：或自然法和国家学纲要》，范扬、张企泰译，商务印书馆2009年版。
5. 〔美〕诺内特、塞尔兹尼克著：《转变中的法律与社会：迈向回应型法》，张志铭译，中国政法大学出版社1994年版。
6. 〔美〕罗伯特·D.帕特南著：《使民主运转起来：现代意大利的公民传统》，王列、赖海榕译，江西人民出版社2001年版。
7. 〔德〕哈贝马斯著：《在事实与规范之间：关于法律和民主法治国的商谈理论》，童世骏译，生活·读书·新知三联书店2003年版。

第十二章 法律角色的社会学分析

第一节 柯特威尔的观点

一、法律职业与律师角色研究

柯特威尔对律师角色的研究是与职业化过程联系在一起的。首先,律师职业的起源与法律专业化趋向和法制性质紧密相关,尽管柯特威尔对职业分析的理论持保留态度。其次,他对律师组织形式、作为整体的律师的价值观、律师的职责与专业知识、律师的功能与律师整体的特点逐一做了阐析与讨论。在他对上述律师职业的重要因素做阐析的过程中,与律师角色相关的主要问题在其间呈现了出来,并利于人们对律师角色整体状况的认知。比如:英美法与大陆法的区别;职业化的性质与特点;律师组织的内部结构与状况;律师业务的正式价值观的冲突——理想类型的价值观与通俗的职业服务的价值观之间的冲突;律师的职责何在,究竟是为了委托人利益还是公众利益?律师专业知识或者说职业知识的特征是什么?律师的保守性与个人主义对法律思想、法律运作到底有何影响和作用?最后,柯特威尔认为律师在与局外人的工作过程中"实现了专业",在专业实践的可选择性控制中完成了意识形态功能。因为,其他一些不能被描述成仅仅是技术性的而是法律思想中根本性的矛盾——法律被领悟的方面(如法律的象征、准则观和理想等)在实践中不可能充分实现的矛盾,却部分地由法律职业中的一种可选择性的控制所实现。律师也因此可以成为且经常成为稳定与变迁的动因。①

总之,在对律师角色内在特点与冲突的展示过程中,角色的地位与功能,角色的缺陷与存在的问题也同时呈现了出来。这种研究既有对角色内部的结构分析,又有外部的关系分析,但都立足于角色这个基本问题,将角色在社会中的地位与功能全方位地呈现了出来,这是角色研究很重要的理论价值所在。

二、法院与法官角色研究

在讨论柯特威尔对法官角色展开研究之前,首先应该加以说明的一点是,他

---

① 参见〔英〕罗杰·科特威尔著:《法律社会学导论》,潘大松等译,华夏出版社1989年版,第233页。

将法官角色与法院组织是置于关联之中进行研究的,研究中,这两条线时而平行展开又不时交叉进行。他的讨论始于法院与法官角色存在的合法性依据,即为什么要在社会中设置这种角色的理由开始。他认为这是因为争讼双方的一致同意,需要无利害关系的第三方来解决争讼,并把这种第三方的权利交给专门组织——法院来行使,并赋予一定的权力,使这种组织与成员更具权威性,法官才担当起第三方的责任。这是在社会中需要设立法院这一组织和法官这一角色的理由与依据所在。因此,法官的合法性依据是争讼双方的一致同意。

那么,诉讼解决是不是法院的主要工作或者说主要功能呢?通过对法院工作与组织内部的制度设计和工作程序的特点的研究发现,由于法院这个第三方的权威性附着的特点和法官本身的结构性与行动特点,法院与法官工作的主要职责或者说功能早已越出了审判与执行这个解决纷争的原初功能的范围。它还具备发现与制定法律、解释宪法、确认法律原则与维持社会秩序的基本信念和观念等意识形态功能,以及通过审判获得某种政治目的、把法院变成某种政治辩护的论坛等政治功能。这个发现使得柯特威尔揭示出法院与法官这个角色存在的二难境地:为了兑现角色设置的初衷,他们就要维护自身合法性基础的秩序和公正的价值观与"法律原则"的完整性,但这有可能导致与国家对立的危险;若是继续为自己赢得政府的权威性支持,就有可能丧失自己的合法性基础。

柯特威尔的这种研究,是从角色设置的合法性基础与角色期待方面来探讨的,在角色行动与组织活动过程中,角色设置初衷的功能期待是如何在行动实践中发生了改变,而随着法院内部制度与法官行动逻辑的深度考察与分析,揭示出种种角色合法性基础与角色期待所面临的挑战与难题,从而引发后来人对角色的社会存在的合法性依据、角色的组织设计与制度设计、角色的行动特点及角色的维持与修正等问题进行深刻的思考。

这种通过法院和法官角色内部组织、制度设置与行动特点与工作职责来研究角色,可称作是内部研究。通过纯粹的角色内部研究来揭示这个角色的存在理由、功能特点、角色期待的调整等,这也就开启了外部角色研究的另一种模式。所以,从总体上来看,柯特威尔对法院与法官角色的研究是外部研究的一种模式,始于内部研究而达到外部研究的目的。

三、警察组织与警察角色研究

(一)"警匪一家案"中透视警察组织的性质与功能

柯特威尔的理论告诉我们:公民作为纳税人之一,源源不断地提供给国家专门设置来维护社会秩序和保护公民人身财产安全的警察组织以财力物力。警察本应出色完成自己所承担的任务,来证明纳税人和国家对其的信任是正确的,并以此来证明国家授予他们刑法的最全面范围内的执法权和提供庞大的财力支持是正确和必要的,以维护他们权力的社会基础和政治基础,证明和维护他们的合法性。然而,在当下中国的某些现象里如警匪一家现象,情形却是完全相反的。旅客遭窃求助于警察,警察不仅不抓,还与小偷串通一气,小偷可以大摇大摆地把钱物拿走,甚至与警察私分,而旅客却任由宰割。警察成了小偷的保护人。

由于现代社会的专业化趋向①,在许多领域、行业中,这些值勤警察就是公民的保护伞和安全屏障,这是专业化的垄断经营权决定的,我们国家的有关法规也明文规定和保护了这种垄断权,比如除了警察,谁也没有逮捕抓人的权利。然而,某些警察已经颠覆了他们的职责,俨然成为违法者的保护人。2005年成都火车站发生的"警匪一家案",当时,该火车站派出所共有公安干警约150人,被查处的警察竟占了总数的1/3,而盗匪在该火车站明目张胆地作案,时间已长达四年多,这确实有点匪夷所思。警察组织的功能在这里已发生了蜕变。他们忘记了国家设置警察组织的目的何在,忘记了警察组织担负的神圣使命和它的权力基础是什么。他们仅是将警察视为这个社会众多职业中的其中之一种职业,所以,他们把它作为赚钱的一个途径,视为生存的一种手段。殊不知他们的一点小私心毁灭的是成千上万旅客的安全感和警察组织的合法性基础。

(二) 警察功能蜕变的后果与危险

警察由于其职业性质的特殊性,在所有法律的执行机构中,是最显露于公民的一种职业。每个警察都是公民观察和感受这个组织的窗口。无论是执法还是维持治安警察,他们常常与社会生活和普通公民直接接触,有较大的个性色彩和浓重的感性,法律的实际意义"在很大程度上取决于情境定义和巡逻警察作出的即时决定,由他们制定了法律,是他们的决定确立了合法与非法之间的界限"。②是他们让纸上的法律变成实际的法律,让公民直观地感受什么是国家和法律。所以,警察在值勤中尤其要牢牢记住自己职业的神圣和组织的使命。否则,公民或百姓不会因为你是姓李还是姓钱就记在你的账下,而是记在警察这个群体和组织的账下,记在国家与法律的账下,会对国家与政府失望,对法律失望,会动摇对警察组织、政府的合法性信仰。

按照柯特威尔的理解,警察在具体情境下有很大的执法酌处权,而"执法的酌处权给予警察相当大的余地去刻画他们在作出执行决定方面对待受管辖者的自身形象"③,如亲人般温暖的形象、威严神圣的形象、勇敢无畏的形象或徇私枉法的形象等等。被执行对象在这个以公权力为后盾的警察面前,总是相对处于

---

① 专业化可被看做是一个职业团体成功地获得在一个特殊领域里垄断经营的权力,它是建立在具有特殊的知识或技能及在公共利益方面的有效管理这两个基础之上的。参见〔英〕科特威尔著:《法律社会学导论》,潘大松等译,华夏出版社1989年版,第315页。
② 同上书,第311页。
③ 同上。

弱势。所以,他们应尽力维持公正,慎重对待其执法酌处权。更不能混淆合法与非法之间的界限,强把合法作非法,而把非法作合法。否则,即使具体对象当时敢怒而不敢言,沉积起来后果也是不可设想。小则可能经常发生警群冲突,大则可能酿成重大事件或政治动荡。百姓们也不再信任警察,警察在社会中失去了公信力和威权与地位,最终会动摇他们存在的合法性基础。

(三) 警察内部亚文化对警察行为的影响力

"警察对各种不同的管辖者所持的观点与理解法律是被怎样执行的问题密切相关。"[1]而这种态度直接取决于警察内部的亚文化。社会学家斯考尔涅克对美国城市警察观察以后下结论说:"警察组织内部设立的规范在影响警察行为方面要比法院判决更强有力"[2],警察的职业文化是确定这些警察在工作中认为什么是合适行为的主要因素。也就是说,警察内部的亚文化对警察行为具有直接的影响力。

中国土地辽阔,区域差异大,各地警察的亚文化差异也较大,而正是这些亚文化对警察的行为在起着直接影响。因为警察内部的规范和职业文化过于笼统和概括,许多警察在具体的岗位上时间一久,就被同化在小圈子的亚文化之中,而把那些遥远的职业规范抛之脑后。由此可见打造一种正义、健康、进步又与具体岗位相适应的警察内部亚文化的重要性。否则,就会像成都火车站"警匪一家案"一样,大家见怪不怪,久而成习,在整个社会曼延开来,后果是何等的严重。如何去打造一种健康的亚文化,直接关系到他们应该如何用行动去证明自己的合法性与地位及该组织的生存基础。

柯特威尔对警察的角色研究,是基于警察组织的外部如其合法性基础与功能及警察角色的内部包括警察的执法酌处权、专业化知识、内部亚文化来考察研究的。它与前述两个角色的研究区别,大家可能已经注意到,除合法性基础外,它重在警察角色的内部职责之研究。

四、柯特威尔的研究思路与方法

现在我们要思考的是,为什么柯特威尔在对律师、法官、警察进行研究时,要分别选择上述指标来考察呢?外部指标相对比较容易确定,一般有角色设置的合法性基础或者存在的理由,即为什么要在社会中设置这个角色,角色的功能、角色的组织结构与主要制度如何设置。角色内部指标的选择具有一定的难度,既要能反映这个角色的本质属性,又是最容易导致角色演变或者易对角色性质引发争议的指标。比如:柯特威尔为什么对律师选择其组织形式、正式价值观、

---

[1] 参见〔英〕科特威尔著:《法律社会学导论》,潘大松等译,华夏出版社1989年版,第311页。
[2] 同上书,第312页。

职责与专业知识的特点、功能这些指标,而对法官则选择法院组织结构、法官的工作职责即诉讼、司法制度设置、法官的行为、法官的意识形态功能等指标,对警察则重点选择警察的组织性质与功能、专业化、执法酌处权、内部亚文化等指标。

通过这些指标的展示,让我们看到了这些角色的全景,很好地认识到上述角色存在的必要性(合法性依据与功能)、需要调整的方面(角色的修正与维持)等。但总体来看,无论是对律师、法官还是警察,柯氏对角色的研究还是着重于内部研究,从这些角色的内部结构如组织形式、各自的功能与职责、成员的职责行为与价值观、各自的专业知识与职业特点、角色相关的制度设置等等,而对这些角色内部的系列研究其实又包含着某种隐喻,这就是置身于整个社会去观察某一角色设置的正当性基础与要求及对角色设置的调整,即从内部研究延伸和扩展到对角色外部的研究。所以说,柯特威尔为我们提供了一种角色内部研究的范例。

第二节 文化分析范式:中国当下刑辩律师角色研究

从法社会学视角对角色进行研究,其实可以有很多方法,包括许多社会学的方法都可以用于它的研究,视研究对象和研究目的来选择其一或数种。至今为止,定性研究是角色研究的通常方式。这一节重点介绍一种文化分析方法对当下中国刑辩律师角色的研究。本书作者指导的一名研究生也曾经用戈夫曼的拟剧理论来研究律师角色的担当与限度。① 卢埃林从15个州的样本中抽取出其认为能够反映出普通法传统的标志性特征,来研究法官行为与美国社会实际中的法律是怎么样的。② 所以,角色研究的方法是不拘一格的。下面这个范例是采用文化分析的方式,通过对嵌入在刑辩律师执业过程中的中国语境的图景式展示,探索中国律师角色的某些特征。

一、律师权利与司法公权力的不同哲学底蕴

何谓权力,古往今来许多经典作家如亚里士多德、托马斯·霍布斯、孟德斯鸠、尼采、罗素、马克斯·韦伯和迈克尔·曼等都从不同领域、不同视角对此作出了独到的见解。尼采认为权力是一种意志,他说:"权力的量是通过这个量所造成的结果和这个量与之对立的结果表现出来的。认为自身无足轻重,这不可能。它必然表现为一种要强暴的意志和在强暴面前自卫的意志。……因此,我认为

---

① 参见张伟:《律师的担当及其限度》,中国政法大学2012年硕士学位论文。
② 参见〔美〕卡尔·N.卢埃林著:《普通法传统》,陈绪纲、史大晓、仝宗锦译,中国政法大学出版社2002年版。

权力的量就是'权力意志'的量。"①在《权力意志》一书中,尼采多处将权力与权力意志替代使用,他认为至少在表现形式上权力等同于意志,一种能够用"充盈的创造力和长期贯彻自己意志的能力"②,一种能够用主动的无比强大的力去支配自然和支配自我的意志。在他眼中,"权力意志就是自我提高和自我强化"③,而权力就是一种能够用意志去实现某种目的的力量,它既是一种过程,也是一种力。卢曼干脆称"权力是针对可能的抵抗所引起的结果"④,他因此将权力看做是"普遍化的交往媒介",从而使权力具有浓厚的社会学意味。迈克尔·曼则将权力与人类社会的历史与人类本性相联系来探讨,他从意识形态、经济、军事和政治四者的关系来探讨权力来源⑤,将权力分为个体权力与集体权力,广泛性权力、深入性权力、权威性权力与弥散性权力,从而展开社会权力来源的论证,试图最终解开社会权力之谜。

尽管古往今来的诸多思想家、哲学家、社会学家作了种种探讨,"权力"仍是人们一直以来争议最多的概念之一,但其一些基本特征已成为共识,如单向性,即一方对另一方是支配,相对方则是服从;强制性,即支配方具有在相对方的反抗或阻力中实现自己意志的能力;无限性,即权力总是希望不断地实现新的征服,有一种无限膨胀的趋势。而权力在经济社会中还有一种特别敏感的特征,即它拥有对各种自然资源和社会资源的调制权或支配权,所调制的资源的大小与权力大小相对应。由权力的上述基本特征可见权力吸附或依托着一种力量或一种强力。力量或强力有大小强弱之分,所以,吸附或依托它的权力也就有了大小强弱的等级之分。权力既可以是自然形成,也可以是人为赋予。权力国家权力是一种典型的政治权力或公权力,它直接依托一个国家的全部武装力量和物质资源与国家机器所能产生的其他力量的综合,有这些庞大的结构性力量支撑,国家权力按照一定的原理分配到各个组成部分,在国家权力这张庞大的结构网中,每一个部件哪怕是一个小小的部件,它的力量也非同寻常。因为每一个小小部件都是庞大的国家力量结构网中的一个支点。所以,国家权力具有结构性特征。司法制度自然是现代国家中非常重要的一个组成部分,而其中的审判制度则是司法制度的核心。可见,司法制度、司法机构和司法人员都是一种公权力的象征。

作为现代法制产物的权利,它的基础是平等与私权,是基于平等主体间的一

---

① 参见〔德〕弗里德里希·尼采著:《权力意志:重估一切价值的尝试》,张念东、凌素心译,商务印书馆 1994 年版,第 535 页。
② 同上书,第 612 页。
③ 同上书,第 628 页。
④ 参见〔德〕尼克拉斯·卢曼著:《权力》,瞿铁鹏译,上海世纪出版集团 2005 年版,序言第 1 页。
⑤ 参见〔英〕迈克尔·曼著:《社会权力的来源(第一卷)》,刘北成、李少军译,上海人民出版社 2002 年版,第 3 页。

种关系形式。这种权利是按一定原则由法律赋予一个个独立个体的相对自由和利益。所以,权利具有单一性或独立性特征,一种权利与另一种权利之间无权力这样的结构联动性。因为它不是力量结构网上的一个点。也没有外在力量可直接依托或吸附。虽然,赋予权利的法律的存在,依托的是国家力量,但这是一种间接关系。权利的大厦只能建立在一个个独立平等的主体之上,不论这个主体是一群人、一个组织,都是作为一个相对独立的主体被赋予权利的。所以,律师权利作为现代法制中的一种群体权利也是相对单一的私权。权利只能是赋予的,即使一个人与生俱来就被赋予权利,也仍然是赋予的。或许赋予它的主体有别,可能是上帝可能是某种政治力量,但它不似权力这样存在自然形成的可能。所以,权利就其本质而言没有权力这样在他人的反抗与抵制之中强行贯彻自己意志的力量和能力。

因此,权力与权利存在着天然的对抗。权力有着一种无限膨胀、无限扩大的趋势,扩张得使它的相对方显得微不足道,从而轻而易举地将自己的全部意志变成现实,恣意而专横。而权利则要求主体间的平等、自由,减少专横与霸权,主体间越平等权利则越容易实现。在一个国家中,同一领域内,权力的强大势必导致权利的弱小,在强权中权利的声音就被湮灭了。权利的尊奉与重视则会削弱权力的膨胀与横行。权力与权利在本质上是此消彼长的关系。权力强大、约束较小的社会对应专制社会,权利充分、权力受到制约的社会对应于法治社会。

权力与权利的不同哲学底蕴典型性地体现在刑事诉讼中。司法人员是公权力一方,律师则是权利一方。在专制国家中,司法人员话语霸道,意志贯彻彻底,律师一方则声音微弱,权利被淹没,辩护只是走过场,而无任何实质性意义。若律师一方竭力主张权利,获得的后果可能是灾难性的,即律师获罪或律师努力效果为零而对被告的处罚更严厉。在法治国家中,崇尚的是程序正义和权利的神圣,即使明知有罪的被告因程序正义和律师权利的展示而释放,司法人员也不能因此侵犯律师权利的充分展示,或因此否定律师制度设置的合理性。而只会促使公权力更努力地去获取足够的证据去支持自己的主张和实现自己的意志。权力与权利在不同制度下展示的不同际遇背后,蕴藏与折射的是制度与文化的巨大差异。所以,在刑事诉讼中,权力与权利的不同际遇是衡量一个国家的法治程度的标识之一。

在现代国家,尤其是在一个感性强于理性的民族国家中,特别要注意一种情形,那就是在某种政治热情的掩盖下,专横的司法权力会以多种烟幕形式出现。当司法权力遭遇强大的公权力以一种符合民意的托词将本是司法机关的职责所在的事项政治化时,如严打、打腐反贪、扫黑除暴等等,司法公权力会自觉不自觉地忘记法治要求的司法独立而去迎合上级公权力的旨意,也以上级权力对待它的同样方式去对待律师与被告,即以某种政治热情为托词而使律师与被告的权利在司法过程中变得毫无意义。这种以政治化形式出现的权力专横,相当一部分司法人员根本就意识不到,而是本能地认同这种政治化的托词所营造的某种法律事务的神圣性,并以此为骄傲。当然,也不排除部分人员可能是出于不能独立的弱小权力的无奈,这也是之所以要强调司法独立的缘由所在。还有一种情形则更为可悲,即一种更为强大的公权力操纵着相对弱小的司法权力,以维护民权为旗帜和烟幕,来侵蚀另外一种权利如律师权利或成为犯罪嫌疑人的被告的权利,其实质则是以侵蚀民众不喜欢甚至有些厌恶的部分群体的即时性权利的方式,来损害法治所要求的战略性权利,从而掩盖强权与专横的实质。这种情形下司法权力仅仅是一种工具,是被强权驱动用权利作烟幕的一种现代社会治理的有效工具。它虽然披上了权利的外衣,但其本质上只有权力贯彻,没有权利。这种权力侵蚀的危险性由于采取了迂回曲折的形式,难以被司法人员清醒地认识。因此,我们必须警惕权力的专横,在司法权力的运作过程中,时刻不要忘记权力的自我制约,避免用公权力去压迫律师权利。也只有这样,才能真正迎来文明和强大的中国。一个崇尚法治和文明程度高的国家,律师的权利是得到充分保障和施展的。故律师之殇乃法治之殇,也即国家之殇。

二、嵌入在刑辩律师执业过程中的中国语境

律师进行诉讼业务凭借的是法律赋予其的权利。然而,律师在刑事诉讼业务中的权利行使有一种特殊性。那就是在特定的个案中,律师每一项权利的行使,都是与法官或公诉人的权利或权力行使在同一空间展开,不时交叉或碰撞。这种特定空间的权利行使,常常是一方权利的行使以另一方义务的履行为条件。所以,律师这种权利的行使不可避免地会与法官或公诉人的权利或权力行使发生碰撞。问题的关键就此出现。法官与公诉人所置身的法院与检察院是国家公权力的重要组成部分。也就是说,法官与公诉人所行使的权利实质上是权力。律师所在的律师事务所则为民间组织,他们所代表的是民间力量,他们所行使的权利仅仅是私权意义上的权利。那么这两种权利的展示与碰撞在中国语境下将是怎样的一种图景呢?以下就对此展开分析。

(一)刑事诉讼中各相关主体的心理与行动展示的总体图景

中国是有着数千年中央集权历史的国家,朝野分明,权集衙门。历朝历代权力代表通过各种意识形态如三纲五常等儒家思想的弥漫浸透,对全体百姓进行权力奴役。因此,造成了中国百姓对权力的崇拜与驯服和被奴役的心理惰性与对权力的恐惧交织在一起的复杂的心理定势。一旦民间力量与公权力对抗时,这种复杂的心理定势和价值理念就潜意识地支配着人们的行动。因此,在诉讼过程中,一旦律师权利与公权力碰撞,就会导致相关主体各方的微妙反应。首先,作为民间力量代表的律师一方,往往不敢公然对抗,相当一部分律师即使自

觉有理也驻足不前。更为可悲的是一部分律师由于这种心理定势和意识形态的参透,潜意识地认同这种公权力的强暴与横行,无法超越这种意识从而理性地认知律师制度作为现代法治的象征的意义和制度设置的初衷。其次,作为公权力一方,会自觉不自觉地强将自己的意志贯彻下去,无论你怎么反对。或许他是基于一种自己都没有意识到的强权背景支撑的独断惯性,或许是潜意识中对律师权利的轻视所致的对律师意见的忽略,当然也不排除由于对律师意见的无法理解或接受,只好习惯性运用权力按自己的原有观点作出判决的可能。再次,就被告人而言,不被处罚或最轻的处罚是其最终目的。一般情况下,被告会配合或听从维护其权益的辩护律师的意见,但当律师与司法人员发生冲突的情况下,对律师制度、司法制度有着深含中国传统文化特殊诠释的一些被告,在趋利避害的本能驱使下,很可能会牺牲律师的努力听从司法人员的安排,甚至可能出卖律师以获得自身利益。例如遭受刑审逼供的被告,律师会鼓励他揭发,相反,曾经刑审逼供的司法人员很可能会通过减刑、轻罚等许诺,利诱被告反击律师作伪证。在这种公权力与权利的较量中,一些没有道德底线唯利是图的被告会乘机钻空子,利用公权力为自己谋利益,甚至出卖、诬陷律师,因为他们深知最终的判决权在司法人员手中,律师的权利是没有保障的。处在这种夹缝中时,律师权利的脆弱暴露无遗。在刑事诉讼过程中,为了保证法治要求的公平、正义,使每一个公权力实施对象的正当权益免受公权力的侵犯,必须要有专门寻找公权力的漏洞和瑕疵,专门保护公权力实施对象的合法权益的机制,这就是律师制度。所以,律师制度原本是出于现代法治的要求,设置来防止公权力的肆意所为,维护弱小的被告人的合法权益,但诉讼各方明显的地位优劣和中国语境下形成的各自的价值观与心理定势,使得律师根本无法去制约强大于它的公权力,它的弱小也可能使法律赋予它的各项诉讼权利因缺乏制度性的保障而几同虚设。

(二) 中国民众的心理定势与价值判断语境

中国长期的封建统治特别强调伦理道德的渗透作用,以致中国民间具有强烈的道德伦理意识而缺乏欧美等西方国家这样的理性基础。中国的国民似乎更愿意用"好"、"坏"去判断人的行为和将人归类,这种朴素的伦理意识与民众感情,往往容易在某些历史阶段被某些政治团体或魅力型个人所利用,在实际的社会场合中放大成极左或极右的思潮,从而驱使团体成员或社会成员进入一种激情冲动状态,以达到这些团体或个人的政治目的。例如"文化大革命"时期的"人民"与"敌人"的对立,"无产阶级阵营"与"资产阶级阵营"的对立,"敌我矛盾"与"人民内部矛盾"的区别。在没有战争或大动荡、意识形态淡化的时代,缺乏理性基础更多情感化的民间意识,会间接地通过一些更隐晦的方式折射出来,而刑事诉讼正是能够折射它的一个比较适宜的平台。因为刑事犯罪是这种能够诱发人们心理和意识深处的"好"与"坏"这种价值判断的典型性形式。在刑事案件中,犯罪分子其实还是嫌疑犯,在许多中国民众的眼里,他们早已被定为"坏"人而被置于反的一端,为被告作辩护的律师自然也被归类于这一端。而打击、惩治犯罪嫌疑犯的司法人员则被归于正的一端而首先取得了人们的心理认同。在这种背景和前提下,如果正方再树起"打黑"、"反贪"等恰好符合民众意愿的道德旗帜,那么为这些"黑"、"贪"作辩护的律师首先会引起人们心理上的反感、厌恶或不适。执业过程中,一旦双方冲突,或司法机构有意识地将律师置于一种敌对地位,利用优先话语权向不明就里的社会公众宣称其通过法律语言表达的意愿。那么,对法律与法治所知甚少,本就对律师充满反感的民众情绪就会被调动起来,痛击处于话语权劣势的辩护律师。特别在现有的中国语境下,贫富两极分化导致的对富裕阶层的"仇富"心理,一些黑律师昧良知捞钱的不良行为,使得人们充满着对处于中产阶级的律师阶层的不友好心理。一旦出现"黑社会"、"捞人"、"巨额律师费"等字眼,就足以调动起人们的朴素情感与道德意识,律师首当其冲地会被打入万劫不复的地位,而律师的职责和法治的要求这些原本就是"舶来品"的东西在人们"正义"的洪潮下也被席卷饴尽,即使是律师本人也不敢再提"法治"、"权利"这些"道貌岸然"的"虚话"、"空话",只能眼睁睁地看着自己在这种语境下被置于极其不利的处境。

(三)法律人对律师制度设置初衷的误读或无知的图景

三十多年来中国法律院系的大规模筹建和扩张,连地方性的一些规模不大的工科院校也开设法学院、系或专业,这些院系的毕业生美其名为法律专业毕业生,事实上,因这部分院校的急功近利的工匠式教育,他们至多是个法律工匠。然而当他们被充入到地方各级司法机构后,本来仅是法律工匠的人员却被当做法律建筑师使用,他们认识法律的一砖一瓦,但他们不懂如何构筑法治大厦。中国基层有相当一部分司法人员就是这种状况。可怕的是因为他们充任的角色上吸附或依托有国家公权力,当他们扮演角色时,若与律师发生由于这种本源性所致的冲突时,一种令人深切担忧的图景就会展示出来,而他们并不自觉,更没有能力去意识和穿透这种图景而对自己的无知惶惶不安。若他们的展示图景得到相当数量的工匠式的法律专业人员的呼应和支持时,他们则更是获得了心理上的稳定而随意挥洒公权力,律师的权利、法治的要求则被置于忽略不计的地位,而且并不因此有丝毫的对深远的法治精神的敬畏之虞。当这些工匠式毕业生充当律师时,由于他对律师权利和职责本身的认知不足,常常会在司法人员面前觉得自卑,许多权利不敢争取,许多合法意见不敢据理力陈。若是在大规模的打击犯罪运动中,其更会背负巨大的压力,什么权利也不敢再主张了。具有法治卓识和专业知识的真正法律人才,本应该是通才教育后再接受专业教育或至少是高素质的通才教育方能达到。在西方国家,法律是其他专业毕业以后的优秀学生才能选读。所以,中国现有的法学教育模式也是导致刑事诉讼律师的权利得不到保障的渊源之一。

综上分析可见,在强大的公权力面前,仅仅规定律师拥有作为被告辩护人的相关执业权利是远远不够的。中国特殊的语境和文化能够使得这些权利在专横和非理性的公权力面前流于虚设。律师在执业活动中尤其在刑事辩护中普遍感受到会见被告难,阅卷难,取证难,对司法机关取来的证据进行质证更难,事实上这已从某一侧面反映出中国司法人员对律师制度的价值认同与心理意识。无任何制度保障的律师对此也无可奈何。纵有不屈不挠者,也不一定能实现权利,当然也不排除在付出非同寻常的代价后得以实现的可能,但毕竟是偶然性的结果,要寻求必然的效果只有取得制度性的保障。而现有的律师制度是被甩出整个司法权力链之外的,它在中国语境下的脆弱与弱势显而易见。要在制度上使它能与正式司法抗衡,在中国语境下发挥维护被告人权利的作用和对司法专横与暴虐的监督与制约作用,就需要法律上赋予律师适度的司法监督权和制度保障。有人会质疑国际社会中少有赋予律师权力的先例,既然中国特殊的文化语境会排斥或改变一切已证明为有效的外来律师制度,那么,中国只能基于自己特有的文化语境进行符合中国国情的制度创新。当然,这种创新须与法治和文明的精神相一致。

三、一点启示

从上述的分析中,我们不难看到围绕着刑辩律师角色的各种宏观与微观的情境,既有宏观的结构性、制度性分析,又有微观的过程描述,但着眼点始终围绕着刑辩律师这个角色。这种研究方式是从中国刑辩律师的执业场景出发,通过探究代表民间力量的律师在公权力场景下如何行使其职责来展开角色研究,这种集多种部门方法论于一个研究问题上的方法,是近年来比较突出的一种,它以问题为中心,在方法论与研究手段上不拘一格,旨在使研究问题得到全面、详尽的阐析,也是实用主义哲学影响下的一种结果。

其实,对中国场景下刑辩律师角色的研究还可以用许多其他方法,同样,对中国场景下民事律师、非诉讼律师等角色都可以根据研究需要采用一种或多种方法进行研究。但要注意的是,不能照搬硬套一些研究方法或方法论,而是要从问题出发,选择描述、说明、解剖、阐析问题的最合适方法。

第三节 角色研究的一般理论

一、角色与组织的关联研究

角色概念与角色理论从乔治·米德和拉尔夫·林顿那里诞生与发展开始,

就与组织有着密不可分的关系。在他们那里,角色是在某个特定的场景下,既有的文化所塑造的或规定的对某个社会地位或位置的一种行动框架或行为模式,使人们对某个社会特定位置有一种预想和勾画,从而去构筑整个社会的行为模式和规范体系,因此也使角色成为社会群体和社会组织的基础。所以,角色一诞生就是与组织有着一种内在的关联。角色理论后来经过帕森斯、默顿、达伦道夫、戈夫曼、特纳等社会学家的发展,使它与社会地位和社会组织间的关联更加的难以剥离。前述的柯特威尔的研究就是典范,他自始至终都将律师与律师组织、法官与法院、警察与警察组织的分析交叉叠合在一起。角色扮演始终是某种组织体系中的某个特定位置上的扮演,是特定组织中的一个行动者的行动模式。因此,要进行角色研究离不开与组织的关联研究。但研究的视角与方式却是可以因研究对象的不同和研究需要的区别而相异。通常情况下有这几种:

(一) 组织职责与角色权利、义务研究

这种研究方法主要是从角色设置时其应有的权利与义务出发,然后比较角色实际拥有的权利和义务,去讨论该角色设置时的一些缺陷或实际扮演的不足。这种研究常常将角色的权利、义务讨论置于组织的职责讨论之中,权利、义务的履行与职责的履行存在着内在的一致性和相互加强的双向态势。柯特威尔的研究经典地体现了这种风格。比如柯特威尔对法官与法院的研究中,无论是分析查比罗的"三方组合"的概念、法院与诉讼解决的关系、法官行为的研究还是法院的意识形态功能和法官与国家的关系的讨论,很难区分这究竟是组织的职责还是法官角色的权利、义务,它们有时甚至是混同和可以替代的。如在讨论法院的意识形态功能时,柯特威尔设立的几个指标:制定法律和发现法律、解释宪法与法律原则、各国法官为了维护司法制度权威基础而做的各种努力、审判的政治化等,这些指标所示的行为实际上都是法官所为的行为,是法官在职业过程中的履职行为。但柯特威尔却是将它当做法院组织的一种功能或一种职责来讨论的。特别是讨论查比罗的"三方组合"观点时,即其中发生冲突的双方要求第三方解决争端。"这种'三方组合'的关系和依靠'常识'的基本感召力,是法院的根本'社会逻辑'。"[①]然而,"这种'三方组合'的关系始终存在着形成两方对抗一方局面的威胁(胜诉一方与裁决者对抗败诉一方)"。[②] 在这过程中,法院"似乎遗忘了为第三方解决冲突提供明显'常识'的一致同意的理由及特点"[③],即与争纷无利害冲突,调解会有中立性、公平性特点。把这种第三方的权利交给

[①] "常识"的基本感召力指双方发生了冲突或争议总是找一个无利害关系值得双方信赖的第三方来做中间人进行协商解决。参见〔英〕罗杰·科特威尔著:《法律社会学导论》,潘大松等译,华夏出版社1989年版,第238页。

[②] 同上书,第239页。

[③] 同上。

专门组织——法院来行使,并且赋予一定的权力,使这种调解更具权威性。这是之所以在社会中需要设立法院这一组织和法官这一角色的理由与依据所在。根据查比罗的理论,法院的判决处于从调解或更加非正式的争讼双方之间"斡旋"活动开始的连续过程的终点。正如查比罗所理解,法院的合法性是建立在"三方组合"的"社会逻辑"基础上,即建立在争讼双方一致同意的基础上的。然而,从斡旋、调解、仲裁到判决的过程中,争讼双方当事人对第三方的介入越来越失去信任,其作出的判决逐渐减少了协商同意的因素。这种协商由法律权威的强制力所取代。故,查比罗认为,"建立在作为诉讼解决机构的功能基础上的法院的合法性,始终是不稳定的。"[①]柯特威尔在讨论查比罗理论的这一法院的工作性质与工作焦点时,其实可以用法官来代替法院这一概念,因为其间讨论的事实上也都是法官的行为。

所以,这种研究方式重在讨论实然状态的组织职责和角色行为,发现其存在的问题与缺陷,或者重新需要调整的地方。之所以称它有问题和缺陷或需要调整,那是因为它有一个蕴含的前提,即组织与角色自社会中诞生或设置以来,它就具有其应然的职责与规范丛,有了这种应然,方可去与实然检验与比较。尽管这种检验与证明是相互的,应然可因实然的抵触而加以调整,而实然也可因应然的规制而加以修正。还可以双方在相互检验与印证的过程中共同加以改变。因此,这种研究貌似内部研究,实际效果却已到达外部。这种研究在角色研究中存在着巨大的潜力,也是角色研究的主流研究。

(二) 组织制度与角色行为规范研究

组织的制度设置与角色行为规范的构筑总体上属于外部研究,或是外部与内部交叉处的研究,所以,都是一种宏观的结构性研究。组织制度设置是大框架,它与整个社会结构网络与社会组织体系相联结。角色行为规范虽然相对于角色而言是一个结构性因素,但它却要受到组织制度的一定制约,而它们之间又有一种内在的一致性。所以,角色行为规范与组织制度的内容常常有许多重叠与包含。因为角色扮演过程中常会出现一些角色冲突、角色不清、角色中断和角色失败等种种现象。所以,角色行为规范的构筑要尽量考虑到这些方面,而这些现象的预防也常常成为角色行为规范研究的重要内容。而组织制度的设置也自然要为避免这些现象出现的角色行为规范保驾护航。

另一方面,因为这对关系的研究总体上属于外部研究,所以,它又与社会整体关系紧密,即特定的社会为什么要设置这种角色和以这种角色为基础而建立的组织网络,这也决定了这种组织必须具备哪些制度和这种角色应有的行为规

[①] 参见〔英〕罗杰·科特威尔著:《法律社会学导论》,潘大松等译,华夏出版社1989年版,第240页。

范有哪些。也就是从特定社会的需求或功能期待来考察组织制度与角色行为规范，如帕森斯、涂尔干与默顿的研究就是属于这种类型。这类研究跳出组织与角色的内部局限，将研究放置到社会的大背景下，所以，这类研究的重心更倾注在社会的地位设置与功能分工，社会的结构稳定，社会对某角色与某组织的需求与期待上。柯特威尔对律师角色的研究也有这方面的痕迹。他的律师研究从社会的职业分工和专业知识要求开始，然后讨论律师职业的职责到底是为公共服务还是重于委托人利益的保护，律师的官方价值观是什么，律师组织设置与制度是怎样的，律师对法律有何影响。也就是从外部的基点逐渐向内部浸透，由外部框架去设定组织制度与角色行为规范的总体要求。从而将组织制度与角色行为规范的设置、调整、偏离与归位、发展与变迁，建立在社会结构与社会功能期待的基础上，建立在特定社会的整体网络和结构范围内。

（三）组织变迁与角色行动研究

这类研究的出发点或研究重心是建立在角色的行动上。首先，考虑社会中某种角色及这种角色基础上形成的组织的基本框架应怎样，也就是为什么要在特定社会中设置这个角色，如何设置，角色的行动路线应该如何，即角色的权利、义务有哪些，社会对它有什么期待。其次，考察角色在扮演过程中实际上是如何行动的。其间，主要涉及开放性角色的不可预知因素，角色扮演者的领悟力因素，角色的客观行为变异等等。这方面的研究重在应然与实然的比较研究上。再次，考察角色行动与组织变迁的关系。即角色的行动变化是否影响、如何影响组织的变迁，而组织的变迁、社会变化的外在压力又是如何对角色行动产生影响等等。

这类研究的基点是从组织与角色的内部出发，从而弥漫至组织与角色的外部。这种自内由外的研究将组织与角色更紧密地绑定在一起，使得二者之间的关联性更强。所以，研究的重点也自然地落定在二者之间的互动上。犹如上文中对警察与警察组织的研究就是这种类型。这类研究在社会学中范围较广，成果也颇丰。如米德与施特劳斯研究父亲角色与家庭的关系；帕森斯也认为："过剩的动机或能量[1]将对角色扮演产生影响，进而影响角色或规范结构的再组织，最后影响文化价值的取向。"[2]在帕森斯那里，行动系统内部或之间的变迁其实已不仅仅指组织，已达整个社会。因此，帕森斯明显将角色行动与组织乃至整个社会的变迁相联结。换句话说，就是角色行动是该角色网络形成的整个组织乃至整个社会变迁的真正动因，要了解组织与社会变迁就势必要研究角色行动、角

---

[1] 指行动系统之间的信息与能量的交换为行动系统内部或行动系统之间的变迁提供了潜在的可能性。

[2] 参见〔美〕乔纳森·H.特纳著：《社会学理论的结构（上册）》，邱泽奇、张茂元等译，华夏出版社2001年版，第40页。

色权利与义务等。

二、角色的内、外部研究

角色的内、外部研究是角色研究的最常见的研究模式。角色的内部研究主要涉及角色的结构与组织设置与特点，角色的权利与义务，角色履行的专业知识特点，角色行动与角色变迁等最能反映这个角色的本质属性和此角色与彼角色区别的指标展开，就如前文中所介绍的柯特威尔的研究。角色的外部研究则重在从角色的外部、整个社会中去研究该角色设置的合法性基础或者存在的理由，即为什么要在社会中设置这个角色，从整个社会出发去考察该角色的功能、角色的组织结构与主要制度如何设置才能满足社会对该角色的功能期待，从而为角色的修正与维持提供正当性基础。

（一）角色的内部研究

角色内部研究的指标选择既是关键，也是难题所在。通常情况下，选择指标须遵循几个原则：第一，是反映该角色的本质属性的指标。任何事物都有本质属性和附属性属性的区别，角色自然也不例外。本质属性是反映该事物的根本性质、此事物之所以成为此事物而非彼事物的根本所在。哪些属性是本质属性，哪些是非本质属性，这是难度所在。第二，最能反映该角色特点的指标，只要通过这几个特点的认识与把握，人们就能辨识这个角色的基本轮廓与结构。第三，能够通过它们对该角色有一个系统全面的认识与把握的指标。如角色的内部结构、制度、功能、权利与义务、异化与归位、维持与发展等。通过这些指标的展示与研究，人们即能对该角色有一个全面、准确的认识与把握，并能对该角色今后的调整与发展提供基本依据。

角色内部研究的模式通常有以下几种：

第一，角色的结构设置与特点研究。这一模式与外部研究有交叉之处，它又是内部研究的起始点。比如说律师角色的研究，首先，要与整个社会的职业化与法律职业化相联系，去研究律师角色的内部结构，如诉讼律师与非诉讼律师，大律师与小律师，刑事、民事、商事、行政、海事等各个领域的律师，英美法系国家的律师、大陆法系国家的律师、独立法系国家的律师等结构，这些律师结构要与外部职业化过程与特定社会的文化与需求相联结。

第二，角色所在的组织的设置与特点研究。许多角色的研究都与其所在的组织相联系，比如法官研究与法院组织相联系。法院的职责常常就是法官的权利、义务，因为法院的职责是依靠法官来履行和实现的。法院的组织结构、制度也常常与法官的结构体系相联系。所以，组织的设置与特点常常决定了角色的结构与特点。

第三，角色的权利与义务研究。这种研究与角色的功能或职责与角色期待研究有大量的重叠与交叉之处。区别是出发点不同,前者是内部研究,后者是外部研究。但它们都瞄准角色的规范与期望要求,内部研究深入到角色内部的权利与义务。对具体的权利与义务作出现实的考察与分析,同一些预期的角色期望做比较,从而提出有理论价值和现实意义的结论。

第四,角色履行的专业知识特点研究。这一点也是内部研究比较重要的内容。任何角色设置的实现都要仰仗一种专业知识或技术才能完成。由角色特点决定的专业知识就是非常重要的一方面。法律角色的设置与专业分工紧密相关。有关专业分工与专业知识的发展、专业知识体系的基本内容与特征、专业知识执行中的问题等等自然纳入了内部研究的视野。

第五,角色行动与角色变迁研究。这方面的研究重在角色的规范行动与变异行动,及这些行动与角色的变迁研究。比如柯特威尔在警察角色的研究和前文中所及的"警匪一家案"分析就典型地体现出这种特点。角色的行动方向尤其是变异行动及对变异的反应常常导致了角色的变迁。这方面的研究尚有很大的空间,也颇有理论和现实意义。

关于角色的内部研究在此只是提供一些普遍的原则与模式。其实,它的空间还很大,随着人们研究的深入,也必然会发现更多的规则与模式。

(二)角色的外部研究

角色的外部研究比较宏大,它涉及面广、复杂。通常采用结构主义与功能主义的方法。它主要研究为什么要在社会中设置这个角色,即这个角色存在的合法性依据是什么,从而派生研究该角色的功能、角色的组织结构与主要制度如何设置等等问题,为角色的修正与维持提供正当性基础和知识依据。当然,也有一些研究是从具体角色的具体环节与外部接触点上展开,比较微观,但通常也是采用结构主义或功能主义的方式。外部研究的通常模式有:

第一,为什么要在社会中设置这个角色,即角色设置的必要性。这种研究就必须从整个人类文明发展的阶段性需要与社会的现实诉求来考证。这样的考证只能采用结构主义或功能主义或历史主义等宏大的研究方法才能满足。因为它需要从一个整体的结构与功能出发,才能准确地定位作为整体中的一个部分或整个网络中的一个点的某种角色。而一个社会中的整体或某个网络则是结构联动的,牵一发而动全身。而这种角色的诞生也是整个社会网络的需要,在一个结构性社会中需要某种角色来承担某项功能,才能与其他角色一起完成整个更高层级的功能。所以,为什么要在一个特定社会中设置某种角色,一般情况下,只能采用宏大的研究方法,而且它的重点是研究某种角色之外的整个社会网络的历史性需求,因此,它属于一种典型的外部研究。

第二,基于第一种原因,该角色的组织结构、功能、主要制度设置等,也只能从角色的外部即整个社会网络的需求来考察和定位。因为只有这样,才能满足特定社会对该角色的功能期待。

第三,角色内部的各个具体制度、具体环节,都有其自身特有的与外部的联结点,要正确地把持该各个具体制度、具体环节,就需对该联结点进行一番科学的考量。此时同样需要从联结点的外部对某具体制度、具体环节做一番考察与论证。

第四,为角色的修正与维持提供正当性基础。角色是否继续存在,若仍存在,是否需要调整与修改,做哪些方面的调整,等等诸如此类的问题,都需要从整个社会的现实需求进行论证与考察,相对角色而言,就是要进行角色的外部研究。

总之,在整体中了解部分,在总体中定位个体,向来是科学研究的重要原则。角色研究同样不能免于其外。而整体与总体相对于某种角色而言只能是外部,所以,对角色进行科学研究,外部研究是其重要的一环。

三、角色的混合研究

所谓角色的混合研究,是指在进行角色研究时不拘一格,以上所讨论的各种研究模式及本书没有提及或发现的研究模式都可以使用,既可以单独使用,也可以混合或交叉使用,没有必须这种或那种的限制。从既有的研究来看,混合研究的方法主要有以下几种:

(一) 宏观的定位研究

这种研究模式主要采用几种宏大方法的混合如结构主义、功能主义、冲突理论、交换理论、进化论与系统论等。这几种方法不时地在角色研究中交叉出现,如帕森斯在其 AGIL[①] 的架构中,采用结构功能主义方法将法律系统作为文化系统与社会系统中的一部分来研究,分别承担着整个架构中的约束功能和控制功能,提供给角色予能量;达伦道夫则是采用冲突论与结构主义的方法,从社会学的任务出发来研究角色的。他认为:社会学的任务就是以社会学的方式重建社会学意义上的人,即整个社会是如何强制个人扮演其特殊角色的。社会角色是一种客观存在的规则复合体,它对于任何个人都是强制性和规定性的。因此,要研究角色势必要研究整个社会、社会规则、社会中的权威位置等所有相关的结构性因素。在卢曼的眼中,个人、角色与组织是相互分离的实体,一个人可以扮演多种角色,每个角色只包含个人自我意识的一部分,所以,"这种角色被不断组合进一个典型地存在于不同功能领域和不同组织系统之中的,被卢曼称为程序

[①] AGIL 功能分析由美国哈佛大学教授帕森斯提出,在其理论框架中,任何行动系统都必须满足四个最基本的功能要求,这四个功能是:适应(Adaption)、目标达成(Goal attainment)、整合(Intergration)、潜在模式维持(Latency pattern maintenance)

（工作、家庭、游戏、政治、消费等）的持续增长的多样化之中。"① 社会若要分化和进化，就需要将法律纳入某种系统中的子系统来承担相应的功能，"除非出现一个自主的法律系统来规定承担角色者的权利、义务和责任，社会不可能变得复杂"。② 而在卢曼的思想中，法律系统是规范的封闭性与认知开放性的辩证统一，以适应系统内在能量的供给和外在环境的复杂性等。那么，这种法律系统中的角色研究不可能脱离外在不同层次的社会系统的研究，也就是不能脱离宏观的结构性研究。因此，卢曼的研究方法则包含结构主义、功能主义、系统论、进化论等许多方法论。

总之，上述介绍的几种研究模式中我们可以看到，不管是哪一种理论或宏大方法，它们都是围绕着角色的存在与出现，角色的扮演与角色的某种属性或功能而展开，也就是说这些宏观的方法都将定位于角色问题，否则也就失去了这些方法展示的意义。而围绕角色展开的都是角色背后或角色周边的复杂的结构性因素。所以，这种研究模式属于一种典型的宏观的定位研究。

（二）微观的扮演过程分析

为了深度考察角色的内部结构、制度安排、专业知识特征与运作过程能否达到角色设置的社会预期，就需要进行角色的内部和过程研究。这种研究的重点主要在于角色的扮演过程的展示与剖析。通常采用的方法主要有互动论，包括常人方法论、戈夫曼的拟剧理论和斯特赖克与麦考尔、西蒙斯的认同理论，交换理论和冲突理论、现象学和结构理论也时常被采用，多种理论与方法交叉运作，例如特纳认为角色的预期行为会因为角色扮演者的不同而展示个性特色，而且，角色冲突与角色紧张也不是角色的常态。所以，他特别强调角色扮演的互动过程与角色行动的重要性。虽然角色的预期和地位有结构性作用，但他认为这是暂定性的，只能作为一种互动或行动框架，在个体的角色行动过程中，它们将被修正和构建。因此，特纳认为：角色扮演过程的解释原则是功能性、沉积性与代表性。③ 戈夫曼更是创造性地创设了剧场、前台、后台、相遇、仪式与面子等重要概念，将角色扮演过程分析变成了一个跨越社会学角色分析界碑的独具一格的理论，具有广泛的应用性和深远的影响力。④ 上述的研究着落点都落在角色的扮演过程中，是一种微观的动态过程展示。这种研究模式在法律社会学中特别重要和有意义。现象学强调互动过程中建构意义的重要性，而常人方法论则强调互动过程中，建构情境印象的人际技术运用的重要性，与行动者一致同意的现

---

① 参见〔美〕乔纳森·H.特纳著：《社会学理论的结构（上册）》，邱泽奇、张茂元等译，华夏出版社2001年版，第72页。
② 同上书，第76页。
③ 同上书，第55—57页。
④ 参见〔美〕欧文·戈夫曼著：《日常生活中的自我呈现》，冯钢译，北京大学出版社2008年版。

实感建构的重要性。因此,在法律的执行过程中,在法律的角色行动过程当中,充满了很多正式法律不承认的、很微妙的、直率的一些社会控制形式,也存在着许多实践情境中权力技术运作的奥秘。这个奥秘,如何把它揭示开来,这也是21世纪以来,国际法社会学界最感兴趣的研究领域。

法律角色既包括结构性的或者说常规性的角色如法官、律师、检察官、警察、法学教授、仲裁员等,也包括暂时性的如原告、被告、证人、犯罪嫌疑人,有的是某个国家、某段历史时期特有的,有的具有一定的普适性。假如要对某种角色进行深度研究,就不能撇开上述各种研究方法和理论的指导与运用。上文柯特威尔的研究是一种很好的典范,另外,迈克尔·瑞斯曼的《看不见的法律》中对符号论与认同理论的运用,帕特里夏·尤伊克与苏珊·S.西尔贝《法律的公共空间》中对现象学与常人方法论的运用也是这方面的典型。其实,微观的过程展示研究是角色研究的重要且主要环节,许多社会学的理论在这些研究过程中碰撞与交织。不仅理论与方法无分宏观与微观,而且对某个角色的研究问题也是处于宏观与微观的交织之中。如此,就引出接下来的一种研究趋势:以问题为结点的宏观与微观的混合研究。

(三) 宏观与微观的融合趋势:问题结点

21世纪以来,社会科学与法社会学的研究出现一种新的趋势,从原来关注宏观主题的宏大叙事,转向微观主题的深度研究,关注微观场景下主客体的互动与主体间性,关注过程与细节。从而使研究视野从某种事实或现象的"外部"延伸到"内部",研究立场也从"旁观者"向"建构者"转向。最终,统一在研究问题上,就是宏观与微观的融合,各种方法论的交叉汇合,内、外部的穿梭。这种研究的关键是视研究主题的性质和研究对象的需要而定,研究问题才是联结所有这些方法与理论的中心,在研究问题这个结点上不拘一格融合各种方法,重在将问题阐析与描述清楚,研究透彻。

对法律事实包括法律角色的研究也同样,无论是柯特威尔、卢曼的研究,还是其他一些法律社会学家如爵根·密罗凡诺维克(Dragan Milovanovic)、斯蒂芬·C.海克斯(Stephen C. Hicks)的研究都呈现出这种趋势。通过对法律角色内、外部的社会与文化背景的展示、社会地位与社会预期的描述、角色的社会功能与权利、义务的探索,进而延伸到对角色内部结构、基本制度、专业知识、角色权利、义务的履行、角色扮演过程的研究,全方位地揭示法律角色相关的全部知识与问题。与此相对应的是研究方法的不拘一格,哪种能够更好地为研究服务就采用哪种。而且这些角色相关问题的研究纯粹地依赖一种研究方法也很难完成任务,所以,只有做到立足问题,调动各种相关的研究方法,让宏观与微观、内部与外部、静态与动态相互交叉融合,才能很好地实现研究目的。

【思考题】

1. 柯特威尔是怎样研究法官、律师、警察角色的？请你分别梳理它们的研究进路。
2. 柯特威尔研究方法的特色是什么？通过其中的一种角色研究加以说明。
3. 你认为借用柯特威尔研究方法可以研究哪些法律现象？
4. 通过中国刑辩律师角色的文化分析研究的示范，你从中得到什么启示？
5. 你认为角色与组织的关联研究有哪几种模式，各有什么特点？
6. 角色内外部研究的一般规律和特点是什么？
7. 宏观研究主要用于角色研究的哪些方面？
8. 角色的微观研究有哪些显著特征？你有什么新的想法？
9. 你如何理解问题结点的宏观与微观的融合趋势？
10. 请你运用本章学习过的研究方法选择某个法律角色进行研究。

【参考书目】

1. 〔英〕罗杰·科特威尔著：《法律社会学导论》，潘大松等译，华夏出版社1989年版。
2. 〔美〕卡尔·N.卢埃林著：《普通法传统》，陈绪纲、史大晓、仝宗锦译，中国政法大学出版社2002年版。
3. 〔德〕弗里德里希·尼采著：《权力意志：重估一切价值的尝试》，张念东、凌素心译，商务印书馆1994年版。
4. 〔德〕尼克拉斯·卢曼著：《权力》，瞿铁鹏译，上海世纪出版集团2005年版。
5. 〔英〕迈克尔·曼著：《社会权力的来源（第一卷）》，刘北成、李少军译，上海人民出版社2002年版。
6. 〔美〕乔纳森·H.特纳著：《社会学理论的结构（上册）》，邱泽奇、张茂元等译，华夏出版社2001年版。

第十三章 法社会学研究的未来走向

经过一个多世纪的发展,法社会学研究取得了丰硕的成果,本教材对此也做了大概介绍。近二三十年来,伴随着法社会学研究范围的拓展和深化,研究方法包括各个层次的方法也由第一章中所述的传统模式不断地向新的方向发展。由于法社会研究对象是作为社会事实之一的法律现象,其复杂程度远远高于自然现象,通常情况下单一的方法无法满足研究所需,故方法上呈现出融合、复杂的态势。多种不同层次不同形式的方法在研究同一主题中共存,即打破传统社会学和法社会学的宏观与微观割裂、静态与动态分离的研究范式,出现了以问题为结点的宏观与微观的穿梭、静态与动态的结合,理论与方法的边界在研究主题上也逐渐模糊,出现一种融合趋势。法社会学研究的视域不断拓展,社会学理论与方法在法社会学研究的运用中也出现了一片新的天空。接下来我们着重讨论在现有的基础上法社会学研究的未来走向。

第一节 微观法社会学研究的特色

20世纪末以来,微观法社会学研究在国际社会取得了长足的进展,而且这些研究方兴未艾,将会持续一段较长时期。所谓的微观法社会学研究主要是指研究主题或研究场景不是宏大的社会主题或场景,而是微观场景或具体问题。对这类微观场景或具体事件的研究特点主要表现在以下几个方面:

一、现象学的尝试

大家知道这个理论本身很模糊也比较抽象,用来进行法社会学研究时,主要用在具体情景下意义的构建问题研究。① 在社会交往过程中,我们人与人之间,特别是在每个具体场景下互动的时候,一个点头、一个举动就是一种符号,符号后面有一种意义,当然,此时的意义是在具体场景下重构的,个体是根据这个意义来进行互动,去观测、理解和解释世界的。胡塞尔提出来的现象学也是这个意思,它主要强调一种具体情景下主观对客观世界的体验。把现象学引入法社会学研究,也是强调这一点,考虑法律秩序是怎么在一个具体场景下构成的。现象

---

① 见本书第二章研究方法中的现象学条目。现象学认为社会科学与自然科学最大的区别,主要在于意义,社会科学研究的是由意义构成的社会现象,而意义是行动者在社会交往过程中建立和重构的。

学视域下的法律主要指存在于一个特殊的社会场景下、互动之中的法律,即行动中的法,这种法存在于人们的态度、感觉的照应和交换之中。犹如辛普森案。①

我们回忆一下,辛普森在警察面前有过一次陈述,也作了笔录,两次出庭,每次庭审,不同的法官都做了庭审笔录。这个笔录当然是卷宗材料的一部分,原来一个具体的互动情景变成了一种卷宗材料,变成一种平面可读的东西,不再是存在于一个由警察、法官和辛普森共享的相互行动与记忆所提供的具有连续性的东西的特定场域中,而是存在于一种"拟制的空间"中。而这一种"拟制空间"模式,就把行动者从一个连续的互动过程和真实的空间当中抽象出来,通过一些规则如法院规则、法律分类和诉讼程序等,把这些时间、空间平面化,凝固了,凝固为相互分离的、静态的场景如庭审一、庭审二等,并把他们安排在静态的角色、时点及非关联的行动之中。这种情况在我们的现实生活中也经常发生。当第一次接触当事人的时候,律师跟他谈话,或法院跟他谈话,你会看到他一些微小的、难以言传的细节,他有时候吞吞吐吐,好像不承认,又不得不承认,甚至可能有一些举止上的暗示,你在场时能看到或感知,感知到真实的事件中的一些模糊之处。当把这一些场景凝固、平面化到卷宗材料里时,它们是被屏蔽的、抽离的,因为卷宗材料是按照他人的意愿或一种既定的语言系统自觉或不自觉地进行了一些取舍而成。而这些被屏蔽的东西或许是构成意义里面最重要的东西。

因此,在这个过程当中,反映拟制空间的卷宗材料,将警察、法官、律师与当事人、证人等之间在互动中建构的意义排除在外了。而卷宗材料通过其主体的权威进入了权力策略的领域(卷宗材料都是司法部门做的),最后裁决的时候,进入的是卷宗材料,而这个卷宗材料并不一定是真实的事实。所以在权力的策略领域中,只有"卷宗材料"所反映的"拟制空间"中所产生的"意义",而当事人、证人、法官、律师、公诉人的真实陈述和真实事件的互动过程中产生的意义已经没有任何影响力。也就是说这个意义已经不是原初的意义,甚至和原初的意义相反。所以,法院的判决,针对的是由另一种意义构成的社会现象。而所有的这些行动构成了具体的法律秩序。此时,纸上的法对当事人来说已经失去意义,有意义的则是这一系列行动形成的判决与法律秩序。所以说,司法过程中这一块法律异变的空间最大。当然,这还牵涉另外一个理论——象征理论。这个理论牵涉意义的一个象征特征。这个意义本身,它具有象征的两重性,一重是符号系统本身是很多变的、模糊的,而意义另一头相连接的真实的世界又有很多模糊区,通过这种双重的模糊,就会有一个很大的异变空间。这种理论索绪尔、拉康、罗兰·巴特等作出过系统、详尽的研究与阐述。在此不再展开。

---

① 参见〔美〕帕特里夏·尤伊克、苏珊·S.西尔贝著:《法律的公共空间——日常生活中的故事》,陆益龙译,商务印书馆2005年版,第18—30页。

总之,现象学在法社会学的研究中,主要用于各种具体情景下法律主体互动过程中意义建构的探寻,它强调行动中的法的重要性,而纸上的法会在行动过程中产生异变,现象学可以帮助揭示这种异变。随着对行动中法的日益重视与研究,这一理论也将得到进一步发展。除了上述的司法过程外,现象学在其他的法律生活中也大有可为。由于现象学理论的深奥晦涩,其中的潜力还远远没有被挖掘出来,法律生活与法律现象是广泛又现实的,因而将现象学用于法律生活的研究前景广阔。是什么决定和构成了具体情景下的共同感,及将个人的一些动机与见解和社会秩序的一般问题相连接这些问题的探寻,虽然是现象学关心的重要课题,但解答的努力却更多的将与常人方法论、拟剧理论等互动论相联系。

二、常人方法论与符号论的普遍使用

与现象学强调互动过程中建构的意义的重要性不同,常人方法论则强调互动过程中,建构情境印象的人际技术运用的重要性,与行动者一致同意的现实感建构的重要性。因此,常人方法论也常常被认为是现象学的延伸,当然,更多的还是将它归于符号互动论。因为其在米德和布鲁默那里获得的灵感与启迪多于胡塞尔与舒茨。意义的索引性与反身性是常人方法论中重要结点。索引性虽然借鉴了舒茨的"袖里乾坤",但它仍表现出自己的一些特征:第一,它虽借助于互动各方的过往、所宣称的目标、他们过去互动的经验等索引知识,但它旨在借助于这些知识去主动建构该具体场景下的行动或表达,即索引性表达。而不是似舒茨的"袖里乾坤"强调行动的受结构性制约。第二,索引性表达也就成了常人方法论的一个重要概念。它能将具体场景下一个个貌似孤立的举动与符号,通过索引性串联起来,每个表达都是索引性背景下于具体场景中的实践。这样既承继了现象学的部分思想,又突出了互动过程中的行动实践与符号意义。第三,正是上述两个特点使得常人方法论的研究范式,重在互动过程的展示与描述,考察行动者是如何建构索引性表达,以建构和维持他们的"共同感"的假设。这也是使得"寻求探明人们赋予其世界以意义时所使用的方法"的加芬克尔理论成为常人方法论的典型代表的原因所在。[①] 因此,行动实践本身是常人方法论的研究主题,而不是对该行动实践置身于其中的更大社会现象分析预设的检验或者其他相关的社会学议题的考证。

常人方法论与法律主题之间的关系,总体上和法律与社会之间的关系研究相对应。最早的四篇研究包括沙诺德(Sudnow)关于"常规犯罪"(normal crimes)、比特纳(Bittner)有关警察在"减速车道"的执勤活动、加芬克尔(Garf-

---

① 参见〔美〕乔纳森·H.特纳著:《社会学理论的结构(下)》,邱泽奇、张茂元等译,华夏出版社2001年版,第90页。

inkel)对陪审团审议活动以及韦德(Wieder)关于由监狱室友举报的"犯人行为规则"(convict code)的相关研究具有经典意义。① 这些研究都试图说明参与者自己如何描述及引导他们的活动,都发现成员自身的描述不同于官方来源的相关述说,而且都显示出互动各方在互动过程中建构现实感的一些洞见。如加芬克尔对陪审员"决定规则"的研究,它不是对总体的司法程序、法庭系统或其他制度性议题的调查,而是对陪审员用以形成裁决的"决定规则"究竟是什么的活生生的行动过程研究,从而寻求人们是如何建构与维持真实世界共同感的规则的。因此,这种研究总体上还是属于法律与社会的关系研究框架。但就法律现象一面来考察,它重在法律的运作过程和行动实践研究,比如迈克尔·瑞斯曼对"二人之间的谈话"研究,就是将常人方法论引入法律现象研究的典范。② 当然,在这项研究中他也发展了常人方法论。而迈克尔·瑞斯曼在这本著作中对观看、注视、排队与插队等行为举止的研究,则更多地体现出符号互动论的特色。

符号论在法社会学领域最新的一个发展,就是用于研究法庭语言和法官、律师等各种语言协调系统在意义构建方面的影响力。这种研究的先驱当属美国哲学家皮尔斯(Peirce),在凯弗森(Roberta Kevelson)那里得到了长足发展。凯弗森认为:"皮尔斯思想的主要目标是满足更多的需求,也就是说满足更多不确实的情境、解决更多的问题、面对更多的喧嚣。变化不是从喧嚣到秩序,而是来自一个决定性的、有序的意义安排的不同层面,这意义与无序相距甚远,还未被确定仍然是模糊不清的。"③这种有序的意义安排的不同层面被后来的研究者称为不同的语言协调系统,比如中文有中文的语言协调系统,英语有英语的语言协调系统,同样在中文之下,法官有法官的语言协调系统,律师有律师的语言协调系统,法学教授有法学教授的语言协调系统。他们分别在各自同格的语言协调系统下赋予相应的语言符号或法律术语以意义。这种多元化的语言协调系统都包含有:"欲望的深层结构、范例和语段的散漫结构,隐喻和转喻的指涉性结构,非语言的背景结构、语言学或语言协调系统及它们嵌入其中的散漫的主题位置。"④这些支撑着语言协调系统的各种元素都有着各自的个性化特色,也因此赋予各种语言协调系统下的术语和词汇以不同的意义。

符号论为此被法社会学家和其他理论家率先应用于法律语言的研究中。经过美国社会学家乌特诺(Robert Wuthnow)和法国布迪厄(Pierre Bourdieu)的发

---

① 这四篇文章分别发表于1965年、1967年、1967年和1974年。
② 参见〔美〕迈克尔·瑞斯曼著:《看不见的法律》,高忠义、杨婉苓译,法律出版社2007年版,第123—180页。
③ 同上。
④ Dragan Milovanovic, *An Introduction to the Sociology of Law*, Criminal Justice Press, 2003, pp.189—190.

展,符号论被建筑于主体的行动或主体间的互动基础上。因此,符号论在用于法社会学领域的研究时,也被广泛地应用于法律角色行动和法律主体间互动时意义的生成过程揭示与描述。当然,也因此引发对互动场景中各种主体与客体的各自结构性背景的研究,包括同格与不同格的语言协调系统,语言的自身结构,语言所指涉的物的结构等等。虽然这项研究领域开拓的时日不久,但它在未来时间内势必会得到更加广泛、深入的开发研究和应用。比如在法律主体的互动过程中,建构经验与意义的隐秘结构是什么,各种客体进入场景的程度与主体的感应程度如何,主体心智结构所反映的漂移的意义结构又是什么。诸如此类的问题都将成为行动中的法和活法相关的重要内容,它们也因此成为法社会学领域研究的前沿问题这一。

总之,由于常人方法论和符号论这两种理论的特色,使得它们在研究具体场景下的行动实践具有明显的优越性,这两种理论也因此得以广泛地应用于法庭的庭审过程、调解与仲裁场景、当事人的协商场景、当事人发生纠纷或冲突场景等等的研究。使得它们能够很好地运用于法律的运作过程和主体的行动实践的研究中。

三、戈夫曼拟剧理论的重要作用

戈夫曼的拟剧理论广义上属于互动论范畴。他主要是探讨日常生活的互动过程中人们的互动技巧与方法,为此,他创设了剧场、前台、后台、剧班、航线、面子、相遇、角色、仪式、原生框架等一系列的重要概念,深入到微观的社会互动过程中,去探求"人为什么表演"以及"怎样表演",从而得出"在互动实践和社会结构之间存在着松散的耦合"的结论①,从而以创造性理论的形式批判了传统的互动总是受到宏观结构规制的观点。但在探索微观的互动过程中,戈夫曼将宏观结构悬置,完全投入到互动的情景与过程中探求人们是如何进行后台、前台的角色扮演和控制性表演的,有哪些技巧,需遵循哪些原则等等。如前台表演中的理想化表演、控制细小的暗示与标识、误导性表演、神秘化等等技巧,焦点互动中的相关、转化、实现途径、交谈、自我尊重等正式原则,与非焦点互动中的身体惯用表达、身体修饰、解释与道歉等仪式行为等非正式原则,还扩展到对日常生活中经验的结构探寻和这些经验是如何被组织的,通常遵循的路线与规则有哪些等等,从而完整地勾勒出他的戏剧理论,也因此使得他的理论超越了社会学的领域,获得了社会科学领域的深远的影响力和广泛的应用。也被喻为互动理论中最有创造性的理论。

---

① 参见〔美〕乔纳森·H.特纳著:《社会学理论的结构(下)》,邱泽奇、张茂元等译,华夏出版社2001年版,第60页。

戈夫曼的拟剧理论为法社会学的研究提供了广阔的前景。尤其对各种法律角色如法官、律师、公诉人、警察、调解人、仲裁人、当事人、证人等等,在各种具体的法律情境下的角色扮演与互动行为的研究提供了一套微观的、可论证的标准和一种全新的视角。从而为"揭穿"隐藏于官方的、程式化的互动下的各种秘密,探求法律行动过程中的各种异化与法律现象后的本质提供了一套可资检验的技术与原则。比如迈克尔·瑞斯曼在探索日常生活中看不见的法律时,在理解观看与注视、排队与插队等行为中的仪式、暗示、道具、谈话、微观的惩罚机制等,就大量借鉴了戈夫曼的理论与方法。① 总之,这种研究才刚刚开始,不久的将来将会大量地在法社会学领域兴起。

四、布莱克的创新:案件结构指标化

布莱克的理论不属于一种社会理论或社会学理论,但他在法社会学领域开创了一种别具一格的微观研究的方法,所以,将它也纳入这一节之中。布莱克的创新主要在于将一个具体诉讼中的案件结构拆分成可以测量、观察的指标,然后来预测案件的可能处理结果。他想建立一种所谓类似于自然科学的"纯粹的法社会学"。他除了尝试将系列的法律行为指标化,就是案件结构的相关研究。具有微观法社会学特色的仅是指后者。

布莱克认为:所谓案件结构主要指除法律上的技术性特征以外的案件相关人员的地位、关系等社会性质,如谁控告谁?谁处理案件?还有谁与案件有关?等等,这些人构成了案件的社会结构。法律技术特征是指按照相关实在法规定概括为标准化的案件性质、案件事实特征。另外,原告、被告各方支持者的社会地位、社会距离以及支持者与其他人之间的社会距离同样影响案件的社会结构,所以,每一个案件都是社会地位和关系的复杂结构。这一结构对于理解在法律技术特征上相同或相近案件的法律变量是关键的。他认为法律量与原、被告双方及与第三方的社会地位、关系距离有直接关系。第三方主要是指法官、检察官、警官、陪审员等处理案件的人,他们也是案件社会结构的组成部分。第三方的权威性程度、原被告与他们的亲密关系、证人的地位与言语表达方式等都是影响法律量的变量,布莱克对上述各种变量是如何影响法律量作出了论证。由此布莱克提出案件的社会结构可以预测和解释案件的处理方法的结论。

布莱克的这种理论通常用于具体的诉讼场景下具体案件的处理。他最大的创新就在于将一种似乎无法量化的现象与元素通过一些指标化操作变得可测量,并且有一定的可检验性。这种研究方法开创了法社会学领域微观场域下法

---

① 本人的 2009 级研究生张伟同学也用戈夫曼的理论对北京一家律师事务所的律师角色活动进行了创造性研究。参见张伟:《律师的担当及其限度》,中国政法大学 2012 年硕士学位论文。

律现象定量研究的先河。这种指标化操作的范式在社会科学领域不能不说是独树一帜,它将引领一种新颖的经验研究,在社会科学领域开出奇葩。

第二节 宏观法社会学研究的多元化

宏观法社会学研究主要指宏大叙事和宏观层面的问题研究,比如传统的结构主义、功能主义、历史主义、冲突论、进化论等等。① 近二三十年来,法社会学领域受到后现代思潮的影响,兴起了许多新兴的宏观研究范式,这些范式与传统方法一起,使法社会学研究进入了一个多元化的时代。接下来重点介绍这些新兴的研究范式。

一、批判主义

批判理论最早兴起于马克思、韦伯、齐美尔等人对现代性的批判。他们针对在资本主义工业生产过程中人的异化与物化及人的最终解放主题提出了各自的主张。这些理论在20世纪30年代国际社会的巨大变化中受到了质疑,以卢卡奇、霍克海默为代表的法兰克福学派对此作出了修正。他们不无悲观地在内在于人类意识的辩证力量中寻求这种对手段与目的理性化抵制。而葛兰西和阿尔都塞则都强调意识形态的重要作用,意识形态被掌权者用来以不被被统治者直接察觉到的形式去控制他们,体现出黑格尔倾向。继后的哈贝马斯则承继了前述的所有批判理论的重要内容,试图建立起一种分析批判的综合理论。他也因此"毫无疑问地成为传统法兰克福学派最多产的后继者"和现代批判理论的领军人物。② 他对社会合法性危机、交往行动理论、民主商谈理论、社会进化理论的系列讨论对法社会学领域的批判主义产生了深刻的影响。比如对马修·德夫林编的《哈贝马斯、现代性与法》中所有理论家与法社会学家的影响③,和对兴起于20世纪70年代末期美国批判法学理论的影响。当然,批判主义的另一巨头福柯对法社会学影响也是极为深远的,只是福柯直接的著作似乎只有《规训与惩罚》,事实上,福柯的批判主义是基础性的,他的《性史》、《词与物》、《疯癫与文明》、《知识考古学》等所有的著作无一不体现着他的批判思想与批判精神。他的批判主义对法社会学领域的影响力还远远没有挖掘出来。

批判主义在宏观法社会学领域的影响,主要表现在20世纪末期以来在美国兴起的对种族与性别歧视的大讨论,在欧洲展开的对意识形态与话语霸权的争

---

① 见本书第二章部门方法论一节。
② 参见〔美〕乔纳森·H.特纳著:《社会学理论的结构(下)》,邱泽奇、张茂元等译,华夏出版社2001年版,第241页。
③ 参见〔美〕马修·德夫林编:《哈贝马斯、现代性与法》,高鸿钧译,清华大学出版社2008年版。

辩等等。① 迄今为止,直接影响领域还限于局部。批判主义的实质是一种彻底的反思,对某一种现象背后的本质的深度拷问,这种反思在法社会学领域的宏观主题的研究中将会发生深刻的影响,昂格尔、塞尔兹尼克、弗里德曼均受到了这种范式的影响,这种影响将会继续扩散并不断深化。而批判主义对文化、意识形态、法律、科技及其他专业知识对人的控制的揭示和分析,将势不可免地波及法律现象、法律事实、法律制度等方面的透视与观察,尤其是对法律意识、法律行为的观察研究。因此,批判主义对法社会学领域未来发展的影响不可估量。

二、女性主义

女性主义从方法论角度而言,仍是批判主义的一种延伸。它起自对性别歧视和女性权利的关注等女性自身领域的关怀推演至对来自于男性经验世界的知识体系和以男性为中心的思维模式的质疑与批判。20世纪70、80年代,女性主义代表格兰特(Linda Grant)、奥克利(Ann Oakley)等人对社会学理论中对男性占统治地位的社会生活经验的关注和由此得出的规范与概念来解释社会现象提出了质疑和批判,指出了内含于社会学理论与研究中的性别主义取向对社会学理论与研究的损害与偏颇。继后的阿克(Acker)、米尔曼(Marcia Millman)与坎特(Rosabeth Moss Kanter)、库克(Judith Cook)与福诺(Mary Fonow)分别从女性主义的角度作出了修正社会学的努力,试图建立女性主义的方法论体系、认识论和立场理论去均衡和纠正原来单性主义(男性)的方法论与理论。后期激进的女性主义理论向传统的大理论如功能主义、宏观结构理论、符号互动论、网络理论、理性选择理论及马克思主义理论发起了全面挑战。她们一方面将实用性的女性主义经验知识与理论和女性主义的方法论与认识论所具有的批判力结合起来去修正传统的以男性为核心的社会学方法论与理论;另一方面她们受后现代思潮的强烈影响,企图用这种综合的方法论或修正后的方法论去挑战后现代主义对社会现象解释的不确定性。因此,女性主义尤其说是后现代思潮下的一种理论,毋宁说它更是一种社会科学或哲学意义上的方法论。

这种理论对法社会学的影响除了具体的法律现象的研究,更多的是提供了一种全新的方法论与认识论。在美国,女性主义理论被用于研究妇女参与立法、司法和其他法学工作的地位、比例,女性在选举和被选举等政治参与的权利、概率,女性在就业方面的平等对待,女性在婚姻家庭中的地位与角色,妓女与吸毒现象等等,法律还被女性主义运动作为政治斗争的最重要的领域之一。此外,女

---

① 参见马里松田(Mari Matsuda)、查尔斯·劳伦斯(Charles Lawrence)、理查德·德尔加多(Richard Delgado)分别于1996年、1998年、2001年写成的《你身在何处》、《罪恶的颜色》、《罪犯的评判体系》等著作。

性主义主要还被用在研究法律领域和法律体系中的方法论与认识论意义。比如格丽肯(Carol Gilligan)和麦克侬(Cartharine Mackinnon)对法律领域的女性主义研究与观点产生了深刻的影响。格丽肯的主要贡献是将北美的律师和法律学术从自由主义的低潮中拯救了出来。她创建了一种根本性的女性主义理论,这种理论强调一种抵制或反抗所有源自男性行动或经验的确定性、教条与纲领的知识体系的权力的运用,这种权力赋予被作为非理性、不符逻辑和前后矛盾等代表而遭受不断批评和消解的女性或女性主义以地位和意义。这种观点在美国本土内外和未来女性主义理论中产生了深远的影响。而麦克侬在法律领域的最大贡献则是提出了一种妇女压迫的性别理论,她将妇女因其性别受到压迫而无法参与以男性经验为基础的知识理论体系的构建作为批判既有的知识理论体系的偏颇,尽管她的理论中包含了马克思主义的本质论和决定论的元素。"她企图提供一种方法将对妇女解放做得不多的进行法律改革的自由主义从吞没的包围中拯救出来,并对挑战妇女压迫的社会学家的研究失败给予了强烈的关注。在这个过程中,她以妇女能够和男性一样表达自己感兴趣的观点向法律正统提出了挑战。最终,她获得了许多女性主义者所寻求的一种实践观,即从行动流或实践中抽象出来的一种理论,这种理论建立在能够揭示源自妇女经验的知识体系的方法论的基础上。"[1]总之,不管是她们二人还是其他女性主义理论家,她们的方法都"假设了这样一种标准,即妇女是否被与男性同等对待。妇女的再生能力对内在于法律中的男性准则提出了质疑,这种质疑不是在宣称男性爱心角色放弃的范例,而是去追寻法律中的权力是否有女性参与的问题。这既不是与质疑不同的问题,也不是关乎性别平等的问题。因为这些方法作为一种研究方法基本上与法律不相关,因为它企图发现一种最成功的方法,去找出妇女在过去的立法与司法中的愿望是如何被挤压的"。[2] 总之,她们试图在法律领域内寻找一种能够协调解决妇女的性别压迫与结构压迫的方法。

因此,女性主义能够提供给我们一种在研究法律现象、法律事实时立体的思维模式和质疑所有来自于男性经验总结的法律知识、法律理论合理性的方法论,赋予女性主义在法律决策、法律权力运用中的地位与权力。它将对所有法社会学领域的宏观现象的研究具有指导性意义。女性主义还改变了立法、司法、法学教育领域男性独霸天下的格局,同时,还使得妇女组织在某些需要它们的领域的立法中扮演着重要的角色,如保护儿童与使儿童免受虐待的立法。女性主义理论在中国法社会学领域的研究中几乎还是空白,它尚有待于学者们的开发,同时,也为法社会学研究的未来发展提供了一种新视野。

---

[1] Carol Smart, *Feminism and the Power of Law*, Routledge Pubilishing, 1989, p.76.
[2] Ibid., p.82.

三、全球化

全球化经常被认为是与经济过程相关如科学技术与互联网的迅猛发展带来世界范围内的信息与知识的快速传播、价值观的渗透与撞击等文化融合。尽管法律是全球化过程中的核心因素之一,但法律对构建和维护全球化过程的重要性常常被全球化研究的社会学家所忽视,法律社会学的发展是不完全的。就如韩礼德(Halliday)与奥森斯基(Osinsky)所言:"若没有全球的商业规则和越来越依赖于它的市场法制建设就不能理解经济的全球化。若不注意到全球范围内知识产权的制度性法律保护就不能解释文化的全球化,若不追踪国际犯罪、人道主义法和国际法庭的影响力就不能全面解释知识产权保护的全球化。同理,若不考虑宪政的维护,那么,基于民主制度和国家建设的全球化争论也是毫无意义的。"[①]总之,在他们的视野下,撇开法律去讨论全球化是不完整也很难取得真正的成就。而将全球化融入法社会学的研究,则更是一种全新的视角,它拓宽了法社会学的研究范式,使法社会学的研究推向一个更高的平台。

21世纪以来维护各国民族特色、反对文化侵略的强调,使得全球化一度淡出人们的视野,但金融危机的爆发,石油等能源价格的波动,移民潮的涌起,不得不让人意识到,全球化是一个客观事实。法社会学的模式能够更好地把持本国加入或参加制订的国际公约或条约的执行力,维护自身的国际形象与地位,也能够增进在世界法律秩序中如何尊重和保持本国法律的民族或地方特色的研究与把握。所以,进行法社会学研究时,是无法撇开或不正视这个事实的,否则,很难保持研究的科学性与价值。同时,它更是一种思维模式,一种范式。它能打破在传统社会研究基础上形成的那些条条框框,转向一种更灵动的、宽广的研究方式。因此,在强调法律秩序与法律治理的现代社会,用全球化的视野来研究本国的法律制度、法律现象势必成为法社会学的一个重要课题,全球化也因此将成为法社会学研究中不容忽视的一种新范式。

将全球化用于法社会学的研究,常常与法律文化与法律多元化的研究同步进行,它与文化的同一性、保持民族传统性与地方习惯特色紧密相连。比如劳伦·本顿在研究法律与殖民文化关系、D.奈尔肯与J.菲斯特在研究法律移植与法律文化时[②],都借用了这种研究范式,并取得了卓越的成就。在法社会学研究领域,这种研究范式已成为人们的共识和当然思考,在当前及不远的将来,它必然会发挥越来越重要的作用,为我们创造更丰硕的研究成果。

---

① Halliday,Terence C. and Pavel Osinsky,"Globalization of law", in *Annual Review of Sociology*, 2006.
② 参见〔美〕劳伦·本顿著:《法律与殖民文化:世界历史的法律体系》,吕亚萍、周威译,清华大学出版社2005年版;D.奈尔肯、J.菲斯特著:《法律移植与法律文化》,高鸿钧等译,清华大学出版社2006年版。

四、法律自创生理论

在法社会学领域谈这个理论首先让我们想到的就是卢曼,卢曼的自我再生理论,此后就是托依布纳的自创生理论。无论是哪种理论,其实都关乎有关系统的大理论。系统是一个源远流长的大概念,撇开远古的哲学、宗教、神话中的有关系统的基本思想或观念不说,近代自然科学和哲学的发展如牛顿力学、康德的系统哲学为系统理论的诞生提供了最基本的分析理念。当然,现代的信息论、控制论与一般系统理论是卢曼系统论与托依布纳的自创生理论的直接渊源。

卢曼理论中最重要的概念是自我再生。这在本书的第二章中已有介绍。卢曼将它引入了法律社会学的研究。他说:"或许被融入自我再生理论中最有挑战性的概念是社会系统不应该被限定与人类组织或准则相关,而是与沟通相关。沟通是依次说话、信息传递、理解的统一和反复的再生沟通组成。这种产生了法律与社会的反人性忧虑的社会学上的根本理论,企图强调这样一种事实,即社会系统是由沟通构成的。"①而"社会系统是一个运作上自成一体的、通过自己的运作而且只通过自己的运作再生产自己本身的系统。"②正如罗杰·柯特威尔(Roger Cotterrell)评价:"卢曼将它的理论作为社会系统和它们的相互关系的所有最一般的社会学分析的基础。"③这种理论为法律自治或自律的提出提供了一种很有力的理论假设和佐证,并被用于法律与社会之间关系的经验研究,其中所呈现出的一些细节描述与建议,被许多比较法学者和法社会学者所赞成和热衷仿效。但这种理论无法为明确地阐释怎样去解释一项研究可能发现什么提供更多的经验指导,也无法为微观场景下的法社会学研究提供一套可资指导或运用的原则与方法。可卢曼理论为法律与复杂社会的关系研究开辟出一个新的天地,提供了一般意义上的纲领、基本框架与研究范式,也为法律系统在复杂社会中的适应与功能研究提供了一个典范。因此,卢曼的系统理论被公认为后现代思潮下法社会学领域最经典的研究。这为今后法社会学研究开创了一个新的平台。

托依布纳的自创生理论是对卢曼的再生理论在法律领域的具体化或发展的一个尝试。他认为在法律领域存在众多的自创生的法律系统,"每当法律行为作为向后递归到它们自己同种的早期行为的一套运行出现,以便生产新的相同

---

① Flood, John, "Socil-Legal Ethnography in Theory and Method in Socil-Legal Research", edited by Banukar, R. and Travers, M., Oxford: Hart Publishing, 2005, pp.33—48.
② 参见[德]卢曼著:《法律的社会》,郑伊倩译,人民出版社 2009 年版,第 292 页。
③ Cotterrell, Roger, *Law, Culture and Society*, Ashgate, 2006, p.138.

种类的法律行为时,一个法律系统就构成了"。① 而自治是自创生理论中最重要的概念之一,它的核心含义是指"把它们自己区别于其他种类的沟通,并且在一个自我驱动的网络中彼此递归地连接起来的众特殊沟通的发生"。② "法律被界定为一个其法律运行形成一个闭合网络的自治系统。……法律的自治只与运行闭合及法律运行形成一个沟通统一体在其中自我再生产的封闭网络的方式有关。"③自创生含义源自于生物学,正如托依布纳自己所说,"每个行为都创造新的结构,并且新的结构在前一个连续的循环中创造新的行为。这种闭合的沟通网络符合马图拉纳的生物学自创生的定义。"④这种自治虽也与传统的自治理论一样承认系统的闭合性,但它更强调沟通过程中每个行为的可选择性对游戏规则的挑战所导致的法律系统的多样性,如以象棋为例,"社会自创生理论把象棋解释为一个以一个动态的事件链条为基础的'活的'社会系统。……动态的象棋由递归连接的步子在一个期待、步子和规则之网络中组成。作为一个自创生系统的法律,以类似的方式在社会中从一般沟通中出现。一旦一个人甚至以这种动态方式理解象棋,运用传统游戏作为隐喻来说明在像法律一样动态发展的系统中什么东西(具有)⑤稳定的能力就变得很不可信。"⑥这段阐述更说明了这种游戏过程中行为的可选择性所导致的沟通系统的多样性,沟通行动所产生的究竟是哪一种沟通系统并不确定。当然,最后由沟通行动所凝固成的系统是确定的。他治是自创生理论中另一个重要概念,"他治(法律与其他众社会领域之间的相互关系)将被看成是'结构耦合'"。⑦ 将这种自治的法律系统放置于更大的系统或整体社会时,动态的此系统与彼系统的结构耦合过程"可以创造它们之间的接触区域"。⑧ 由此形成一个更大的法律系统网络或社会网络。

托依布纳的理论虽然对卢曼理论在解释法律现象或法律事实的运用中提供了更具体的演绎,他的尝试为系统理论在法社会学领域的运用研究作出了一种示范。但它仍然不能为法社会领域的经验研究提供一套可资操作的指标体系或为指标化操作提供一套基本原则或方法,更无法解决卢曼系统理论中存在的缺陷。可这种尝试的方法对未来法社会学家将卢曼的系统理论能够很好运用于解

---

① 参见〔德〕贡塔·托依布纳著:《法律:一个自创生系统》,张骐译,北京大学出版社2004年版,第10页。
② 同上。
③ 同上书,第9页。
④ 同上。
⑤ 本书作者认为加上"具有"二字更妥,应是翻译的问题。
⑥ 参见〔德〕贡塔·托依布纳著:《法律:一个自创生系统》,张骐译,北京大学出版社2004年版,第11—12页。
⑦ 同上书,第9页。此处的"其他众社会领域"本人认为译为"其他众社会系统"更为适宜。
⑧ 同上书,第13页。

释法律现象与法律事实不失一种启迪意义。

第三节 法社会学研究视角的拓展

社会学的实证研究方法分为两种:定性和定量。就前者而言,田野调查、访谈、参与观察、焦点团体、扎根理论等都是可以借鉴的,通过对一个较小团体的深入研究,可以得到一个"深描"和理解。就后者而言,抽样、量化、路径分析、建模、问卷等,适用于大规模调查,以及对某些因素的归因和分析时有其优势,但问题在于得到的数据往往不显著,或是无法深入。所以,学者们在研究中常常将二者并轨,合力才能对研究对象作出较好的阐析。而具体选择哪种研究方法,和法社会学的具体研究问题直接相关,并不能肯定哪种方法一定最好,而是要根据研究问题选择最合适的一种或几种。这一点也反映出 21 世纪以来的研究趋势,从原来关注宏观主题的宏大叙事,转向微观主题的深度研究,关注微观场景下主客体的互动与相互建构,关注过程与细节,重视个案与问题研究。从而使研究的视野从某种事实或现象的"外部"拓展到"内部",研究目标从研究对象的"客体"转到"主体",研究的立场也从"旁观者"向"建构者"转向。纵览国际社会中法社会学研究的最新发展,除了上述宏观与微观研究方法上的各自特色以外,还出现了理论与方法的融合、宏观与微观的穿梭、静态与动态的交叉等各种研究范式的大混合,它们围绕着问题结点,不拘一格地使用各种方法,旨在达到对问题的透彻的剖析与说明。而这些创新无意中使传统研究方法从遇到的困境与局限中释放了出来,这些做法为社会学研究开启了一个新纪元,而法社会学领域的研究视角也因此而大大拓展,涌现出一批研究成果。下面分别做一些探讨。

一、理论与方法的融合

在哲学、社会学的知识统和视野下,理论与方法的分野从来就不是非此即彼。方法论本身就是一种理论,社会学的理论本源上就是一种方法。之所以如此说,是因为自孔德将社会学从哲学中分离出来时,就已预设了它的使命。那就是描述或解释人类社会这个客观世界。他认为在人类行为和自然事件之间存在着一种"社会的自然科学"论题,这个论题"包括与自然科学中所建立的逻辑形式相同的解释性框架,……按照涂尔干的观点,社会学的目标是以那种对人类行为的预先观察为基础,归纳地建构关于人类行为的理论:对行为外在'可见'特征的这些观察,是必需的'前理论的',因为它来自理论的母体"。[①] 这里的"前

---

① 参见〔英〕安东尼·吉登斯著:《社会学方法的新规则:一种对解释社会学的建设性批判》,田佑中、刘江涛译,中国社会科学文献出版社 2003 年版,第 227—238 页。

理论"与"理论的母体"指人类社会与生活世界既有的通俗概念与知识。从吉登斯和涂尔干的阐述中,我们也可以看到:社会学的理论是在寻找如何科学地解释人类行为的方法中形成的,理论本身就意味着方法。从这个意义而言,社会学本质上是一门寻找方法的学科,当然这种方法有着种种的条件和要求。"即使社会学确实仅仅是'描述',或'重述'行动者已经知道的有关他们行动的事情,也没有任何一个人能够拥有超过他或她所参与的社会特殊部分之外的所有详尽知识,因此,仍然存在建构一种明确的、全面的知识主体的任务。……他们的目的是纠正和改善行动者在解释自己的行动和他人行动时使用的概念。"[1]这段话的意思是要进行社会学的描述,一须观察、了解待描述的客观对象,二须借助于一套能够描述客观对象的知识体系,三是这套知识体系中的概念术语能够反映该客观对象的本质属性,即借助于这套知识体系能够洞悉该客观对象。因为,谁也无法断定该客观对象是否被终极地洞悉。所以,描述它的概念术语和知识体系就不断地被修正和重构,由此衍生出各种社会学的理论,这种理论从源头上而言,实质上还是方法,是描述世界的方法。因此,社会学自诞生以来的种种理论本质上都是方法论上的方法。比如斯宾塞的有机进化论、齐美尔的形式社会学、韦伯的理解社会学、涂尔干的功能主义社会学、帕森斯与默顿的结构功能主义、达伦道夫与科林斯的冲突论、卢曼的系统论等等,到底是理论还是方法,在当时的理论创设时没有人去思考这个问题,也无法将其做严格区分。

现代社会学所理解的通常意义上的理论与方法,在社会学领域早期是不自觉地融合的。但随着社会学的发展和知识的分化,社会学循着它科学性追求的步伐,发展出了它独有的分化的研究方法,如定性研究与定量研究。定量研究由于它的独特的内涵和所指,使其与理论间边界明晰,但定性研究则由于其"侧重于和依赖于对事物的含义、特征、隐喻、象征的描述和理解"等特征[2],与社会学理论存在着许多交叉与重叠的内容而难以划分清晰的边界。不过,社会学的研究方法虽因知识的分化已获得了自律性,但它内部还是存在多种层次。最高层次的方法论状况上文已述,既是方法也是理论。而在第二层次的研究方法中定性研究与理论关系密切,即使现代社会学对社会学理论作出严格的界定,依然无法消除这种混沌。只有到了第三层次及以下的现代社会学中的研究手段或具体的研究方法才与理论形成明显的边界。

而法律社会学由于法律现象的特殊性,迄今为止更多的还是倚重方法论层面和定性研究方法中的方法,即使引入一些定量的研究方法,也是强调理论与方

---

[1] 参见〔英〕安东尼·吉登斯著:《社会学方法的新规则:一种对解释社会学的建设性批判》,田佑中、刘江涛译,中国社会科学文献出版社2003年版,第236—237页。
[2] 参见风笑天:《社会学研究方法(第三版)》,中国人民大学出版社2009年版,第12页。

法的结合。因为法社会学对法律现象的研究是置于社会之中,是在与社会的关系之中去研究的,这种关系研究更多的自然是采用关系研究的方法论如结构主义、功能主义、互动论、交换理论、冲突论、系统论等等,而且关系研究本身是一种动态研究,所以它很难以量化静态现象的定量方法来操作。所以,即便如布莱克这样号称为纯粹的法社会学派,它在法行为和案件社会学的研究中依然还是定性与定量的结合,理论与方法相融合。而其他的法社会学家则更多地运用定性研究的方法,尤其在后现代思潮的影响下,上文所涉及的微观与宏观研究的这些方法论或称社会学的大理论,绝大部分系定性研究。在具体的法律现象的研究中,现代意义上的定性研究、定量研究方法和社会学的、法社会学的方法论等在具体问题的研究过程和理解阐析中统一了起来,而不去追究究竟是理论还是方法。这种研究趋势对法社会学这门新兴学科的研究是大有裨益的。法社会学研究由于历史不长,尚未形成自己独特成熟的研究方法体系,这种理论与方法的融合在一定时期对法社会学的发展具有里程碑式的意义。因为它能激活各种研究方法、研究手段去对法社会学领域的大量法律现象或法律事实做广泛、深度的探索与阐析,从而对现代社会和后现代社会与法律的关系作出全面、深入的研究,使法社会学的发展与繁荣迈上一个新的台阶。

二、宏观与微观的穿梭

在社会学领域,宏观与微观的穿梭早已有很多典范。如埃利亚斯在20世纪上半期探讨人类的文明进程中,用构型这个概念将中世纪欧洲人的日常生活中的微观行为与情景研究与人们之间的关系和社会的文明进程等宏观问题相连接,"努力克服着微观—宏观的分野"。[①] 哈贝马斯也从微观场景下发生在生活世界中人际之间的沟通、系统的源起与结构开始探讨宏观的生活世界的理性化与殖民化问题。吉登斯更是从人们出门坐飞机把生命交给了驾驶员、看病买药将健康交给了医生这类微观场景事件开始分析现代性这个庞然大物与现代社会的风险性这类宏观事件。而他的行动受结构制约,行动者的能动性重构结构的"能动性—结构"理论,更被共识为宏观—微观的议题研究。瑞泽尔则从小时候对麦当劳的一次记忆和另一次带弟弟去麦当劳吃东西的触动提出了现代社会麦当劳化的理论。这些著名的社会学家在描述、阐析、说明这些微观、宏观问题时,无一不是在宏观与微观之间穿梭,而不是单一地分别描述其中之一者。当然,这种穿梭需要他们具有系统眼光和知识与理论的雄厚积淀及对某一问题的深刻洞见,否则,这种穿梭只能成为一种碎片的堆积,更不要说成为一个有价值的理论。

---

① 参见〔美〕乔治·瑞泽尔著:《当代社会学理论及其古典根源》,杨淑娇译,北京大学出版社2005年版,第110页。

这种穿梭典型性反映在系列的结构理论之中,如艾默生、库克等人提出的交换理论,他们将两个行动者之间的对偶交换这种微观现象联结到宏观层次的交换网络,提出了试图整合微观与宏观力量的权力—依赖这种更具整合性的交换理论。还有刚刚提到的吉登斯的"能动性—结构"理论,这种理论在布迪厄那里得到更好的发挥与诠释。"布迪厄将焦点放在实践上,他视实践为结构和能动性间的辩证关系的结果。"① 他用场域与惯习这两个重要概念建立起建构式的结构主义。惯习虽是指心智或认知结构,但它是微观层次的结构,场域也同样,是落实到具体情景中的场域,因为这种客体位置间的一种网络关系只能是特定的,物有所指的。通过实践,将这种惯习与场域联结起来,从而实现客观性与主观性的结合,也打通了宏观与微观之间的联结。

大家熟悉的福柯,在《规训与惩罚》中一直在探索现代社会中渐增的规训力量的着落点,最终落在现实生活中微观层面的无数的局部环境上,如各种规训场合如监狱,各种常态化的惩罚方式,而他感兴趣的一如他毕生所追求的不一致性一样,是每个环境下所存在的"无数的压迫、冲突与对抗点"②,他只"对每个环境下存在的相反力量以及和一般过程相冲突的力量非常敏感"③,从而建构起他的权力的微观物理学,进而成为他的宏观的后现代结构主义理论的一部分。福柯的其他理论也一样,因为他执著于"社会历史上的不持续性、断裂、突然反转的特性"的关注④,因此,使得他不能不对他所感兴趣的各种社会事实的细节保持持续的敏感,这种微观场景下获得的各种知识与思考最终都成为他的大理论的基石。所以,宏观与微观的穿梭在福柯那里获得了淋漓尽致的表达。

这种研究范式最大的特点是一反传统的在一个宏大的理论假设之下去考察微观场景的方式,而是在微观的场景下去寻求它与更大的结构或系统耦合的某种结点或间性,让宏观与微观在事实本身的需求与表达中联结与穿梭。布迪厄、福柯与哈贝马斯等人虽然直接对某些法律现象进行了研究,也取得了卓越的成就。而他们研究范式的意义更值得称道,这些范式与上述的其他研究范式一起对法社会学领域的研究具有深远的启迪意义。宏观与微观的穿梭在美国法社会领域的研究中应用较广,比如第九章中提到的尤伊克与西尔贝在《法律公共空间》中的研究,格雷戈里·马托辛(Gregory Matoesian)对肯尼迪·史密斯强奸案中的肯尼迪法庭语言技巧的研究⑤,道格拉斯·梅纳德和约翰·马诺(Douglas

---

① 参见〔美〕乔治·瑞泽尔著:《当代社会学理论及其古典根源》,杨淑娇译,北京大学出版社2005年版,第164页。
② 同上书,第209页。
③ 同上。
④ 同上书,第205页。
⑤ Max Travers and John F. Manzo, *Law in Action: Ethnomethodological and Conversation Analytic Approaches to Law*, Ashgate Publishing Company, 1997, p.137.

W. Maynard and John F. Manzo)对作为秩序现象的司法考虑的陪审团商议过程的备忘录的研究①,等等。他们通过一些微观情景去讨论法律在行动过程中的多变性,从而去研究现实主义法学派提出的"行动中的法"的大理论。弗里德曼、川岛武宜、昂格尔都做过这样的努力。② 总体上,这种研究范式对法社会领域的研究价值还远远没有挖掘出来,更没有成熟的理论范式,因此,它势必为21世纪法社会学领域的研究开启一段新的里程。

三、静态与动态的统一

这种范式其实与前一范式紧密相关。穿梭就是一个动的过程,只是这种统一的范式强调在具体现象的研究过程中动态与静态统一的特点,它突出某一现象与构成该现象的本质的过程揭示,它更似怀特海关于事实的力与重要性的表达构成了宇宙万物的动力的表述。③ 所谓重要性,怀特海定义它"是导致将个人感受公开表达出来的那种强度的兴趣。……是因为重要性有两个方面。一方面以宇宙的统一性为基础,另一方面以细节的个别性为基础。'兴趣'一词指的是后一方面,'重要性'一词倾向于前一方面"。④ 而力他认为"是从达到自为的价值这个结构的事实中派生出来的"⑤,是"结构的推动力"⑥,而表达相对于整个宇宙世界,则"是以有限的情境为基础的"⑦,所以,怀特海特别强调结构产生的个别情景与过程的重要性,他说:"如果过程以个别事物为转移,那个别事物不同,过程的形式也会不同。从而对于一个过程说的不能适用于另一个过程。对于被看做是包含在不同过程中的个别事物的同一性概念,也有同样的困难"⑧。而后者则是在理解宇宙万物的思维方式的最高格层次。即便如此,怀特海还是批判了不重视个体情景的倾向,他说:"我们的危险在于接受对一组事件所涉及的宇宙的视域有效的概念。然后不加批判地将其应用于其他事件,而后者包含了具有某种差异的视域。"⑨这就意味着怀特海也特别强调形成每一现实事物或

---

① Max Travers and John F. Manzo, *Law in Action: Ethnomethodological and Conversation Analytic Approaches to Law*, Ashgate Publishing Company, 1997, p.209.
② 参见〔美〕弗里德曼著:《法律制度:从社会科学角度观察》,李琼英、林欣译,中国政法大学出版社1994年版,该书中第二章"论法律行为"对法律何时有效的研究;〔日〕川岛武宜著:《现代化与法》,申政武等译,中国政法大学出版社1994年版,该书第三章"封建契约及其解体的研究"中对佃耕关系的研究;〔美〕昂格尔著:《现代社会中的法律》,吴玉章,周汉华译,中国政法大学出版社1994年版,第88—91页,对中国古代"礼"的研究。
③ 参见〔英〕怀特海著:《思维方式》,刘放桐译,商务印书馆2004年版,第106页。
④ 同上书,第9页。
⑤ 同上书,第106页。
⑥ 同上。
⑦ 同上书,第20页。
⑧ 同上书,第87页。
⑨ 同上书,第61页。

现象或结构的个别情景和过程的重要性,这与罗素对意义与真理的探究的描述异曲同工。"我看不出如何能够否认,我们关于事实的知识是从形成于单次观察的前提中通过推论而建立起来的。"①知识与真理源于经验与事实的观察过程中,源于过程中所产生与构建的意义。由此可见,哲学家与思想家们对形成现实事物与现象的动态过程揭示的重视。只是社会学中的这种范式用怀特海的思想来理解则是不同格的,与力与重要性的表达相比较,它的格要低几个层次,它不要求研究者似力与重要性表达那样去归纳和概括,而是让事实表达事实,让事实自己去说话,更注重过程与细节研究。

这种研究范式在社会学领域于20世纪50年代开始的近代理论中被大量运用,特别是在各种互动理论、冲突论、交换理论和晚期的文化与日常生活的解释学运用中。这种研究范式用于法社会学领域,则强调从静态的、平面的事实与现象描述向主体间性的、关系的这种事实与动态过程描述与揭示转变。这种转变在20世纪的后半期的法社会学领域研究中得到广泛的运用和体现,先是宏观的关系研究再推演至微观的动态过程研究。卢曼的系统理论与哈贝马斯的交往行为理论的研究中就大量存在,而迈克尔·瑞斯曼对排队、插队、注视等行为的研究也体现着这种特点。迄今为止,在微观层次的研究主要尚停留在法律场域与法律事实结构的微研究如具体的诉讼场景、案件结构和一些法律事件中。如哈维·萨克斯(Harvey Sacks)对律师工作的研究②,玛莎·坎特(Martha Komter)对法庭上当事人自责、忏悔的话语研究③,斯特西·伯恩斯(Stacy Burns)对法学院课堂上教学法相互影响的研究④,最典型的还有布莱克对案件结构的研究。这种范式的研究应用性很广,其实还可以拓展到许多微观场景,如法律纠纷的仲裁、调解、当事人自行和解场景,当事人发生冲突或纠纷的场景,某种法律现象产生、发展的过程,某些法律现象的结构等等。这种研究在当下中国更是空白,虽然有对类似的微观场景或结构的研究,但几乎没有有意识地采用这种研究范式去研究。因此,这种范式的应用与推广势必带来中国法社会学研究与发展的巨大改变与影响。

四、一点思考

法社会学作为有自己独立研究对象的新兴学科,研究方法因研究对象的不

---

① 参见〔英〕伯兰特·罗素著:《意义与真理的探究》,贾可春译,商务印书馆2009年版,第371页。
② Harvey Sacks, "The Lawyer's Work", see Max Travers and John F. Manzo, *Law in Action: Ethnomethodological and Conversation Analytic Approaches to Law*, Ashgate Publishing Company, 1997, pp. 43—50.
③ Martha Komter, Remorse, Redress, "Reform: Blame-Taking in the Courtroom", see ibid., pp. 239—264.
④ Stacy Burns, "Practicing Law: A Study of Pedagogic Interchange in a Law School Classroom", see ibid., pp. 265—288.

同而相异。其实,任何学科都一样,研究方法与研究对象有着密切的联系。法社会学的研究从孟德斯鸠、涂尔干、韦伯到马克思,再到近代的各种部门方法论,都是"集大成"出现的位于哲学层级之下法学具体技术之上的一种范式,他们共同在对核心问题——社会的关注中注意到了法律现象这一事实,主要还是强调经验基础上的理论假设与理论论证。都是在某种范式下对研究对象进行知识勘探与阐析论证。自 20 世纪中叶各种研究技术与定量研究方法的大量运用,经验自说自话,与理论脱节的现象日趋严重,学者们开始觉醒,米尔斯对此进行了尖锐的批判。此后,学者们又开始重视二者的结合,也因此,将前述的社会学的研究成果即结构主义、功能主义、冲突论、现象学等等部门方法论引入到法社会学的研究,出现了理论与经验的融合趋势。

因为法社会学通常引入社会学的理论与方法去研究特定社会中法律现象或法律事实,所以,它不可避免地要受到来自整体的社会学的影响。社会学,归根结底它是一门归因的学科,从社会现象入手,借助理论回顾,通过操作化的方法,予以归因并解释社会现象,提供社会改革的思路——从根本上来说,社会学是"批判"的。所以,法社会学同样不能摆脱批判主义这一特点。在全球化、女性主义、新马克思主义、反种族主义思潮的影响下,20 世纪末以来,研究范式与方法出现了多元化特点,但宏观与微观的穿梭、理论与方法的融合、理论与经验的综合、动态与静态的统一趋势未变,如弗里德曼的《选择的共和国》,劳伦·本顿的《法律与殖民文化》的研究,无论用于宏观现象如法律与社会的基本关系、法律的社会基础、法律的功能与效果、法与现代化、法律制度等的研究还是微观事实、场景和过程的研究,都存在这种趋向,并且出现了加强的态势。因此,在未来的一段时期内法社会学领域的研究,我们应该以具体的研究对象或问题为中心,不拘泥于某种或几种方法与模式,只要在能够解码法律现象或法律事实的大框架之内,大胆地尝试与探索,必将迎来法社会学研究的春天。

【思考题】

1. 以辛普森案为例来说明现象学是如何进行法律现象的研究的?
2. 索引性表达的主要特征是什么?为什么说它使得常人方法论成为法律与社会之间的关系研究的重要方法?
3. 符号论是如何在法庭语言和法官、律师等各种语言协调系统的意义构建方面进行研究的?
4. 戈夫曼的拟剧理论通常用于法社会学的哪些场景的研究?
5. 为什么要将布莱克的案件结构指标化方式列为微观研究?
6. 你认为批判主义对法社会学研究的主要影响是什么?
7. 女性主义在法社会学研究中的主要特征是什么?

8. 全球化对法社会学研究带来的影响是什么?
9. 托依布纳的自创生理论是如何承继卢曼的理论并作出发展的?
10. 你如何理解法社会学研究的理论与方法的融合特征?
11. 为什么说宏观与微观的穿梭是法社会学研究的未来三大趋势之一?
12. 静态与动态统一的研究范式在法社会学领域表现出哪些特征?

【参考书目】

1. 〔美〕帕特里夏·尤伊克、苏珊·S.西尔贝著:《法律的公共空间——日常生活中的故事》,陆益龙译,商务印书馆2005年版。
2. 〔美〕乔纳森·H.特纳著:《社会学理论的结构(下)》,邱泽奇、张茂元等译,华夏出版社2001年版。
3. 〔美〕迈克尔·瑞斯曼著:《看不见的法律》,高忠义、杨婉苓译,法律出版社2007年版。
4. 〔美〕马修·德夫林编:《哈贝马斯、现代性与法》,高鸿钧译,清华大学出版社2008年版。
5. 〔德〕卢曼著:《法律的社会》,郑伊倩译,人民出版社2009年版。
6. 〔德〕贡塔·托依布纳著:《法律:一个自创生系统》,张骐译,北京大学出版社2004年版。
7. 〔英〕安东尼·吉登斯著:《社会学方法的新规则:一种对解释社会学的建设性批判》,田佑中、刘江涛译,社会科学文献出版社2003年版。
8. 〔美〕乔治·瑞泽尔著:《当代社会学理论及其古典根源》,杨淑娇译,北京大学出版社2005年版。
9. 〔英〕怀特海著:《思维方式》,刘放桐译,商务印书馆2004年版。
10. 〔英〕伯兰特·罗素著:《意义与真理的探究》,贾可春译,商务印书馆2009年版。
11. Dragan Milovanovic, *An Introduction to the Sociology of Law*, Criminal Justice Press, 2003.
12. Max Travers and John F. Manzo, *Law in Action: Ethnomethodological and Conversation Analytic Approaches to Law*, Ashgate Publishing Company, 1997.
13. Luhman, Niklas, *Social System*, Stanford University Press, 1995.

后　　记

　　本教材的写作起始于本人的一种责任感。记得2005年作者接到学校要求开设这门课的通知时，就去图书馆查找相关的资料，对当时国内数量有限的教材浏览了一遍，总觉得有些不妥，后来去书店将大部分相关图书买了回来仔细研读，通过系统学习过的社会学的理论与方法对这门学科不断的思考与反思，个人还是觉得既有的教材未脱法理学的臼巢，本着对学术负责和学生负责的原则，本人决定自己逐字逐句地编写教案，从框架的建构到内容的铺展都渗透着作者的大量心血。当然，教案还是受到了许多前辈的启发，也借鉴了他们的一些研究成果，如赵震江、李楯、朱景文等教授主编的各个《法律社会学》版本，还有张文显、季卫东、郑戈、苏力、张乃根等教授的论文。同时，阅读了西方的一些法律社会学的教材，在这些基础上开始动笔。尤其是2009年到2010年在哈佛访学期间，作者在哈佛图书馆查阅了大量的法社会学著作与文献资料，印证自己所写的教案，并设法与国际社会对话。因此，教案从最初给学生上课时的四章逐渐发展到现在的十三章，也就成了今天的教材。学生的课程也从本科生开设到研究生，从一门课发展到三、四门课。可当一些不知就里的学生将作者编写的教案基础上整理的课件放到网上时，被一些高校开设这门课的教师不加以任何说明地使用，更有甚者据此写成文章或编成正式教材发表时也没有加以任何注释，这是一种不负责任的行为。因为材料中的每一个字都是作者付出了巨大的身心代价所得，当然，其中的错误或者不完善之处也由本人自负。还有一点需要强调的是，本人在前四章中所借鉴的前辈们的成果，都尽量去加注说明，但因本人编写教案之初是为了教学目的，所以，部分内容没有及时加注。现在因正式出版，重新去找出这些参考资料添加注释，但因时日久远，难免会有一些疏漏，所以，如读者和方家能提出宝贵的批评意见，本人不胜感谢。

　　因此，本教材除了试图在学理上构画法社会学的理论框架与知识体系外，更深层的考虑是在做一次堂吉诃德式的努力，希望以最深切的人文关怀与学术伦理唤醒潜藏在当代学人心底的良知。如果说本教材能够给后来者以一定启迪的话，除了各种理论诠释和作者本人的独到见解之外，作者在每一章节及书里书外所无意识渗透与弘扬的正义力量及学术道德，希望能得到每一个读者的共鸣。假如作者的努力，无论是在学科理论或是社会实践层面得到某种程度的呼应，那么，这就是最令人安慰的事情了。

　　在本教材的写作过程中，除了本人的努力外，还有许多感激之情回荡在心间。一是本人的研究生参与其中,尤其是殷婕同学在注释、参考资料的整理、人名的英文翻译、目录的整理等事项上做了大量的工作,其他几位学生张伟、袁祥祥与刘茂也做了一些辅助性的工作,在此一并予以感谢。二是感谢中国政法大学王涌教授的引荐以及北大出版社郭薇薇编辑为本书的出版提供的机会和写作、校稿中所提供的许多便捷。郭编辑的全方位支持为本人全力创作提供了良好的条件,没有她的敬业精神与干练,本教材或许没有那么快能与大家见面。同时也感谢李楯教授对中国法社会学概况中的部分资料的提供和华东政法大学提供了一个让作者检视本教材部分内容与体系的机会。另外,还要感谢一些好朋友的不断鼓励,使得我能够坚持下来。总之,一本作品的完成凝结着许多人的支持与热心,这也使我在辛苦之余感到温暖与激励。当然,书中所有的疏忽错漏之处均由作者自负。

21世纪法学系列教材书目

"21世纪法学系列教材"是北京大学出版社继"面向21世纪课程教材"(即"大红皮"系列)之后,出版的又一精品法学系列教科书。本系列丛书以白色为封面底色,并冠以"未名·法律"的图标,因此也被称为"大白皮"系列教材。"大白皮"系列是法学全系列教材,目前有15个子系列。本系列教材延续"大红皮"图书的精良品质,皆由国内各大法学院优秀学者撰写,既有理论深度又贴合教学实践,是国内法学专业开展全系列课程教学的最佳选择。

- **法学基础理论系列**

英美法概论:法律文化与法律传统	彭 勃
法律方法论	陈金钊
法社会学	何珊君

- **法律史系列**

中国法制史		赵昆坡
中国法制史		朱苏人
中国法律思想史(第二版)	李贵连	李启成
外国法制史(第三版)		由 嵘
西方法律思想史(第二版)	徐爱国	李桂林
外国法制史		李秀清

- **民商法系列**

民法总论(第三版)	刘凯湘
债法总论	刘凯湘
物权法论	郑云瑞
英美侵权行为法学	徐爱国
商法学——原理·图解·实例(第三版)	朱羿锟
商法学	郭 瑜
保险法(第三版)	陈 欣
保险法	樊启荣
海商法教程(第二版)	郭 瑜
票据法教程(第二版)	王小能
票据法学	吕来明
物权法原理与案例研究	王连合
破产法(待出)	许德风

- **知识产权法系列**

    | 知识产权法学(第五版) | | 吴汉东 |
    | 商标法 | | 杜 颖 |
    | 著作权法(待出) | | 刘春田 |
    | 专利法(待出) | | 郭 禾 |
    | 电子商务法 | 李双元 | 王海浪 |

- **宪法行政法系列**

    宪法学概论(第三版) 肖蔚云
    宪法学(第三版) 甘超英 傅思明 魏定仁
    行政法学(第二版) 罗豪才 湛中乐
    外国宪法(待出) 甘超英
    国家赔偿法学(第二版) 房绍坤 毕可志

- **刑事法系列**

    中国刑法论(第五版) 杨春洗 杨敦先 郭自力
    现代刑法学(总论) 王世洲
    外国刑法学概论 李春雷 张鸿巍
    犯罪学(第三版) 康树华 张小虎
    犯罪预防理论与实务 李春雷 靳高风
    监狱法学(第二版) 杨殿升
    刑法学各论(第二版) 刘艳红
    刑法学总论(第二版) 刘艳红
    刑事侦查学(第二版) 杨殿升
    刑事政策学 李卫红
    国际刑事实体法原论 王 新
    美国刑法(第四版) 储槐植 江 溯

- **经济法系列**

    经济法学(第六版) 杨紫烜 徐 杰
    经济法原理(第三版) 刘瑞复
    经济法概论(第七版) 刘隆亨
    企业法学通论 刘瑞复
    商事组织法 董学立
    金融法概论(第五版) 吴志攀

银行金融法学（第六版）		刘隆亨
证券法学（第三版）		朱锦清
金融监管学原理	丁邦开	周仲飞
会计法（第二版）		刘　燕
劳动法学（第二版）		贾俊玲
房地产法（第二版）	程信和	刘国臻
环境法学（第二版）		金瑞林
反垄断法		孟雁北

- **财税法系列**

财政法学	刘剑文
税法学（第四版）	刘剑文
国际税法学（第二版）	刘剑文
财税法专题研究（第二版）	刘剑文
财税法成案研究	刘剑文　等

- **国际法系列**

国际法（第二版）		白桂梅
国际经济法学（第五版）		陈　安
国际私法学（第二版）		李双元
国际贸易法		冯大同
国际贸易法		王贵国
国际贸易法		郭　瑜
国际贸易法原理		王　慧
国际投资法		王贵国
国际货币金融法（第二版）		王贵国
国际经济组织法教程（第二版）		饶戈平

- **诉讼法系列**

民事诉讼法学教程（第三版）	刘家兴	潘剑锋
民事诉讼法		汤维建
刑事诉讼法学（第四版）		王国枢
外国刑事诉讼法教程（新编本）	王以真	宋英辉
外国刑事诉讼法		宋英辉
民事执行法学（第二版）		谭秋桂
仲裁法学（第二版）		蔡　虹

外国刑事诉讼法	宋英辉　孙长永　朴宗根
律师法学	马宏俊
公证法学	马宏俊

- **特色课系列**

世界遗产法	刘红婴
医事法学	古津贤　强美英
法律语言学（第二版）	刘红婴
民族法学	熊文钊

- **双语系列**

| 普通法系合同法与侵权法导论 | 张新娟 |
| Learning Anglo-American Law: A Thematic Introduction（英美法导论）（第二版） | 李国利 |

- **专业通选课系列**

法律英语（第二版）	郭义贵
法律文书学	卓朝君　邓晓静
法律文献检索（第二版）	于丽英
英美法入门——法学资料与研究方法	杨桢
模拟审判：原理、剧本与技巧（第二版）	廖永安　唐东楚　陈文曲

- **通选课系列**

法学通识九讲	吕忠梅
法学概论（第三版）	张云秀
法律基础教程（第三版）（待出）	夏利民
经济法理论与实务（第三版）	於向平　邱艳　赵敏燕
人权法学	白桂梅

- **原理与案例系列**

| 国家赔偿法：原理与案例 | 沈岿 |
| 专利法：案例、学说和原理 | 崔国斌 |

2013 年 3 月更新

教师反馈及教材、课件申请表

尊敬的老师：

您好！感谢您一直以来对北大出版社图书的关爱。北京大学出版社以"教材优先、学术为本"为宗旨，主要为广大高等院校师生服务。为了更有针对性地为广大教师服务，满足教师的教学需要、提升教学质量，在您确认将本书作为教学用书后，请您填好以下表格并经系主任签字盖章后寄回，我们将免费向您提供相关的教材、思考练习题答案及教学课件。在您教学过程中，若有任何建议也都可以和我们联系。

书号/书名	
所需要的教材及教学课件	
您的姓名	
系	
院校	
您所主授课程的名称	
每学期学生人数	学时
您目前采用的教材	书名_____ 作者_____ 出版社_____
您的联系地址	
联系电话	
E-mail	
您对北大出版社及本书的建议：	系主任签字 盖章

我们的联系方式：

北京大学出版社法律事业部

地　　址：北京市海淀区成府路205号　　联系人：李铎
电　　话：010-62752027　　　　　　　传　真：010-62556201
电子邮件：bjdxcbs1979@163.com
网　　址：http://www.pup.cn
北大出版社市场营销中心网站：www.pupbook.com